특수교육 현장의 이해와 실천

특수교육교사를 위한 교직실무

강창욱 · 김용한 · 박재선 · 정효진 · 박선희 · 최승미 · 배지영 · 장경진 · 장오선 · 민봉기 공저

학지사

머리말

특수교육기관은 특수교육대상 학생에게 보다 나은 교육 지원 내지 서비스 제공을 해 주는 장소일 때 존재 이유가 있다. 특수교육교사는 특수학교나 특수학급에서, 또는 통합학급 일반교사와 협력해서 특수교육대상 학생을 잘 가르치는 일과 학교와 학급 공동체 운영을 위한 교직 관련 업무를 원활하게 수행해 낼 수 있어야 한다.

대학에서 특수교육교사 양성과정을 운영하면서 늘 마음에 걸리던 것 중 하나가, 학생들이 교직실무를 철학과 법 · 행정 중심으로 배워서 학교에 배치받아 나가면 교직 수행을 실제로 잘 할 수 있을까 하는 것이었다. 사회는 대학을 졸업하고 현장에 투입되면 주어지는 업무를 바로 수행할 수 있는 사람을 길러 낼 것을 요구하고 있다. 하지만 가르치는 학문을 연구한다는 사범대학에서 현장에 나가 바로 실무를 수행할 수 있도록 예비교사들을 양성하고 있는가라는 점에서 늘 아쉬움이 있었다.

이것이 교직실무 책이 시중에 많이 있음에도 불구하고 또 교직실무 책을 만들어야겠다고 생각하게 한 이유이다. 교직실무는 학교에서 교사로서 수행해야 할 실무를 배우는 실제 중심의 교과목이어야 한다. 그러기 위해서는 교직실무의 내용과 교과목 운영이 학교 현장에서 특수교육교사들이 매일 매월 실제로 하고 있는 업무 내용과 처리 방식을 따라 공부해야 한다. 이런 면에서 대학교육은 교육현장에서 일어나고 있는 일과는 거리감이 있다.

이 책은 대학에서 흔히 볼 수 있는 교직실무 이론서가 아니다. 예비교사가 특수교육 현장의 교직 수행 역량을 습득할 수 있도록 만든 역량중심 실천서이다. 이 책의 집필진을 이론 전문가가 아닌 특수교육 현장에서 교직 수행을 하고 있는 실천 전문가 선생님들로 구성하였다.

이 책의 가장 큰 특징은 연간계획에 따라 학교(급)가 운영되는 업무 순서를 교재 구성에 그대로 적용한 것이다. 3월 신학기로 시작해서 다음 해 2월에 학년 마감을 하는 1년 단위의 학교운영 프로세스를 중심으로 학년 초 업무, 수시 업무, 학년 말 업무로 나누어 교재를 구성함으로써 예비 특수교육교사들이 학교 업무를 자연스럽게 익힐 수 있도록 하였다. 이와 함께 교원으로서 알고 있어야 하는 교원복무 관련 내용을 첨가하여 예비교사들이 특수학교이든 특수학급이든 학교 현장에 나가서 당황하지 않고 주어진 업무를 처리할 수 있도록 하였다. 나아가 학교 업무를 처리하는 과정과 요령을 상세하게 기록해 놓음으로써 발령 후 교사로 근무를 하면서도 필요할 때마다 요긴하게 참고할 수 있도록 하였다.

집필진은 모두 특수교육 현장에서의 경력이 10년 넘은 중견 교사들로 구성되었다. 1장 특수교육 교직은 강창욱 교수가, 2장 학교경영은 현직 교장이신 김용한 선생님이, 학년 초의 학급운영에 대한 3, 4장은 박재선 선생님이, 학년 초 생활지도와 학습지도에 대한 5장은 정효진 선생님이, 연중 수시로 이루어지는 6장과 7장의 학급운영 및 생활지도는 박선희 선생님이, 8장과 9장의 수시 학습지도와 업무는 최승미 선생님이, 학기 말과 학년 말 학급운영을 총괄하는 10장은 배지영 선생님이, 특수학급의 학급운영과 생활지도에 대한 11장은 특수학급 선생님인 장경진 선생님이, 특수학급에서의 학습지도와 특수교육지원서비스 내용의 12장은 특수학급을 담당했던 장오선 선생님이, 교원복무를 설명하는 13장은 민봉기 선생님이 집필하였다.

특수교육의 성패는 특수교육 교직을 성직으로 알고 살아가는 특수교육 전문가인 우리의 마음과 손발에 달려 있다. 특수교육교사로서 교직을 수행하는 일은 그저 재주부림에 그치는 것이 아니라 혼신의 힘을 다하는 지극정성의 일이다. 이 책이 최선을 다해서 지혜롭게 특수교육 교직을 수행하는 특수교육교사가 양성되는 데 작은 밀알이 되기를 소망한다. 바쁜 중에도 좋은 특수교육교사를 양성하는 데 뜻을 함께하셔서 내용을 검토해 주신 박지연 교수님, 김정선 교장선생님, 김진주 장학사님, 한예원 선생님, 신경미 선생님, 그리고 이 책으로 공부하게 될 김현지 학생에게 감사를 드린다.

무엇보다 현실적 어려움에도 불구하고 기꺼이 교직실무 책 출판을 허락해 준 학지사에 깊은 감사의 마음을 전한다.

2020년 9월
대표 저자 강창욱

차례

Part 2 • 실제

〈학년 초〉

〈수시〉

〈학기 말〉

〈특수학급〉

Part 1

이론

Chapter

01

특수교육 교직

학습 목표

1. 특수교육 교직이 갖는 의미를 특수교육 현장에서의 예를 들어 설명한다.
2. 일반교직 전문성과 특수교육 교직 전문성 간의 공통점과 차이점을 비교한다.

특수교육 교직은 특수교육 기관에서 특별한 교육요구를 갖고 있는 인간을 가르치는 직업이다. 특수교육 교직을 수행하는 특수교육교사들은 다양한 특수교육 기관에서 근무를 한다. 기관에 따라 특수교육교사들이 교직을 수행할 때 다소 차별성이 있을 수는 있지만 공통적으로 수행해야 하는 직무가 많다.

본 장은 특수교육 교직의 성격과 특성, 그리고 특수교육 교직을 수행하는 전문가로서 특수교육교사는 어떤 책무성을 갖고 있으며, 특수교육교사로서의 전문성과 자질은 무엇인지를 알아보고, 끝으로 특수교육교사의 권리와 의무에는 어떤 것들이 있는지를 살펴본다.

1. 특수교육 교직의 성격

1) 교직의 의미

교직(teaching profession)은 한자어로나 영어로나 '가르치는 직업'이라는 의미를 갖고 있다. 교직은 직업의 일종이기는 하나 일반적인 직업이 갖고 있는 보편적 성격 외에 별도의 독특한 성격을 지니고 있다. 교직은 인간을 대상으로 성장과 성숙이라는 변화의 목표를 이루기 위해 끊임없이 노력하는 직업이다. 이런 성장과 성숙은 변화의 주체인 학생을 바라보며 교직을 수행하는 교사의 부단한 변화를 통해서만 맛볼 수 있는 열매이다. 특수교육 교직도 일반교육에서의 교직 성격과 다를 바가 전혀 없다. 특수교육 교직은 교육적 변화의 한 가운데에 서 있는 특별한 교육적 요구를 가진 학생들의 변화 가능성을 믿고 기대하면서 가르치는 일을 하는 직업이다.

영어권에서는 직업을 지칭할 때 'job' 'occupation' 그리고 'vocation'이라는 여러 개념의 어휘를 사용한다. 이런 용어들은 노동직으로서의 교직과 천직 내지는 성직으로서의 교직을 구분해 주고 있다. 교직은 학생들을 가르치고 임금을 받기에 분명 노동직이다. 하지만 교직은 성직인 것도 분명하다. 김병하(2012)는 『특수교육 담론 · 에세이』의 '한국특수교육론의 실재: 교육본질론 · 교사론 · 교과교육론의 정립 편'에서 특수교육이 '교육 중의 교육'으로서 교육다워지기 위해서는 교육의 과정에서 교육의 본질이 충실히 구현되어야 하고, 그러기 위해서 교육은 궁극적으로 종교와 맞닿아야 한다고 강조하고 있다. 교육은 '깨달음의 과정'이고, 종교는 '깨달음의 실체'이기 때문이라고 설명한다. 이때 종교라고 하는 것은 교육의 본질을 설명하는 말로서 쓰고 있으며, 오강남이 '대담을 시작하며(오강남, 성해영, 2011)'에서 말한 표층종교가 아닌 내 속에 있는 신적 요소를 깨닫도록 가르치는 심층종교라고 말하고 있다.

특수교육 교직과 관련해서 주목해야 할 것은 'vocation'이다. 이것은 주로 '성직'을 지칭할 때 사용된다. 특수교육 교직은 노동직으로서의 전문직과 함께 성직으로서의 성격도 강하게 띠고 있다. 즉, '부르심을 받은 일(calling)'의 성격을 지닌다. 이것은 장애를 가진 아이들의 눈높이에 맞추어 가르칠 뿐만 아니라 그들이 알지 못하고, 이해하지 못해도 자기가 가르치는 학생들의 전 생애가 복되도록 애를 쓰기 때문이다.

2) 특수교육 교직의 성격

특수교육 교직은 전문직이다. 특수교육을 표피적으로 보는 사람이 있다면 특수교육 교직이 전문직이지 않다고 주장할지도 모른다. 해묵은 병리적 관점의 장애 개념을 갖고 지적장애를 가진 학생들에게 너무나 낮은 수준의 학습 내용을 가르치는 교사가 어떻게 전문직을 수행하고 있다고 할 수 있는가라고 말할지 모른다. 하지만 교육은 한 인간으로 하여금 자신이 가진 능력과 소질을 최대한 발휘할 수 있도록 환경을 제공하는 행위이다. 학습 수준의 높고 낮음은 절대적 기준과 상대적 기준이 동시에 적용된다. 학습 내용, 즉 지식은 그 자체가 난이도를 갖고 있다. 이와 동시에 학습의 주체가 되는 학생이 가진 능력을 기준으로 학습 내용을 습득하기가 어느 정도로 어려운가에 따라 학습 내용의 난이도가 높다 혹은 낮다고도 말한다.

특수교육에서 가르치는 학습 내용의 난이도라는 것은 일반교육의 내용 난이도와 비교할 수 없을 정도로 낮다고 말할 수 있다. 학년이 올라갈수록 더욱 그렇다. 기본교육과정의 성격 자체를 일반교육 교육과정 1학년 수준 그 아래 단계의 것으로 교과 내용을 구성하는 교육과정이라고 정의하고 있다. 하지만 역설적으로 일반교육 교육과정의 1학년 수준 이하의 내용으로 구성되었다는 기본교육과정의 교육내용조차 지적장애를 가진 학생들에게는 어느 것 하나 성취가 어렵지 않은 것이 없다고 해도 과언이 아니다. 일반학생으로 하여금 일반학교 교육과정의 내용을 성취하도록 지도하는 것보다 특수교육대상 학생에게 기본교육과정의 내용을 성취하도록 지도하는 것이 훨씬 더 어렵고 전문적 지식과 기술을 요구한다. 대학에서 4년이란 긴 시간 동안 일정한 교육과정을 통해 전문적 교육을 받고, 현장에 나가서도 끊임없이 자기 연찬을 해야 하는 이유가 여기에 있다. 그래서 특수교육 교직은 특수교육이라는 전문 분야의 지식과 기술을 익히기 위해 오랜 시간 교육과 훈련을 받은 사람만이 할 수 있는 전문직이지 않을 수 없다.

특수교육 교직은 전문직에 성직의 성격이 융합되어 있다. 일반적으로 교직은 지성적 · 정신적 활동을 위주로 애타적 봉사성과 고도의 자율성 및 윤리성을 필요로 하는 직업이라고 말한다. 표준국어대사전에서는 직업을 "생계를 유지하기 위하여 자신의 적성과 능력에 따라 일정한 기간 동안 계속하여 종사하는 일"이라고 정의한다. 이런 사전적 의미를 특수교육 교직에 대입시키면 장애 학생을 가르쳐서 물적 기초를 마련하기 위한 경제활동을 하는 것으로 설명된다. 하지만 이런 경제적 개념의 직업 성격만으로 특수교육 교직을 설명하는 데에는 한계가 있다. 왜냐하면 경제적 이유만을 갖고서 장애를 가진 특수교육대상 학생들을 가르치며 정년이 될 때까지 수십 년을 특수교육교사로서 살아간다는 것은 거의 불가능하기 때문이다.

교사의 섬김의 리더십이 교실 내에서 찾아볼 수 없다면 특수교육이 행해지고 있는 교육 현장이라 말하기 어렵다. 이것은 세대가 아무리 변해도 특수교육 교직을 수행하는 특수교육교사에게서 제할 수 없는 특수교육 교직의 성격이다. 특수교육 교직은 특별한 교육적 요구를 가진 학생들에게 특별히 고안된 지원을 하는 교육을 하는 직업이다. 그렇다고 특수교육 교직이 일반교육 교직과 별개의 것은 아니다. 일반교육의 보편적 교직 성격을 바탕으로 그 위에 지적 혹은 신체적 장애로 인해 학습 내용을 습득하는 데 어려움이 있는 학생들에게 특별히 설계된 교육적 지원을 하는 것이다.

특수교육도 일반교육과 동일한 학생의 성장과 성숙이라는 보편적 성격을 갖고 있음과 동시에 일반적인 방법으로는 기대하는 교육의 성과를 이룰 수 없기 때문에 학생의 요구를 살펴 그것에 적합한 특별한 방법과 지원을 제공하는 교육이다. 그래서 요즘은 특수교육이라는 용어 대신에 특별지원교육이라는 용어를 사용하는 것이 이런 이유 때문이다.

2. 특수교육 교직의 전문성

1) 전문직의 특징

일반적인 전문직의 속성으로 지식과 이론 체계에 토대한 직무, 장기간에 걸친 교육, 이타적 직무수행 동기, 엄격한 자격 기준에 의한 통제, 지속적이고 자율적인 자기계발, 윤리강령 및 전문적인 단체 조직의 결성 등이 있다(이윤식, 김병찬, 김정휘, 박남기, 박영숙, 2010). 교직과 관련하여 전문직의 조건을 제시한 Lieberman(1956; 이윤식 외, 2010 재인용)은, 첫째, 유일하고 독특한 종류의 사회적 봉사 기능, 둘째, 직능 수행 시 고도의 지적 기술, 셋째, 장기간의 준비 교육, 넷째, 광범위한 자율권 행사, 다섯째, 전문직 종사자의 광범위한 책임, 여섯째, 자치 조직, 일곱째, 경제적 보수보다는 사회적 봉사가 우선, 여덟째, 직업윤리 의식을 꼽고 있다.

이러한 전문직 조건들은 어쩌면 정보화 사회이자 고도의 자본주의 사회 속에서 살아가는 오늘날의 시대정신과 별로 맞지 않는 듯하다. 특히 사회적 봉사, 경제적 보수보다는 봉사가 우선인 조건들이 그러하다. 하지만 사회가 발달하면 발달할수록 미래 사회는 창의적인 융합인재를 요구한다. 지식과 기술을 융합하기 위해서는 사회적 봉사 정신이 없이는 불가능하다. 경제가 발달하면 발달할수록 더 가지려는 문화에서 사회적 존재 의미를 찾아 자기실현을 할 수 있는 방향으로 사회가 발전한다. 이미 이런 현상은 경제적 가치를 좇아가는 것과 동시에 한편에서는 자기의 꿈과 사회적 의미를 찾아 직업을 선택하는 것에서 뚜렷이 나타나고 있다. 이런 맥락에서 앞의 전문직 조건들은 오늘날에도 유효하다.

2) 전문직으로서의 교직

조동섭(2005)은 교사의 전문성을 지식 기반 전문성, 능력 기반 전문성, 신념 기반 전문성으로 나누었다.

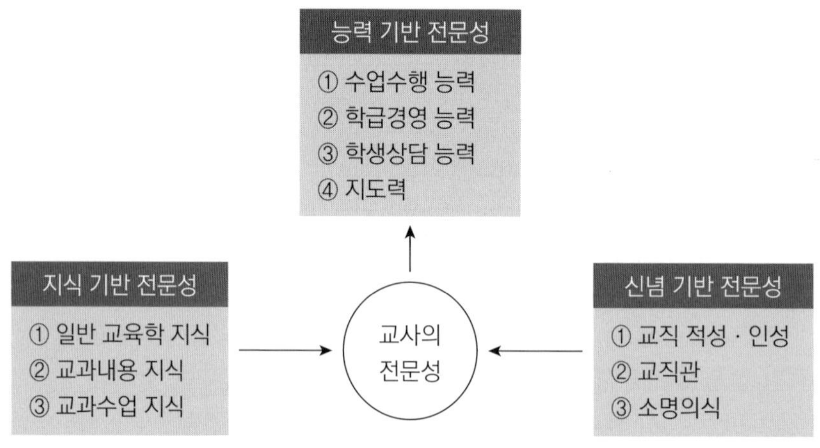

[그림 1-1] 교사 전문성의 개념 구조

지식 기반 전문성은 수업과 학생지도 관련 지식에 기초한 전문성으로, 일반 교육학과 교과 지식 및 교과 교육학 지식, 교과수업 관련 지식의 다양한 활용 방법에 관한 지식, 그리고 교육 활동 수행 관련 상황적 지식으로 구성된다. 능력 기반 전문성은 지식을 활용하여 학교교육 활동을 성공적으로 수행하는 능력과 관련된 전문성으로 수업수행 능력을 포함하여 학급경영 능력, 학생상담 능력, 지도력 등을 요소로 들고 있다. 신념기반 전문성은 교직 관련 적성과 인성, 교직관과 소명의식, 태도 등의 교직 소양과 자질과 관련된 전문성으로 설명하였다.

지식 기반 전문성, 신념 기반 전문성, 능력 기반 전문성의 세 가지 전문성만으로는 지금의 교육 상황에 대처하기가 어렵다는 문제의식에서 김옥예(2006)는 교사 전문성을 새롭게 개념화하면서 이 세 가지에 덧붙여 교사의 전문성(이정화, 2005)이 발휘되는 교육 활동의 성격을 지닌 참된 전문성, 잠재된 전문성, 정체된 전문성을 더하여 모두 여섯 가지의 전문성을 설정하였다.

첫째, 참된 전문성은 지속적으로 축적된 교사의 지식과 신념과 기술이 교육적 상황과 교사의 역할 수행에 잘 어울리도록 발휘되는 전문성으로, 둘째, 잠재된 전문성은 지식, 신념, 기술 중 두 가지는 적절하게 활용되지만 교육적 상황이나 개인적인 사정으로 인해 한 가지가 발휘되지 못하고 있는 교사의 전문성으로, 셋째, 정체된 전문성은 교육적 상황이나 개인적인 사정으로 인하여 지식, 신념, 능력 기반 전문성이 오랫동안 개발되거나 발전하지 못하여 사용되지 않고 멈춰 버린 전문성으로 설명하였다. 이러한 전문성을 교사의 핵심 역할인 교수-학습, 생활지도, 학급경영과 관련지어 〈표 1-1〉과 같이 체계화하였다.

표 1-1 교사의 역할과 관련된 교사 전문성

전문성 역할	신념 기반 전문성	지식 기반 전문성	능력 기반 전문성	참된 전문성	잠재된 전문성	정체된 전문성
교수-학습	학업성취에 대한 신념, 자기반성	교과지식, 교육학지식, 상황지식	교수 기술의 노하우	학업성취, 부진아 지도 (참된 배움)	부분적 시행착오	신념, 지식, 기술의 분리, 오래된 지식
생활지도	교육애, 사랑, 도덕성, 윤리의식	학생발달, 생활지도, 훈육에 대한 지식	생활지도의 노하우	관계형성, 문제아 지도 (참된 돌봄)	부분적 시행착오	신념, 지식, 기술의 분리, 잘못된 훈육
학급경영	민주적 태도, 교직수행태도, 윤리의식	학급규칙, 회의, 경영에 대한 지식	다양한 경영의 노하우	민주적인 경영 (참된 공동체 형성)	부분적 시행착오	신념, 지식, 기술의 분리, 방임적 혹은 전제적 경영

3) 특수교육 교직의 전문성

일반적인 교직 전문성을 기초로 특수교육 교직의 전문성에 대해 논의하면 특수교육 교직이 일반교직의 보편적 전문성 측면에서 별반 다르지 않다. 교직 전문성이 교사 개인의 신념과 지식을 기반으로 경험과 훈련을 통해서 기술을 쌓고, 상황에 알맞게 교직을 수행하는 능력을 의미한다는 측면에서 조동섭(2005)이 제시한 교직 전문성에 대한 설명을 기초로 특수교육 교직을 수행하는 특수교육교사는 어떤 전문성을 갖추어야 할 것인지 살펴본다.

먼저, 지식 기반 전문성 측면에서 특수교육 전문가로서 교사는 무엇보다 특수교육학과 특수교육 교육과정 중심의 교과 내용학과 교과 교육학 지식이 튼튼해야 할 것이다. 특수교육의 성패는 국어, 사회, 수학 등의 교과를 학생들에게 얼마나 잘 가르치느냐에 달려 있다. 즉, 특수교육대상 학생의 학업 상에 변화가 없다면 특수교육 자체가 무의미하다고 할 수밖에 없다. 다음으로 교과수업 관련 지식을 활용하는 방법에 관한 지식을 갖추어야 한다. 특수교육교사의 전문성은 특별한 교육적 요구를 가진 학생들에게 그 요구에 맞는 적절한 수업을 효과적으로 제공하느냐로 나타난다. 특정 교과의 생명은 그 교과를 가르치는 교사가 얼마나 그 교과의 내용과 지도방법을 자기화하였느냐에 달렸다. 교과지도 능력과 함께 특수교육교사는 특수교육 수행을 위해 학교의 교육상황을 잘 파악하는 상황적 지식이 필요하다. 특수교육교사들 중에는 가끔 자신이 가르치는 학생들을 사랑하고, 최선을 다해 잘 가르치는 것만이 특수교육교사의 모든 것이라고 생각하는 경우가 있다. 하지만 전문가로서 특수교육교사는 교육 상황에 대한 지혜로운 판단과 교육 상황 개선을 위해 노력하는 생태적 관점에서 특수교육 교직을 바라볼 필요가 있다.

다음으로 능력 기반 전문성 측면에서 특수교육교사는 전문가로서 교육과정 재구성을 통한 학생 개개인에게 적합하고 효과적인 수업 내용을 전달하는 수업수행 능력을 포함하여 다양한 장애를 가진 학생들이 함께 공부하고 있는 학급을 성공적으로 경영하는 능력, 학생만을 주로 상담하는 일반교사와는 달리 학생상담과 함께 학부모, 나아가 통합교육 장면에서는 일반교사까지도 상담하여 그들의 어려움을 해결해 주기도 하면서 협력적 관계를 유지해 나가는 능력, 그리고 특수교육대상 학생들과 함께 학부모도 자신의 반 구성원으로 포함시켜 학급을 잘 이끄는 지도력을 필요로 한다.

신념 기반 전문성 측면은 일반교사에 비해 특수교육교사에게 더 강조되기도 한다.

이것은 특수교육대상이 되는 학생들이 지적으로, 감각적으로, 신체적으로, 학습적으로 어려움을 가진 채 학업을 수행하고 있기 때문일 것이다. 특수교육교사는 특수교육 교직이 적성에 맞아야 한다. 이것은 특수교육 환경이 일반적인 직장과는 상당히 다른 모습을 지니고 있기 때문이다. 특수교육교사에게는 보편적으로 교사가 가르친 학생을 통해 받는 것과 같은 심리적 보상이 주어지지 않는 경우가 더러 있다. 그래서 특수교육교사에게는 장애를 가진 학생의 능력과 무관하게 그들을 존중하는 인성, 장애를 가진 학생들의 교육적 발전을 위해 헌신하려는 소명의식과 태도 등의 교직소양과 자질이 강조된다.

3. 특수교육교사의 역할과 직무

1) 특수교육교사의 역할

교사와 교원이라는 용어가 구분되지 않은 채 사용되는 경우가 있다. 여기서 교원의 역할이라고 하지 않고 교사의 역할이라고 하는 이유는 이 두 용어 간에는 법적 용어 측면에서 다른 의미를 지니고 있기 때문이다. 교원은 교장, 교감을 포함하여 학교에서 교직을 수행하는 모든 사람을 포괄하는 용어이다. 흔히 학교에서 근무하는 사람들을 보고 교직원이라고 하는데, 이것은 교원과 직원을 법적, 행정적으로 포괄적으로 나타낼 때 사용하는 용어이다. 이와는 달리 교사는 「초 · 중등교육법」 제20조 제4항에 "교사는 법령에서 정하는 바에 따라 학생을 교육한다."라고 명시하고 있는 것과 같이 학생을 교육하는 역할을 하는 사람을 말한다.

교사의 역할은 학생과 관련된 역할과 학교경영과 관련된 역할로 나누어지고, 학생과 관련된 역할로는 학급경영, 교과교육 활동, 창의적 체험 활동이 있고, 학교경영 관련 교사의 역할로는 학교교육계획 수립, 조직 및 인사 관리, 재정 · 시설 · 사무 관리, 학교평가, 학교행사 운영을 들 수 있다(이윤식 외, 2010).

학생을 직접 교육하는 측면에서의 교사 역할에는 다음과 같은 것들이 있다. 김종철, 김종서, 서정화, 정우현, 정재철, 김선양(1994)은 교사의 역할을 형식적 역할과 비형식적 역할로 나누었다. 형식적 역할에는 가르치는 것, 피교육자의 사회화를 돕는 것, 교육의 수준과 능력의 가능성을 평가하는 것을 들고 있다. 비형식적 역할은 이러한 형식적 역할을 수행할 때의 성품과 관련된 역할로 설명하고 있다. 김상돈과 김현진(2017)은 교사의 역할을, 첫째, 학습지도자로서의 역할, 둘째, 사회화의 조력자로서의 역할, 셋째, 인간 형성자로서의 역할, 넷째, 윤리적 모범자로서의 역할을 제시하였다. 교사의 역할에 대한 이런 주장들을 정리해 보면 결국 교사는 가르치는 역할, 학생들의 인성을 계발하고, 인격을 성숙시키고, 이를 위해 스스로 윤리적 삶을 삶으로써 윤리적 모범을 학생들에게 보여 주는 역할을 하는 사람이라고 할 수 있다.

특수교육교사는 평소 학교에서 아주 다양하면서도 많은 양의 직무를 수행하고 있지만 앞서 언급한 교사의 역할 범주 내에서 활동을 하고 있다. 특수교육교사의 역할 중에서도 가장 우선되는 것은 결국 학생들을 가르치는 역할이다. 교육의 수준은 교사의 수준이라는 말이 교육계에서는 경구처럼 사용되는데, 그 이유를 이러한 교사의 역할에서 찾아볼 수 있다. 보편적 학습설계(UDL), 교수적 수정, 개별화교육계획 등의 특수교육에서 자주 사용되는 용어들의 이면에는 특수교육교사들이 학습에 어려움을 갖고 있는 학생들을 대상으로 어떻게든 가르치는 역할을 잘해 보려는 생각이 들어 있음을 볼 수 있다. 아울러 특수교육교사는 특수교육대상 학생들이 인격적으로 성장과 성숙을 이룸으로써 사회에 통합되어 이웃과 함께 살아갈 수 있도록 하려고 애를 쓴다. 일반교육에서는 하지 않는 전환교육을 특수교육에서는 중요하게 다루고 있는 것도 이런 이유에서이다. 학교교육만이 특수교육의 시작과 끝이 결코 될 수 없으며, 특수교육대상 학생들이 학교에서 배운 것으로 사회화를 이루어 지역사회의 이웃들과 잘 통합되어 갈 때 특수교육의 궁극적 목표를 이루었다고 할 수 있으며, 특수교육교사의 역할도 성공적으로 수행했다고 할 수 있을 것이다.

이것들과 함께 특수교육교사에게는 상담자로서의 역할이 매우 중요하다. 특수교육대상 학생들과 부모들은 특수교육교사가 어쩌면 자신들의 어려움을 의논할 수 있는 유일한 존재일 수도 있다. 일반교육과는 달리 학생의 신변자립에서부터 상급학교로의 진학, 사회 진출 등등 특수교육교사와 학부모가 함께 의논해야 할 일들이 매우 많다. 때로는 특수교육교사가 지칠 만큼 많은 것을 상담하기를 원하는 경우도 종종 있다. 특수교육에서는 학생이나 학부모가 아닌 동료교사가 상담을 원하는 경우도 허다하다. 통합교육 장면에서 특수교육대상 학생을 가르치는 일반교사는 자기 반의 특수교육 대상 학생에 대해 상담하기를 원하고, 그 학생들의 학부모와의 대화 단절로 인해 특수교육교사와 상담을 통해 문제 해결을 하려고 한다.

김남순(2006)은 특수학급을 담당하고 있는 특수교육교사의 역할을, 첫째, 교육과정 운영자로서의 역할, 둘째, 특수학급 경영자로서의 역할, 셋째, 인간관계 면에서의 역할, 넷째, 사무 관리자로서의 역할, 다섯째, 학급경영에 대한 평가자로서의 역할의 다섯 가지로 제시하였다. 이 다섯 가지 중 인간관계 면에서의 역할은 특수학급을 담당하고 있는 특수교육교사의 독특한 역할이다. 특수교육교사는 자신의 반 학생을 둘러싸고 있는 학부모, 학교 관계자, 통합학급 담임과 교과담임, 기타 교직원들과 의사소통의 센터로서 역할을 수행해야 한다고 설명한다.

오영재(2018)는 '오영재 교수의 교사들에게 보내는 편지'에서 좋은 교사의 역할을 따뜻한 마음으로 학생들을 보살피는 역할, 전문 수업자의 역할, 더 잘 가르치기 위해 연구하는 연구자의 역할, 학생과 함께 삶을 나누는 친구의 역할, 스스로를 개발하는 자기개발자의 역할을 제시하고 있다.

2) 특수교육교사의 직무

교사의 직무는 여러 법에서 명시하고 있으며, 이 법을 근거로 교사는 자신의 직무를 수행해야 한다(김상돈, 김현진, 2017). 법적 측면에서의 교사 직무는, 첫째, 교육과정 운영 및 수업, 학생평가와 관련된 학생 교육 및 관리 영역, 둘째, 자질 함양, 연수 및 연구개발과 관련된 전문성 신장 영역, 셋째, 성실의 의무, 청렴의 의무 등과 관련된 복무 영역, 넷째, 직장 이탈 금지, 정치 운동의 금지 등과 관련된 금지 의무, 다섯째, 근무성적 평정 및 교사 다면평가의 실시, 여섯째, 전문 교원단체 참여와 관련된 대외 관계 복무 영역이 있다.

이런 법적 근거에 기초하여 교사가 수행해야 될 과업적 측면의 직무에는, 첫째, 교과지도, 둘째, 창의적 체험 활동 지도, 셋째, 생활지도, 넷째, 학급경영, 다섯째, 학교경영 참여, 여섯째, 학부모 및 지역사회와의 관계, 일곱째, 전문성 개발 등이 있다(진동섭, 이윤식 외, 1995; 김상돈, 김현진, 2017 재인용).

이런 보편적 교사의 직무에 더하여 특수교육교사만이 학교 현장에서 수행하는 직무에는 대개 다음과 같은 것들이 있다(최세민, 유장순, 김주영, 2005).

첫째, 학급 교육과정을 개발하고 계획한다.
둘째, 개별화 교육 프로그램을 개발하고 실행한다.
셋째, 다양한 특수교육대상 학생들의 협력교수 등 통합 환경 구축 및 지원을 한다.

넷째, 통합학급교사와의 협력관계를 구축하는 주도적인 역할을 한다.

다섯째, 학부모 교육 및 상담을 한다.

여섯째, 특수교육보조인력을 지도·관리한다.

특수교육교사는 직업인으로서의 기능을 소유한 사람보다는 학생을 사랑하는 마음과 그들과 소통할 수 있는 정직한 마음을 간직한 사람이어야 한다. '특수교육교사'의 6행시를 통해 특수교육 교직에 헌신하는 특수교육교사의 사명을 정리한다.

◈ 특수교육교사의 사명

김용한

- **특**별한 소명의식을 갖고 전공을 특수교육으로 선택하였으니
- **수**동적인 모습이 아니라 적극적인 의지로 학문 연마에 힘쓰고
- **교**육 현장에서 만날 장애 학생들의 꿈과 끼를 파악하기 위해
- **육**체적인 피로함 속에서도 교육봉사를 통해 다양한 체험을 하고
- **교**육자로서의 기본적인 소양과 교육 전문가로서의 실력을 쌓아
- **사**랑과 헌신으로 장애인의 생활 자립과 삶의 질을 높여 가는 일에
  최선을 다하고, 보람과 긍지를 갖는 것이 우리의 사명이다.

⊙ 함께 토의해 봅시다!

1. 자신이 생각하는 이상적인 특수교육교사 상에 대해 이야기해 봅시다.
2. 교사의 과업상 직무를 잘 수행하기 위해 대학생활 중 길러야 할 역량에는 어떤 것이 있을지 토의해 봅시다.

선배가 들려주는 특수교육 현장 이야기(1)

교사의 참회(懺悔)

김병하(대구대학교 명예교수)

교사는 가르치는 사람이고, 스승은 그 가르침이 빼어난 사람이다. 그래서 교사는 많아도 스승은 귀하다. 인류의 위대한 스승(즉, 교성)으로 우리는 석가, 공자, 소크라테스, 예수를 드는 데에 주저하지 않는다. 그들은 전형적으로 자신의 앎을 삶으로 실천한 사람이다. 교사는 단지 교과를 설명하는 사람이라기보다 교과적 삶을 체현하는 사람이어야 한다. 그래서 진정 위대한 교사는 그가 말한 대로 살고 그가 살아온 대로 말하는 사람이다.

그러나 그렇게 살기는 지난(至難)하다. 그 지난한 삶을 위해 부단히 노력하는 것이 교사에게 주어진 운명이다. 이 운명을 거역하고자 하는 사람은 기꺼이 교단을 떠나야 한다. 왜냐하면 더 이상 자신과 학생들을 불평등하게 하지 말아야 하기 때문이다. 그 불행을 외면하거나 스스로 그런 줄 모르고 사는 동안 학교는 있어도 교육은 없다. 교실붕괴 혹은 학교폭력의 근원적인 이유가 어디에 연유하는가를 교사 스스로가 참회하는 마음으로 성찰해 봐야 한다.

소크라테스는 성찰하지 않는 인생은 살 가치가 없다고 했다. 사람은 누구나 그가 지은 업장(業障)을 짊어지고 산다. 그러나 우리는 그게 업장인 줄 몰라 끝없이 그 업장을 쌓는 삶을 사는지도 모른다. 바로 그 업장을 끊기 위해 교사는 학생들 앞에 간증(干證)하는 자세로 임해야 한다. 이것이 교수 노릇 40년에 내가 얻은 '교사론'의 결론이다.

원래 '간증'은 자신이 지은 죄를 자복하고 새로운 믿음을 고백하는 것이다. 교사의 학생에 대한 간증은 자신의 체험과 느낌을 학생 앞에 솔직히 고백하는 것이다. 교사는 학생들에게 교과를 가르치는 동안 교과에 대한 자신의 체험과 느낌을 정직하게 간증할 때에 학생들은 그 교사와 그가 가르치는 교과 내용을 한 덩어리로 묶어 교감한다. 이런 교감을 통해 심성함양 혹은 본성회복으로서의 교육은 존재한다.

Chapter

02

학교경영

학습 목표

1. 특수학교 경영과 관련된 기관 및 단체의 특성을 파악하고 학교의 교육 활동 지원 사항에 대해 설명한다.
2. 학교경영 계획 수립에 있어 계획 · 실천 · 평가의 3단계 과정을 이해하고, 교원의 참여 방안을 제시한다.

학교경영은 학교를 하나의 경영 단위로 하여 학생의 효율적인 교육 활동 지원을 위해 학교 교직원을 중심으로 관련 교육기관과 학부모, 지역사회 기관 및 단체의 구성원들이 상호 협력하여 교육 성과를 이루어 내는 일련의 과정이다.

본 장에서는 먼저 우리나라 특수교육 기관의 현황을 알아보고, 특수교육대상 학생의 교육과 관련된 각 기관 및 단체의 특성과 지원 내용 등을 파악하여 학교경영의 효율성을 높이는 방안을 탐구하며, 학교경영 계획 수립 과정과 특수학교 경영 조직의 특성, 학교경영 영역에 관한 구체적인 사항을 살펴봄으로써 학교 현장에서 중요시하는 요소들에 대한 이해를 갖게 할 것이다.

1. 특수교육 기관 현황

1) 전국 특수학교 현황 및 장애 유형별 특성

우리나라 특수교육 현장의 전반적 이해를 돕기 위해 2020년 특수교육통계 자료에 근거하여 다음과 같이 분석하였다. 〈표 2-1〉에서는 설립별 특수학교 현황을, [그림 2-1]에서는 장애 유형별 특수교육대상자 현황 및 운영 실태를 분석하였다.

표 2-1 설립별 특수학교 현황 (단위: 명)

구분	학교 수	학급 수	학생 수	교원 수
국립	5	166	862	325
공립	87	2,817	14,940	5,208
사립	90	1,985	10,497	3,628
계	182	4,968	26,299	9,161

출처: 교육부(2020e).

전국의 특수학교는 182개인데 그중에 국립학교가 5개, 공립학교가 87개교인데 비해, 사립학교는 90개교로 전체 특수학교의 49.5%를 차지하고 있다. 최근 들어 공립 특수학교의 수가 점차 늘어나고 있지만, 아직 특수학교에 입학하려는 발달장애 학생들의 수요를 충족하지 못하고 있는 실정이므로 앞으로 국립과 공립 특수학교가 더욱 많이 설립되어야 할 것이다.

한편 장애 유형별로 설립된 특수학교의 수는 시각장애 학교 13개교, 청각장애 학교 14개교, 지적장애 학교 126개교, 지체장애 학교 22개교, 그리고 정서장애 학교 7개교로 지적장애 특수학교가 전체 특수학교 수의 69%를 차지하고 있다.

이러한 현상은 [그림 2-1]에서 보는 바와 같이, 장애 유형별 특수교육대상자 수의 변화와 그 맥락을 같이하고 있다. 특히 시각장애와 청각장애 학교에서는 학생 수의 감소에 따라 기존 감각장애 학생뿐만 아니라 발달장애(지적장애, 정서장애) 학생들도 받아들여 장애 유형별 복수 학급을 운영하는 경우도 있다. 물론 이렇게 다른 유형의 장애 학생들을 받아들이면 학교교육과정 운영에도 많은 어려움이 예상되지만 사립학교의 경우, 만일 학생 수가 감소하면 학급이 줄어들게 되고, 학급 수가 줄어들면 교원 수도 줄여야 하므로 학교경영 측면에서 장애 영역의 변화를 모색하지 않을 수 없는 실정이다.

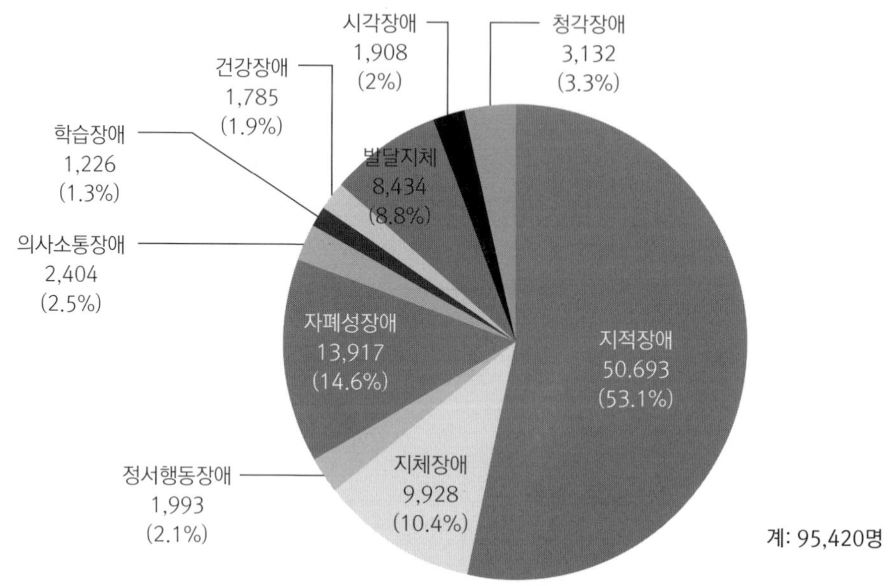

[그림 2-1] 장애 유형별 특수교육대상자 현황

출처: 교육부(2020e).

그리고 최근에는 공립학교에서도 학생 수가 적은 감각장애 학생들의 교육 수혜율을 높이기 위해 각 지역별로 신설 학교 설립을 추진할 때, 계획 단계에서부터 2개 유형의 장애를 동시에 수용하려는 움직임이 늘어나고 있다. 예를 들면, 수원시에 위치한 A 특수학교의 경우, 지적장애 학생 중심의 특수학교이지만 개교 때부터 시각장애 반도 설치하여 학년별로 학생 모집을 하고 있다. 물론 이렇게 복수 유형의 학생들을 받아서 학교경영을 하게 되면 교육과정 운영 등에 더 많은 어려움이 따른다. 이런 유형의 학교는 일반적으로 직원 구성이나 학교 행사 등을 함께 진행하여 교직원 간의 교류를 확대하고 위화감을 줄이려고 노력하지만, 교육과정 운영은 학생의 장애 유형에 따라 나누어 운영하고 있다.

2) 특수교육대상자의 교육기관 배치별 현황

우리나라 전체 특수교육대상자는 2020년 4월 기준으로 총 95,420명으로 나타났다. 그중 특수학교에 재학하는 학생 수가 26,299명이고, 일반학교 내 특수학급과 전일제 통합학급을 합쳐 68,805명, 특수교육지원센터에서 교육서비스를 받고 있는 학생이 375명으로, 특수학교보다 일반학교에 통합되어 교육받는 학생수가 전체의 72.1%를 차지하고 있다.

이러한 현상은 1977년에 제정된 「특수교육진흥법」이 적용되던 시기와 달리, 2007년 5월에 제정 · 공포된 「장애인 등에 대한 특수교육법」과 동법 「시행령」 및 「시행규칙」에서 강조하고 있는 "장애인 및 특별한 교육적 요구가 있는 사람에게 통합된 교육환경을 제공하여, 이들이 자아를 실현하고 사회통합을 하는데 기여함을 목적으로 한다."라는 장애인 인권 존중 정신의 반영과 정상화 철학에 기초한 장애에 대한 관점 변화와 통합교육 기술 발전에 영향을 받았기 때문이다.

표 2-2 특수교육대상자의 교육기관 배치별 현황 (단위: 명)

배치별			특수학교	일반학교		특수교육 지원센터	계
				특수학급	일반학급 (전일제 통합학급)		
특수교육대상자 수			26,299	52,744	16,061	316	95,420
학생 수	장애영역별	시각장애	1,188	252	464	4	1,908
		청각장애	647	710	1,760	15	3,132
		지적장애	14,230	31,880	4,561	22	50,693
		지체장애	3,751	3,649	2,432	96	9,928
		정서 · 행동장애	69	1,317	607	–	1,993
		자폐성장애	5,727	7,302	887	1	13,917
		의사소통장애	148	1,350	904	2	2,404
		학습장애	12	783	431	–	1,226
		건강장애	13	117	1,655	–	1,785
		발달지체	514	5,384	2,360	176	8,434
		계	26,299	52,744	16,061	316	95,420

출처: 교육부(2020e).

2. 특수학교 경영과 학생 교육 활동 지원

특수교육교사가 임용 발령을 받으면 특수학교나 일반학교의 특수학급으로 배치되어 특별한 교육적 요구를 가진 학생들을 대상으로 실제적인 교육 활동에 들어가야 한다. 하지만 대학 재학 중, 교육봉사나 학교현장실습을 통해 학교의 조직과 교육과정 운영 등에 대한 일부 내용은 알고 있을지라도 구체적인 학교운영 시스템과 관련 기관과의 상호 협력 및 지원 방안 등에 관해서는 생소한 경우가 많아 교사로서 주어진 상황에 대해 적절한 대응이 어려울 수도 있다.

[그림 2-2]는 개별 특수교육대상 학생의 교육적 요구에 맞추어 교육 활동을 지원하는 '특수교육 지원 생태 구조'를 나타낸 것이다. 여기에는 학생을 둘러싸고 있는 특수교육 현장의 교직원들의 역할, 교육 관련 기관 단체와의 협력, 학교운영위원회와 학부모회 등의 기능과 역할, 그리고 교육정책 지원을 체계적으로 지원하고 있는 국립특수교육원과 한국특수교육총연합회 등의 지원 네트워크를 볼 수 있다.

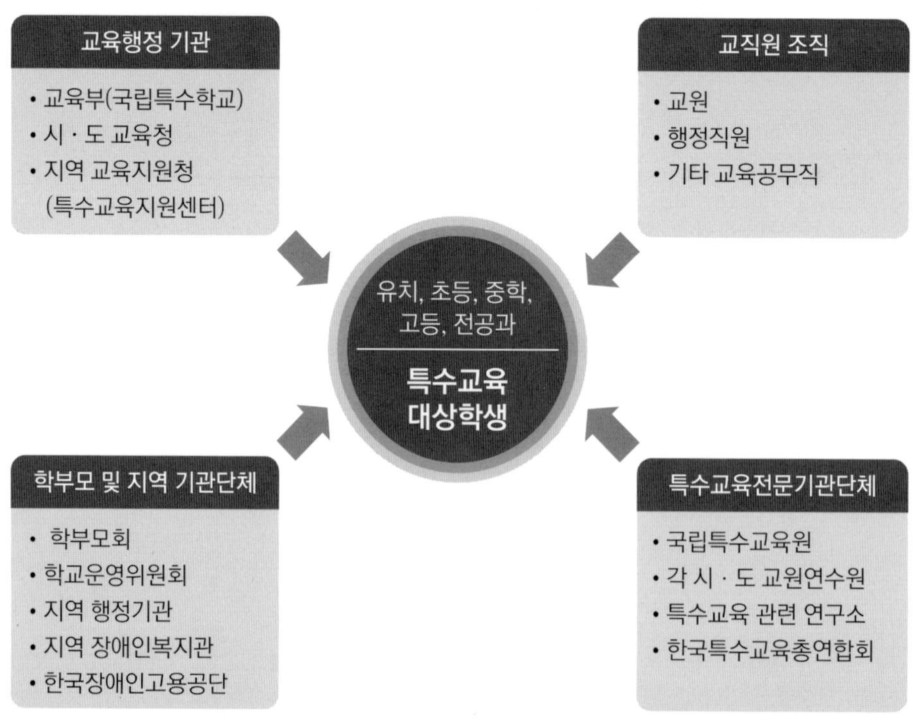

[그림 2-2] 특수교육 지원 생태 구조

1) 교육행정 기관에서의 특수교육 지원

(1) 교육부 특수교육과의 정책 지원

교육부 조직 내의 특수교육과는 우리나라의 특수교육 정책 수립과 발전 방향을 모색한다. 아울러 각 시 · 도 교육청의 특수교육 기본 방향과 특수교육 예산 등을 수립하고 있다. 또한 국립특수교육원을 통해 특수교육교원의 연수와 특수교육 연구, 특수교육대상자의 수준과 특성에 따른 교육과정 개발과 교과서 및 교사용지도서를 제작 · 보급하는 역할도 담당하고 있다.

한편 교육부 직속 기관으로서 국립 특수학교는 현재 서울특별시와 경기도에 위치하고 있으며, 해당 교육청에서 특수교육대상자를 배치 받아 교육 활동을 실천하고 있지만 교직원 인사와 예산 지원 등은 별도의 규정을 따르고 있다.

(2) 시 · 도 교육청의 특수교육 행정 지원

각 시 · 도 교육청에도 교육부의 특수교육 정책 기조에 근거하여 지역 특성에 따른 특수교육 지원 방향을 수립하고 각 학교의 행정 지원과 장학 활동, 교직원 관리 및 예산을 담당하는 부서가 조직 · 운영되고 있다. 하지만 경기도 교육청 특수교육과를 제외한 다른 시 · 도에는 독립된 부서가 아니라 유아교육 담당 부서나 다른 영역과 병설로 설치되어 있다.

이러한 상황은 비장애 학생 수에 비해 장애 학생 수가 상대적으로 적다는 이유로 특수교육 현장을 지원하는 장학관 및 장학사 등의 전문직 종사자의 배치 비율이 낮고 예산 등이 적기 때문이다. 그러나 앞으로 장애 학생 교육의 질적 변화와 특수교육 현장의 발전을 위해 시 · 도 교육청에 별도의 담당 부서가 설치되고 지원 인력과 예산도 점차 확대되어야 할 것이다.

(3) 지역 교육지원청의 특수교육 지원

시 · 도 교육청 산하에는 시 · 군 · 구 교육지원청이 있다. 지역 교육청에서는 특수교육 담당 장학사가 특수교육 장학 지원과 특수교육지원센터를 통해 특수교육대상자의 상담, 진단 및 배치 업무 등을 총괄하고 있다.

특히 특수교육지원센터에서는 특수교육 현장과 긴밀한 유대 관계를 맺고 특수교육대상자 학부모 상담과 진단평가, 정기적인 특수교육운영위원회 개최, 치료 및 순회교육 지원 등 다양한 교육지원 서비스를 실시하고 있으므로 학교경영에 큰 보탬을 주고 있다.

2) 특수교육 기관의 교직원 구성과 역할

(1) 교직원 구성 현황

특수학교의 교직원 현황은 일반학교와 마찬가지로 교원과 행정직원, 교육공무직으로 구성되어 있으나 장애 학생의 학습 보조와 생활지도 지원을 위해 특수교육 보조인력이 배치되어 있다는 점이 다르다.

교원은 학교경영 조직상 학교장과 교감, 수석교사와 부장교사 및 교사로 조직되어 있다. 행정직원은 행정실장과 회계 및 학교시설 관리, 급식조리 업무 등을 담당하는 주무관이 있는데 특수학교의 경우, 장애 학생의 통학지도를 담당하는 버스 운전원이 학교별로 배치되어 있다. 또한 특수교육 기관에는 특수교육보조원(실무사 또는 지도사 등 각 시·도마다 호칭이 다름)이 배치되어 있는데, 이들은 교육공무직 신분이며, 1년 이상 근무하면 대부분 무기계약직으로 전환되고 있다. 이들의 역할은 교원들의 교수활동 지원과 학생들의 이동 및 생활지도 등을 지원하는 것이다. 이외에 보조인력으로 병무청에서 지원하는 사회복무요원과 구청에서 파견하는 자활후견기관 보조원, 그리고 자원봉사자들도 특수교육 현장에서 교사들과 함께 학생들의 학습 및 생활지도를 돕고 있다.

(2) 교원의 직무상 역할

교원의 직무상 역할은 『초·중등교육법』 제20조(교직원의 임무)에 근거하고 있으며, 〈표 2-3〉과 같다. 학교장은 학교경영의 총책임자로서 확고한 교육철학을 바탕으로 교직원을 지도 및 감독하며, 학교교육 목표와 중점과제 등을 제시한다. 교감은 중간관리자로서 교장을 보좌하고 학교경영의 조정자 역할을 감당한다. 수석교사는 교사의 교수·연구 활동을 지원하며, 부장교사는 보직교사로 임명을 받아 각 부서의 기획과 운영, 평가 업무 등을 담당한다.

표 2-3 교원의 직무상 역할

직급	직무상 역할
교장	교무를 통할하고, 소속 교직원을 지도 · 감독하며, 학생을 교육한다.
교감	교장을 보좌하여 교무를 관리하고, 학생을 교육하며, 교장이 부득이한 사유로 직무를 수행할 수 없을 때에는 교장의 직무를 대행한다.
수석교사	교사의 교수 · 연구 활동을 지원하며, 학생을 교육한다.
부장교사	담당 부서 업무를 총괄 기획하고, 운영한 후 평가한다.
교사	법령에서 정하는 바에 따라 학생을 교육한다.

3) 학부모 및 지역 기관 단체의 교육 활동 지원

(1) 학교운영위원회 조직 및 운영

단위 학교는 시 · 도 교육청의 규정에 따라 학교운영위원회를 조직하여 학교의 예산 편성 및 결산 논의, 학칙 제정 및 학사 일정 심의, 학교교육과정의 운영 방안 논의, 방과후 교육 활동 추진 사항 심의, 건강한 학교 급식 관리, 학생들의 교복, 체육복, 졸업 앨범 및 수학여행과 수련활동 등 학부모가 부담하는 경비에 대한 심의 활동을 통해 학교장의 학교경영의 투명성과 합리성을 도모하고 있다. 학교운영위원회 구성 인원은 각 단위 학교의 학급 수에 따라 다르며 교원위원(학교장은 당연직)과 학부모 위원, 지역위원으로 구성되고, 행정실장이 간사로서 학교운영위원회 운영의 실무를 담당한다.

(2) 학부모회의 교육 활동 참여와 지원

학부모회는 오랫동안 자치활동 모임으로 운영되었지만 2016년부터 학교의 공식적인 조직으로 법제화되었고, 학교별로 운영 규정을 마련하여 예산 지원을 받고 있다. 특수학교의 경우 학부모 임원선출은 3월 신학기에 학부모 총회를 통해 이루어지며, 각 학급별로 대표(대위원)를 선출하기도 한다. 학부모회의 활동으로는 학부모 연수와 학생들의 교육 활동을 지원하는 자원봉사활동 외에 학부모들의 취미와 여가 선용을 위한 다양한 동아리 모임을 추진하고 있다. 학부모 단체와도 상호 협력하며 학교를 신뢰하고 교육 활동에 적극 참여하도록 지원하는 일은 매우 중요하다.

(3) 지역 기관 단체의 특수교육 지원

지역 기관으로는 우선 시 · 군 · 구 행정기관이 있는데, 시청이나 구청의 관련 담당자와 협력하여 학교의 시설 개선을 위한 예산을 지원 받을 수 있다. 또한 지역의 장애인종합복지관과 MOU 체결 등을 통해 특수교육 기관 학생들의 직업훈련과 졸업 이후 근로시설로의 취업 및 작업장 배치, 중도 · 중복장애 학생의 주간보호센터 입소 등도 상호 협력하여 추진할 수 있다. 특히, 한국장애인고용공단과 산하 각 지부에서 실시하는 장애 학생의 직업평가와 진로 설계, 직장 체험 등의 다양한 추진 사업에 참여하여 학생들의 사회적 생활 자립을 위한 지원도 받을 수 있다.

4) 특수교육 전문기관에서의 교원 전문성 신장과 교권 확립 지원

(1) 국립특수교육원의 교육 현장 지원

국립특수교육원은 특수교육 교원의 각종 연수와 연구, 현장 교육 관련 자료 개발을 위해 1994년 5월 경기도 안산시에 설립되었으며, 2010년 10월에 충남 아산시로 이전하였다. 국립특수교육원은 그동안 특수교육 교원의 전문성 신장과 교육 현장에서 필요로 하는 교과서와 교재 · 교구 개발, 정책 연구, 학부모 원격교육 등을 통해 한국 특수교육의 양적 확대와 질적 성장을 이루는 데 크게 기여해 왔다.

(2) 한국특수교육총연합회의 특수교육 지원

한국특수교육총연합회는 1962년 3월 '한국특수교육연구협회'로 설립된 후 지금까지 우리나라 특수교육 발전을 위한 제반 정책의 건의와 자문, 특수교육에 관한 국제교류와 정보 수집 및 보급, 장애별 · 직종별 특수교육 관련 단체의 육성과 지원, 특수교육 교원의 전문성 향상을 위한 현장 연구와 세미나 등 각종 행사를 추진하고, 교권 확립과 특수교원 지원 역할을 담당하고 있다.

그리고 각 시 · 도 교육연수원 및 대학 연구소와 협력하여 다양한 교원연수 프로그램과 특수교육 관련 학술회의 및 행사를 추진하며, 매년 실시되는 특수교육교사 현장연구대회 등을 통해 특수교육 현장 교원의 전문성 신장을 위해 노력하고 있다. 특히 한국특수교육총연합회는 사단법인 단체로 특수교육 교원과 교수들이 회원으로 참여하고 있으며, 각 시 · 도 지부를 두고 전문분야별 활동을 모색하고 있다.

3. 학교경영 계획 수립 및 경영 조직, 경영 영역

1) 학교경영 계획 수립 과정

학교경영은 일반적으로 학교경영 계획을 수립하고, 이를 실천하고, 그 결과를 평가하는 순환적 과정으로 이루어진다. 이러한 계획-실천-평가의 3단계를 좀 더 구체적으로 설명하면 다음과 같다(신현석, 이경호, 2014).

첫째, 계획 단계에서는 학교경영 목표 및 방침을 설정한다. 이때 학교경영 목표 달성을 위한 구체적 활동 계획 수립을 주요 내용으로 한다. 계획은 학교경영 계획, 과정별·부서별 운영 계획, 학급경영 계획으로 나누어 수립한다.

둘째, 실천 단계에서는 교육목표를 효율적으로 달성하기 위해 인적·물적 자원을 조직하고 배분한다. 그리고 교육과정 운영과 생활지도 등을 포함한 모든 교육 활동이 효율적이고 합리적으로 이루어지도록 지원, 관리, 조정한다.

셋째, 평가 단계에서는 설정된 목표에 비추어 학교경영 업무의 수행 과정과 산출을 분석하고 검토한다. 이러한 과정을 통해 모색된 개선 방안들은 다음 경영 계획에 반영됨으로써 학교경영의 성과를 극대화하는 데 기여한다.

이러한 학교경영 단계 중 계획 단계에서의 학교경영 계획 수립 과정은 각 특수교육기관마다 학년 초에 기획하여 작성하는 '학교교육계획서' 또는 '학교교육과정 운영계

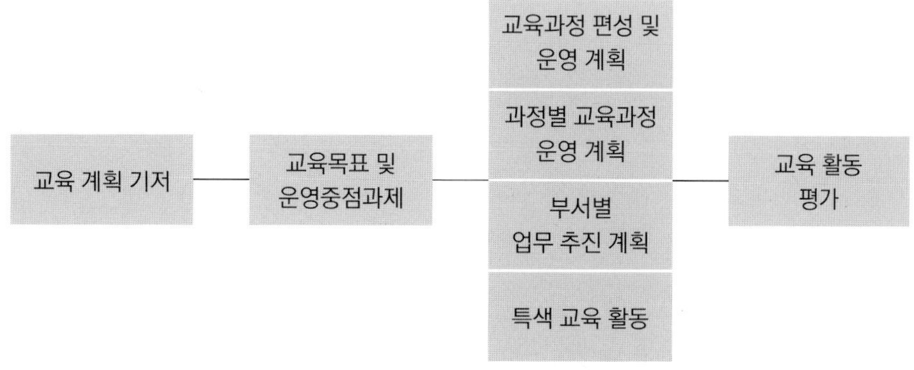

[그림 2-3] 학교경영 계획 수립 과정

획서'에 명시적으로 제시한다.

[그림 2-3]은 일반적인 학교경영 계획 수립 과정인데, 첫째, 교육 계획 기저 확인 단계, 둘째, 교육목표 및 운영 중점 과제 도출 단계, 셋째, 활동 계획 수립 단계로 교육과정 편성 및 운영 계획, 과정별 교육과정 운영 계획, 부서별 업무 추진 계획, 특색 교육 활동 등이 포함되고, 마지막으로 교육 활동 평가 단계로 구성된다.

2) 학교경영 조직

학교경영 조직은 학교경영을 보다 원활하게 하기 위한 조직으로서, 〈표 2-4〉에서 보는 바와 같이 교육 활동, 교무분장, 운영협의, 지역사회 관련 조직으로 구성된다. 일단 학교경영 목표 및 세부 방침이 결정되면 실천 단계에서 각종 활동이나 과제를 수행할 부서를 조직하고 담당자를 정하게 된다. 각 부서의 교사들이 서로 협력하고 창의성을 발휘할 수 있도록 여러 가지 자원이 적절히 분배되고 상호 소통이 잘 이루어진다면 학교경영은 원활해진다.

표 2-4 학교경영 조직

교육 활동 조직	교무분장 조직	운영협의 조직	지역사회 관련 조직
- 교과 조직 - 창체활동 조직 - 생활지도 조직 - 연구 · 연수 조직	- 교무기획부 - 연구(교육과정)부 - 생활안전-체육부 - 교육정보(과학)부 - 방과후교육부 등	- 교직원 회의 - 부장 회의 - 과정별 협의회 - 각종 위원회 - 교직원 상조회	- 학부모 조직 - 지역사회 인사 중심의 협의체 - 관련 기관 단체 - 졸업생 모임 등

한편 특수학교 경영 조직은 [그림 2-4]에서 예시한 바와 같이 학교급별 조직이 일반 학교와는 차이가 있다. 다시 말해 단위 학교 내에 유치원 과정과 초등학교 과정(초저, 초고로 나누기도 함), 중학교 과정, 고등학교 과정, 전공과 과정이 설치되어 있는 경우가 대부분이다. 그래서 학교 내에서 각 과정별 협의회를 통해 교육과정을 별도로 운영하게 되며, 필요에 따라서는 사립학교의 경우 초등특수교육교사 자격증을 소지한 교사가 중등과정에 배치되기도 하고, 반대로 중등특수교육교사 자격증 소지자가 초등과정에 배치되어 담임 및 교과를 담당하기도 한다.

[그림 2-4] 특수학교 경영 조직 예시

그리고 각종 협의회 및 위원회와 업무분장 조직은 대부분 일반학교 경영 조직과 유사하지만, 전공과전형위원회와 개별화교육계획위원회 등은 특수학교에서만 이루어지는 활동이다.

3) 학교경영 영역

학교경영 영역은 교육목표 설정, 교육과정 운영, 학생 관리, 교직원 인사, 장학, 시설 및 재정관리, 사무관리 등으로 구분된다. 이러한 영역들을 구체적으로 살펴보면 다음과 같다(서정화, 서성옥, 김동희, 이수임, 2007).

첫째, 교육과정 운영은 학년 초에 수립한 교육목표 달성을 위해 학교에서 계획적으로 이루어지는 학생들의 모든 교육 활동을 관리하는 것이다. 교육과정 운영에서는 교육과정의 정상적 운영 여부 및 수준, 교육과정 구성의 적합성 및 다양성, 학생들의 학력 및 학습 태도, 교육 평가 활동 등의 측면이 주요 관심 대상이다.

둘째, 학생 생활지도는 학생들의 교내외 생활 및 활동에 관한 안내 · 지도 활동으로서 상담, 진로, 건강 및 여가, 태도 등을 포함한다. 특히, 특수학교는 학생의 특이한 행동 특성에 따른 다양한 생활지도 방안을 마련해야 한다.

셋째, 교직원 연수 및 인사 관리는 교직원의 직무능력 향상 및 역량을 강화하기 위해 수행되는 연수 활동과 교직원의 평정, 내신, 사기 진작과 인간관계 관리 등이 이 영역에 포함된다. 연수의 기회와 질, 평정의 공정성과 교원의 사기 수준 등이 주요 관심 대상이다.

넷째, 교내 장학은 교원의 교수 · 학습지도 능력 향상과 학급 및 학년 경영의 합리화를 위해 학교 관리자 중심의 약식 장학과 동료 간 수업 공개와 자료 개발 등을 통한 전문적 학습공동체 활동 등을 들 수 있다. 최근 학교장의 수업 지도성이 강조됨에 따라 수업 장학 또는 임상 장학 형태의 실질적인 장학 활동 활성화와 여건 조성 등이 주요 관심 대상이 되고 있다.

다섯째, 사무관리는 학교경영 활동을 수행하는 과정에서 수반되는 제반 기록과 장부의 작성 · 보관, 공문서 처리 등의 문서관리 활동이다. 사무관리에서 중요한 것은 교육 활동의 지원과 효율적 운영 등이다.

여섯째, 재무관리는 교비 및 예산편성, 집행, 결산 등 학교교육 활동에 필요한 경비를 조달하고 운영하는 활동이다. 학교재정 규모의 적정성, 재원의 안정적 확보, 효율적 운영, 공개성 등이 주요 관심의 대상이다. 특히, 특수학교는 국립, 공립학교뿐만 아니라 사립학교도 「장애인 등에 대한 특수교육법」에 근거하여 시 · 도 교육청으로부터 교직원 인건비와 운영비 전액을 지원받고 있다.

일곱째, 시설 및 매체 관리 영역은 학교교육 활동 수행에 필요한 물적 조건과 자료 관리 등을 포괄한다. 여기에는 학교 부지 및 건물과 시설, 각종 교수·학습매체 및 기자재 관리 등이 포함되며, 시설 및 매체의 확보와 현대화·효율화 수준 등이 주요 관심 대상이다.

여덟째, 대외관계는 학부모, 지역사회, 행정당국 등과의 관계를 말하는 것으로, 학교교육에 대한 학부모의 반응 및 지원, 지역사회와 학교의 상호작용 등이 중요시되는 항목이다.

특수학교 경영 영역에서 가장 중요시되는 영역은 학교교육과정의 운영이라 할 수 있다. 왜냐하면 단위 학교마다 대상 학생의 장애 특성과 수준이 다르기 때문이다. 그러므로 특수학교의 교육과정 운영의 기본방향은 국가 수준 교육과정과 시·도 교육청의 운영 지침, 학교 구성원의 요구, 각 학교의 여건과 실정 등을 반영한 특색 있는 교육과정을 편성·운영하도록 해야 할 것이다.

함께 토의해 봅시다!

1. 학교경영에서 학교의 교직원들과 함께 학부모, 지역사회 기관 단체와의 협력이 중요한데 이를 효율적으로 연대할 수 있는 방안에 대해 토의해 봅시다.
2. 대부분의 특수학교에는 유치, 초등, 중학, 고등, 전공과 과정이 함께 설치되어 있는데, 각 과정별 교육과정 운영의 핵심 영역과 내용에 대해 토의해 봅시다.

선배가 들려주는 특수교육 현장 이야기 (2)

학교경영에 꼭 필요한 교사가 되자

어떤 공동체이든 일반적으로 조직에는 세 개의 그룹이 있다고 한다. 첫 번째는 그 조직을 주도적으로 이끌어 가는 꼭 필요한 리더 조직이고, 그다음은 자신에게 주어진 업무만을 일상적으로 행하는 중간 그룹, 그리고 세 번째는 조직의 업무 추진에 있어 걸림돌이 되거나 좌충우돌하여 별로 도움이 안 되는 그룹이 있다.

학교조직에도 이러한 세 그룹이 존재하고 있기 때문에 관리자는 신학기에 부장 및 담임 배정이나 업무 분장을 할 때 교사들의 희망이나 경력, 업무 능력 등을 최대한 고려하려고 노력하지만 학교경영에 꼭 필요한 리딩 그룹의 선택은 평상시 근무 태도나 인간관계를 중요하게 고려할 수밖에 없다.

최초의 국립 지적장애 특수학교인 경기도 S학교 교사로 근무할 때의 일이다. 개교 첫해에 중학교 1학년 담임을 맡았는데, 연구부장님이 경력 6년밖에 안 된 나에게 그해 배정된 교육실습생의 지도교사를 맡아 달라고 요청하였다. 당시 학생 생활지도 업무를 담당하고 있어서 다소 부담이 되기도 하였지만 교육실습생을 받겠다고 대답하였다. 그 일로 인해 연구부장과의 신뢰관계가 돈독해졌고, 교육부 지정 시범학교 추진 업무도 틈틈이 도우면서 연구 관련 분야에 대해 더욱 많은 것을 배울 수 있었다. 그때의 용기 덕분에 계속 공부하여 일본 문부성 초청 교원연수 유학을 가게 되었고, 돌아와서 연구부장을 맡게 되었으며, 이런 일들이 국립특수교육원의 현장연구원으로도 활동할 수 있게 한 힘의 원천이 되었다.

결론적으로 어느 공동체이든 일은 누구에게나 똑같이 주어지는 것이 아니다. 즉, 일을 더 하는 사람, 조금 하는 사람, 안 하는 사람이 있다. 일을 더 하는 사람은 억울하게 생각할 일이 아니다. 일을 안 하는 사람 또한 좋아할 일도 아니다. 능력 있는 사람과 마음씨 좋은 사람에게 일이 더 가고, 능력 없는 사람과 능력은 있으나 마음을 바르게 쓰지 않는 사람에게는 일이 덜 가게 마련이다. 일 많이 하는 사람은 손해 보고, 일 적게 하는 사람이 이익이 된다고 생각하지 말자. 학교 조직에서 어떤 일이 주어졌을 때, 때로는 힘이 들겠지만 그 일을 적극적으로 추진하여 꼭 필요한 교사가 되는 것이 없어도 될 사람보다 더 행복할 것이다.

Part 2

실제

학년 초

특수교육교사가 성공적인 학급운영을 하기 위해서는 체계적으로 학급경영 방침과 학급운영계획을 수립하고 학생을 맞을 준비를 한 후 새 학년을 시작해야 한다. 준비된 시작으로 학년 초에 학생 및 학부모와 신뢰를 구축하는 것이 중요하다.

3, 4, 5장에서는 지난 학년도를 마무리하고 새 학년도를 준비하는 의미 있는 일들이 이루어지는 2월과 새 학년도를 시작하는 3월에 학교에서 하는 일들을 담고 있다. 새 학년도를 시작하는 3월은 1년간의 성공적 학급운영을 위한 중요한 시점이고, 2월이 갖는 의미는 이렇게 중요한 3월을 준비하는 시간으로 쓰인다는 것이다. 여기에서는 학년 초에 특수교육교사가 학생을 새롭게 맞이하고 학급운영을 준비하기 위해 해야 할 업무들을 살펴본다.

Chapter

03

2월 말 학급운영

학습 목표

1. 새 학년도 준비를 위해 특수교육교사가 해야 하는 업무의 종류와 처리 방법을 기술한다.
2. 새 학기 학부모와의 원활한 소통을 위한 여러 가지 방안을 사례를 들어 설명한다.

2월 말 학급운영

월	영역	내용
2월	학급 운영	• 근무할 학교와 담당학생 파악 • 학부모(보호자)와의 소통 • 학급경영계획 구상 • 1학기 학급교육과정 만들기 • 교실환경 정비
	업무	• 업무분장 확인 • 인수인계서에 기록된 내용과 실물 대조 · 확인 • 업무포털 사용을 위한 인증서 발급 • 내선전화 및 메신저 사용

공통 교육과정 | 기본 교육과정 | 선택중심 교육과정

2월 학급운영

2월은 지난 학년도를 마무리하고, 3월에 시작될 새로운 학년도를 준비하는 시기이다. 2월에는 새 학년도 업무분장이 발표되고, 학급담임이 정해져 새로 배정 받은 학년 및 학급에 따라 교실 이동을 하거나 담당업무에 따라 자리 이동을 한다. 신규 발령을 받은 교사는 3월 발령 일자 이전에 2월에 발령지 학교에 출근하여 가르칠 학생과 해야 할 업무를 안내 받는다.

1. 근무할 학교와 담당 학생 파악

2월은 학교마다 새 학년도 준비를 하는 시기이며, 신규 발령을 받은 교사나 전입교사도 함께 준비에 참여한다. 새 학년도 준비기간은 대체로 2월 중 일주일 정도 운영하게 되는데, 학교 교육과정 편성, 업무 인계인수 등이 이루어진다. 신임 교사는 담당할 학급이나 교과를 배정 받고, 해야 할 업무도 안내 받는다. 이때 학교와 담당할 학생에 대한 정보를 최대한 많이 확보하는 것이 학생지도에 도움이 된다. 이와 함께 학교의 특별실의 종류들을 미리 파악해 놓으면 수업을 위해 필요한 경우에 사용할 수 있다.

담임을 맡게 된 경우, 학생에 대한 정보는 이전 담임교사나 해당 학년을 가르쳤던 교사들을 통해 받는 것이 도움이 된다. 학생에 대해 알아 두어야 할 정보로는 식사 및 신변 처리, 의사소통능력 정도, 학교를 벗어나는(교출) 위험 등에 대한 정보, 지원이 필요한 종류와 정도, 알레르기나 복용 약 등과 같은 건강 관련 정보, 학업 특성 등이 있다. 또한 문제행동을 가지고 있는 학생의 경우, 전년도 선생님이 사용한 중재기법에 대해서도 알아 놓으면 그 학생에 대해 일관성 있는 지도를 할 수 있다. 전년도 선생님이 사용한 중재기법이 효과가 없었다면 그 이유를 찾아보고 이번 학년도에는 학생에게 더욱 효과적인 방법을 찾아야 할 것이다. 이처럼 특수교육교사는 학생지도에 대한 정보를 서로 공유하고 지도방법에 대해서도 서로 의논하는 등 협력하는 자세가 필요하다.

교사의 역할은 무엇보다 학생들과 함께하는 교수·학습활동이기 때문에 학생들의 학습활동 및 생활적응에 대해 누가 기록된 개별화교육계획의 내용을 충분히 숙지해야 한다. 교과 전담을 하게 된 경우에도 자신이 가르쳐야 할 학년과 학생들의 특성을 파악하고, 가르칠 교과의 교육과정을 준비해야 한다. 이때 학생에게 중재가 필요한 행동이 있었다면 중재방법을 파악해 놓으면 도움이 된다. 학생에게 적용했던 행동중재 전략이 도움이 되어 문제행동이 제거된 상황 정보도 필요하고, 중재전략이 효과적이지 못했던 이유 등에 대한 정보도 필요하다. 특히, 지적장애나 자폐성장애를 가지고 있는 특수교육 대상 학생의 경우 이전에 적용한 중재전략의 이력을 알고 지도하는 것은 매우 도움이 된다. 이전 담임교사에게 얻을 수 있는 정보의 예는 〈표 3-1〉과 같다.

표 3-1 이전 담임교사에게서 얻을 수 있는 정보의 예

정보 종류	정보의 내용
통학 방법	등교 시 학교버스 2호차 이용, 하교 후 주간보호센터 이용
식사 및 신변 처리	달걀 알레르기가 있음. 대변을 볼 때 도움이 필요함
문제행동 (도전적 행동)	자신이 원하는 것을 얻기 위한 행동으로 장소를 가리지 않고 바닥에 드러눕는 행동을 함
기초학습 능력	낱말 읽기가 가능하고, 보고 쓸 수는 있음 한 자리 수 덧셈 가능함
행동중재 지원	문제행동을 소거하거나 바람직한 행동을 지도하기 위해서 사용한 중재방법으로, 좋아하는 물건이 있는 그림카드를 사용하였고 바람직한 행동이 유지될 경우 실물로 교환해 줌
지도상 유의점	체험학습 중에 관심이 있는 것을 발견하면 거기에 몰입되어 대열에서 이탈하는 경우가 많아 주의를 요함

TIP 근무할 학교와 담당 학생을 파악할 때, 정보의 풍부함과 함께 정확성이 중요합니다. 먼저 이전 담임 선생님을 찾아가 차를 나누면서 학생에 대한 정보를 듣고 도움을 청해 보세요. 많은 정보를 얻을 뿐만 아니라 학교에 적응하는 데 한결 도움이 됩니다. 업무나 학생에 대한 정보를 문서를 통해서만 이해하는 것보다 직접 설명을 듣는 것이 훨씬 정확하고 분명합니다.

처음 담임을 맡았을 때 뇌전증이 있는 학생이 있었는데 그때 경력이 많으셨던 이전 담임 선생님으로부터 들은 뇌전증발작 전조증상과 대처방법에 대한 설명은 지금까지도 교직생활에 도움이 되고 있습니다. 특히 작년에는 이제까지 한 번도 뇌전증을 보이지 않던 고등학교 2학년 학생이 수업을 마치고 계단을 내려가던 중에 전조증상을 보여 학생이 넘어지기 전에 재빨리 학생을 잡아주고, 고개를 옆으로 하고 편히 누울 수 있게 하여 학생이 다치지 않도록 안전하게 조치할 수 있었습니다. 주변 선생님의 도움을 받아 119와 보건실로 연락을 하

여 학생은 병원에서 정밀검사를 받았습니다. 그 학생의 학부모는 그 상황에서 안전하게 대처해 준 것에 대해 고마워하였습니다. 그 상황에서 매우 긴장되고 두렵기도 했지만 초임 교사시절에 숙지한 것들이 저도 모르는 사이에 행동으로 옮겨져 즉각적으로 대처할 수 있었습니다.

TIP 배정받은 학급의 학생을 파악할 때, 같은 학교에서 학년이 올라온 경우에는 직전 담임 선생님에게 정보를 얻으면 되지만 신입생일 경우(특히 초등학교 1학년)에는 정보를 얻기가 쉽지 않습니다. 이때 활용할 수 있는 것이 특수교육대상자 선정배치 입학서류입니다. 특수교육대상자 선정배치 서류를 제출하는 방법은 여러 가지가 있는데, 초등학교 입학의 경우 1순위 배치 희망교에서 원서를 작성하는 경우가 많고 최종 배치를 1순위 희망교로 받은 학생의 정보는 서류를 담당하는 주관부서(주로 교무부)의 협조를 받아 특수교육대상자 선정배치 서류 중 특수교육대상자 기초조사카드에서 얻을 수 있습니다. 이렇게 학생의 정보를 확인하고자 할 때에도 「개인정보 보호법」에서 허용되는 범위 내에서 하도록 합니다. 입학을 위한 특수교육대상자 선정배치 제출서류에는 개인정보 수집 및 이용 동의서가 포함되어 있습니다.

또한 학기가 진행되는 중에 전입생을 받게 되는 경우도 있습니다. 전입생은 타 지역에서 오는 경우도 있지만 특수교육대상자 재배치 신청으로 같은 지역에서도 특수교육대상 학생의 배치가 변경되어 전입을 오게 되는 경우도 있습니다. 전입생의 경우 "특수교육대상자가 다른 학교로 전학할 경우, 또는 상급학교로 진학할 경우에는 전출학교는 전입학교에 개별화교육계획을 14일 이내에 송부하여야 한다."는 관련법에 따라 개별화교육계획을 송부 받고 학생을 파악할 수도 있지만 배치 받을 때 이전 학교를 확인할 수 있기 때문에 이전 학교의 특수교육교사에게 전화를 하여 지도에 도움이 되는 정보를 얻을 수도 있습니다.

2. 학부모(보호자)와의 소통

개별화교육계획을 참고하여 학생의 교육과정 이행 정도 등을 파악하고 이전 담임교사를 통하여 통학 방법 등과 같은 정보 수집과 생활 및 학습 특성을 먼저 파악한 뒤 보호자(학부모)에게 학급 담임으로서 인사를 한다. 이때 학부모로부터 자녀의 의학적 장애 유형 및 전문적 소견 등에 대한 정보를 미리 파악해 두어야 한다. 이러한 정보는 특히 뇌병변장애로 인한 지체장애학생을 지도하는 데 있어서 매우 중요하다. 그리고 학급운영, 학습지도 및 생활지도 등에 관해 의견을 나누고 학부모의 교육적 요구를 듣는다. 이러한 과정을 통한 소통은 학부모로 하여금 담임교사를 신뢰할 수 있게 하고, 원만한 관계를 갖게 한다. 이때 교실의 전화를 사용하면 학부모가 교실의 전화번호를 알 수 있게 되어 다음에 학부모가 필요할 때 사용할 수 있다. 학생을 이해하기 위한 이러한 수고는 특수교육교사와 학부모 간에 학생지도에서 의견 차이가 있을 때 서로를 이해할 수 있게 해 준다. 학부모에게 처음으로 문자나 전화를 할 때 사용할 수 있는 방법의 예는 〈표 3-2〉와 같다.

표 3-2 학부모에게 처음 보내는 문자의 예

학부모님
안녕하세요?
귀댁의 자녀 ○○○를 올해 담임하게 된 교사 ○○○입니다.
처음이라는 말이 주는 떨림과 중요함이 있습니다. 아이들을 대하는 가장 첫 번째 마음은 사랑이라고 생각합니다. 올 한해 아이들이 충분히 사랑받고 있음을 느낄 수 있도록 사랑이 많은 교사로서 최선을 다하겠습니다.
저는 즐거운 교실을 만드는 것이 학급운영의 목표입니다.
○○○를 지도하는 데 있어서 학부모님께서 우선순위에 두는 것은 무엇인지요?
○○○를 지도할 때 특히 중점을 두기를 바라시는 것과 ○○○가 좋아하는 것, 잘하는 것 등의 특성을 알려 주시면 도움이 되겠습니다.

담임 ○○○ 드림

3. 학급경영계획 구상

학급경영은 학급의 교육목적과 교수 · 학습 목표 달성에 초점을 맞추어 학급의 다양한 자원을 계획하고, 조직하고, 조정하고, 통제하는 학급 내에서 이루어지는 모든 활동을 말한다.

학급경영 계획은 교사의 교육철학과 교직관에 따라 상당히 다른 결과를 가져온다. 특히, 특수학교에서는 특수교육교사의 교육철학과 교직관에 따라 매우 특색 있게 학급이 운영되는 경우를 자주 볼 수 있다. 학생에 대한 교육을 구체적이고 직접적으로 수행하는 곳이 학급이어서 학급경영을 어떻게 하느냐에 따라 학생의 성취 정도에 영향을 미쳐 교육의 성과와 질이 얼마든지 달라질 수 있다.

그래서 특수교육교사는 특수교육대상 학생의 교육적 요구와 사회에서 요구하는 교육에 대한 이해, 그리고 자신의 강·약점을 파악하여 객관적 관점에서 주관적 학급경영을 실천함으로써 특수교육대상 학생들의 발달을 효과적으로 지원해야 한다. 오늘날 특수교육에서의 학급경영 전략은 학습자 중심의 구성주의 접근이 주를 이룬다. 구성주의의 기본 가정은 '학습은 학습자의 경험에 기초하여 학습자의 내면에서 스스로 구성되는 것'이다. 따라서 구성주의에서 학습이란 개인적인 지식 구성 과정으로 현실과 유사한 맥락에서 학습이 이루어질 때 그야말로 실제로 활용할 수 있는 지식을 획득할 수 있는 것이다. 학습자가 지식이 발생되고 구성되는 상황에 능동적으로 참여함으로써 지식과 기술이 자발적으로 이루어지며, 지식은 그 지식이 적용될 상황 속에서 가르치고, 그 상황을 통해 일반화될 때 유의미하고 가치를 지닌다는 가정에 바탕을 두고 있다(변영계, 2006).

TIP 선배 교사들의 교육이야기를 담은 특수교육을 포함한 교육서적 읽기는 자신만의, 자신에게 맞는 교육철학이나 교육관을 정립하는 데 도움이 됩니다. 교육에 관한 자신의 생각이 어떠한지를 스스로 발견하기 위해서는 마인드맵이 유용하게 사용될 수 있습니다.

더 상세한 정보가 필요하다면!

김재훈(2017). 대한민국 교사로 산다는 것. 서울: 우리교육.
박진환(2019). 1학년은 처음인데요. 서울: 에듀니티.
소성현, 최준기, 김주향, 이승은, 황보순, 조경희(2018). 우리 성장속도는 시속 10km. 서울: 기역.
윤형진, 감소영, 김민진, 부경희, 이종필(2018). 특수교사 교육을 말하다. 서울: 새로온봄.
한경화, 변관석(2019). 나는 특수교사다!. 경기: 교육과학사.

4. 1학기 학급 교육과정 구안

「장애인 등에 대한 특수교육법」에서는 "교육과정의 범위 안에서 특수교육대상자 개인의 장애 유형과 정도, 연령, 현재 및 미래의 교육 요구 등을 고려하여 교육과정 내용을 조정하여 운영할 수 있다"고 명시하고 있다. 여기에 나오는 '교육과정'은 국가 수준 교육과정을 말하며, '교육과정 내용을 조정하여 운영할 수 있다'는 것은 학급 수준에서 교육과정을 재구성할 수 있나는 것을 의미한다. 이것은 표면적으로는 교육과정의 제

구성을 허용하는 것처럼 보이지만 내용적으로는 재구성을 해서 특수교육대상 학생을 지도하라는 의미를 내포하고 있다.

교육과정은 학습자에게 제공하고자 하는 학습 경험을 선정하고 조직하여 교육경험의 질을 구체적이고 의도적으로 관리하는 교육의 기본설계도로, 이를 단순하게 교육과정은 교육목표, 내용, 방법, 평가에 관한 일련의 계획이라고 할 수 있다. 또한 교육과정 재구성은 '교사가 자신만의 교육과정으로 교육과정을 구성해가는 모든 과정'이라고 할 수 있는데, 즉 교사가 교육과정 그 자체라는 것이다. 그러므로 교과서는 잘 정선된 자료일 뿐이며, '교과서를' 가르치는 것이 아니라 '교과서로' 가르친다는 인식의 전환이 필요하다(윤성한, 2017).

특수학교에서는 대부분 학급별 학생 특성에 맞는 학급 교육과정 또는 학년 교육과정을 만들어 수업에 적용하고 있다. 교육과정은 개별화교육계획 목표 수립과도 밀접한 연관을 갖고 있으며, 수업의 토대가 되므로 많은 시간을 할애해서라도 학생의 요구를 반영하여 체계적이고 구체적으로 만들어야 한다.

학급 교육과정을 만들때, 지적장애학교와 정서장애 및 자폐성장애 학교에서는 주로 기본교육과정의 '2015 특수교육 교육과정'으로 재구성하고, 시각장애학교, 청각장애학교, 그리고 지체장애학교에서는 공통교육과정 및 선택중심교육과정으로 교육과정을 재구성하되 학생의 요구에 따라 필요할 경우 기본교육과정을 포함하여 재구성한다. 최근 들어 지체장애학교에 중도·중복장애 학생이 많은 비중을 차지하고 있어 기본교육과정을 적용하는 경우가 많다. 교육과정의 선택은 학교가 아닌 학생의 장애 특성과 학업 성취 수준에 맞추어 개방적으로 할 수 있다.

〈표 3-3〉은 기본교육과정을 사용하는 특수학교에서 '2015 특수교육 교육과정'을 토대로 재구성한 초등학교 5학년 사회과 교육과정의 예이다.

한편 2월에는 수업 운영을 위한 시간표를 짜게 된다. 특수학교의 경우에는 특별실을 초등학교, 중학교, 고등학교 과정에서 같이 사용하는 경우가 많으므로 전체 시간표를 담당자가 짜기도 한다. 이런 경우에 학급 담임의 수업 시간을 1교시에 배정하면 학급 담임이 수업을 하면서 학생들의 건강상태 등을 확인할 수 있다.

더 상세한 정보가 필요하다면!

윤성한(2017). 교육과정 재구성과 수업디자인. 경기: 교육과학사.
김영미, 김혜리, 한경화, 김정미, 김아영(2018). 특수교육 교육과정 재구성. 경기: 교육과학사.

표 3-3 기본교육과정을 사용하는 특수학교 초등 사회과 교육과정 예

초등학교 5학년 1학기 사회과 교육과정

월	주	1(1)	2(2)	3(3)	4(4)
3	영역	관계의 삶	관계의 삶	나의 삶	시민의 삶
	단원	학교생활과 선택	학교생활과 선택	내가 가꾸는 생활	우리 생활과 공공기관
	제재	알림장을 쓰는 방법을 알고, 알림장에 필요한 준비물 찾기 ★생활안전교육(1)	학교생활에서 필요한 알맞은 물건 선택하여 가방 속에 담고 우리 교실 꾸미기 ★생활안전교육(2)	깨끗하고 단정한 나의 모습과 올바른 식사 예절 알기 ★생활안전교육(3)	내가 이용해 본 공공기관을 말하고, 우리 동네에 있는 다양한 공공기관 찾기 ★생활안전교육(4)

월	주	1(5)	2(6)	3(7)	4(8)
4	영역	시민의 삶	시민의 삶	시민의 삶	시민의 삶
	단원	우리 생활과 공공기관	우리 생활과 공공기관	우리 생활과 공공기관	우리 생활과 공공기관
	제재	우리 동네 경찰서에 도움 요청하는 방법을 알고, 길을 잃었을 때 상황극 해 보기 ★약물 · 사이버 중독 예방교육(1)	경찰관이 하는 일을 알고 친구들과 함께 경찰관 체험하기 ★약물 · 사이버 중독 예방교육(2)	우체국에서 하는 일을 알고 편지와 소포 보내는 법 알기	부모님, 친구에게 보낼 편지 쓰기와 소포 만들기

월	주	1(9)	2(10)	3(11)	4(12)	5(13)
5	영역	시민의 삶	시민의 삶	시민의 삶	시민의 삶	시민의 삶
	단원	지역 사회 생활	지역 사회 생활	지역 사회 생활	지역 사회 생활	지역 사회 생활
	제재	우체국에 방문하여 편지와 소포 보내기 ★생활안전교육(5)	병원에서 하는 일을 알고 병원을 이용하는 방법 알기 ★생활안전교육(6)	병원을 이용하는 방법을 기억하여 친구들과 병원 역할극 하기	친구들과 함께 병원 이용하기	우리 동네의 공공기관 지도 만들기

월	주	1(14)	2(15)	3(16)	4(17)
6	영역	시민의 삶	시민의 삶	시민의 삶	시민의 삶
	단원	다양한 경제생활	다양한 경제생활	다양한 경제생활	다양한 경제생활
	제재	학교 주변의 여러 가게를 조사하고 나한테 필요한 물건 알아보기	친구들과 함께 문방구에 가서 학교에서 필요한 준비물 사기	물건을 사기 위한 방법을 알아보고, 물건의 가격에 맞게 계산하기	내가 좋아하는 동화책을 조사하여 서점에서 동화책 구매하기

월	주	1(18)	2(19)	3(20)
7	영역	시민의 삶	시민의 삶	시민의 삶
	단원	다양한 경제생활	다양한 경제생활	다양한 경제생활
	제재	물건을 사기 위한 계획표를 만들고, 마트에 가서 가정에 필요한 물건 구매하기 ★약물 · 사이버 중독 예방교육(3)	학교 주변의 음식점을 조사하여 친구들과 함께 음식점에서 음식 주문하기 ★약물 · 사이버 중독 예방교육(4)	내가 구매했던 물건 목록표를 작성하고, 2학기 때 필요한 물건 목록표 만들기 ★약물 · 사이버 중독 예방교육(5)

★안전교육

5. 교실 환경 정비

학생들은 학교생활의 대부분을 교실에서 보내므로 교실 환경은 학생들에게 중요하다. 새 학년이 되어 새 교실에서 생활해야 하는 학생들에게는 새로운 교실이 낯선 환경이 된다. 특히 초등학교 1학년, 중학교 1학년, 고등학교 1학년의 신입생들이 새로운 환경에 적응할 수 있도록 안정감 있는 교실 환경이 되도록 정비한다. 학생들이 자신을 반겨 주는 교실에서 기쁜 마음으로 새 학년을 시작할 수 있고, 학생들에게 소속감을 주기 위해서 학생들의 이름을 교실 곳곳에 붙여서 환영을 한다. 이때 초등학교, 중학교, 고등학교 특수교육대상 학생들이 좋아할 만한 캐릭터를 이름표 배경 등에 사용하여 학생들이 관심을 가질 수 있도록 하는 것이 좋다.

학생들이 들어오는 교실 문에는 환영의 말을, 게시판, 신발장, 개인 사물함 등에는 학생들의 이름이나 사진을 붙여 놓는다. 학생들이 새 교실에서 편안한 마음으로 생활할 수 있을 정도로 적응하였을 때 교육과정에 따른 교수 · 학습 활동이 원만히 이루어지며 학생들의 학교생활이 즐겁게 된다.

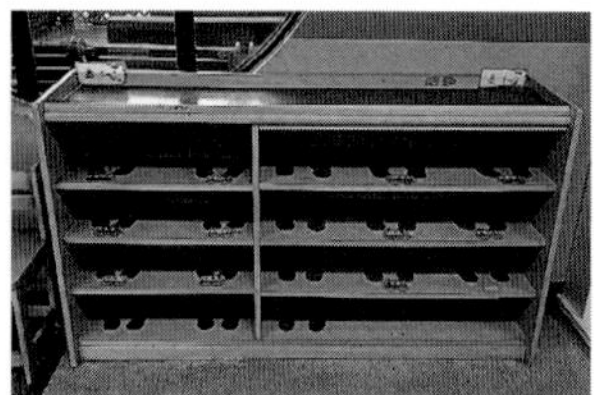

[그림 3-1] 교실입구 학생 명단 및 신발장 이름표

교실에 학생의 특성과 관련하여 안전에 문제가 되는 물건이나 가구는 없는지 꼼꼼히 확인한다. 안전을 위해 교실을 정비하고 깨끗하게 청소하는 것은 물론 고장 난 책상이나 의자는 행정실의 협조를 받아 수리한다.

다음으로 수업을 위해 책상 배치는 어떻게 할지를 구상한다. 책상 배치는 U형, 一형 등으로 하는 경우가 많은데, 초등학교 · 중학교 · 고등학교 과정별 학생 특성과 학급 특성, 그리고 수업의 주제에 따라 융통성 있게 한다. 휠체어를 이용하는 학생이 있을 경우 휠체어의 이동이 가장 편리한 자리에 배치한다. 특히 학생들의 자리는 동일한 자세 유지로 인한 불편이 없도록 정해진 일정 기간이 지나면 서로 바꾸어 주는 것이 좋다.

감염병 예방 등을 위해서 필요한 경우, 학생 간 접촉을 최대한 제한할 수 있도록 간격을 두고 책상을 배치한다.

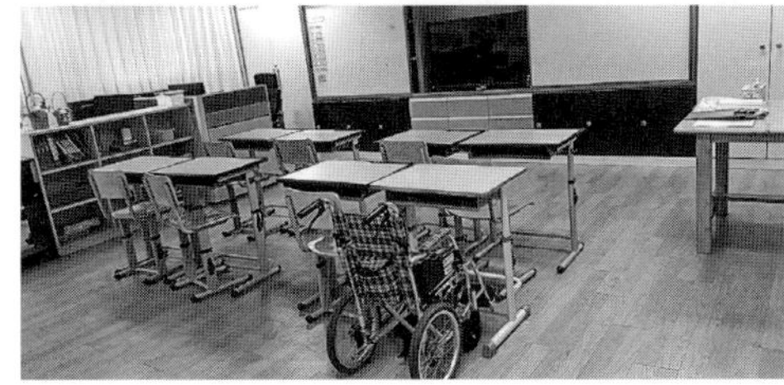

[그림 3-2] 책상 배치의 예

TIP 학생의 자리를 배치할 때 특수교육보조인력의 지원을 고려하여 배치하도록 합니다. 지원이 필요한 학생에게 특수교육보조인력이 적절하게 지원할 수 있도록 학생 뒤 또는 옆에 앉을 수 있도록 별도의 의자를 준비하여 놓습니다. 학생의 옆에서 지원해야 하는 경우에는 지원이 필요한 학생이 가장자리에 앉도록 배치하는 것이 좋습니다.

학생의 자리 배치에서 고려해야 하는 중요한 것 중의 하나는 학생이 보이는 문제행동입니다. 특히 서로의 행동이나 소리 등에 예민하게 반응하는 학생들은 서로 간격을 두고 앉을 수 있도록 배치하여 학생이 보이는 개인 간 차이를 배려하도록 합니다.

TIP 학급 환경을 구성할 때, 긍정적 행동지원의 보편적 지원을 위한 약속된 활동을 학생이 실천했는지 스스로 확인할 수 있는 칭찬판을 만들어서 활용하면 학생의 행동을 즉시 강화하는 데 도움이 됩니다. 칭찬판을 꾸밀 때는 학생들에게 경쟁이 아니라 모든 학생이 칭찬을 받도록 하는 데 목적을 두고 학생별로 다양하게 만들어 주는 것이 좋습니다.

TIP 유치원이나 초등학교의 경우 신발장 옆에 의자를 두면 서서 신발을 신고 벗기 힘들어하는 학생을 지도할 때 도움이 됩니다.

2월 말 업무

특수교육교사에게 가장 중요한 업무는 학생의 교육적 요구에 따른 학습목표를 달성하는 것이라 할 수 있으며, 이것은 많은 부분이 수업을 통해 이루어지므로 가장 중요한 업무는 수업이라고 할 수 있다. 그런데 학교에서는 수업 외에 교사가 해야 할 업무가 있는데, 대부분의 업무가 학생들의 지도와 관련된 일이다. 2월에는 새 학년도에 맡을 업무가 주어지는데 여러 가지 업무 중에서 나이스[1] 등 학년 초에 중요하게 다루어지는 업무가 있으므로 미리 내용을 파악하고 일정에 맞게 추진하도록 한다.

1. 업무분장 확인

학교는 교사 본연의 업무인 수업을 통한 교수 활동 및 교육과정 운영, 학생 생활지도 이외에 교육 활동 운영과 관련된 업무를 추진하게 된다. 이러한 업무를 교사들 간에 서로 나누는 것을 업무분장이라고 하며, 모든 교사가 빠짐없이 참여하게 된다. 업무분장은 업무의 성격에 따라 부서별로 구분하고 부서의 업무를 총괄하는 부장교사(보직교사)를 중심으로 부서의 성격에 따른 업무를 나누어 부원교사가 맡게 된다. 2월이면 부서별, 교사별로 나누어진 학교 업무를 업무분장표로 만들어 공유한다.

일반적으로 학교의 부서 명칭은 학교마다 특색을 살려 정하고, 부서 간 업무도 학교의 형편에 따라 정한다. 부서의 조직 구성은 학교의 특성 및 학급수 등의 형편에 따라 다르지만 대개 학교가 처리해야 할 고유 업무가 있기 때문에 교무부, 교육과정부, 교육연구부, 교육정보부, 생활안전부, 학생인권교육부, 예체능교육부, 방과후교육부 등으로 나누며, 주요 업무의 예는 〈표 3-4〉와 같다.

1) 나이스(교육행정정보시스템, National Education Information System: NEIS): 전국의 학교, 시 · 도 교육청 및 교육부가 모든 교육행정 정보를 전자적으로 연계처리하며, 국민 편의 증진을 위해 행정안전부 등 유관기관의 행정정보를 이용하는 전국 단위의 종합 교육행정정보시스템이다.

표 3-4 부서별 주요 업무 내용 예

부서	주요 업무
교무부	학교 교육계획, 주간 · 월간 계획, 학교 교육 활동과 직접 연관이 있는 행사(입학식, 졸업식, 시업식, 종업식), 학적, 학교생활기록부 관리, 출석 관리, 교육통계, 나이스 등
교육과정부	수업시수 관리, 시간표 운영, 개별화교육계획 관리, 교육과정 운영평가(학생종합일람표), 체험학습, 수련활동, 자유학년제 운영, 교과서 구입 및 배분 등
교육연구부	연구학교 운영, 부모교육, 수업연구 및 공개수업, 학습공동체 운영, 각종 연수 등
교육정보부	홈페이지 관리, 정보 인프라 구축 및 기자재 관리 등
생활안전부	학교안전계획 운영, 비상탐색조 운영, 고농도 미세먼지 대응, 재난안전 훈련 등
학생인권교육부	학교폭력 및 인권교육, 학생회 운영 등
예체능교육부	운동회 및 축제 운영, 학생건강체력검사, 각종 예능행사
방과후교육부	교내 방과후학교 운영, 돌봄교실 운영 등

TIP 교사에게는 그 시대가 요구하는 학생들의 역량을 키우며 그에 따르는 수업, 체험 활동 등에 대한 교육지원이 업무로 주어집니다. 요즈음은 과거에 비해서 안전교육, 인권교육, 개인정보보호 등이 강조되면서 그에 따른 업무가 늘어나고 있습니다. 이처럼 학교 업무의 내용은 고정된 것이 아니라 변화되어 가고 있으며, 같은 업무라고 하더라도 학교의 상황에 따라 다른 부서에 속하기도 합니다.

2. 인수인계서 기록 내용과 실물 대조 및 확인

학교교육계획서를 보고 1년간의 학교 운영 및 부서별 업무를 확인하고, 소속 부서에 맡겨진 업무 내용을 인수 받는다. 인수인계서에 기록된 학급운영 관련 장부, 학급기자재 대장, 비품과 담당 업무 관련 장부는 실물을 통해 내용을 파악하고 확인한다. 업무인수인계는 K-에듀파인에서 [업무인수인계]의 [인계함]과 [인수함] 통해서 할 수 있다. K-에듀파인을 통한 업무인수인계 시 과제카드가 인계된다.

인수인계할 업무 내용의 예는 〈표 3-5〉와 같다.

표 3-5 인수인계할 업무 내용 예

구분	내용
학급경영 관련	교실 출입문 열쇠
	교실 사물함 열쇠
	교과서 및 학생용 도서
	교사용 지도서
	개별화 교육 파일
학급기자재 및 비품	물품 대장
	컴퓨터 비밀번호
	프린터기
	TV
	교재, 교구
	학습 준비물 일체
	디지털 카메라
	태블릿 PC
담당 업무	업무 관련 파일 및 물품
	업무 관련 장부

3. 업무포털 사용을 위한 인증서 발급

학교의 업무는 업무포털을 통해서 이루어진다. 새 학기 업무를 시작하기 전에 업무포털을 사용하기 위한 인증서를 받아 두어야 한다. 업무포털 메인화면에는 학교 업무와 관련된 나이스(NEIS), K-에듀파인, 기록관리 등의 메뉴가 있다. 업무포털은 시·도별로 운영된다. 예를 들면, 서울특별시교육청 업무포털, 경기도교육청 업무포털, 세종특별자치시교육청 업무포털 등이 있다. 시·도 교육청마다 업무포털 시작 화면은 다르지만 로그인하는 방법은 같다.

업무포털 나이스의 기본 메뉴에서는 교사 개인의 인사 기록, 복무, 급여 등의 정보에 접근할 수 있으며, 업무메뉴에서는 교육과정, 개별화교육계획, 학적, 학생 생활, 성적, 학교생활기록부 등 학생지도와 관련된 것이 있다. 나이스의 업무메뉴를 사용하려면

[그림 3-3] 업무포털 시작화면 예

권한이 필요한데, 권한 설정은 나이스 담당자가 일정 절차를 거쳐 권한을 승인한다.

대부분의 학교에는 나이스 업무 담당자가 있으며, 인증서 신청은 다음 절차에 따라 이루어진다.

① 자신이 근무하는 학교가 소속된 교육청의 업무포털 사이트에 들어간다.
② 행정전자서명인증센터를 클릭하여 개인용(개별) 신청서를 다운 받아 작성한다.
③ 작성한 신청서를 나이스 담당교사에게 제출하면 소속에 따른 인증서 발급기관으로 공문을 발송한다. 〈표 3-6〉은 소속기관에 따른 인증서 발급기관을 정리한 것이다.

표 3-6 소속에 따른 인증서 발급기관

인증서	신청자(기관) 소속	발급 문의 및 공문 수신 기관(등록 기관)
• 개인용 • 전자관인용(기관용) • 특수목적용(업무용)	유 · 초 · 중학교, 교육지원청	관할 교육지원청
	고등학교, 시 · 도 교육청, 본청 직속기관	관할 시 · 도 교육청
	대학(부설 부속학교 포함)	해당 대학
	공공기관	해당 기관
	교육부, 직속 기관, 국립학교	한국교육학술정보원

④ 인증서가 발송되면 '발급알림' 문자와 발급안내 메일이 온다.

⑤ 안내메일에는 인증서 파일이 있으므로 저장매체(USB 권장)에 저장한다. 교육부 인증서는 GPKI 폴더에 저장된다.

⑥ 인증서를 받은 후에는 사용자 등록을 한다. 사용자 등록을 하기 위해서는 나이스의 교원인사 메뉴에 인사정보 등록이 먼저 되어 있어야 하는데, 신규 교사의 나이스 인사정보는 발령청인 교육청에서 생성한다(사립학교의 경우에는 행정실). 인사정보가 등록되면 업무포털에서 바탕에 있는 사용자 등록을 클릭하여 절차에 따라 주민등록번호를 입력하고, 인증서를 선택하여 인증서 암호를 입력한 후 확인을 누르고 아이디를 입력하면 사용자 등록이 완료된다.

K-에듀파인에는 업무관리, 지식관리, 학교회계, 서비스공통의 메뉴가 있다. 공문 접수와 기안문을 작성하는 업무는 업무관리 메뉴에서 하고, 물건 구입을 위한 품의서를 작성하기 위해서는 학교회계를 선택한 후 사업관리를 클릭하고 사업담당의 품의/정산 메뉴에서 한다. K-에듀파인 사용을 위해서는 업무 관련 과제카드를 부여받는데, 과제카드는 행정실 업무담당자가 줄 수도 있고 해당 부서의 부장이 줄 수도 있다. 업무를 위해서 과제카드가 필요할 경우 요청한다.

[그림 3-4]는 K-에듀파인의 기본 메뉴를 보여 준다.

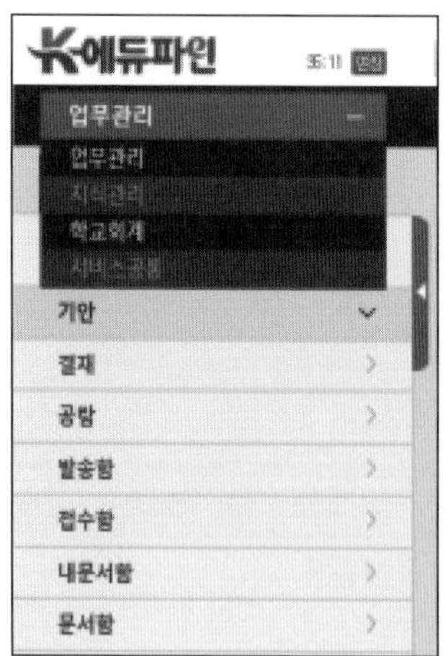

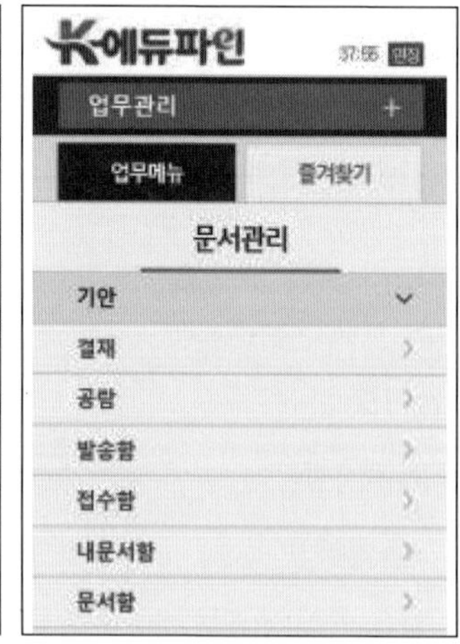

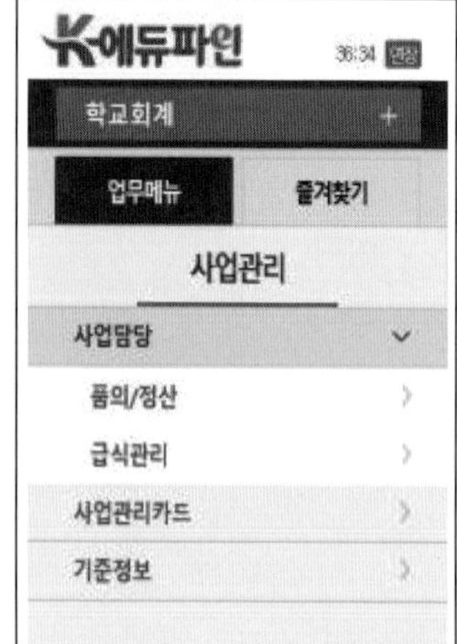

[그림 3-4] K-에듀파인 메뉴

TIP 교육부 인증서에도 유효기간이 있는데, 유효기간 만료 90일 전부터 인증서 갱신 안내 문구가 뜹니다. 인증서 갱신은 업무포털 시작화면의 전자서명인증센터에서 인증서 갱신을 클릭

한 후 절차에 따라 하면 됩니다. 인증서 갱신 문구가 뜨면 바로 갱신을 해 놓으면 인증서 유효기간이 만료되어 재발급받는 수고를 덜 수 있습니다.

4. 내선 전화 및 메신저 사용

학교에서 교사의 가장 중요한 역할은 수업을 하는 것인데, 시간표에 따라 수업이 운영되므로 교사 간 수업 시간이 달라 일과 시간 내에 만나서 회의를 하거나 업무 협의를 하는 데는 한계가 있다. 그러므로 학교 내에서 업무를 전달하거나 교사 간 의사소통을 해야 할 때, 학교 전화를 이용하는 경우가 많으므로 학교 대표 전화번호와 각 실의 내선 번호를 확인해 놓는다.

전화 외에도 학교에서는 소통 수단으로 쪽지를 주고받거나 파일을 주고받을 수 있는 인터넷 기반의 SNS와 같은 메신저를 사용하고 있으니 메신저 사용 방법에 대해서도 미리 알아 둘 필요가 있다. 메신저는 수업 등으로 직접 만나기 어려운 학교 상황에서 자료 전달이나 업무 협의에 매우 유용하게 사용되며, 실제 학교현장에서 많은 업무가 메신저를 통해서 처리되고 있다. 메신저는 학교 또는 교육청별로 다른 종류를 사용할 수 있지만 기본 사용 방법은 같다. 메신저는 조직별로 그룹 지어져 있어 사용하기에 편리하다.

요즘은 교육청에서 메신저를 운영하는 경우가 많다. 예를 들면, 경기도교육청의 경우는 경기교육통합메신저(GOE 메신저)가 있고, 서울특별시교육청의 경우 SEN 메신저가 있으며, 경상남도교육청의 경우 경남교육메신저가 있다. 강원도교육청에서는 모두톡 메신저를 개발하여 사용한다. 교육청에서 운영하는 메신저의 경우 교육행정전자서명 인증(나이스의 아이디)으로 로그인을 한다. 교육청별로 운영하는 메신저는 교내의 업무 전달뿐만 아니라 교육청에 소속된 모든 교직원과 쪽지나 대화 등을 통해 소통할 수 있고, 업무 자료를 주고받을 수 있다. 학교에 따라 교내 교직원 간의 업무전달 및 의사소통을 위해서 별도의 업무용 메신저를 설치하여 운영하기도 한다. 메신저는 설치 프로그램 주소를 받아 절차에 따라 설치하면 된다. 조직도에서 대화나 쪽지를 보낼 이름을 선택하여 사용하면 되고, 소속을 모를 경우 검색창에 이름으로 검색할 수 있다. [그림 3-5]는 학교에서 사용하는 메신저의 예이다.

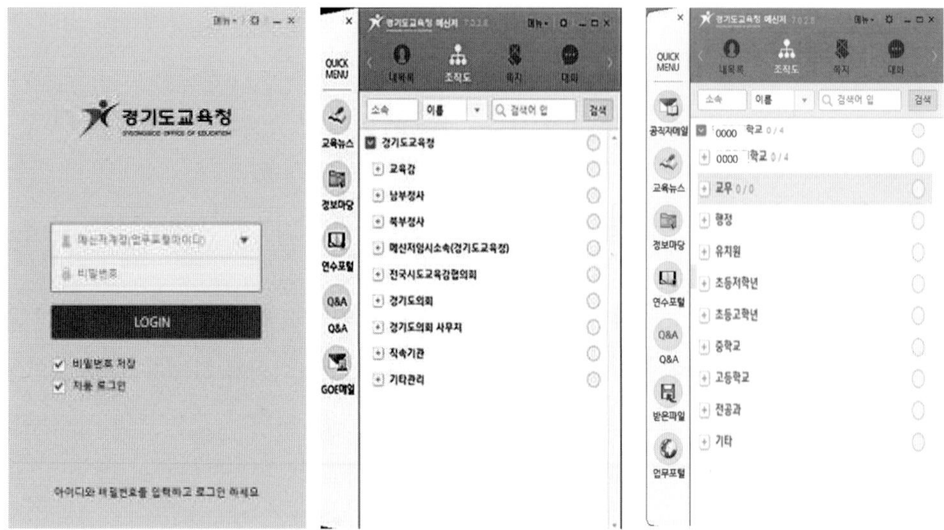

[그림 3-5] 학교에서 사용하는 메신저 예(경기교육통합메신저)

TIP 메신저에 자동 로그인 설정을 해 놓으면 업무용 컴퓨터를 켤 때 자동으로 열려서 매우 편리합니다.

TIP 실제 학교 현장에서 메신저를 사용하여 효율적으로 업무를 처리할 수 있습니다. 맡은 업무인 학생 배치 및 전입학 등에 대해 궁금한 것이 있을 경우, 특수교육지원센터의 담당자에게 바로 메신저 쪽지로 궁금한 사항을 보내고 답장을 받을 수 있습니다. 경기도교육청의 장학사에게도 업무와 관련하여 궁금한 것이 있으면 쪽지로 문의하고 답변을 받고 있습니다. 일일이 전화로 문의하지 않아도 되고, 쪽지로 문의를 하고 수업을 마치고 돌아와 쪽지 내용을 확인하면 되어 업무의 능률상 많이 이용하고 있습니다.

함께 토의해 봅시다!

1. 새로 담임을 맡은 학급의 학생 간 학습 특성 차이가 크다면 학급교육과정을 어떻게 구성해야 할지 토의해 봅시다.
2. 새 임지 학교에서 교과전담으로 미술과목을 맡게 되었고 교내환경 업무를 담당하게 되었을 때 특수교육교사는 2월에 무엇을 해야 할지 토의해 봅시다.

선배가 들려주는 특수교육 현장 이야기(3)

학생은 자신과 소통하고 공감해 주는 교사를 따른다

특수교육 현장에서 학생들과의 수업이나 생활지도 장면에서 가장 중요한 것은 상호 간의 의사소통이다. 발달장애 학생들, 특히 중도·중복장애 학생의 경우, 그들의 생각이나 의지, 교육적 요구 등을 제대로 파악하는 것은 여간 어려운 일이 아니다.

그래서 교사는 신학기에 학생들을 처음 만나면 일반적인 장애 유형의 특성 이외에 그들의 교육적 요구와 특정 상황에서의 마음 상태를 제대로 파악하기 위해 이전 담임교사나 학부모로부터도 다양한 정보를 얻으려고 노력하게 된다.

○○대학교 부속 특수학교인 B학교에서 교직 3년 차 시절의 일이다. 당시 지적장애와 청각장애를 중복으로 가진 기철(가명)이는 초등학교 4학년생이었다. 어느 날 아침, 통학버스에서 내리는 기철이를 반갑게 맞이하려고 자세를 낮추어 팔을 벌리고 안으려고 하는데 이마로 내 오른쪽 눈 위를 사정없이 들이받았다. 순간 눈에 별빛이 번쩍했다. 얼른 오른손으로 눈을 감싸고 왼쪽 눈으로 기철이의 얼굴을 쳐다보니 화가 나서 흥분된 모습이었다. 평소에는 내가 안아서 등 쪽에 압박감을 주면 행복한 미소를 지으며 까르르 웃던 기철이에게 무방비 상태에서 그렇게 당하고 보니 비로소 학생의 표정을 미처 살피지 못한 나의 불찰을 절실히 깨달았다. 통학차량 실무사에게 알아보니 중학교 선배가 학교버스에서 잠을 자는 기철이의 팔을 꼬집어 짜증이 났었고, 버스 안에서도 머리로 좌석 등받이를 몇 차례 들이받았다고 한다.

그래서 그 이후에는 항상 발달장애 학생과의 학습 활동이나 생활지도를 할 때, 그들의 흥미와 욕구를 명확히 파악하고 어떤 상황에 따른 올바른 소통과 대응을 위해 다음의 몇 가지 사항을 늘 염두에 두고 있다.

우선 학생들의 표정을 수시로 살펴서 현재의 감정을 알아보려고 노력하고, 어떤 과제를 수행할 때 집중하지 않으면 학생이 어디를 쳐다보고 있는지 시선을 확인하여 관심 있어 하는 교재나 교구를 준비하고 있다. 또한 학생의 어떤 행동이나 동작을 보고 무엇을 요구하고 있는지 알아보며, 학생이 갑자기 울거나 이상한 소리를 낼 때 그 울음소리의 강도나 목소리 톤을 통해 학생의 현재 마음 상태를 파악해 본다. 특히 학생이 취하고 있는 자세를 통해서도 욕구나 감정을 알 수 있으므로 세심하게 관찰할 필요가 있다.

Chapter

04

3월 학급운영

학습 목표

1. 학급경영계획 수립 절차에 따라 가상의 학급경영계획을 세운다.
2. 학년 초에 학부모에게 전달할 편지와 학급안내문을 작성한다.
3. 개별화교육지원팀 협의회 개최를 위해 준비해야 할 것을 목록으로 만든다.

3월

월	영역	내용	영역	내용
3 · 4월	학급 운영	• 학급경영 계획 수립 • 학부모에게 보내는 편지 및 학급안내문 작성 • 학생 실태 및 특성 파악 • 학생 개인별 사진 촬영 • 학생 출결관리 • 개별화교육계획 수립 • 현장체험학습 계획 수립 • 자유학기제 계획 수립 • 학급 임원 및 전교학생회 임원 선출 • 신체검사 실시 • 개인정보 수집 및 이용에 관한 학부모의 동의 • 보조공학기 신청 • 방과 후 활동 안내 • 학급운영비 예산 수립	학습 지도	• 학급 학생의 특성에 따라 교육과정 재구성 • 기초학습능력 파악 • 주간교육계획안 및 주간교육활동 안내문 작성 • 개별화교육계획 작성/장단기 목표, 월간교육계획 등 • 나이스 작성 • 진로 상담 및 직업관련 검사 실시
	생활 지도	• 등하교지도/통학버스 승하차 지도 • 쓰레기 분리 배출 방법 지도 • 화장실 이용 지도 • 식사 관련 학부모 요구 조사 • 교출 및 미아발생에 대한 지침 확인 • 황사 및 미세먼지 대처 방안 • 교육급여 및 교육비 신청	업무	• 특수교육대상학생 취학 처리 • 신입생 학부모 대상 교육과정 설명 • 학적관리 • 통합교육 운영 계획 • 학생 교출 시 행동 모의훈련 • 특수교육지원인력 운영계획수립 및 관리

3월 학급운영

학년 초인 3월의 학급운영은 아무리 강조해도 지나치지 않다고 할 만큼 학교에서는 중요한 시기이다. 해당 학년도에 학교에서 이루어지는 대부분의 활동은 3월에 계획을 수립한다. 무엇보다 이 시기에 형성된 학생과 학부모와의 신뢰는 특수교육교사에게 일 년 동안 학급 교육과정을 운영하고 특수교육대상 학생을 지도하는 데 힘이 된다.

3월에는 입학식 및 개학식과 함께 학생에 대한 기초적인 정보를 파악하기 위해서 '학생기초조사서' 등을 가정으로 배부하고 수합하게 되며, 학교 및 학급별로 설명회를 가지게 되므로 학급경영계획, 특색활동 등을 차근차근 준비하도록 한다.

1. 학급경영계획 수립

2월에 구상한 학급경영계획을 중심으로 실제로 학급운영을 위한 구체적인 계획을 수립한다.

1) 학급경영의 방향 정하기

특수교육교사의 학급경영관이나 교육철학을 토대로 학급경영의 방향이 정해지고, 특수교육교사가 정하는 학급경영의 방향에 따라 학급의 특성이 결정된다. 학급경영의 방향을 예로 들면 다음과 같은 것이 있다.

예1) 즐거운 학급 분위기 조성

예2) 잠재능력의 최대한 개발

예3) 자발적 참여기회 제공

2) 급훈 만들기

급훈은 담임교사인 특수교육교사의 교육철학과 학급운영의 중점사항이 담긴 학급 운영 목표라고 할 수 있는데, 가르치고 배우는 데 있어서 가장 중요한 것이 무엇인지를 나타낸다. 특수교육대상 학생들이 실천할 수 있는 급훈의 예를 들면 다음과 같은 것이 있다.

예1)	서로 도우며 함께 성장하는 우리들
예2)	감사하는 마음을 갖자
예3)	봉사하는 생활
예4)	웃는 얼굴로 생활하자

3) 학급규칙과 역할 정하기

학급 안에서 학생들이 지켜야 할 규칙을 정해 놓고 생활하면 규칙을 익히고 지켜가는 과정에서 학급생활에 적응하게 된다. 학급규칙은 1년 동안 교실에서 학생들과 함께 자치적으로 생활하는 데 매우 중요하다. 학급에 속한 특수교육대상 학생들의 생활 연령이나 수준에 따라 규칙의 내용을 달리 한다. 특수교육대상 학생들은 정해진 규칙을 지키는 것을 통해 책임감을 기를 수 있고, 서로를 배려하는 마음을 배우고 공동체 역량을 기를 수 있게 된다. 꼭 지켜야 하거나 중요한 규칙은 미리 생각해 두었다가 학생들과 학급 규칙을 정할 때 빠뜨리지 않도록 한다. 학급규칙을 학생들과 함께 정하면 학생들끼리 서로 규칙을 지킬 수 있도록 알려 주면서 학생들 간에 상호작용이 일어날 수 있는 기회가 만들어지기도 한다. 그리고 학생들이 원하는 규칙도 함께 만들어서 자발적으로 학급규칙을 지킬 수 있도록 한다.

특수학교에서 과정별로 정할 수 있는 학급규칙의 예를 들면 〈표 4-1〉과 같다.

표 4-1 학급규칙 예

과정	학급규칙
초등학교	• 학교에 오면 알림장을 꺼내 알림장 바구니에 넣기 • 수업 시작 전과 후에 손세정제로 손 닦기 • 식당에 가기 전에 손 씻기
중학교	• 수업을 시작하기 전에 다같이 스트레칭하기 • 도움을 받으면 '고마워', 피해를 주었으면 '미안해'라고 말하기
고등학교	• 매일 아침 자신의 책상 닦기 • 월요일에는 주말 동안 지낸 이야기 생각해 와서 발표하기

그리고 학급활동에서 해야 할 일을 학생들이 스스로 할 수 있도록 학생들마다 역할을 정해 준다. 학급에서 필요한 역할을 정하고, 그 역할을 어떻게 나누면 좋을지는 학생들과 함께하는 것이 좋다. 학급에는 칠판 지우기, 우유 나눠 주기, 재활용품 분리배출하기 그리고 청소할 때 하는 일 등의 다양한 역할이 있는데, 누가 무엇을 맡을지, 어떤 주기로 바꿀지를 학생들과 함께 게임이나 이야기 나누기 활동을 통해 정한다. 정해진 역할의 내용을 사진과 글로 설명하고 교실에 게시해서 학생들이 스스로 할 수 있도록 안내한다. 이러한 활동을 통해서 특수교육대상 학생들은 성취감을 맛보고 자신이 맡은 일에 대한 책임감을 기를 수 있다.

TIP 학급의 역할에는 반장, 부반장도 포함됩니다. 반장, 부반장의 역할은 학급의 특성을 고려하여 정하고, 주기를 한 달로 하면 모든 학생들이 반장, 부반장을 경험할 수 있을 것입니다.

TIP 교과 전담교사도 수업이 이루어지는 특별실에서 필요한 규칙을 학생들과 함께 정하고 역할을 나누어 주어 각 교과의 특성에 따라 활동할 수 있습니다.

4) 학생들에게 자신의 자리 알려 주기

특수교육대상 학생들에게 교실에서의 자기 자리, 식당의 식사 자리, 신발장의 자리, 사물함 위치 등, 자기의 것이 어디에 있는지를 알려 줌으로써 학생들이 소속감과 안정감을 가지고 학교생활을 할 수 있게 한다.

5) 학급 특색활동 정하기

학급의 특성을 살릴 수 있는 학급 특색활동을 학년 초에 정하여 학생들과 함께한다. 이러한 특색활동을 통하여 학생들에게 공통된 이야기 주제를 만들어 줄 수 있으며, 두 가지 또는 세 가지 교과를 융합하여 활동할 수 있는 소재가 된다.

학급 특색활동의 예로는 아침 독서활동, 1인 1역할 하기, 1인 1화분 가꾸기, 칭찬릴레이, 나의 진로 롤모델 찾기 등이 있다. 특색활동이 '아침 독서활동'일 경우 함께 읽으면서 서로 이야기 나눌 수 있는 그림책이나 만화책을 읽기 자료로 사용할 수도 있다. 또한 '1인 1화분 가꾸기'가 특색활동일 경우 꽃이 피고 지는 과정과 화분에 물을 주고 가꾸는 과정에서 식물의 성장을 관찰할 수 있고, 관찰을 통한 느낀 점을 이야기 나눌 수 있으며, 화분을 보고 그림 그리기 활동을 할 수도 있다.

TIP 학급의 특색활동은 학생들이 흥미를 가지고 적극적으로 참여할 수 있는 활동을 정하도록 합니다. 감각장애 학교의 고등학교에서는 '어제보다 발전한 나' 등으로 정하여 '공모전, 경시대회 참여하기' '1인 1자격증 준비하기' 등의 활동을 할 수 있습니다.

TIP 3월 첫째 주에는 학생들과 재미있게 급훈 만들기, 학급규칙 정하기, 특색활동 정하기 등의 수업을 할 수 있습니다. 서로 관심 있는 것을 이야기하면서 급훈을 만들어 국어 또는 미술 교과와 연계하여 급훈을 같이 써 보기도 하고 급훈의 글씨를 꾸미는 수업도 흥미롭습니다.

2. 학부모에게 보내는 편지 및 학급 안내문 작성

3월, 처음 학부모를 대할 때, 특수교육교사에 대한 신뢰감을 가질 수 있도록 하는 것이 중요하다. 신뢰는 서로 소통을 함으로써 쌓이게 되는데, 학부모와 편지를 통하여 소통하는 것도 좋은 방법이다. 학부모에게 보내는 편지에는 학급경영 계획, 교사 자신의 교직관과 교육철학이 담긴 학급경영관 등을 설명하는 내용으로 구성한다. 편지는 미리 만들어 두었다가 시업식 날이나 입학식 날에 전달하는 것이 자연스럽다. 이때 학교의 연간 일정을 같이 배부하여 학교의 교육과정 설명회 날을 안내해도 좋다. 〈표 4-2〉는 담임교사가 학부모에게 보내는 편지 예이고, [그림 4-1]은 감각장애 학교에서 학부모에게 전달한 학급 안내문 예이다.

공통교육과정을 적용하는 시각장애, 청각장애, 지체장애 학생들의 담임을 맡게 된 경우, 3월 첫 번째 만나는 날에 담임을 소개하고, 학급운영에 대한 안내를 하는 안내문을 학생들에게 나누어 주도록 한다. 교육과정을 운영하는 일 년의 시간이 모두 중요하지만 3월 학생들과의 첫 만남, 첫인상이 더욱 중요하다. 처음에 학생들과 신뢰를 형성해 놓았을 때 학급은 더 행복하고 성공적으로 운영된다. 또한 안내문에는 학생들이 선생님에게 자신을 알릴 수 있도록 자신이 잘하는 것, 진로계획 등의 질문을 덧붙일 수 있다. 이런 경우에는 선생님의 안내 글에 대한 답장을 받아서 학생을 파악하고 이해하는 자료로 활용한다.

표 4-2 담임교사가 학부모에게 보내는 편지 예

안녕하세요?
새로운 만남으로 설레는 마음과 염려가 교차하는 3월이 되었습니다. 학부모님께서도 새 학년, 새 담임, 새 교실, 모든 것이 새로 시작되는 환경에 대한 기대와 염려가 뒤섞여 있으리라 생각됩니다.
저는 이번에 ○학년 ○반 담임을 맡게 된 ○○○입니다.
저와 함께하는 우리 반 아이들이 매일매일 행복하고 즐거운 마음으로 성장할 수 있기를 바라며, 그렇게 되도록 최선을 다해 가르치려고 합니다. 특히 올 한 해 동안 우리 반 아이들이 서로 돕고, 친구를 배려하는 성숙한 마음을 가질 수 있도록 지도하겠습니다.
이를 위해서 아이들의 발달단계와 흥미를 파악하여 수업목표를 세우고, 즐겁게 수업에 참여할 수 있는 교수·학습 방법을 사용해서 모든 아이가 자신의 모습대로 잘 성장할 수 있도록 하겠습니다.
올해 우리 학급의 주요 활동은 다음과 같습니다.
개별화교육팀협의회, 소풍, 테마형수련활동이 있고, 월 1회 현장체험학습을 실시합니다. 각 활동별 구체적인 계획은 추후에 알려 드리도록 하겠습니다.
아이의 아름다운 성장과 성숙은 부모님의 도움이 없이는 불가능합니다. 아이에 대한 교육정보를 부모님께 늘 알려 드리겠습니다. 동시에 부모님께서 가정에서 해 주실 것들에 대해서도 부탁 말씀을 드립니다. 그러기 위해서 매월 첫째 주는 상담주간으로 운영하여 최소 월 1회는 학부모님과 자녀의 교육과 생활에 대해서 이야기 나누고자 합니다. 상담주간이 아니라도 궁금하신 것이 있으면 학생 하교 후 오후 ○○시부터 ○○시 사이에 언제든지 연락 주시면 함께 의논하겠습니다.
감사합니다.

202○년 3월 ○일
담임 ○○○ 드림

중학교 2학년 1반 학급 안내문
(아름다운 꿈을 꾸는 1년 만들기)

학부모님

안녕하세요?

차가운 바람 속에서도 꽃을 피우며 희망을 주는 봄이 오고 있습니다.

새로운 만남으로 행복한 1년을 만들어 갈 것을 기대하며 맘이 설레는 중학교 2학년 1반 담임 ○○○입니다

학생들에게 1년의 학교생활이 행복하고 알찬 성장을 할 수 있는 시간이 될 수 있도록 학생들과 같이하는 1년 동안 학생들과 눈을 맞추며 한 방향으로 같이 가겠습니다. 그리고 학생들의 꿈을 응원하면서 학생들과 같은 꿈을 꾸며 학생들이 자신의 꿈을 펼쳐나갈 수 있도록 지도하겠습니다.

학부모님과의 마음 따뜻한 소통을 통하여 학생들이 더 잘 성장할 수 있도록 하겠습니다.

20○○년 3월 ○일

중학교 2학년 1반 담임 ○○○

학급운영의 목표

1. 배움을 격려하고 돕겠습니다.

학생들의 배움은 매일매일 생활속에서 이루어집니다. 선생님과 친구들과 상호작용하며 서로 격려하며 성장합니다. 학생들의 작은 변화도 놓치지 않으며 기본을 바로 세우는 교육을 하겠습니다.

2. 자존감을 키우고 존중하도록 하겠습니다.

학생들이 스스로 존중하고 자신을 소중히 여기며 자존감을 키우도록 지도하겠습니다. 학생들이 다양한 교육 활동 속에서 스스로 선택하고 선택한 것에 최선을 다하도록 지도하겠습니다.

3. 기본적인 학습에 필요한 집중력과 성실함을 키우도록 하겠습니다.
4. 즐거운 교실, 평화로운 교실, 행복한 교실이 되도록 하겠습니다.

타인에 대한 이해와 배려를 통해서 갈등을 해결하며 평화로운 교실이 되도록 하겠습니다.

교실전화번호: 03*-9**7-5****

담임교사: 중, 고등학교과정 사회, 세계사

상담가능한시간: 수업이 없는 시간(담임교사 시간표 참조)

학생하교 후 15:00~16:40

상담주간운영: 매월 첫째주

20○○학년도 주요 일정

3월	4월	5월	6월	7~8월
2주 학부모 상담 및 개별화교육 지원팀협의회 20일 학부모총회	7일 개교기념일 24~26일 1차지필고사 28일 봄소풍	1일 재량휴업일 10일 학생자치 체육대회	3~5일 주제별 체험학습 6.27~7.2일 2차지필고사	10일 아림문학제 18일 방학식 8. 28일 개학식
9월	**10월**	**11월**	**12월**	**1~2월**
2주 학부모 상담 및 개별화교육 팀협의회 25~28일 추석	16~18일 1차지필고사 20~22일 수련활동	14일 대학수학 능력시험	17~20일 2차지필고사	1.3일 방학식 2.3일 개학식 2.7일 종업식 졸업식

시간표(임시시간표로 변경될 수 있음)

요일 / 교시	월	화	수	목	금
1	국어	체육	국어	수학	영어회화
2	수학	국어	직업 (의상디자인)	정법	정보
3	직업 (의상디자인)	정보	수학	사회	직업 (의상디자인)
4	직업 (의상디자인)	정보	과학	과학	직업
5	창체	직업 (공예)	수학	직업 (의상디자인)	사회
6	창체	직업 (공예)	국어	직업 (의상디자인)	직업
7	창체	직업 (공예)	영어회화	직업 (의상디자인)	

3월의 학급활동

- 급훈정하기
- 1인 1역할 정하기(반장선거)
- 학급 특색활동 정하기

[그림 4-1] 학급 안내문 예

3. 학생 실태 및 특성 파악

개별화교육 파일과 이전 담임교사와의 상담을 통하여 얻은 학생 정보를 토대로 좀 더 자세히 학생의 교육적 요구에 대해 파악한다.

학생 실태 조사는 학부모 상담이나 알림장 또는 전화를 통해 할 수 있다. 이전 담임교사를 통해 학생에 대한 정보를 파악하였다고 하더라도 학부모 상담을 통한 학생의 교육적 요구를 파악하는 것은 꼭 필요하며, 가능하면 개별화교육 협의회 이전에 별도의 학부모 상담을 가지는 것이 좋다.

표 4-3 학생 실태 조사카드 예

이름	○○○	
인적사항확인	○학년 ○반	생년월일: 2010. 4. 25.
	주소: ○○도 ○○시 ○○○구	
통학방법	등교: 학교버스 3호차	하교: 활동보조원과 하교
	방과후: 언어치료(월, 수), 스포츠센터: 수영(화, 목)	
건강상태	알레르기 식품: 우유	보장구착용: 보행보조기 이용
	기저질환: 천식	
일상생활	식사 습관: 육류 편식	신변처리: 대소변처리 시 도움 필요
	이동: 도움 없이 이동할 수 있음	
의사소통	능력: 예, 아니요의 표현	수단: AAC카드 사용
학습활동	수준: 낱말 읽기 및 10까지의 수 읽기 가능	
	강점: 낱말 읽기 가능, 호기심이 많음	
	약점: 쉽게 싫증을 냄	

〈표 4-3〉에서 보는 바와 같이, 학년 초 학부모 상담을 통한 학생 실태 파악은 특수교육대상 학생을 지도할 때 특수교육교사가 반드시 알고 있어야 할 내용을 중심으로 한다.

첫째, 학생의 신상 정보를 확인한다. 신입생(1학년)의 경우는 학교생활기록부의 인적사항 작성을 위해 학생의 주민등록번호와 주소 등을 확인해야 하며, 재학생의 경우에는 주소가 변경되었는지 확인한다. 2019학년도부터 학부모가 동의할 경우, 학교생활기록부와 학생 주소연계 행정정보 공동이용[1] 시스템을 활용하여 학생의 주소를 주민등록정보시스템에서 나이스로 수신할 수 있다.

둘째, 통학 방법을 확인한다. 학생들의 등·하교 방법과 방과후 활동을 조사한다. 학생에 따라서 요일별로 하교 방법이 다를 수도 있으므로 개인별로 조사하여 기록해 둔다.

셋째, 식사습관, 신변처리 등을 포함한 일상생활 수행 능력 정도를 파악한다.

넷째, 학생의 의사소통 능력과 주된 의사소통 수단을 파악한다.

다섯째, 기초학습능력 수준과 학습의 강·약점을 파악한다.

여섯째, 안전 및 건강상 주의할 점 등에 대하여 파악한다. 특히 음식 알레르기는 반드시 확인하여 영양교사에게 알려야 하며, 기저질환 및 보장구 착용 여부도 확인해 두도록 한다.

4. 학생 개인별 사진 촬영

학생 개인별 사진을 찍어서 보관하도록 한다. 특수학교에서는 학생들이 학교를 벗어날 경우나 안전사고에 대비하여 학생 사진과 함께 학생의 이름, 보호자 연락처, 학생의 신체 및 행동 특성 등을 기록한 학생명부를 비치하는 곳이 많다. 특히 신입생(1학년)의 경우 학교생활기록부 작성을 할 때 사진이 필요하다. 졸업 학년은 졸업하기 전에 학교생활기록부의 사진을 졸업 학년도의 사진으로 교체한다.

학교에서 학급별로 학생명부를 만들어 놓으면 학생 안전 등 위급한 상황에서 즉시 학생의 신상을 파악할 수 있다. [그림 4-2]는 특수학교에서 사용하는 학생명부의 예이다.

---

1) 「전자정부법」 제36조에 따른 행정정보 공동이용을 통해 주민등록 등·초본, 외국인등록 사실증명 관련 행정정보를 처리하는 것을 말한다.

( )과정 ( )학년 ( )반 담임: ○○○

<table>
<tr><td>주소</td><td colspan="4"></td><td rowspan="5">사진</td></tr>
<tr><td>전화1</td><td colspan="4">○○○-○○○○-○○○○
(모○○○)주 양육자</td></tr>
<tr><td>전화2</td><td colspan="4">○○○-○○○○-○○○○
(부○○○)</td></tr>
<tr><td>생년월일</td><td colspan="4">○○.○○.○○(만 ○○세)</td></tr>
<tr><td>키</td><td>cm</td><td>몸무게</td><td colspan="2">kg</td></tr>
<tr><td>특징</td><td colspan="4"></td><td>○○○
(등교-○호차, 하교-○호차)</td></tr>
</table>

<table>
<tr><td>주소</td><td colspan="4"></td><td rowspan="5">사진</td></tr>
<tr><td>전화1</td><td colspan="4">○○○-○○○○-○○○○
(모○○○)주 양육자</td></tr>
<tr><td>전화2</td><td colspan="4">○○○-○○○○-○○○○
(부○○○)</td></tr>
<tr><td>생년월일</td><td colspan="4">○○.○○.○○(만 ○○세)</td></tr>
<tr><td>키</td><td>cm</td><td>몸무게</td><td colspan="2">kg</td></tr>
<tr><td>특징</td><td colspan="4"></td><td>○○○
(등교-○호차, 하교-○호차)</td></tr>
</table>

[그림 4-2] 학생명부 예

5. 학생출결 관리

학생출결 관리는 교육부 훈령에 따른 학교생활기록부 작성 및 관리 지침에 근거하여야 하며, 학교의 학업성적관리규정 출결상황관리에 따라 처리한다.

1) 출석

(1) 수업일수

수업일수는 학생이 연간 총 출석해야 하는 일수를 말한다. 「초·중등교육법 시행령」 제45조에 따르면 수업일수는 학교의 장이 정하도록 하고, 초등학교·중학교·고등학교·특수학교의 수업일수는 매 학년 190일 이상 수업하도록 되어 있다. 동법은 초등학교·중학교·고등학교 및 특수학교의 장은 수업일수를 정하려면 학교운영위원회의 심의 또는 자문을 거쳐야 한다고 명시하고 있다. 수업일수 산정에서 전출일과 전입일이 동일한 경우 전입일만 수업일수로 산정한다. 유치원 과정의 수업일수는 「유아교육법」 제12조 유치원의 수업일수는 매 학년도 180일 이상을 기준으로 한다는 조문에 따라 180일 이상을 하고 있다. 또한 「초·중등교육법 시행령」 제45조에서는 학교의 장은 천재지변 및 교육과정의 운영상 필요한 경우에는 10분의 1의 범위에서 수업일수를 줄일 수 있다고 되어 있다.

(2) 출석일수

해당 학년의 수료에 필요한 출석일수는 수업일수의 3분의 2 이상이면 수료가 가능하며, 지각(또는 조퇴, 결과)은 횟수에 관계없이 해당 학년 수료에 영향을 주지 않는다. 개근은 해당 학년 동안 1회 결석(또는 지각, 조퇴, 결과)도 없는 경우를 말한다.

TIP 수업일수가 191일 경우 191일의 3분의 2는 127.33…일로 계산되는데, 소수점 이하를 올려 128일 이상 출석하여야 해당 학년 수료가 가능합니다.

2) 결석

결석은 학칙에 따라 출석하여야 할 날짜에 출석하지 않았을 때를 말한다. 결석은 출석으로 인정되는 출석인정결석과 질병결석, 미인정결석, 기타결석으로 구분한다.

(1) 출석인정결석

출석으로 인정되는 결석은 다음과 같은 경우이다.

첫째, 천재지변 또는 법정 감염병 등(학교 내 확산 방지를 위해 학교장이 필요하다고 인정하는 비법정 감염병 포함)으로 출석하지 못한 경우

둘째, 공적의무 또는 공권력의 행사로 인하여 출석하지 못한 경우

셋째, 학교장의 허가를 받은 '학교 · 시도(교육청) · 국가를 대표한 대회 및 훈련 참가, 산업체 실습과정(현장실습, 현장실습과 연계한 취업), 교환학습, 교외체험학습, 「학교보건법」 제8조에 따른 등교중지' 등으로 출석하지 못한 경우

넷째, 「초 · 중등교육법 시행령」 제31조(학생의 징계 등) 제1항의 규정에 의한 학교 내의 봉사, 사회봉사, 특별교육 이수 기간인 경우

다섯째, 「학교폭력예방 및 대책에 관한 법률」 제12조에 따른 학교폭력대책자치위원회의 개최 및 동위원회의 학교폭력 피해학생에 대한 보호조치 요청 이전에 학교폭력 피해자가 학교폭력으로 인한 피해로 출석하지 못하였을 경우에 학교 전담기구의 조사 및 확인을 거쳐 학교의 장이 인정한 경우

여섯째, 기타 부득이한 사유로 학교장의 허가를 받아 결석하는 경우에 출석으로 인정될 수 있으며, 여학생 중 생리통으로 인하여 수업출석이 어려운 학생으로 확인된 경우, 월 1회에 한하여 출석으로 인정

일곱째, 〈표 4-4〉와 같이 경조사로 인하여 출석하지 못한 경우, 해당 일수만큼 출석으로 인정

표 4-4 경조사로 인하여 출석 인정이 되는 경우

구분	대상	일수
결혼	• 형제, 자매, 부, 모	1
입양	• 학생 본인	20
사망	• 부모, 조부모, 외조부모	5
	• 증조부모, 외증조부모 • 형제 · 자매 및 그의 배우자	3
	• 부모의 형제 · 자매 및 그의 배우자	1

TIP 경조사 일수에 재량휴업일과 공휴일 및 토요일은 산입하지 않으며 연속된 결석 일수에 한해 출석으로 인정한다.

(2) 학교장 허가 교외체험학습

'학교장 허가 교외체험학습' 출석 인정 기간은 학교별로 정하여 실시함을 원칙으로 하며, 공휴일, 방학, 재량휴업일을 제외한 연간 20일 이내로 한다. 여기에는 가족여행, 친 · 인척 방문, 견학활동, 체험 활동 등이 해당된다. '학교장허가 교외체험학습'을 실시하기 위한 절차는 교외체험학습 신청서를 제출하고, 학교장의 승인을 받은 후 교외체험학습을 실시한다. 교외체험학습을 실시한 후에는 보고서를 제출하여야 하며, 사실 확인 후 출석으로 처리한다. 교외체험학습 신청서와 교외체험학습 보고서 예시는 [그림 4-3]과 같다.

○○○○학교
교외체험학습 신청서

결재	담임	교무	교감

성 명		소 속	과정 학년 반
본교의 출석인정 기간 연간 20일	신청 기간	2020년 월 일 ~ 월 일 (일간)	
	◦○○○○학교 학칙 제○조(교외체험학습) 학교장은 보호자가 요청하는 경우에 매 학년별로 20일의 범위 내에서 교외체험학습을 허가할 수 있다. ◦출석인정기간을 초과한 교외체험학습의 경우에 대해서는 '미인정' 결석으로 처리한다.		
학습형태	◦가족 여행( ) ◦친 · 인척 방문( ) ◦견학 활동( ) ◦체험 활동( ) ◦기타( )		
목적지			
보호자명		관계	연락처
인솔자명[1]		관계	연락처
목적(사유)			
체험 학습 계획			

위와 같이 교외체험학습을 신청합니다.

2020년 월 일

보호자 : (인)

○○○○학교장 귀하

---------- 절 취 선(이하 담임 작성) ----------

○○○○학교 「교외체험학습」 통보서

본교의 출석인정 기간 연간 20일	성명		소속	과정 학년 반
	신청 기간		2020년 월 일 ~ 월 일 (일간)	
	허가 기간		2020년 월 일 ~ 월 일 (일간)	
금회까지 누적 사용기간 ( )일	위와 같이 허가 처리되었음을 알려 드립니다. 2020년 월 일 담임 : (인) ( )보호자님 귀하			

사유[2] :

1) 인솔자는 보호자 또는 보호자로부터 위임받은 자로 하며 안전한 체험학습 인솔에 책임을 질 수 있는 성인으로 한다(위임장은 체험학습 신청서로 대신함).
2) 사유란은 체험학습을 허가하지 않을 경우 이유 등을 입력함.
※ 보호자가 신청서를 제출하였다하여 체험학습이 허가된 것이 아니며 담임교사로부터 반드시 **최종 허가 여부 통보서(또는 문자)를 받은 후** 실시해야 함.

○○○○학교 교외체험학습 보고서

성 명		소 속	과정 학년 반
기 간	2020년 월 일 ~ 월 일 (일간)		
학습형태	◦가족 여행( ) ◦친 · 인척 방문( ) ◦견학 활동( ) ◦체험 활동( ) ◦기타( )		
장 소			
내 용			
결과물 (입장권, 영수증, 사진 등)			

위와 같이 보고서를 제출합니다.

2020년 월 일

○○○○학교장 귀하

보호자	관계		성명	(인)

[그림 4-3] 교외체험학습 신청서와 교외체험학습 보고서 예

「초 · 중등교육법 시행령」 제48조 제5항에 따라 학교장은 교육상 필요한 경우, 보호자의 동의를 얻어 학칙이 정하는 범위 안에서 교외체험학습을 허가하여 수업으로 인정할 수 있으나, 학교생활기록부의 어느 항목에도 내용을 입력하지 않는다.

(3) 질병결석

결석한 날부터 5일 이내에 의사의 진단서 또는 의견서(의사 소견서, 진료 확인서 등으로 병명, 진료기간 등이 기록된 증빙서류)를 첨부한 결석계를 제출하여 학교장의 승인을 받은 경우 질병결석으로 인정된다.

상습적이지 않은 2일 이내의 결석은 질병으로 인한 결석임을 증명할 수 있는 자료(학부모 의견서, 처방전, 담임교사 확인서 등)가 첨부된 결석계를 5일 이내에 제출하여 학교장의 승인을 받은 경우 질병결석으로 인정된다.

기저질환(천식, 아토피, 알레르기, 호흡기질환, 심혈관질환 등)을 가진 민감군으로 확인된 학생이 미세먼지와의 관련성이 드러나는 소견 또는 향후 치료의견 등이 명시된 의사의 진단서(소견서)를 첨부한 결석계를 결석한 날로부터 5일 이내에 제출하여 학교장의 승인을 받은 경우 질병결석으로 인정된다. 결석계는 결석한 날로부터 5일 이내에 제출하며, 결석계 제출 시 첨부하는 증빙서류는 학기 초 최초 제출한 진단서로 해당 학기 질병결석 증빙을 갈음할 수 있다. 결석계의 예는 [그림 4-4]와 같다.

학부모의견서와 담임교사확인서 예시는 [그림 4-5]와 같다.

결재	담임	교무	교감

결　　석　　계

과정　　학년　　반

성명 :

위 학생은 아래와 같은 사유로 결석하였으므로 결석계를 제출합니다.

1. 기 간 : 202○년　월　일 ~ 202○년　월　일(　일간)

2. 구 분(해당란에 ☑하세요.)

☐ 법정감염병　☐ 경조사　☐ 질병 결석　☐ 기타 결석

3. 사 유 :

4. 증빙서류(해당란에 ☑하세요.)

가. 질병 결석

☐ 3일 미만 결석: 학부모 의견서, 처방전, 담임교사 확인서 중 1가지

☐ 3일 이상 결석 : 의사의 진단서 또는 의견서(의사 소견서, 진료 확인서 등으로 병명, 진료기간 등이 기록된 서류) ※법정감염병의 경우 관련서류 제출

☐ 기저질환을 가진 민감군으로 확인된 경우 : 미세먼지와의 관련성이 드러나는 소견 또는 향후 치료의견 등이 명시된 의사의 진단서(소견서)

나. 경조사 및 기타 결석

☐ 담임교사 확인서

202○년　월　일

보호자 :　　　　(인)

○○○○학교장 귀하

[그림 4-4] 결석계 예

학 부 모 의 견 서

과정 학년 반
성명 :

위 학생은 아래와 같은 사유로 결석하였으므로 이에 학부모 의견서를 제출합니다.

1. 기 간: 202○년 월 일 ~ 202○년 월 일(일간)

2. 사 유:

202○년 월 일

보호자 : (인)

○○○○학교장 귀하

담 임 교 사 확 인 서

과정 학년 반
성명 :

1. 결석 기간: 202○년 월 일 ~ 202○년 월 일(일간)
2. 확인 내용
- 사 유:
- 방 법(해당란에 ☑하세요.)

□ 전화연락 (월 일 시 대화자 성명 :)
□ 가정방문 (월 일 시 대화자 성명 :)
□ 기 타 (월 일 시 대화자 성명 :)

202○년 월 일

작성자 : 담임교사 (인)

○○○○학교장 귀하

[그림 4-5] 학부모의견서와 담임교사확인서 예

(4) 미인정결석

다음의 경우는 미인정결석에 해당한다.

첫째, 「학교폭력예방 및 대책에 관한 법률」 제17조(가해학생에 대한 조치) 제1항 제6호에 따른 출석정지

둘째, 「초·중등교육법 시행령」 제31조(학생의 징계 등) 제1항 제4호에 따른 출석정지

셋째, 「초·중등교육법 시행령」 제31조 제6항의 가정학습 기간

넷째, 범법행위로 인한 책임 있는 사유로 결석한 경우

다섯째, 태만, 가출, 출석 거부 등 고의로 결석한 경우

여섯째, 기타 합당하지 않은 사유로 결석한 경우

(5) 기타결석

다음과 같은 경우는 기타결석에 해당한다.

첫째, 부모·가족 봉양, 가사 조력, 간병 등 부득이한 개인사정에 의한 결석임을 학교장이 인정하는 경우

둘째, 기타 합당한 사유에 의한 결석임을 학교장이 인정하는 경우

3) 지각, 조퇴, 결과

학교장이 정한 등교 시각까지 출석하지 않은 경우는 지각이며, 학교장이 정한 등교 시각과 하교 시각 사이에 하교한 경우는 조퇴이고, 수업 시간에 불참하거나 교육 활동을 고의적으로 방해한 경우는 결과이다.

지각, 조퇴, 결과의 사유도 결석과 마찬가지로 질병, 미인정, 기타로 처리한다. 같은 날짜에 지각, 조퇴, 결과가 모두 발생된 경우에는 학교장이 판단하여 어느 한 가지 경우로만 처리하며, 같은 날짜에 결과가 1회 이상이라도 1회로 처리한다. 출석인정에 해당하는 사유로 인한 지각, 조퇴, 결과는 각각의 횟수에 포함하지 않는다.

4) 출결관리

출결관리는 업무포털 [나이스]의 [학적]에서 [출결관리] 메뉴로 들어가서 한다. 출결관리는 가능한 한 매일 하는 것을 원칙으로 한다. 특히 특수교육대상 학생에게 출결관리는 건강상태 등이 누가 기록되어 학생지도나 상담에 활용할 수 있으므로 매일 나이스에 출결상황을 입력하는 것이 매우 중요하다.

(1) 유치원, 전공과의 출결관리

매일 [출결관리]에 들어가서 [반별일출결관리]를 조회한 후 출결 상황을 입력하고 저장한다. 매월 말일에는 [반별월출결마감자료등록]을 조회한 후 학생 전체의 월출결 입력 상태를 확인한 다음 수업일수를 입력하고, 학생 전체의 월출결 실태를 저장한 뒤 월출결 입력을 마감한다.

(2) 초등학교, 중학교, 고등학교의 출결관리

매일 [일일출결관리(담임용)]에 들어가서 출결 상황을 입력하고, 정상 출석 이외에 사유가 있는 경우에는 해당 사유란을 선택하고, 비고란에 사유를 입력한 후 저장하고 출결마감을 한다.

매월 말일에는 [반별일출결마감관리]를 조회하여 출결 입력 상태를 모두 확인한 후

저장하고, 해당 월을 선택한 후 마감한다. 초중고 모두 자동으로 수업일수가 적용되므로 별도로 입력할 필요가 없다.

TIP 학교교육계획에 따른 유치원과 전공과의 해당 월 수업일수는 별도로 확인해야 합니다.

TIP 출결관리는 매일 1교시 후 확인하며, 등교하지 않은 학생이 있는 경우 가정에 연락하여 확인합니다. 특수교육교사는 1교시 후 출결 상황을 확인하고 나이스에 기록하는 것이 습관이 되도록 해야 합니다. 특수학급의 경우 통합반에서 출결관리가 이루어집니다.

저는 출결 상황을 확인하는 것이 매우 중요하다는 것을 경험하여 1교시 수업을 마칠 때까지 등교하지 않는 경우는 반드시 확인하는 것이 습관이 되었습니다. 항상 지각하는 학생이라도 꼭 확인을 합니다.

오래전 일이지만 11월 말 쯤에 근무하던 지역에 폭설이 내려 학교버스가 정해진 시간보다 지체되어 운행되었습니다. 학교버스가 제시간에 오지 않아 학교버스를 기다리던 많은 학부모님들이 학교로 문의를 하셔서 안내를 드리며 학생들의 등교를 기다리고 있었습니다. 드디어 학교버스가 평소보다 40분 정도 늦게 학교에 도착을 하였습니다. 그런데 평소에 학교버스를 이용하여 등교하던 한 학생이 등교를 하지 않았습니다. 학부모에게 별다른 연락을 받지 않은 상황이었고, 학교버스 운전기사님은 학생이 보이지 않았다고 하였습니다. 즉시 학부모에게 연락을 하였더니 학부모님은 학생이 평상시와 같은 시간에 집에서 나갔다고 하였습니다.

혼자서 버스 타는 곳까지 걸어 다니던 학생이었습니다. 학부모님께 버스를 타지 않았다고 말씀드리니 몹시 놀라셨습니다. 그 학생이 평상시에 버스 기다리던 위치에 나가서 확인해 보았더니 학생은 버스 타는 곳보다 조금 떨어진 곳에서 계속 기다리고 있었습니다. 버스가 본인이 타는 시간보다 거의 30분 이상 지체되어 도착하니 학생이 조금씩 서성이다 평소 타는 곳에서 벗어났을 수도 있고 학교버스는 미처 학생을 보지 못했을 수도 있었을 것입니다. 그날 그 학생은 추운 날씨에 거의 3시간을 밖에서 떨고 있었습니다. 만약 날씨가 좋지 않아 학교에 오지 않았다고 추측하고 학부모에게 확인을 하지 않았다면 어떻게 되었을까 생각하면 아찔하고 학교버스를 기다리며 추운데서 떨었을 학생만 생각하면 아직도 마음이 아리게 아픕니다. 그래서 지각이나 결석을 한 학생은 어떤 상황인지 매일 확인하는 것이 습관이 되었습니다.

5) 출결 특기사항 등록

① 장기결석(학교에 연속하여 출석하지 않는 경우 입력함)의 경우 특기사항을 입력한

후 저장한다. 이때 결석일이 괄호 안의 숫자를 합산한 것과 일치해야 한다.

예: 감기로 인한 결석일이 5일인 경우, 감기(5일)로 입력

② 1회의 결석 · 지각 · 조퇴 · 결과도 없는 경우, 특기사항란에 '개근'으로 입력한다.

③ 지각 · 조퇴 · 결과는 사유를 입력하지 않으나 반복적인 지각 · 조퇴 · 결과의 경우 사유를 입력할 수 있다. 이런 경우, 학업성적관리위원회에서 "10회 이상의 지각 · 조퇴 · 결과의 사유가 있는 경우 기록한다." 등의 기준을 정할 수 있다.

예: 감기로 인한 질병조퇴(13회), 병원 정기진료로 인한 질병지각(15회)

④ 기타결석이 있는 경우 특기사항에 입력한다.

⑤ 의무교육 대상자가 미인정 유학으로 정원 외 학적관리가 된 경우, 특기사항에 입력한다.

⑥ 학교폭력 관련 조치를 받은 경우 중에서 제1항 제4호(사회봉사), 제5호(특별교육이수 또는 심리치료)는 출석인정결석으로 처리한다.

⑦ 학교폭력 관련 조치를 받은 경우 중에서 제6호(출석정지)의 경우는 미인정결석으로 처리한다.

TIP 유급, 유예는 다음과 같은 경우입니다.

유급: 수업일수 부족으로 해당 학년 교육과정을 미수료하여 상급학년으로 진급하지 못하는 것으로, 다음 학년도 1학기 시작일부터 다시 학업을 수행해야 함. 수업일수 부족은 당해 학교 수업일수 3분의 2 이상 출석하지 못한 경우를 말함.

유예: 재학 중 교육감이 정하는 질병이나 그 밖의 부득이한 사유가 있는 경우 의무교육 대상자의 교육 받을 의무를 다음 학년도까지 보류함(학칙에 의거 '정원외학적관리'를 할 수 있음).

TIP 휴학, 자퇴, 퇴학은 특수교육대상 학생에게 적용되지 않습니다.

휴학: 질병 등의 사유에 의해 학교장의 허가 하에 일정 기간 동안 교육과정 이수를 중단함(의무교육에 해당하는 학교 및 특수교육대상 학생은 불가).

자퇴: 고등학교에서 개인 또는 가정 사정으로 학생의 바람에 의하여 재학생의 신분을 포기함(의무교육에 해당하는 학교 및 특수교육대상 학생은 불가).

퇴학: 고등학교에서 징계 등 학칙에 의해 학적(재학생의 신분)을 박탈함(의무교육에 해당하는 학교 및 특수교육대상 학생은 불가).

더 상세한 정보가 필요하다면!

교육부(2020. 4. 6.). 학교생활기록부 작성 및 관리지침. 교육부 훈령 제331호.
경기도교육청. 2020 학교생활기록부 기재요령.

6. 개별화교육계획 수립

개별화교육은 학생 개개인의 능력과 장애 특성, 그리고 교육적 요구에 맞추어 개별 학생에게 적절한 교육을 보장하기 위한 학습자 중심의 교육을 제공하는 것이다. 즉, 학생 개인에게 적절한 교육목표를 설정하고, 학생의 학습 속도와 학습 전략에 맞추어 교육 서비스를 제공하려는 개별화교육은 특수교육에서 핵심적인 교육적 접근 방법이다.

「장애인 등에 대한 특수교육법」 제2조 제7항에서는 "개별화교육이란 각급학교의 장이 특수교육대상자 개인의 능력을 계발하기 위하여 장애 유형 및 장애 특성에 적합한 교육목표·교육방법·교육내용·특수교육 관련서비스 등이 포함된 계획을 수립하여 실시하는 교육을 말한다"로 개별화교육의 정의를 명시하고 있다.

1) 개별화교육지원팀 운영

개별화교육을 실시하기 위해서는 교사 개인이 아닌 개별화교육지원팀을 운영해야 한다. 그 목적은 현재 학생의 성취 수준, 학습 습관, 강점과 약점 등 학생의 교육적 특성을 평가하고, 신체적 기능, 지능 및 적응 행동에 따른 생활연령을 파악하여 학생의 교육적 요구를 기초로 개별화교육 프로그램 적용과 적절한 교육적 배치를 제안하여 개별화교육을 합리적이고 창의적으로 운영하기 위함이다. 개별화교육지원팀을 구성할 때에는 특수교육대상자와 보호자가 참여할 수 있도록 하여야 한다.

「장애인 등에 대한 특수교육법」 제4조(차별의 금지) 제2항에서는 다음과 같이 명시하고 있다. 국가, 지방자치단체, 각급 학교의 장 또는 대학의 장은 다음 각 호의 사항에 관하여 장애인의 특성을 고려한 교육 시행을 목적으로 함이 명백한 경우 외에는 특수교육대상자 및 보호자를 차별하여서는 아니 된다.

3호. 개별화교육지원팀에서의 참여 등 보호자 참여에서의 차별

특수학교에서는 개별화교육지원팀의 구성 및 역할 부여를 「장애인 등에 대한 특수교육법」에 명시된 대로 하고 있다.

개별화교육지원팀의 구성 및 역할에 대해서는 「장애인 등에 대한 특수교육법」 제22조의 각 항에서 다음과 같이 명시하고 있다.

① 각급 학교의 장은 특수교육대상자의 교육적 요구에 적합한 교육을 제공하기 위하여 보호자, 특수교육교원, 일반교육교원, 진로 및 직업교육 담당 교원, 특수교육 관련서비스 담당 인력 등으로 개별화교육지원팀을 구성한다.

② 개별화교육지원팀은 매 학기마다 특수교육대상자에 대한 개별화교육계획을 작성하여야 한다.

③ 특수교육대상자가 다른 학교로 전학할 경우 또는 상급학교로 진학할 경우에는 전출학교는 전입학교에 개별화교육계획을 14일 이내에 송부하여야 한다.

④ 특수교육교원은 제1항부터 제3항까지의 규정에 따른 업무를 수행하기 위하여 각 업무를 지원하고 조정한다.

⑤ 제1항에 따른 개별화교육지원팀의 구성, 제2항에 따른 개별화교육계획의 수립 · 실시 등에 관하여 필요한 사항은 교육부령으로 정한다.

제22조 제1항에 따르면 개별화교육지원팀은 학생별로 팀이 구성된다. 특수학교의 경우 보호자, 담임교사, 교과담당교사, 교감이 한 팀이 되며, 필요에 따라 보건교사가 참여하기도 하는데, 이 경우 개별화교육지원팀장은 주로 교감이 맡게 된다. 개별화교육지원팀은 학기가 시작되면 2주 이내에 구성하여야 한다.

「장애인 등에 대한 특수교육법 시행규칙」 제4조(개별화교육지원팀의 구성 등) 제1항에서 "각급 학교의 장은 법 제22조 제1항에 따라 매 학년의 시작일부터 2주 이내에 각각의 특수교육대상자에 대한 개별화교육지원팀을 구성하여야 한다"고 명시하고 있다.

개별화교육지원팀이 구성되면 개별화교육지원팀 협의회를 실시한다. 개별화교육

지원팀 협의회는 학생 개인별로 협의회를 실시하는 것이 학생 개인의 정보도 보호하고 개별 학생에게 집중하여 회의를 운영할 수 있다. 하지만 특수학교의 경우에는 협의회 시간의 편성 및 운영에 어려움이 있어 학급별로 협의회가 이루어지는 경우도 종종 있다.

개별화교육지원팀은 매 학년 시작일로부터 2주 이내에 구성해야 하므로 학생별로 지원팀을 3월 둘째 주 이전에 구성하며, 학기 중에 전입한 학생이나 신규 특수교육대상자에 대해서는 개별화교육지원팀을 추가로 구성한다. 또한 학생의 가정에 변동 사항이 생겼거나 교사의 전출 등으로 개별화교육지원팀원이 변경되어야 하는 사유가 발생했을 때는 개별화교육지원팀을 재구성한다.

개별화교육지원팀 협의회를 거쳐 학기목표가 정해지면 개별화교육계획을 수립하게 된다. 개별화교육계획 수립은 학기별로 매 학기 시작일로부터 30일 이내에 작성해야 하므로 1학기는 3월 말 전에 계획 수립을 완료하여야 하고, 2학기는 2학기 시작일부터 30일 내에 개별화교육계획 수립을 완료하여야 한다.

개별화교육계획의 구성요소에는 특수교육대상 학생의 인적사항과 특별한 교육지원이 필요한 영역의 현재 학습수행수준, 교육목표, 교육내용, 교육방법, 평가계획 및 제공할 특수교육 관련서비스의 내용과 방법 등을 포함한다.

개별화교육계획에 따른 교육을 실시하고, 학기 말에는 학생의 개별화교육 목표에 대한 학업성취도 평가 결과를 특수교육대상 학생 또는 보호자에게 통보하여야 한다.

「장애인 등에 대한 특수교육법 시행규칙」 제4조

제2항 개별화교육지원팀은 매 학기의 시작일부터 30일 이내에 개별화교육계획을 작성하여야 한다.

제3항 개별화교육계획에는 특수교육대상자의 인적사항과 특별한 교육지원이 필요한 영역의 현재 학습수행수준, 교육목표, 교육내용, 교육방법, 평가계획 및 제공할 특수교육 관련서비스의 내용과 방법 등을 포함하여야 한다.

제4항 각급 학교의 장은 매 학기마다 개별화교육계획에 따른 각각의 특수교육대상자의 학업성취도 평가를 실시하고, 그 결과를 특수교육대상자 또는 그 보호자에게 통보하여야 한다.

개별화교육지원팀은 특수교육대상 학생의 개별화교육계획 수립뿐만 아니라 특수교육대상 학생이 재배치[2)]를 요구할 때 검토를 하는 역할도 한다.

「장애인 등에 대한 특수교육법 시행령」 제11조(특수교육대상자의 학교 배치 등) 제3항 각급 학교의 장은 특수교육대상자에 대한 교육지원의 내용을 추가·변경 또는 종료하거나 특수교육대상자를 재배치할 필요가 있으면 법 제22조 제1항에 따른 개별화교육지원팀의 검토를 거쳐 교육장 및 교육감에게 그 특수교육대상자의 진단·평가 및 재배치를 요구할 수 있다.

2) 개별화교육지원팀 협의회 운영

개별화교육지원팀 협의회를 하기 전에 개별화교육계획 작성을 위한 학부모 상담을 실시하고 자녀의 교육적 요구에 대한 학부모 의견을 수집하여 놓으면 개별화교육지원팀 협의회 진행을 원활하게 할 수 있다. 특수교육교사가 학생의 실태를 파악하고, 학부모 요구조사서를 통하여 개별화교육에 대한 학부모의 요구를 확인하고, 학기목표와 지도 방법에 대해 충분히 의견을 나눈 후 최종 목표를 수립하는 것이 좋다.

개별화교육지원팀은 매 학기의 시작일로부터 30일 이내에 개별화교육계획을 작성해야 하므로 그에 따른 개별화교육지원팀 협의회 일정을 계획하는 것이 필요하며, 늦어도 3월 셋째 주에는 개별화교육지원팀 협의회를 실시하여야 계획 수립이 차질 없이 진행될 수 있다. 개별화교육지원팀 협의회는 특수교육대상 학생 개인별로 이루어져야 하지만 특수학교에서는 학급별로 이루어지는 경우도 있는데, 이 경우에도 공통된 내용이 아닌 경우에는 개별 상담을 통해 진행하여야 한다. 개별화지원팀 협의회는 학기 초에 실시하는 것인 만큼 학부모가 교사를 신뢰하고 열린 마음으로 진행될 수 있도록 사전에 준비를 잘하여 협의회 분위기를 잘 이끌어 가야 한다.

[그림 4-6]은 개별화교육의 학기목표와 월별목표 수립을 위해 학부모의 의견을 청취하기 위한 학부모 상담지와 학부모 요구 조사서의 예이다.

2) 특수교육대상자가 배치(「장애인 등에 대한 특수교육법」 제17조 일반학교의 일반학급, 일반학교의 특수학급, 특수학교)를 변경하고자 하는 것을 말한다.

학부모 상담지

학생명	김**	학 반	2-2	상담 일시	20○○.3.14. 10:50	담 임	박** (인)
내담자	고◎◎			학생과의 관계	모		
가족상황 및 관계	부, 모, 여동생(1명)						
장애명 및 등급	자폐성장애			기타 장애			
병력 및 약물복용	머리의 상처로 인하여 한약을 복용하고 있음						
통학방법	학교버스 4호차						
행동면	짜증이 나거나 스트레스를 받으면 손등을 무는 경우가 있음. 기분이 좋거나 화가 날 때 자신의 머리를 때리거나 '으. 으'하면서 소리를 내는 경우도 있음. 같은 위치만 반복하여 때려 머리에 혹이 나 있음. 성실한 편이고 주어진 일은 하고자 하는 책임감을 보임.						
의사소통면	자신의 의사표현을 '예, 아니오'로 분명하게 할 수 있음. 요즈음 자신이 하고 싶은 것이나 의사표현을 글씨를 써서 표현하기도 하였음. 낱말 수준이지만 자발적인 언어를 사용하는 경우도 있음.						
사회적 태도면	공동생활에 참여할 때 행동이 느린 편이지만 지시에 따를 수 있음. 사람이 많을 곳을 좋아하지 않음. 단체활동이나 공동활동에서는 촉구에 따라 참여함.						
독립생활면	새 옷을 입지 않으려고 함. 편식이 심하여 좋아하는 음식만 먹으려고 함. 신변처리는 스스로 할 수 있음.						
학습면	꾸준히 학습활동을 하고 있음. 낱말을 이해하고 있음. 그림그리기를 좋아하여 미술학원에 꾸준히 다니고 있음.						
직업경험 (현장실습 포함)	없음						
졸업후 진로희망	전공과 진학을 원함						

학생발달 현황 및 학부모 요구 조사서

202○년도 과정 학년 반 학생명 : 보호자 : (인)

* 기재요령 : ○-잘함 △-보통임 ×-거의못함

교과	영 역	내 용	현재수준 학부모	현재수준 교사	학부모의 교육적 요구	우선순위
국어	듣기·말하기	일상생활에서 요구되는 지시 따르기			(해당 교과 내용 중 학부모님께서 올해 특히 지도가 필요하다고 생각되는 것을 간단히 기록해주세요)	
		상대방의 말을 듣고 행동하기				
		이야기를 듣고 주요 내용 알기				
		입모양 흉내 내어 발성하기				
		자기 생각 표현하기 (몸짓 및 손짓)				
		일상생활과 관련된 낱말 말하기				
		대상과 상황에 알맞게 말하기				
		보고 들은 것을 말하기				
	읽기	글자에 관심 갖기				
		그림과 낱말을 관계지어 읽기				
		여러 가지 낱말을 소리 내어 읽기				
		글의 요점을 파악하며 읽기				
	쓰기	다양한 필기 도구 사용하기				
		바른 순서와 모양으로 쓰기				
		낱말을 바르게 쓰기				
		간단한 문장 쓰기				
사회	나의 삶	바른 생활 습관 기르기				
		내 일 스스로 하기				
		스스로 계획하고 실천하기				
	관계의 삶	기본 예절과 규칙 지키기				
		가족과 이웃의 생활 모습 알기				
		우리 지역의 생활 모습 알기				
		여러 지역의 생활 모습 알기				
	시민의 삶	물건 구입하기				
		문화 활동 참여하기				
		화폐 사용하기				
		생활 속 민주주의 규칙 알기				
수학	수와 연산	변별하기/분류하기				
		수 세기				
		가르기와 모으기				
		덧셈하기				
		뺄셈하기				
		곱셈과 나눗셈하기				
	도형	여러 가지 모양 알기				
		평면 도형 알기				
	측정	양, 위치, 방향 알기				
		시계, 달력 알기				
		화폐의 액면가 알기				
	규칙성	물체와 무늬 배열의 규칙 알기				
		수 배열의 규칙 알기				
	자료와 가능성	조사표 만들기				
		그래프 그리기				
과학	에너지	소리 구별				
		빛을 이용한 놀이				
		전기 기구의 사용				
	우리 몸	맛, 냄새, 촉감의 변별				
		물체의 종류 알기				
		물질의 종류 알기				
	동물과 식물	동물의 이름과 생김새 알기				
		식물의 이름과 생김새 알기				
		우리 몸의 생김새와 하는 일 알기				
	지구와 우주	하루, 날씨, 계절의 변화 알기				
		태양계의 구성에 대해 알기				

[그림 4-6] 학부모 상담지와 학부모 요구 조사서 예

3) 개별화교육계획 작성

특수학교는 업무포털 나이스의 [개별화교육]에서 개별화교육계획을 작성한다. 나이스의 개별화교육계획에서는 연간목표를 작성하지 않고 학기별 목표로 작성한다. 1학기 목표를 현행 수준을 고려하여 실제 교육이 가능한 내용으로 구체적으로 기술한다. 이런 나이스 개별화교육계획 작성 방식은 연 단위로 수립되는 개별화교육계획의 기본 취지를 벗어나고 있을 뿐만 아니라, 나이스라는 틀에 맞추어 학급 교육과정의 월별교육계획처럼 작성됨으로 인해 최근 많은 비판을 받고 있다.

2학기 교육목표는 1학기 평가 결과를 토대로 작성할 경우 1학기 교육목표와 내용은 같으나 성취 수준을 더 높게 설정할 수 있으며, 1학기 목표가 성취되지 않았을 경우에는 1학기와 동일한 목표 설정도 가능하다. 2학기 목표는 1학기 목표와 상관없이 다른 내용으로 설정할 수도 있다.

개별화교육은 나이스의 교육과정과 연동되어 과목별로 개별화교육목표를 수립하게 되어 있다. 학교의 상황에 따라 전 교과를 개별화교육과 연계하여 지도하는 경우도 있

고, 몇 개의 교과만 선택하여 개별화교육계획을 수립한 후 적용하는 경우도 있다.

개별화교육의 목표 내용은 구체적이고 명확한 행동목표 진술 방식으로 기술하여야 하며, 성과 측정이 어려운 추상적이거나 개인적인 표현은 하지 않는다. 목표는 교과의 특성과 활동 내용을 고려하여 인지적, 기술적, 정의적 목표로 나누어 진술하는데, 목표의 유형에 따라 성취행동명이라고 하는 서술어의 진술 방식이 다르다. 지식 습득과 관련된 인지적 목표는 '정의한다' '짝 지운다' 등과 같이 어떤 사실에 대한 지식을 갖게 된 결과를 나타내는 용어로 진술하며, 기능 내지 기술을 습득하는 목표인 기술적 목표는 '적용한다' '표로 나타낸다'와 같이 습득한 지식으로 어떤 행위를 할 수 있는 용어로 진술하고, 태도를 나타내는 정의적 목표는 '태도를 갖는다' '주의 깊게 듣는다' 등과 같이 어떤 학습 활동을 하는 중이거나, 학습 활동 이후에 취하기를 기대하는 학습자의 태도와 관련된 서술어로 진술한다.

개별화교육계획은 학기별로 마감하므로 2학기가 시작되면 1학기 내용을 수정할 수 없다.

〈표 4-5〉는 나이스에서 기록하는 개별화교육계획 연간 일정 운영 예이다.

TIP 개별화교육계획을 작성할 때 한글 프로그램에서 작성하여 문장의 문법, 맞춤법, 띄어쓰기 등을 확인한 후에 나이스에 붙여넣기를 하면 맞춤법상의 오류를 줄일 수 있습니다.

표 4-5 개별화교육계획 연간일정 예

<table>
<tr><th colspan="3" rowspan="2">일정</th><th colspan="3">제출</th></tr>
<tr><th>내용</th><th>방법</th><th>시기(예)</th></tr>
<tr><td rowspan="7">1
학
기</td><td rowspan="7">3월</td><td>협의회 구성</td><td>• 개별화교육지원팀 협의회구성
(교장, 교감, 담임, 교과전담 및 보건교사, 치료지원 인력)</td><td>전자문서</td><td>2주 이내</td></tr>
<tr><td>조사서
배부 및 회수</td><td>• 학부모 요구 조사서 배부 및 회수
- 학부모의 교육적 기대수준 및 요구</td><td>출력</td><td rowspan="2">3주 이내</td></tr>
<tr><td>협의회</td><td>• 개별화교육지원팀 협의회(협의록 작성)</td><td>전자문서</td></tr>
<tr><td rowspan="2">개별화교육계획
표지 및 나이스
입력 및 점검</td><td>• 1학기 개별화교육 학기목표
• 3~4월 개별화교육 계획(목표, 지도내용 및 지도방법)</td><td>나이스입력</td><td rowspan="3">3월 28일</td></tr>
<tr><td>• 학생인적사항
• 서비스/기타정보관리</td><td>나이스입력</td></tr>
<tr><td>개별화교육표지
배부 및 회수</td><td>• 1학기 개별화교육 표지(개별화교육지원팀 명단 서명)
• 1학기 교육목표(가정으로 배부)</td><td>출력보관</td></tr>
<tr><td>개별화파일 보관</td><td>• 개별화교육 표지 원본</td><td>원본보관</td><td>3월 30일</td></tr>
</table>

	4월	작성 · 마감	• 3~4월 개별화교육 평가 • 5월 개별화교육 계획(목표, 지도내용 및 지도방법)	나이스입력	4월 24일
	5월	작성 · 마감	• 5월 개별화교육 평가 • 6월 개별화교육 계획(목표, 지도내용 및 지도방법)	나이스입력	5월 25일
	6월	작성 · 마감	• 6월 개별화교육 평가 • 7월 개별화교육 계획(목표, 지도내용 및 지도방법)	나이스입력	6월 26일
	7월	작성 · 마감	• 7월 개별화교육 평가 • 1학기 개별화교육 학기평가	나이스입력	7월 20일
		개별화교육결과 통보 및 파일 보관	• 1학기 개별화교육 평가 및 학부모에게 통보(생활통지표) • 기타 서비스 관련 자료	나이스입력 및 출력보관	7월 26일
2학기	8~9월	협의회 구성	• 개별화교육지원팀 협의회구성 (교장, 교감, 담임, 교과전담 및 보건교사, 치료지원 인력)	전자문서	2주 이내
		협의회	• 개별화교육지원팀 협의회(협의록 작성)	전자문서	9월 14일
		작성 · 마감	• 2학기 개별화교육 학기목표 • 8~10월 개별화교육 계획(목표, 지도내용 및 지도방법)	나이스입력	9월 21일
		개별화교육표지 배부 및 회수	• 2학기 개별화교육 표지(개별화교육지원팀 명단 서명) • 2학기 교육목표(가정으로 배부)	출력	9월 21일
		개별화파일 보관	• 개별화교육 표지 원본	원본보관	9월 28일
	10월	작성 · 마감	• 8~10월 개별화교육 평가 • 11월 개별화교육 계획(목표, 지도내용 및 지도방법)	나이스입력	10월 26일
	11월	작성 · 마감	• 11월 개별화교육 평가 • 12~2월 개별화교육 계획(목표, 지도내용 및 지도방법)	나이스입력	11월 27일
	12~2월	작성 · 마감	• 12~2월 개별화교육 평가 • 2학기 개별화교육 학기평가	나이스입력	202○년 2월 8일
			• 학생인적사항 확인 • 특수교육 관련 서비스 • 기타 정보	나이스입력	
		개별화교육결과 통보 및 파일 보관	• 2학기 개별화교육 평가 및 학부모에게 통보(생활통지표) • 기타 서비스 관련 자료	나이스입력 및 출력보관	2월 11일
	202○년 2월	누철 및 인수인계	• 나이스(개별화교육) 출력 및 개별화교육관련 자료(원본) 개별화교육파일 보관	파일	인수인계

(1) 인적사항 관리

① 인적사항 관리

[인적사항]은 [기본사항 I]과 [기본사항 II]로 나누어져 있다. [기본사항 I]에서는 [인적사항 관리]에 들어가서 학년, 반을 조회 후 학생명을 선택하여 보호자와 주양육자, 전화번호, 개별화교육계획 학기별 시작일과 종료일, 장애유형 및 정도와 특성, 배정학급 구분, 장애인 등록 여부, 통학수단, 순회교육 지원 여부를 입력한다. [기본사항 II]에서는 학생의 흥미 및 강점, 보호자의 희망사항, 기타사항을 입력한다.

TIP 개별화교육계획의 인적사항 관리에서 첨부 파일을 통하여 개별화교육지원팀의 확인 서명이 들어 있는 개별화교육계획 표지 파일(pdf로 저장한 파일 등)을 첨부할 수 있습니다.

② 진단평가 관리

[진단평가 관리]에서는 진단 영역, 진단도구명, 검사 일자, 검사 결과, 평가자와 같은 내용을 정확하게 기록하는 것이 중요하다. 학년, 반을 조회한 후 학생명을 선택하면 입력할 수 있다. 진단평가 내용을 요약하여 입력하고 저장한다.

③ 진단평가 기록 확인

학생 실태를 파악하기 위해 누가 기록된 진단평가 결과를 확인할 필요가 있는 경우가 있다. 개별화교육계획의 [인적사항 관리] 메뉴의 [인적사항 조회]에서 학년도를 선택하고, 학년, 반을 확인 후 진단평가(누가)를 선택한 후 조회를 클릭하면 된다.

(2) 관련서비스/기타정보 관리

특수교육 관련서비스는 상담지원, 가족지원, 치료지원, 보조인력지원, 보조공학기기지원, 학습보조기기지원, 통학지원 및 정보접근지원 등의 특수교육에 필요한 인적 · 물적 자원을 제공하는 서비스로서 [관련서비스관리]에서 학년, 반을 조회한 후, 학생명을 선택하고 내용을 추가 입력하고 저장한다.

(3) 학기별 개별화교육계획

① 현재 수행 수준과 학기목표

지금까지의 학생 인적사항과 진단평가 결과 등의 정보를 바탕으로 학생의 현재 수행수준을 판단하여 학기목표를 설정한다.

- 현행 수준에서 현재 교육 수준을 명확하게 기재한다.
- 학기목표는 한 학기 동안 실제 교육 가능한 내용을 구체적으로 기술한다.
- 과거 학기별 자료 조회는 '이전 학년도 학기별 자료'를 조회하면 된다.

현행 수준과 학기목표는 [학기별 개별화교육관리]에서 [과목] 조회 후 학생명을 선택하면 입력이 가능하다.

② 학기별 평가는 학생의 성취도 평가와 개별화교육계획 자체에 대한 평가가 동시에 이루어져야 한다. 나이스에서는 학생의 성취 정도에 관한 평가만을 다루고 있다. 학기별 [개별화교육평가관리]에서 [과목] 조회 후 학생명을 선택하여 평가 내용을 입력한다.

- 학기목표와 현행 수준 입력이 선행되어야 평가 입력이 가능하다.
- 평가는 학기목표에 근거하여 명확하고 구체적으로 기술한다.
  목표가 2개면 평가도 2개가 되어야 한다.
- 월 평가 내용을 조회하여 참고할 수 있다.
- 학생발달상황일람표의 서술평가 내용을 가져올 수 있다.
- '~할 수 있음'의 명사형 종결어미를 사용한다.

③ 학기별 개별화교육계획 및 평가 조회

학기별 개별화교육계획이 수립되면 학기목표를 과제분석하여 단기목표를 설정하고, 단기목표를 기준으로 월별 개별화교육계획을 수립한다. 나이스를 통하여 작성한 개별화교육은 별도로 출력하여 학생 개인별 개별화교육 파일에 보관하기도 한다.

(4) 월별 개별화교육계획

① 월별 개별화교육계획의 교육목표와 교육내용 그리고 교육방법은 학기별 개별화교육계획에서보다 더 상세하고 구체적으로 작성한다. [개별화교육계획관리]에서 [과목] 조회 후 학생명을 선택하여 교육목표, 교육내용, 교육방법을 입력한다.

- 월별 교육목표는 학기목표보다 구체적으로 진술한다.
- 교육 내용 및 방법은 목표를 달성하기 위한 구체적인 내용과 방법을 기술한다.
- [과거월별자료조회] 탭에서 이전 학년도 자료 조회와 적용이 가능하다.
- [학기목표조회]에서 학기목표를 조회하여 월별 개별화교육 목표 작성 시 비교

하고 참고할 수 있다.

② 월별 평가 결과는 학생의 진보를 확인시켜 준다. [개별화교육평가관리]에서 과목 조회 후 학생명을 선택하고 [월별 평가]를 클릭해서 평가 결과를 입력한다.

- 목표에 근거하여 객관적이고 명확하게 기술한다.
- 목표가 2개일 경우 평가도 2개이어야 한다.

③ 월별 개별화교육계획 및 평가를 학생별로 출력한 후 개별화교육 파일에 보관한다.

(5) 마감 관리

① 매 학기 및 월 계획 평가 마감

- 개별화교육 마감 관리는 교과 담당교사와 담임교사가 각각 실시한다. [학기계획], [학기평가], [월 계획], [월 평가]를 차례대로 선택하여 마감한다.

[그림 4-7] 개별화교육계획 나이스에 등록하는 화면의 예

② 승인 요청

담임교사는 마감 후 개별화교육계획의 승인 요청을 한다.

더 상세한 정보가 필요하다면!

국립특수교육원(2019). 개별화교육계획 운영 가이드북.

7. 현장체험학습 계획 수립

특수학교에서는 학생들에게 여러 가지 사회지식 및 기능을 지역사회에서 경험하게 하여 사회적응 능력과 지역사회로의 전환이 원활하게 이루어지도록 현장체험학습을 실시한다.

현장체험학습은 학교 밖에서 이루어지는 교육 활동으로, 수학여행, 수련활동 등의 숙박형 현장체험학습과 하루에 이루어지는 1일형 체험학습으로 나눌 수 있다.

매 학년 또는 학기 초에 학급 교육과정을 수립할 때 현장체험학습을 미리 계획하여 포함시킨다. 수학여행과 같이 주제별 체험학습이나 수련활동 등과 같은 현장체험학습은 장소 및 숙박지의 결정이 중요하기 때문에 전 학년도에 미리 계획하기도 한다.

1) 1일형 현장체험학습

1일형 현장체험학습은 장애 학생에게 지역사회의 시설 및 자원 등을 활용하여 지역사회 중심의 체험 기회를 제공한다. 이를 통해 학생들이 자기 주도적 참여 능력을 갖게 하고, 지역사회에 통합하여 독립적인 삶을 영위할 수 있도록 하는 데 목적이 있다. 나아가 사회적응 능력을 향상시키고, 지역사회로의 전환을 원활하게 할 수 있게 한다.

1일형 현장체험학습은 반일제와 전일제로 구분하여 실시하며, 1일형 현장체험학습도 '현장체험학습 학생안전관리 조례'에 따라 학생안전대책, 안전교육 실시 등을 포함한 '체험학습 기본계획'을 수립하여 시행한다. 교육장소 및 시설 등에 대한 사전답사도 미리 해두어야 한다. 〈표 4-6〉은 고양시 지역을 중심으로 한 1일형 현장체험학습 장소의 예이다.

표 4-6 고양시를 중심으로 한 1일형 현장체험학습 장소의 예

고양시		파주시	서울시	인천시/부천시
일산아쿠아플라넷	화훼공판장	SBS일산제작센터	종이발자국	물박물관
호수공원	고양600주년 전시관	헤이리 예술마을	서울 에너지드림센터	부천식물원
난지도하수처리장	고양 종합 운동장	임진각 평화누리	광화문	부천아인스월드
서오릉	MBC드림센터	가온호수공원	서울과학관	인천어린이과학관
서삼릉	항공우주박물관	파주출판단지	서울역사박물관	인천어린이 동물원
행주산성	대화생태공원	악기 박물관	월드컵공원	차이나타운
농협화훼단지	증권박물관	세계 인형 박물관	서대문자연사 박물관	인천학생과학관
초가집	중남미문화원	근현대사 박물관	서대문 쌀 박물관	에너지파크
정발산	배다골 테마파크	별난 물건 박물관	한국영화박물관	만화박물관
어린이교통공원	인체박물관	딸기가 좋아	경복궁	김치박물관
아람누리	쥬쥬동물원	피노키오 뮤지엄	선유도 공원	한국근대문학관
일산시장	킨텍스	파주장단콩전시장	국회의사당	짜장면박물관
아람누리	안곡습지공원	오두산 통일전망대	농업박물관	인천대공원
어울림누리	한옥마을정와	재미있는 추억박물관	스위트 팩토리	부천옹기박물관
원당종마목장	원당허브랜드	자운서원	국립 중앙 박물관	웅진플레이도시
스타필드	고양어린이 박물관	윤관장군묘	용산 전쟁 박물관	옥토끼우주센터
점핑파크	로보카폴리	화석정	경찰 박물관	전등사
하은어린이도서관	주엽어린이도서관	세계민속악기박물관	남산타워	강화용두레마을
주렁주렁동물원	빅마켓 어린이소극장	벽초지문화수목원	민속박물관	국립생물자원관
상상체험 키즈월드	이마트타운	카트랜드	청계천	드림파크 식물관

2) 숙박형 현장체험학습

학교 교육 활동과 연계된 수련활동은 학생들에게 바람직한 여가 문화를 습득하고 체력 단련 및 공동체의식을 고취할 수 있는 기회를 제공한다. 수련활동은 국가에서 인증한 수련활동 기관에서 인증된 프로그램으로 실시하며, 장소는 학교 주관으로 선정

하여 운영한다. 수련활동 등 숙박형 체험 활동 운영 절차는 체험학습활성화위원회의 규정에 따른다.

더 상세한 정보가 필요하다면!

「초 · 중등교육법」 제23조(교육과정 등)
「초 · 중등교육법시행령」 제48조(수업운영 방법 등)
초 · 중등학교 교육과정 고시(창의적 체험학습 교육과정)
현장체험학습 학생안전관리 조례 및 동법 시행규칙(교육청별)
「청소년 기본법」 및 동법 「시행령」 및 「시행규칙」
「청소년활동 진흥법」 및 동법 「시행령」 및 「시행규칙」
「지방자치단체를 당사자로 하는 계약에 관한 법률」 및 「시행령」 및 「시행규칙」
「현장체험학습 관련 법령 및 지침」

더 상세한 정보가 필요하다면!

교육부. 현장체험학습 안전교육자료 – 현장체험학습 안전교육길라잡이
창의인성교육넷. 전국 시도 현장체험학습 모델 및 우수사례 (www.crezone.net)
국민안전방송. 유형별, 계절별, 생애주기별 재난안전 동영상 (www.safetv.go.kr)
국민재난안전포털. 자연재난/사회재난/생활안전/비상대비 행동요령 (www.safekorea.go.kr)
청소년활동안전센터. 시설 및 활동 안전에 대한 각종 자료 (www.yas.or.kr)
청소년수련활동 정보 서비스. 수련시설 종합평가결과 및 인증여부 등 (www.youth.go.kr)
대한인명구조협회. 찾아가는 재난안전교육 및 인명구조교육 (www.Klsa.kr)
안전디딤돌. 재난안전정보 포털앱
기상청. 날씨, 지진, 황사 등의 기상 관측 및 기상청체험학습 (www.kma.go.kr)

8. 자유학기(년)제 계획 수립

자유학기제는 「초 · 중등교육법」 제44조 제3항과 2015 특수교육 교육과정 편성운영 기준에 따라 중학교 과정 중 한 학기 또는 두 학기 동안 지식 · 경쟁 중심에서 벗어나 학생 참여형 수업을 실시하고, 학생의 소질과 적성을 키울 수 있는 다양한 체험 활동을 중심으로 교육과정을 운영하는 제도이다.

자유학기제 기간 동안 이루어지는 학교생활은 크게 교과수업과 자유학기 활동으로 나누어진다. 오전에는 주로 국어, 영어, 수학, 사회, 과학, 기술 · 가정, 체육, 도덕 등

교과수업이 이루어진다. 수업은 토론, 실험 · 실습, 프로젝트 학습 등 전 과정에 학생이 주도적으로 참여하는 방식으로 진행된다. 평가는 지속적인 관찰평가, 형성평가, 자기성찰평가, 포트폴리오 평가, 수행평가 등을 통해 이루어지며, 꼭 배워야 하는 내용의 학습 유무를 반드시 확인하도록 한다. 오후에는 주로 진로탐색 활동, 주제선택 활동, 예술 · 체육 활동, 동아리 활동 등의 자유학기 활동이 이루어진다.

[그림 4-8] 꿈꾸는 아이들의 길라잡이(꿈길)

출처: http://www.ggoomgil.go.kr/

2020년도부터는 두 학기를 자유학기제로 운영하는 자유학년제가 전면 시행된다. 자유학년제는 보통 중학교 1학년을 대상으로 시행된다. 자유학기제 다음 학년에는 연계 자유학년제 또는 연계 자유학기제를 실시한다.

[그림 4-9]는 교육부가 제시한 특수학교 자유학기제 운영 내용으로 중학교 자유학기제 시행 계획을 기본으로 운영하되 특수학교의 여건과 특수성을 고려한 운영을 하도록 하였다. 특수학교에서는 공통교육과정을 주로 적용 받는 시각장애, 청각장애, 지체장애 학생들의 특성을 고려한 자유학기 활동과 기본교육과정을 주로 적용받는 지적장

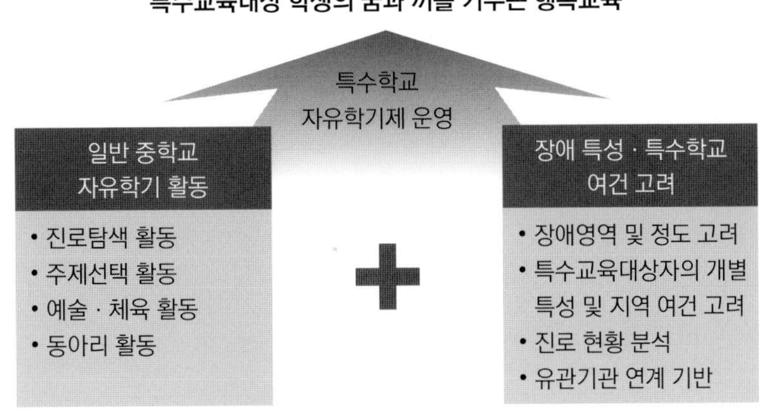

[그림 4-9] 특수학교 자유학기제 운영 내용

출처: 교육부(2016a).

애, 정서장애, 중도 · 중복장애 학생들의 특성을 고려한 자유학기 활동으로 장애특성을 고려하여 자유학기제가 운영된다.

1) 자유학기(년)제 활동 내용

특수학교의 자유학기(년)제는 학생들의 장애 특성과 정도를 고려하여 다양한 주제를 학습할 수 있도록 교육내용을 다양하게 운영한다. 자유학기제를 실시하는 학기에서는 교과 및 창의적 체험 활동 시수를 적절히 조정하여 진로탐색 활동, 주제선택 활동, 예술 · 체육 활동, 동아리 활동의 자유학기(년)제 활동을 한다.

자유학기제 활동은 학교생활기록부에 각 영역별로 활동내용, 참여도, 흥미도 등을 종합평가하여 자유학기활동 특기사항에 기재한다.

(1) 진로탐색 활동

진로탐색 활동은 학생이 적성과 소질을 탐색하여 스스로 미래를 설계할 수 있도록 체계적인 진로교육을 실시하는 활동이다. 학생들이 자신의 적성을 알아갈 수 있도록 체계적인 진로학습 기회를 제공한다. 진로탐색 활동에는 진로검사, 초청 강연, 포트폴리오 제작 활동, 현장체험 활동, 직업탐방 등의 활동을 한다.

(2) 주제선택 활동

학생의 현재 수준 및 흥미, 관심사를 반영한 여러 가지 전문 프로그램을 운영하여 학습동기를 유발하는 활동이다. 일반교육에서는 드라마와 사회, 웹툰, 3D 프린트 같은 주제로 프로그램을 운영한다. 특수학교에서는 학교의 특성에 따라 지역사회 적응훈련에 중점을 두어 중도 · 중복장애 학생에게 필요한 생활기능영역 중심으로 운영하는 경우도 있고, 하나의 주제를 정하여 학생과 함께 해결해 나가는 프로그램으로 운영하는 경우도 있다. 주제선택 활동의 예로는 지역사회 알아가기, 환경보호, 직업의 세계 등이 있다. 생활기능영역 중심의 주제선택 활동의 예로는 의사소통, 자립생활, 탐구, 신체 활동, 여가 활동, 진로 활동 등이 있다.

(3) 예술 · 체육 활동

다양하고 내실 있는 예술 · 체육 교육을 통해 학생들의 소질과 잠재력을 계발하는 활동이다. 학생과 학부모의 희망을 조사하고 학생의 장애 특성, 학교 실정을 감안하여 연극, 뮤지컬, 오케스트라, 디자인, 축구, 농구 등을 선정하여 운영한다.

(4) 동아리 활동

학생과 학부모의 희망을 조사하여 공통된 관심사를 기반으로 프로그램을 선정하고 학생이 흥미를 가지고 참여하게 하며 학생자치활동을 활성화하고, 소질과 잠재력을 계발한다.

2) 자유학기제 운영 절차

교육부는 성공적인 자유학기제 운영을 위해 다음과 같이 운영 절차를 소개하고 있다.

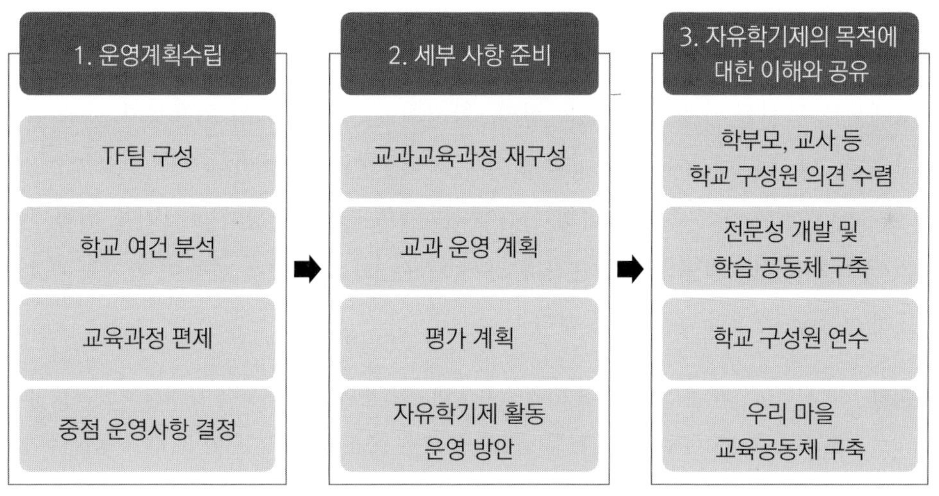

[그림 4-10] 자유학기제 운영 절차

출처: 교육부. http://www.edunet.net/nedu/edupolicy/freesemForm.do?menu_id=732#0

TIP 자유학기제 활동의 활동명을 창의적으로 지으면 더욱 재미있는 자유학기제 활동이 될 수 있습니다. 예를 들어, 요리, 공예 등의 만들기 활동 중심의 주제선택 활동의 경우, 주제명을 '내손으로 뚝딱' '뚝딱뚝딱 공방' 등으로 만들면 학생들이 더 즐겁게 참여할 수 있습니다.

더 상세한 정보가 필요하다면!

꿈길 (http://www.ggoomgil.go.kr/front/index.do)

커리어넷 (https://www.career.go.kr/cnet/front/main/main.do)

한국선진학교 자유학기제 공개보고회자료집 (http://www.seonjin.sc.kr/?_page=74&_action=view&mode=view&no=3366&idx=999970290)

9. 학급 임원 및 전교학생회 임원 선출

학생회 조직 및 운영을 통하여 학생들의 자율성, 사회성, 협동성을 향상시키고, 자치활동을 통하여 민주시민의 자질을 함양하기 위해 학급 임원 및 전교학생회 임원을 선출한다. 학생회 운영은 학생회 회칙에 근거하여 운영한다.

학생회 조직 및 조직도 예시는 [그림 4-11]과 같다.

학생회 선거의 추진 절차는 학생회 운영계획을 먼저 수립하며, 이때 선거 관련 교육을 포함하여 계획한다. 학생회 선거에 관한 사항은 가정통신문을 통해 안내함으로써 가정에서도 관심을 가질 수 있도록 한다. 학생회 선거를 위해서 입후보자 등록, 투표용지 제작, 당선증 제작 등의 과정과 선거 유세에 직접 참여하면서 학생들은 자연스럽게 선거의 과정과 민주주의에 대해 학습할 수 있게 된다. 학생회장 선거를 위한 투표장은 국회의원이나 지역의원 투표장과 같이 기표소와 투표함을 만들어 학생들이 실제 투표하는 것을 체험할 수 있도록 한다.

TIP 각 지역의 선거관리위원회에 가면 투표장의 기표소와 투표함 등을 대여하여 사용할 수 있습니다. 학습자료로 기표소를 구입하여 놓으면 매년 학생회 선거를 할 때 사용할 수 있습니다.

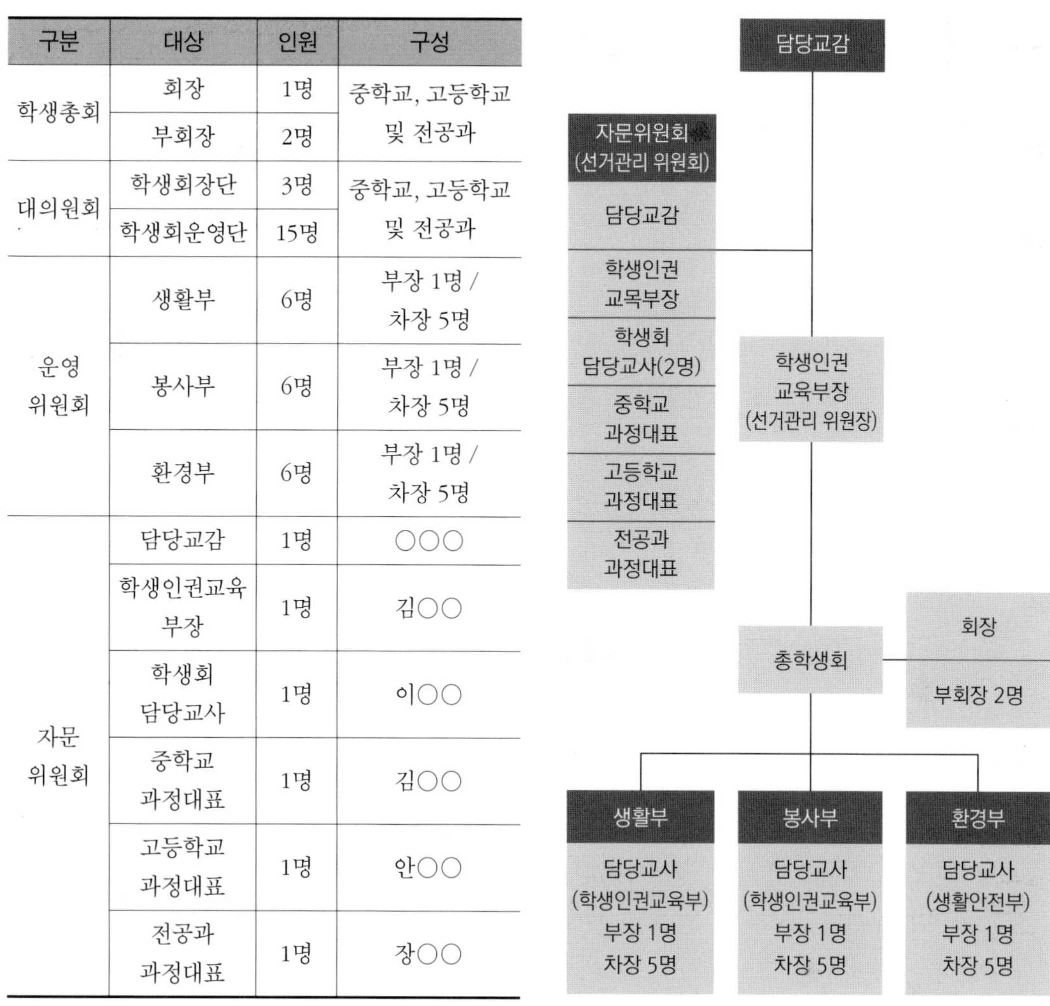

구분	대상	인원	구성
학생총회	회장	1명	중학교, 고등학교 및 전공과
	부회장	2명	
대의원회	학생회장단	3명	중학교, 고등학교 및 전공과
	학생회운영단	15명	
운영 위원회	생활부	6명	부장 1명 / 차장 5명
	봉사부	6명	부장 1명 / 차장 5명
	환경부	6명	부장 1명 / 차장 5명
자문 위원회	담당교감	1명	○○○
	학생인권교육 부장	1명	김○○
	학생회 담당교사	1명	이○○
	중학교 과정대표	1명	김○○
	고등학교 과정대표	1명	안○○
	전공과 과정대표	1명	장○○

[그림 4-11] 학생회 조직 및 조직도 예

10. 신체검사 실시

3월에는 보건교사의 주관하에 학생 신체검사를 실시하게 된다. 키, 몸무게를 측정하여 [나이스]의 [보건]에 들어가서 입력하면 BMI(체질량지수) 수치가 생성된다. 체질량지수로 학생의 비만도를 알아 두면 학생의 건강관리 지도에 도움이 된다. 초등학교 1학년과 4학년, 중학교 1학년, 고등학교 1학년은 학생건강검진을 실시하게 되어 있다.

11. 개인정보 수집 및 이용에 관한 학부모의 동의

「교육기본법」 제23조의3(학생정보의 보호원칙) 및 「개인정보 보호법」에 따라 개인정보 주체의 동의를 받도록 규정하고 있으므로 학교의 교육과정을 운영하는 데 필요한 개인정보 수집에 대한 학생 및 학부모 동의를 학년도가 시작되는 3월 초에 받는다. 이때 학교 교육 활동 전반에 대해 개인정보 수집 동의를 일괄로 받지만 여기에 포함되지 않은 교육 활동으로 개인정보가 필요할 때는 별도의 개인정보 수집 이용 동의를 받아야 한다.

학교는 학생 및 학부모의 개인정보는 최소 수집의 원칙에 따라 교육 활동에 필요한 경우 최소한의 항목만을 수집하며, 이용 목적에 맞게 취급 처리되도록 철저히 관리하여야 한다. 또한 개인정보 수집 목적이 종료되는 즉시 파기하여야 한다.

1) 개인정보 수집이 필요한 목록

학교 교육 활동에서 다음과 같이 개인정보 수집이 필요한 목록은 개인정보 수집 동의를 받아야 한다. 학교 교육 활동에서 수집하게 되는 개인정보는 학생 성명, 주민등록번호, 전화번호, 학부모 성명, 학부모 생년월일, 학부모 전화번호 등이다.

- 학교생활기록부 관리(「초중등교육법」 제25조)
- 학생건강기록부(「학교건강검사규칙」 제22조)
- 개별화교육계획서 작성(「장애인 등에 대한 특수교육법」 제22조)
- 학교도서관 대출 · 반납 관리(「도서관법」 제38조)
- 학교홈페이지 가입 · 운영
- 수업 공개 동영상, 학교행사 시에 촬영된 개인 화상 정보 사용
- 학생증 발급
- 휴대전화 문자 서비스(SMS)를 위한 개인정보
- 통학버스 이용
- 학생명부 작성
- 응급처치 동의

- 각종 대회 참가
- 기타 교내 교육 활동

2) 개인정보 처리 및 보유 기간

법적으로 정해진 자료(학교생활기록부: 영구, 건강기록부: 5년)는 정해진 기간 동안 보유해야 하며, 1회성으로 개인정보가 필요한 경우에는 사용 목적이 달성되면 즉시 파기하고, 지속적으로 사용되는 정보는 졸업과 동시에 파기한다.

법적으로 규정된 상급학교 진학, 병역을 위한 병무청으로의 정보 제공을 제외하고는 제삼자에게 정보를 제공해서는 안 되며, 부득이한 경우 정보 주체의 동의를 따로 받아야 한다.

학교생활기록부 및 건강기록부 작성은 법적으로 규정된 것이다. 특수교육대상 학생에게는 개별화교육계획이 포함된다. 이렇게 법적으로 규정된 것은 개인정보 동의가 반드시 필요하다. 그 외의 정보수집에 대해서는 학부모가 정보제공에 동의하지 않을 수 있다. 하지만 학생지도에 도움이 되는 내용인 경우, 학부모와의 원활한 의사소통을 위해 협조를 구하도록 한다.

TIP 주민등록번호 수집은 법령에 의해서만 수집 가능하며, 정보 주체의 동의가 있어도 수집을 할 수 없습니다.

12. 보조공학기기 신청

특수학교에서는 「장애인 등에 대한 특수교육법」 제28조(특수교육 관련서비스) 제4항 "각급 학교의 장은 특수교육대상자의 교육을 위하여 필요한 장애인용 각종 교구, 각종 학습보조기, 보조공학기기 등의 설비를 제공하여야 한다"에 근거하여 보조공학기기를 제공한다. 특수교육 관련서비스로 장애 학생의 이동 및 의사소통 편의 지원과 장애의 유형 및 특성에 따른 지원을 통한 교수·학습 능력 신장을 위하여 보조공학기기를 학년 초에 대여하는 형태로 지원하고 있다. 특수교육교사는 학급 학생의 장애 특성에 맞는 보조공학기기에 대한 활용 방법 및 적합성 등에 대한 정보를 사전에 파악해 둔다.

보조공학기기는 특수교육대상 학생의 장애와 개인의 요구에 따라 적절하게 지원한다. 보조공학기기에는 시각장애를 가진 학생을 위한 점자정보단말기, 독서 확대기 등이 있으며, 청각장애를 가진 학생을 위한 FM 송신기, 지체장애를 가진 학생을 위한 높낮이 조절 책상, 안전책상 등이 있고, 의사소통을 지원하기 위한 AAC(보완대체의사소통) 기기 등도 보조공학기기에 포함된다. 보조공학기기의 예는 [그림 4-12]와 같다.

소아용 안전책상		높낮이 조절 책상	
초·중등용 유모차		휠체어 각도 조절 테이블	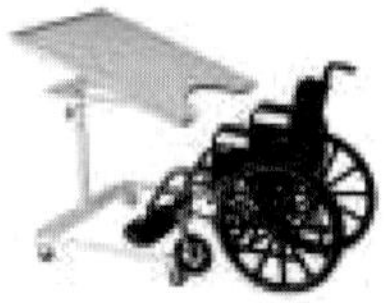
성인용 휠체어 높낮이 조절 테이블		독서 확대기	
독서 확대기		점자정보 단말기 (한소네5)	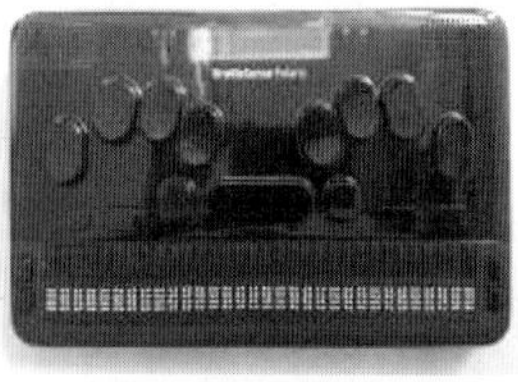
빅키보드		점자정보 단말기 (한소네U2)	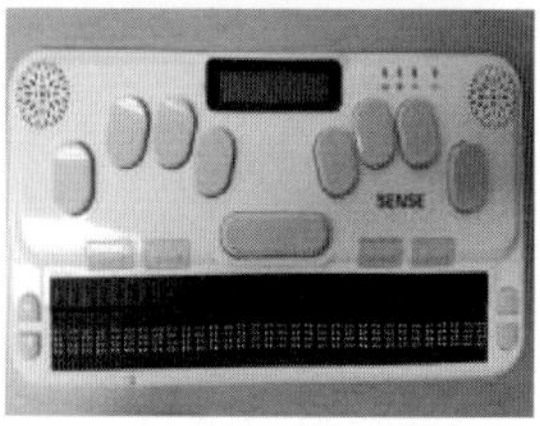

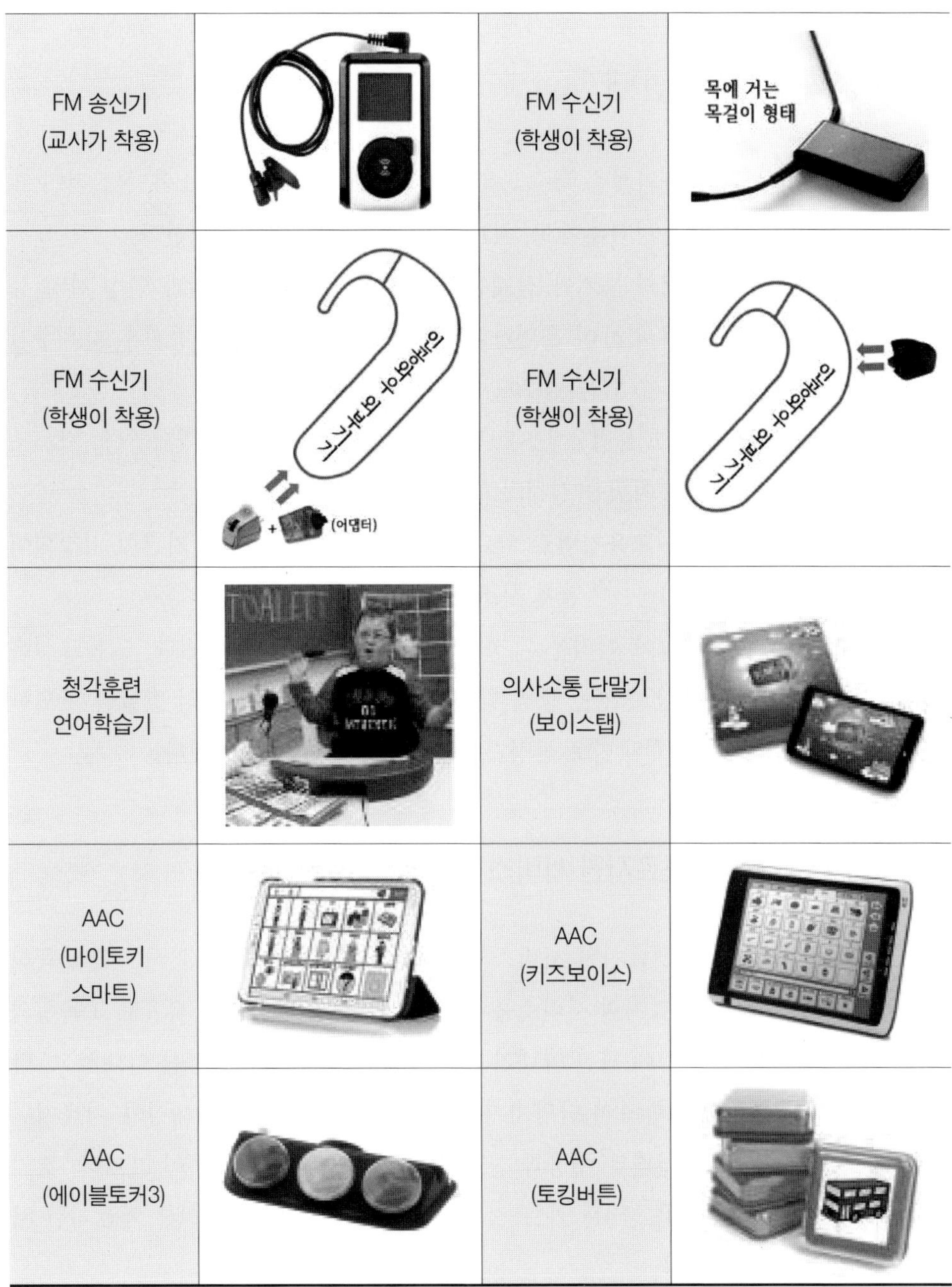

FM 송신기 (교사가 착용)		FM 수신기 (학생이 착용)	목에 거는 목걸이 형태
FM 수신기 (학생이 착용)	(어댑터)	FM 수신기 (학생이 착용)	
청각훈련 언어학습기		의사소통 단말기 (보이스탭)	
AAC (마이토키 스마트)		AAC (키즈보이스)	
AAC (에이블토커3)		AAC (토킹버튼)	

[그림 4-12] 여러 가지 보조공학기기

출처: 홍익무역, 오티콘코리아.

13. 방과후 활동 안내

특수학교에서는 교육 소외계층 특수교육대상 학생의 교육격차 해소와 실질적인 교육복지를 실현하기 위하여 방과후학교, 치료지원, 돌봄교실 등을 운영한다.

방과후학교는 장애 학생의 특기와 잠재능력을 계발하고 정서 안정과 인성 함양 등 균형적인 발달을 도모하기 위하여 운영한다. 시 · 도 교육청에 따라 방과후 자유수강권으로 외부기관을 이용할 수 있는 경우도 있다.

「장애인 등에 대한 특수교육법」 제28조(특수교육 관련서비스), 동법 「시행령」 제24조(치료지원)에 근거하여 치료지원을 실시하고 있다.

시 · 도 교육청 또는 지역교육청별로 치료지원을 받을 수 있는 승인기관이 지정되어 있으며, 승인기관에는 전자카드[3] 결재 시스템이 갖추어져 있다.

돌봄교실은 방과후 보육이 어려운 가정의 학생을 대상으로 운영된다. 돌봄교실은 교육과 보육의 전일제 통합 운영을 통해 학생의 정서적 안정과 균형적 발달을 도모한다. 돌봄교실 대상 학생은 학교별로 선정기준을 마련하여 운영하고 있다.

1) 특수교육대상자 치료지원 서비스

특수교육대상 학생 중 치료지원 서비스 대상자로 선정된 학생은 각 시 · 도 교육청의 지침과 기준에 따라 치료지원 서비스를 받을 수 있다. 학교에서는 시 · 도 교육청의 치료지원 운영계획 및 신청에 관한 안내가 오면 학부모에게 신청 절차를 안내하고, 담임을 통해 관련 서류를 취합하여 담당자가 일괄 접수한다. 특수교육대상자 치료지원 서비스는 각 시 · 도 교육청별로 대상과 신청 방법, 카드 사용 기관 등이 다르다. 경기도교육청의 '2019 특수교육 꿈e든 카드 길잡이'의 내용을 토대로 살펴본 치료지원 서비스의 절차는 다음과 같다.

3) 치료지원 대상자가 치료지원 전자카드 가맹점에서 치료지원 서비스를 받고 결재하는 카드를 말한다(그 예로 서울시교육청의 굳센카드, 세종시교육청의 자라미전자카드, 부산교육청의 마중물카드, 경기도교육청의 꿈e든카드가 있다).

(1) 치료지원 대상 및 선정 방법

① 대상

장애영아학급, 유·초·중·고·특수학교 특수교육대상 학생을 대상으로 한다. 단, 연령에 따른 지원 여부는 각 시·도 교육청에 따라 상이할 수 있다. 따라서 만 3세 이하 또는 전공과 학생이 서비스 대상이 되는지에 대한 확인은 시·도 교육청의 특수교육지원센터에서 공지하는 지침에 따른다.

② 대상자 선정 방법

두 가지 선정 방법 중 각 시·도 교육청의 지침에 따른다.

- 학교 개별화교육팀에서 치료비 지원이 필요하다고 인정된 학생
- 치료지원을 희망하는 특수교육대상 학생 중 특수교육지원센터에서 진단·평가 실시 후 지원 대상자로 결정된 학생

③ 예외 대상

- 취학 의무를 면제하거나 유예되어 있는 학생
- 대상 포기자 또는 부정 사용으로 적발되어 사용이 중지된 학생
- 보건복지부 발달재활 서비스와 동일 영역을 지원 받고 있는 학생

(2) 치료지원 신청 절차

① 학부모가 방과후교실 자유수강권 또는 치료지원 서비스 중 하나를 선택하여 담임에게 신청서를 제출한다.

② 업무 담당자는 관리자 홈페이지에서 각 시·도 교육청별 업무담당자용 매뉴얼에 따라 신청서와 계획서를 등록한다.

③ 각급 학교와 지원청에서 심사가 이루어지고 카드가 발급된다.

(3) 치료지원 서비스 절차

① 교육지원청에서 공문 및 홈페이지를 통해 학교 및 학부모에게 신청 안내를 한다. 일반적으로 특수학교에서는 담당부서 및 담당자에게 공문이 내려오고, 담당자가 가정통신문으로 학부모에게 안내한다.

② 교육청에서 치료지원 대상자 선정 결과를 통보하면 대상자는 사용자 홈페이지 내용을 참고하여 치료지원 서비스지원기관을 선택한다.

③ 대상자는 서비스지원기관에서 서비스 계획을 작성하여 담임교사를 통하여 학교

담당자에게 제출한다. 담당자는 이를 수합 후 서비스 계획을 입력한다.

④ 교육지원청에서 서비스 계획을 승인하면 치료지원 카드를 사용할 수 있다.

⑤ 학부모는 치료지원 카드를 이용하여 사용 가능한 금액 안에서 지원기관에서 치료지원 서비스를 받는다. 치료지원 영역이 바뀔 경우 학부모는 서비스지원 변경 계획서를 제출해야 한다.

⑥ 지원기관에서는 서비스를 받는 동안 학기당 1회 이상 치료지원 일지를 작성하여 학교로 평가 결과를 제출한다.

⑦ 정해진 기한이 되면 치료지원 서비스가 종결되며, 서비스 만족도를 실시한다.

(4) 방과후교실 자유수강권 이용 절차

① 학교에서는 방과후교실 프로그램에 대한 수요조사가 이루어진다.

② 공문 및 사용자 홈페이지 공지, 가정통신문 등을 통하여 학부모에게 신청 안내가 이루어진다.

③ 담당자는 서비스 계획을 관리자 홈페이지에 입력한다.

④ 교육지원청에서 계획서 검토 후 승인 처리가 되면 학교에서는 서비스 지원을 실시한다.

⑤ 학교에서는 방과후교실 출석 체크, 일지 작성 등을 통해 관리를 해야 하며, 만족도조사를 실시한다.

14. 학급운영비 예산 수립

특수학교에서는 연간 교육 활동 계획 수립을 위한 워크숍이나 협의회 등을 통해 부서별 업무 추진을 위한 예산과 학급 운영을 위한 학급운영비를 책정한다.

학교에 따라 과정별 운영비, 학급별 운영비 등 다양하게 운영되고 학급운영비 예산 규모는 학교마다 다르므로 학급운영비 예산을 확인한 후, 학급 교육과정과 연계하여 창의적 체험 활동이나 교과 교육과정 운영 예산을 학기 또는 월별로 수립한다.

⊙ 함께 토의해 봅시다!

1. 학생들이 지켜야 할 학급규칙을 만들어 봅시다.
2. 학부모가 너무 자주 상담을 요청하면서 자녀 지도에 대해 무리한 요구를 해 오면 어떻게 대처해야 할 지 토의해 봅시다.
3. 학생 개인정보보호를 위해서 특수교육교사는 구체적으로 어떤 실천을 해야 할지 토의해 봅시다.

선배가 들려주는 특수교육 현장 이야기(4)

학생 생활지도 시 학생이 반면교사일 때도 있다

발달장애 학생을 교육하는 현장에서는 일반적인 지도원리가 적용되지 않는 경우가 종종 있다. 그래서 특수교육을 전공하고 경력이 많은 교사도 아이들 앞에서 때로는 막막함을 느낄 때가 많다.

교직 7년차 때의 일이다. 매주 수요일 1교시에는 전교생이 운동장에 모여 체조를 한 다음 아침달리기를 하였다. 학생들과 열심히 운동을 하고 교실로 들어가려고 하는데 다운증후군인 민수(가명)가 운동장 놀이터에서 그네를 더 타고 싶다며 떼를 썼다. 그런데 다음 시간이 음악 수업이라 3층의 음악실로 가려면 놀이터에서 더 이상 지체할 시간이 없었다.

당시 학급당 학생 정원이 15명에 보조인력도 없던 시절이라 민수에게 야단을 쳐서라도 함께 데리고 가야 할 상황이었다. 교육학 이론으로는 이때 분명히 학생의 입장을 한 번 더 생각하고 기다려 주는 노력이 필요하다고 배웠다. 하지만 실제로 현장에서 학생을 지도하다 보면 그러한 여유있는 마음은 없어지고 학생을 다그치고 야단치는 경우가 종종 있다.

특히, 다운증후군 학생들 중에는 행동 특성상 막무가내로 고집을 피우거나 무조건 버티는 학생도 있어 교사가 인내심에 한계를 드러내기도 한다. 이번 경우에도 어떻게 대응해야 할지 고민을 하다가 우선 한 번 더 타일러 보고 그래도 계속 놀이터에 있겠다고 하면, 학급 친구들에게 "그럼 우리끼리 들어가서 재미있는 공부하자!"라고 말한 다음, 민수를 그냥 내버려 두고 교실로 들어가려고 마음먹었다. 전에도 교사의 단호한 의지를 간파하고 혼자서 그네를 몇 번 더 타다가 슬그머니 뒤따라 들어온 적이 있었기 때문이다.

그런데 이번에는 민수가 한참동안 나의 눈치를 보면서 계속 버티고 있었다. 다른 학생들과 현관에 들어온 다음에 언뜻 떠오르는 생각이 있었다. 민수와 친한 종현이(가명)를 놀이터로 보냈다. 그랬더니 얼마 지나지 않아 둘이서 씩씩하게 어깨동무를 하고 웃으면서 교실로 들어왔다. 정말 불가사의한 일이다.

말로 의사표현을 하는 것도 서툰 종현이에게 묻고 싶었다. 도대체 무슨 말을 어떻게 했기에 그 고집불통의 민수 마음을 움직였는지? 음악실로 가면서 종현이에게 말했다. "그래! 네가 선생님보다 낫다."

Chapter

05

3월 생활지도와 학습지도

학습 목표

1. 학생이 등교해서 하교할 때까지 안전하게 관리하는 방법을 사례를 들어 열거한다.
2. 특수교육대상 학생의 선정 · 배치 및 학적 관리 방법을 열거한다.
3. 개별화교육계획을 기록하고 등록하는 절차를 나열한다.

생활지도

3월은 한 학급을 안정적으로 운영하기 위해 준비해야 할 것이 많은 달이다. 교사는 교육 활동이 시작되기 전 학생과 관련된 사항을 꼼꼼히 기록하고 관리하여 학생들이 원만하게 학교생활에 적응하도록 도와야 한다.

생활지도 부분에서는 학생이 등교한 후 학교생활을 마치고 하교하기까지 교사가 어떤 부분을 신경 써서 준비해야 하는지를 소개하고 있다. 교사는 학생이 안전하게 학교생활을 하도록 준비해야 할 것이 무엇이며, 학급에서 교사뿐만 아니라 친구와 좋은 관계를 유지하며 안정적으로 생활할 수 있도록 지원하는 방법을 알아야 한다.

1. 등하교 지도, 통학버스 승하차 지도

등하교 지도는 교육 활동이 이루어지는 장소에 학생이 오고가는 과정을 지도하는 것이다. 특히 특수교육교사는 학교로 통학버스가 들어오면서 교사의 공적 업무가 시작된다. 등하교 지도의 핵심은 학생의 안전이다. 담임교사는 등하교 지도와 관련해서 다음의 사항들을 확인하고 처리해야 한다.

먼저 자기 반 학생이 혼자서 등교하는지 아니면 보호자와 함께 등교하는지, 그리고 등교할 때 학교버스를 이용하는지, 도보로 등교하는지 등의 등교하는 방법을 파악한다. 학생이 통학버스로 등교하기를 원하는 경우, 통학버스 노선과 시간을 파악하여 학생과 학부모에게 안내하고, 학부모가 '통학버스 신청서'를 학교에 미리 제출할 수 있도록 한다. 학부모가 통학버스 신청서를 제출할 때 학생이 몇 시에, 어디에서 통학버스를 탑승하는지 꼭 기록해 둔다. 학생이 결석이나 지각을 하는 경우에는 통학차량실무사에게 미리 연락해야 한다. 등교 시간에 통학버스가 학교에 도착하면 특수교육보조인력(특수교육실무사[1], 사회복무요원 등)과 함께 학생을 안전하게 교실로 이동시킨다.

하교 시간에는 학생을 통학버스까지 데려다 주고 통학버스실무사에게 정확하게 인

1) 특수교육실무사, 특수교육지도사 등 시·도 교육청마다 명칭이 다르다.

계를 한다. 보호자(학부모, 장애인활동보조인, 장애인활동지도사 등)와 함께 하교하는 학생은 보호자가 데리고 가는 것을 확인해야 하고, 만약 보호자가 늦을 경우, 보호자가 데리러 올 때까지 교사의 임장 하에 교실에 있도록 조치한다. 혼자 통학하는 학생은 교문까지 안전하게 안내한다.

TIP 통학버스실무사와의 소통은 안전을 위해 매우 중요합니다. 현장체험학습을 가거나 수업 중간에 조퇴하는 경우에는 반드시 통학버스실무사에게 알려 주어야 합니다. 자칫 학생의 행방 파악이 되지 않아 서로 혼선을 일으킬 수 있고, 그 학생을 기다리느라 통학버스가 제시간에 출발하지 못하는 일이 발생합니다. 만약 학생 신상에 문제가 생기면 담임교사는 어려운 입장에 처할 수 있으므로 연락하는 일에 신경을 써야 합니다.

2. 정리정돈, 청소 지도

정리정돈과 청소는 청결을 유지하기 위해 매우 중요한 활동이며 교실에서 안전하게 교육 활동을 하도록 환경을 조성하기 위해서도 필요하다. 특히 정리정돈이 제대로 되어 있지 않으면 수업 시간이나 쉬는 시간에 이동하거나 장난을 치다가 학생들이 다칠 수도 있고, 수업 시간에 집중력도 현저하게 떨어질 수 있다. 따라서 학생들의 책상, 사물함, 가방 속 소지품 정리를 잘할 수 있도록 지도하는 것은 중요하다.

학생이 등교하여 교실에 들어오면 우선 자신의 물건을 잘 정리하도록 알려 준다. 가방과 옷, 우산 등을 지정된 곳에 놓도록 하며, 학생들이 지나다니는 길목에는 물건이 없도록 한다. 사물함에는 물건을 가지런히 정리하도록 하며, 서랍이나 문을 열고 닫을 때 손가락이 끼지 않도록 지도한다.

수업 시간에는 수업에 필요한 준비물이나 교구 등을 책상 위에 가지런히 놓도록 지도하며, 수업 활동 후 남은 물건은 쓰레기와 재활용품으로 구분하여 정리하도록 한다. 학생 스스로 하지 못한다면 교사나 특수교육보조인력이 함께 정리한다.

학생들이 수업이나 활동을 마치고 청소를 할 때 청소에 필요한 역할을 학생의 수준이나 능력에 따라 분담한다.

- 창문 열어 환기하기
- 걸레로 책상 닦기

- 교실 물건 제자리에 갖다 놓기
- 쓰레기를 주워 쓰레기통에 버리기
- 비질하기, 쓰레받기에 담기
- 재활용품 분류하기
- 물걸레로 닦기
- 청소기 돌리기
- 걸레를 물로 빨기
- 청소 도구 제자리에 갖다 놓기
- 재활용품 지정된 장소에 갖다 놓기

쓰레기를 버리거나 재활용품을 배출할 때 쓰레기통과 분리수거함을 미리 교실에 비치하여 학생들이 쉽게 처리할 수 있도록 한다. 쓰레기통이나 분리수거함이 너무 낡거나 더럽지 않도록 관리한다. 글자를 읽지 못하는 학생을 위해 그림을 활용하여 교육한다.

[그림 5-1] 분리수거함

쓰레기통과 분리수거함이 가득차서 비워야 하는 경우, 쓰레기를 어디에 버리고 재활용품을 어디에 내어 놓아야 하는지 말로 설명하는 것보다는 학생들과 함께 쓰레기장에 가서 재활용품은 어디에 모으고, 쓰레기는 어디에 버려야 하는지 하나하나 보여주고 설명하면서 학생과 함께 분리배출한다.

3. 화장실 이용 지도

교실이나 특별실에서 제일 가까운 화장실의 위치를 확인한 후 학생들이 이용하기 쉬운 곳의 화장실을 정한다. 스스로 용변 처리가 가능한 학생과 도움이 필요한 학생을 미리 파악하고, 도움이 필요한 학생이 화장실을 이용할 경우, 특수교육보조인력을 배치하여 도움을 받을 수 있도록 한다. 화장실을 이용한 후에는 손을 꼭 씻도록 지도하여 청결을 유지하게 한다.

학부모에게 협조를 받아 학생의 속옷과 바지 등 계절과 시기에 알맞은 여벌옷을 교실에 비치하도록 한다. 학생이 화장실을 이용할 때 실수하거나 교육 활동을 할 때 옷을 더럽힌 경우, 옷을 갈아입어야 하는 상황을 대비하기 위해서이다.

TIP 특수교육보조인력을 배치할 때는 가능한 한 남학생은 남자 선생님이, 여학생은 여자 선생님이 돕도록 합니다. 특히 특수교육대상 학생이 고학년일수록 더욱더 세심하게 신경을 써야 합니다.

4. 식사지도에 대한 부모의 요구 조사

학생에 대한 여러 가지 정보는 학부모를 통해 얻는데, 학년 초에 '응급관리 동의서' '학생건강실태조사' 등의 가정통신문을 통해 학생들의 질병, 평소 복용하는 약, 알레르기를 일으키는 음식, 우유급식 희망 등을 미리 조사한다. 이때 파악된 내용 중에서 식사지도에 필요한 사항을 세심히 기억해서 지도해야 한다.

표 5-1 학생건강실태조사 예

<table>
<tr><th>질병이 있거나 건강상 배려가 필요한 경우</th><th>알레르기</th></tr>
<tr><td>• 진단 또는 질병명:
• 진단년도: 년 / 진단병원:
• 복용 중인 약물:
• 입원, 수술 경험, 현재 상태 및 치료 상황 (구체적으로):</td><td>• 약품, 식품명 :
• 증상(비염, 재채기 등):</td></tr>
<tr><td colspan="2">※ 건강상의 이유로 학교에서 배려해야 할 점이 있다면 구체적으로 기록해 주세요.
(담임/보건교사가 알아야 할 점이나 체육활동에서 주의해야 할 활동 등)</td></tr>
<tr><td colspan="2"></td></tr>
</table>

TIP 학년 초에 영양교사는 '학교급식 식품 알레르기 조사서'를 통해 특정 음식에 대한 알레르기 반응이 있는 학생을 파악합니다. 알레르기를 일으키는 음식이 급식으로 나오는 경우에는 영양교사가 해당 학생에게 제거식 및 대체식을 제공합니다(영양교사가 매월 제공하는 급식 예정표의 음식명 옆에는 식품의약품안전처에서 고시하는 알레르기 유발 식품 19가지가 번호로 표시되어 있습니다).

5. 학교 이탈(교출) 및 미아 발생에 대한 지침 확인

특수학교에서는 교육 활동 못지않게 중요한 것이 특수교육대상 학생들의 안전관리이다. 좋은 교육 활동 프로그램과 우수한 교재 · 교구 및 좋은 시설을 제공하더라도 특수교육대상 학생의 신변에 이상이 생기면 지금까지의 노력과 성과가 헛수고가 될 수 있다.

학교에 재학 중인 특수교육대상 학생 중에는 자리를 이탈하거나 지정된 장소에 있기를 거부하고, 때로는 교실이나 학교 밖으로 벗어나는 학교 이탈(학교 현장에서는 '교출'이라는 용어를 사용함) 문제를 일으키는 경우가 많다. 따라서 학교 및 담임교사는 학년 초에 교출 학생에 대한 명단과 특성을 파악해야 하며, 이를 예방하기 위한 계획과 실천 방안을 준비해야 한다.

정규 교과 시간뿐만 아니라 등하교 시간, 방과후 활동 시간, 점심시간, 쉬는 시간 등 학교에서 생활하는 모든 시간 동안 교출을 예방해야 한다. 또한 담임 및 교과 담당교사, 방과후학교 강사, 돌봄교실 강사, 행정실, 학교보안관(또는 배움터지킴이)에 이르기까지 학교 구성원 전체가 관심을 가지고 함께 교출을 예방하기 위해 노력해야 한다.

1) 학교 이탈(교출) 학생의 안전 관리를 위한 사전 준비

① 학교 내 방송 시설, 학교 주변 경찰서 등의 유관기관과 협조 체제를 구축한다.

② 학교에 근무하는 모든 교직원 및 방과후학교 강사 등을 대상으로 특수교육대상 학생 안전 연수를 실시한다.

③ 교출 학생에 대한 명단과 특성을 파악하고 보호자의 연락처를 확보하는 등 교출 학생에 대한 정보를 파악한다.

④ 건물 출입구와 학교 구석진 곳, 운동장 등에 CCTV가 제대로 작동하는지 점검한다.

⑤ 학교 건물 출입구를 잘 관리해야 하며, 학교 정문이나 후문 등 학교 외부로 통하는 출입구는 특히 신경 써서 관리해야 한다.

2) 등하교 안전 관리

① 학생의 등 · 하교 방법 파악하기

- 등 · 하교 동의서를 통해 특수교육대상 학생의 등 · 하교 방법 및 등교시간을 정확히 파악한다.

② 출결 점검하기

- 수업 시간 전에 등교하지 않은 학생에 대해 담임교사는 학부모와 연락하여 지각, 결석, 조퇴 등의 상황을 파악해야 한다.
- 학생의 출결 상황을 교과담당교사, 방과후학교 강사, 돌봄교실 강사에게 반드시 알려 주어야 한다.

③ 학교 내부와 외부 파악하기

- 학교 내부에 특수교육대상 학생에게 위험할 수 있는 시설을 정비하거나 물건을 치운다.
- 학교 근처에 위험한 시설이 있으면 공공기관이나 지역사회의 협조를 얻어 조치한다.
- 관할 지구대, 경찰서 등 도움을 받을 수 있는 곳과 연락처를 확보한다.

④ 인식표 착용하기

- 미아방지용 목걸이 또는 특수교육대상 학생의 인적사항과 긴급연락처(담임교사, 학교, 학부모 등)가 적혀 있는 인식표를 착용하게 한다.

TIP 특수교육대상 학생이 인식표 착용을 거부하거나 잡아 뜯는 등 인식표를 훼손할 우려가 있는 경우에는 옷 뒤나 주머니 안쪽에 부착한다.

⑤ 하교 시 학생 인도하기

- 하교 시 학교 교직원이 보호자에게 직접 해당 학생을 인도해야 한다.
- 학생이 특별한 사정으로 하교 방법이 변경된 경우, 보호자가 담임교사에게 변경 사항을 직접 알리도록 안내한다.

3) 교내 정규 학습 시간 내 안전 관리

① 학생의 교육 활동을 위한 교내 안전이동 대책을 세운다.

- 정규 교육 활동을 위한 교내 이동 시 담임교사나 특수교육보조인력이 동행하여 이동함을 원칙으로 한다.
- 학생 이동 시 교사 간의 의사소통을 통하여 학생의 교내 실종 및 교출을 미연에 방지한다.

② 현장체험학습 등 교외 활동 대책

- 학생의 실종에 대비하여 명찰, 당일 인물 사진 등 학생의 인적사항을 알 수 있는 인식표를 준비한다.
- 현장체험학습 전 안전교육을 실시한다.
- 현장체험학습 장소 근처의 경찰서 혹은 관할 지구대의 연락처를 미리 숙지하여 상황 발생 시 즉각 협조를 구할 수 있도록 한다.

4) 방과후학교 참여 시 안전 대책

① 담임교사의 인도 하에 대상 학생을 방과후학교 강사에게 인도한다.

② 방과후학교 강사를 대상으로 장애 학생의 특성과 대처 방법 등을 연수한다.

③ 방과후학교 종료 후 학부모에게 학생을 직접 인도하는 것이 원칙이며, 학생 혼자 하교하는 것을 희망하는 학부모에게는 '자율하교 동의서'를 받아 보관한다.

○○학교 학생생활규정 예

제13조(안전지도) 다음 각 항과 같이 학생의 안전을 위하여 노력한다.

- 안전 및 생명존중 교육을 실시한다.
- 생활지도교사 등 교사는 각종 안전사고 예방에 주력한다.

5) 교출 예방 방법

① 통학버스가 학교에 도착하고 학생이 등교하면 교문을 닫는다.

② 교문 주변과 외부로 통하는 출입문은 학교보안관(또는 배움터지킴이)이 상시 확인한다.

6) 교출 상황 발생 시 1차 조치(의심 단계)

① 최초 상황 발생 확인자는 즉시 담임교사에게 알리고 교무실에 방송을 요청한다.

② 방송 담당자는 침착하게 교출 학생의 학년, 반, 이름, 성별, 인상, 복장, 명찰 유무 등을 정확하게 안내하여 통지한다.

교내 방송 멘트 예

교출 의심 상황이 발생하여 알려 드립니다. 초등과정 3-2반 ○○○ 남학생이 오늘 12시 40분경 급식실에서 교실로 이동 중에 교출을 하였습니다. 노란색 하트가 그려진 티셔츠와 파란색 반바지를 입었고 신발은 빨간색 운동화를 착용하였습니다. 키는 140cm 가량이며 얼굴이 희고, 몸무게는 50kg으로 통통한 편입니다. 머리는 스포츠형이고, 주소와 이름이 적힌 은색 목걸이를 착용하고 있습니다. ○○○ 학생은 노란색 트럭을 좋아하고, 트럭이 보이면 따라갈 수 있다고 합니다.

③ 담임교사는 CCTV 담당자에게 연락하여 영상 장비로 교출 여부를 확인한다.

④ 방송 후에는 담당부장과 교감에게 보고한다.

⑤ 전 교직원은 1차 탐색팀에 편성되어 있는 자신의 탐색 지역과 역할을 사전에 충분히 숙지한 후 신속하게 대처한다.

⑥ 상황이 종료되면(학생을 찾은 경우) 최초 확인자는 생활안전 담당부장 → 교감 → 교장에게 보고를 한 후 담당자가 방송으로 상황 종료를 알린다.

⑦ 1차 탐색을 통해서도 학생을 찾지 못한 경우, 생활안전부장이 전 교직원을 대상으로 SNS나 유무선 전화로 2차 탐색에 대해 안내한다.

7) 교출 상황 발생 시 2차 조치(교내 및 학교 근처 탐색)

① 1단계: 교내 탐색(교출이 아닌 경우)

- 발견 시 → 상황 종료를 알린다.
- 미발견 시 → 2차 탐색을 시행한다.

② 2단계: 2차 탐색(학교 주변 탐색)

- 2차 탐색팀 중심으로 학생의 전반적 특성을 파악한다.
- 교무실을 상황실로 이용하며 교감과 생활안전부장이 대기한다.
- 학교 근처로 분산 이동하여 탐색팀별로 찾는다.
- 학생을 찾는 즉시 교무실로 연락한다.
- 발견 시 → 방송과 문자 메시지로 상황이 종료됨을 알린다.

표 5-2 2차 탐색팀 편성 예

조	탐색 지역	탐색팀장	탐색팀원
		연락처	연락처
본부	교무실1, 2(상황실)	이○형	김○○ 010-123-3456
		010-123-3456	정○○ 010-123-3456
1	학교 주차장 및 공원 관리사무소	강○찬	황○○ 010-123-3456
		010-123-3456	박○○ 010-123-3456
2	학교-○○역-△△정문	홍○기	최○○ 010-123-3456
		010-123-3456	고○○ 010-123-3456
⋮	⋮	⋮	⋮

※ 학생 관리는 1차 탐색팀의 학생관리 교사가 담당.

8) 교출 상황 발생 시 3차 조치(학교 외부 탐색)

① 1, 2차 탐색에서 학생을 찾지 못했을 경우에는 하교 지도 후 전체 교직원 모임을 통해 담당자의 지시에 따라 팀별로 탐색을 실시한다.

② 구역: ○○동 전 지역과 인근 도시

③ 방법: 차량 소지자를 중심으로 팀을 편성하고 전단지를 가지고 해당 구역을 탐색

한다.

④ 전단 제작: 실종학생반 담임 – 학생 사진을 준비한다.

담당자 – 전단 양식을 제작하여 팀별로 나누어 준다.

⑤ 담임은 학생의 부모에게 연락을 취한다.

⑥ 유관 기관에 신고한다.

> 182(경찰청 실종아동찾기 센터), 112, ○○경찰서,
> ○○지구대 00-000-0000

⑦ 탐색 1시간 간격으로 탐색 팀장은 학교 상황실에 결과를 보고하고, 상황실의 지시에 따라 추후 행동을 결정한다.

⑧ 상황이 종료되면 담당자와 담임은 교무실, 교감, 교장에게 보고한 후 담당자가 방송 및 문자 메시지, SNS로 상황 종료를 알린다.

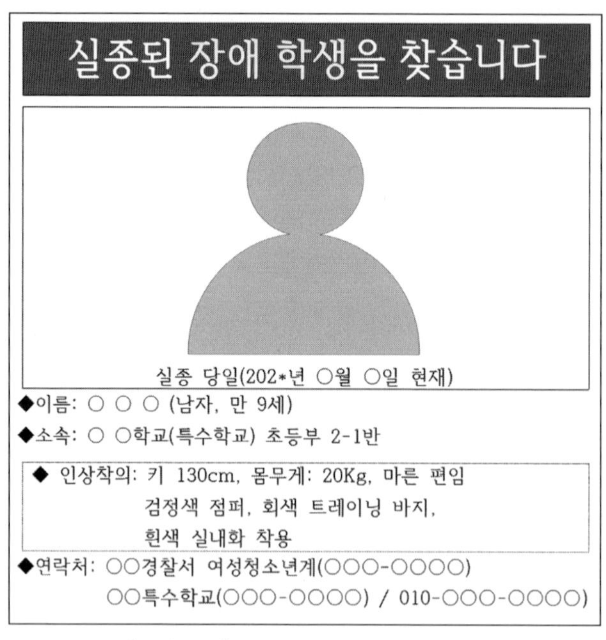

[그림 5-2] 장애 학생 실종 전단지 예

6. 황사 및 미세먼지 대처 방안

특수교육대상 학생들의 건강과 안전한 교육 활동을 위해 담임교사는 매일 아침마다 황사 및 미세먼지 수치를 확인해야 한다. 황사 및 미세먼지가 자주 발생하는 봄철에는 야외 활동을 계획할 때 유의해야 한다.

① 황사나 미세먼지 수치가 높은 날에는 야외 활동을 자제하거나 취소하며, 실내에서 진행하는 것이 좋다. 교육부의 '미세먼지 대응 실무 매뉴얼(대기오염, 오존)'에 따라 대처한다.

② 대기 오염 수치가 높아서 학교에 결석하는 학생들은 질병결석으로 인정되는데, 학년 초에 기저질환(천식, 아토피, 알레르기, 호흡기질환, 심혈관질환 등)을 가진 민감군임을 인정한 의사의 진단서(소견서)를 학교에 제출하면 해당 학기에는 질병결석으로 처리한다.

③ 유치부 아동은 미세먼지가 '나쁨'인 날, 학부모가 담임교사에게 수업 시작 전에 미세먼지로 인해 결석한다고 전화나 문자로 연락을 하면 질병결석으로 인정된다.

7. 교육급여 및 교육비 신청

교육급여와 교육비는 학교(초등학교, 중학교, 고등학교, 특수학교 등)나 시설에 소속된 학생 중에서 입학금, 수업료, 학용품비, 그 밖의 수급품이 필요한 기초생활수급자에게 지급되는 지원금을 말한다. 교육급여는 보건복지부에서, 교육비는 교육부에서 지급한다. 교육급여 및 교육비 신청은 학교에 하는 것이 아니라 해당 학생의 학부모가 거주하는 지역 주민센터나 온라인으로 신청하기 때문에 학교에서는 그 대상이 누구인지 알 수 없다. 하지만 해당 학생의 거주 지역 주민센터나 지자체에서 해당 학생의 학적 조회를 학교에 요청하기 때문에 대상 학생을 업무상 알게 될 수도 있다.

표 5-3 교육비 · 교육급여 지원 항목

항목	초등학생	중학생	고등학생
교육비	고교학비, 급식비, 방과후 자유수강권, 인터넷 통신비, 수련활동비 등		
교육급여	부교재비 학용품비	부교재비 학용품비	부교재비 학용품비 교과서대 전체 입학금 · 수업료 전액

표 5-4 교육비 · 교육급여 지원 항목, 지원 대상 및 신청 방법 예

구분		내용	
집중신청 기간		○○○년 3월 4일(월) ~ 3월 22일(금) * 연중 언제든지 신청이 가능합니다. 다만 신청일이 속한 달(月)부터 지원합니다.	
지원 대상	교육비	• 기초생활(교육급여)수급자, 한부모가족보호대상자, 차상위대상자, 기타 저소득층 중 가구의 "소득인정액"이 시도교육감이 정한 기준에 해당하는 자 ※ 기초생활(교육급여)수급자, 한부모가족보호대상자, 법정차상위 계층에 해당되어도, 반드시 "교육비"를 신청해야 합니다.	
	교육급여	• 가구의 소득과 재산(자동차 포함)을 계산한 월 "소득인정액"이 기준 중위소득 50% 이하인 학생(4인 가구 기준 월 230만 원)	
신청 방법 (택1)		① 방문 신청	② 온라인 신청
		부모 주민등록주소지 동 주민센터	교육비 원클릭 신청 시스템 (http://oneclick.moe.go.kr) 또는 복지로(http://www.bokjiro.go.kr)
제출 서류		• 신청서, 소득재산신고서, 금융정보 등 제공 동의서, 각종 증빙자료	

※ 문의: (교무실)○○○-○○○○, (중앙상담센터)1544-9654, (보건복지콜센터)129

TIP 교육급여 및 교육비를 지급 받는 학생의 정보가 다른 학생이나 교직원에게 알려지지 않도록 주의해야 합니다.

학습지도

학생들이 학교에서 교육을 통해 발전하는 모습은 교사에게 보람을 느끼게 한다. 그러기 위해서는 학생들에게 질 높은 교육 활동을 제공해야 하는데, 3월에는 학생들의 1년간의 학습 활동을 위해 준비해야 할 것이 많다.

본 학습지도 부분에서는 학생 개개인의 능력과 학부모의 요구에 알맞은 교육과정을 구성하고, 개별화교육계획을 작성하여 기록 · 관리하고, 진로상담을 통해 학생의 소질과 능력을 계발하도록 돕는 절차를 알아본다.

1. 기초학습능력 파악

담임교사나 교과담당교사가 학기 초에 수업을 시작하기 전에 학생들의 기초학습능력을 파악하는 것은 매우 중요하다. 파악된 현재 학습수준은 개별화교육계획 수립과 학급 교육과정 구성의 출발선이기 때문이다.

학생의 기초학습능력은 이전 학년도에 작성된 개별화교육계획 내용과 여러 가지 진단평가 결과를 토대로 파악한다. 개별화교육계획에서 학생의 현재 학습 수준과 행동 특성, 학부모의 요구사항, 월별 · 학기별 개별화교육계획 내용, 1년 동안 이루어진 교육 활동 및 평가, 각종 진단검사의 결과 및 활용, 개별화교육지원팀의 회의 내용 등을 통해 학생의 기초학습능력을 파악할 수 있다.

또한 학교생활기록부의 기록을 면밀하게 확인하는 것도 중요하다. 학교생활에서의 전반적인 활동과 출결, 성적이 모두 기록되어 있으며, '행동특성 및 종합의견'을 통해 학생의 전반적인 평가를 확인할 수 있다.

또한 이전 담임교사나 교과담당교사를 통해 학생에 대한 정보를 파악하는 것도 좋은 방법이다.

2. 학급 학생의 특성에 따라 교육과정 재구성

교사는 배정받은 학년의 교육과정 전체를 반드시 숙지하고 있어야 한다. 이것은 1년 동안 학생 개인의 특성과 능력에 맞는 교육 활동을 제시하며, 개별화교육계획을 수립하는 데 필수적이다. 1년의 교육과정을 연간, 월간, 주간별로 계획하면 여유 있게 수업을 준비할 수 있으며, 질 높은 교육과정을 운영할 수 있다.

교육부는 2018학년도부터 2015 개정 교육과정에 따라 '과정 중심 평가 및 참여 중심 수업'을 강조하고 있다. 따라서 교사는 학급 특성을 반영하여 교육과정-수업-평가-기록을 일체화하는 과정을 구성하여야 한다.

교육과정 운영에 필요한 교재교구나 교육기자재 등은 학기가 시작되기 전에 미리 준비해야 한다. 부족한 교재교구나 수업 및 활동 자료는 학교 예산으로 구입할 수 있다. 그리고 직전 학년도에 발간된 '학교교육계획서'와 3월에 발간되는 새 학년도 '학교교육계획서'를 상세하게 읽어 보는 것도 많은 도움이 된다.

3. 진로상담 실시

특수학교뿐만 아니라 초·중등학교에는 진로담당교사가 배치되어 있다. 진로담당교사의 배치 목적은 학생의 소질과 적성을 최대한 실현하도록 개인 맞춤형 진로 설계를 지원하고 질 높은 진로교육을 제공하는 데 있다. 진로담당교사는 수업뿐만 아니라 진로·진학 관련 학생 및 학부모 상담, 진로탐색프로그램 지원, 진로검사 실시, 교원과 학부모 대상 진로교육 연수 등을 담당하고 있다.

담임교사는 진로담당교사와 협력하여 학부모의 참여를 이끌어 내어 학생의 진로교육이 원활하게 진행될 수 있도록 해야 한다. 또한 담임교사는 학생과 학부모가 원하는 진로를 파악해야 하며, 창의적 체험 활동과 현장체험학습, 학습중심 현장실습 등을 통해 적절한 진로교육을 제공해야 한다.

업무

업무는 학생의 교육 활동 못지않게 중요한 일이다. 학생이 학교에서 교육을 받기 위해서는 학교 운영 및 행정적인 지원이 필요하다. 따라서 교사는 교육뿐만 아니라 학생들을 관리하고 지원하는 다양한 업무를 익혀야 한다.

여기서는 특수교육대상 학생의 선정 · 배치, 신입생과 학부모를 대상으로 한 학교 교육과정 안내, 나이스에서 학생의 학적과 신상 정보의 기록 · 관리, 지원 인력의 배치, 여러 가지 자료 및 통계 처리 등 교육 현장에서 접하게 되는 업무의 내용을 소개하고자 한다.

1. 특수교육대상 학생 선정 · 배치 과정

특수교육대상 학생이 특수학교 또는 특수학급에서 교육을 받으려면 우선 특수교육대상자로 선정되어야 하고, 선정된 이후에 학생 개개인의 특성에 맞는 교육환경으로 배치된다.

특수교육대상자의 진단 · 평가 및 선정 · 배치 업무는 특수교육지원센터에서 주관한다. 선정 · 배치 일정 및 서류 준비 등은 소속 특수교육지원센터의 일정과 안내에 따라 준비한다.

1) 특수교육대상자로 처음 선정되는 경우

① 특수교육대상자의 보호자는 거주 지역의 지역교육청 산하 '특수교육지원센터'에 특수교육대상자 선정 및 배치를 신청한다. 이때 장애 종류 및 정도에 적합한 배치 희망교(학급) 등을 신청하며, 장애인 등록이 되어 있지 않은 경우에는 의사진단서를 제출한다(단, 다음 학년도 특수교육대상자 신청 기간인 경우에는 배치 희망 학교에 직접 제출한다).

② 특수교육지원센터는 진단 및 평가를 통하여 특수교육대상자 여부 판단과 필요한 교육 환경 배치를 파악한다. 이러한 내용은 초등학교 과정과 중학교 과정의 경우, 관할 지역 교육지원청의 교육장에게 보고되며, 교육장은 '특수교육운영위원회'를 통하여 특수교육대상자 선정 및 배치를 결정한다. 선정 과정은 장애 유무, 장애 정도에 따라 특수교육대상자 여부를 확인하는 절차이고, 배치 과정은 특수교육대상자의 교육 환경을 결정하는 절차이다.

③ 특수교육대상자 선정 및 배치가 결정되면 부모 등 보호자와 해당 학교(급)에 공문으로 통지한다.

④ 특수학교(급)에서는 통보 받은 학생을 학적 처리하여 배치한다.

⑤ 고등학교 과정의 경우, 특수교육대상자 선정 · 배치 희망자는 각 시 · 도 교육청의 특수교육담당 부서로 신청하며, 모든 과정은 교육감 권한으로 진행된다(서울특별시의 경우에는 서울특별시교육청 민주시민생활교육과로 신청한다).

2) 특수교육대상자가 교육 환경을 변경하고자 하는 경우 (전입 · 전출, 특수학교 ↔ 특수학급 등)

① 이미 특수교육대상자로 선정이 되어 배치를 받은 학생을 '기선정 특수교육대상자'라고 표현하는데, 기선정 특수교육대상자가 교육 환경 변경을 희망하는 경우, '특수교육대상자 학교 재배치 신청'을 하면 된다. 관련 서류는 현재 재학 중인 학교(급)에 제출하며, 이 서류는 배치를 희망하는 학교가 속해 있는 지역교육청으로 송부된다. 이 경우 기선정 특수교육대상자이기 때문에 특수교육대상자 선정 절차는 생략되며, 이후 절차는 앞서 밝힌 절차와 같다.

② 유치부 과정의 영 · 유아가 다른 지역의 일반 유치원으로 가는 경우는 '특수교육대상자 학교 재배치 신청서'를, 일반 어린이집으로 가거나 가정에서 보육하는 경우에는 '특수교육대상자 선정 취소 신청서'를 제출한다.

③ 고등학교 과정의 경우, 각 시 · 도 교육청의 특수교육담당 부서로 신청하며, 모든 과정은 교육감의 권한으로 진행된다(서울특별시의 경우에는 서울특별시교육청 민주시민생활교육과로 신청한다).

표 5-5 서울특별시교육청의 특수교육대상자 선정 · 배치 처리 절차

대상	특수교육대상자로 지정이 안 되어 있는 경우	기선정 특수교육대상자가 재배치를 희망하는 경우(전입 · 전출, 일반교육 환경 ↔ 특수학교 환경 등)
학부모 (학생) ↓	• 관할 지역의 특수교육지원센터에 '진단 · 평가의뢰서', '특수교육대상자 학교 배치 신청서' 제출 • 다음 학년도 특수교육대상자 신청기간에는 배치 희망 학교에 직접 제출	• 소속 학교에 '특수교육대상자 학교 재배치 신청서' 제출
학교 ↓		• 현재 재학 중인 학교가 소속된 관할 지역의 교육지원청으로 서류 제출 (이후 관련 서류는 재배치를 희망하는 관할 지역의 교육지원청으로 이관됨)
관할 지역 특수교육 지원센터 ↓	신규 특수교육대상자 진단평가 실시	
관할 지역 교육지원청 ↓	• 특수교육운영위원회 개최 – 특수교육대상자 선정 · 배치 심의 • 특수교육대상자 선정 · 배치 결과 통보(학교, 학부모)	
학교	• 특수교육대상자 배치 및 학급 편성 • 특수교육대상자 배치 결과 통지서를 학부모에게 배부 (신규 특수교육대상자인 경우, 특수교육대상자 진단 · 평가 [선정] 결과 통지서도 함께 배부)	

TIP 교육지원청의 특수교육운영위원회는 보통 월 1회 개최하는데, 신학년 · 신학기에 맞추어 급하게 선정 및 (재)배치가 이루어져야 할 경우에는 특수교육대상자의 학습권 보장을 위해 특수교육운영위원회 심의 전에 해당 학교에 '우선 배치'하는 경우도 있다.

3) 진단평가를 위해 학교에서 제출하는 서류

① 특수교육대상자 선정 · 배치 신청 공문

② 특수교육대상자 진단 · 평가 의뢰서

③ 특수교육대상자 기초조사카드

④ 특수교육대상자 진단 · 배치 신청 명단(특수교육지원센터에서 요구하는 서식파일에

기록하여 제출)

⑤ 기타(해당자만 제출)

- 장애인복지카드 사본(원본대조필) 또는 장애인증명서
- 의사진단서(심리평가보고서)가 있을 경우 제출
- 건강장애(필수) 의사진단서, 출결확인서(학교생활기록부)

4) 선정 · 배치 후 학교에서 보관해야 할 서류

① 특수교육대상자 선정 · 배치 결과 통지서 원본은 부모에게 제공하고, 사본은 학교(급)에 반드시 보관한다.

TIP 기선정 특수교육대상 학생이 학교 재배치를 신청할 때, 원본을 분실한 경우에는 학부모가 재발급을 받아야 합니다. 하지만 신속한 배치 처리를 위해 학교에 보관된 사본을 사용하기도 합니다.

② 학교(급)에서는 사본을 개별화교육계획서에 첨부하여 별도 관리해야 한다. 특수교육대상자 선정 · 배치 결과 통지서를 분실한 경우 재발급이 가능하다(약 7일 소요).

더 상세한 정보가 필요하다면!

각 시 · 도 교육청 특수교육지원센터 홈페이지

2. 신입생과 학부모 대상 교육과정 설명

특수학교(급)에서는 학생과 학부모를 대상으로 교육과정 설명회를 열어 학교 교육과정 운영에 대한 정보를 제공한다. 신입생의 경우 예비소집일을 정하여 신입생과 학부모를 대상으로 설명한다. 학교 사정에 따라 학부모가 학교에 가장 많이 오는 날인 입학식이나 3월에 실시하는 학부모총회 때 실시하기도 한다. 교육과정 설명회의 형식이나 내용은 학교마다 다를 수 있다. 교복을 입는 특수학교에서는 입학하기 전 교복 구입처를 학부모와 학생에게 알려 주고 교복을 준비하게 한다.

3. 학적 관리

담임을 맡게 되면 학생에 대한 모든 서류를 '나이스'에서 처리하게 된다. 학년 초가 되면 나이스에서 학생에 관한 기본학적사항을 관리해야 한다.

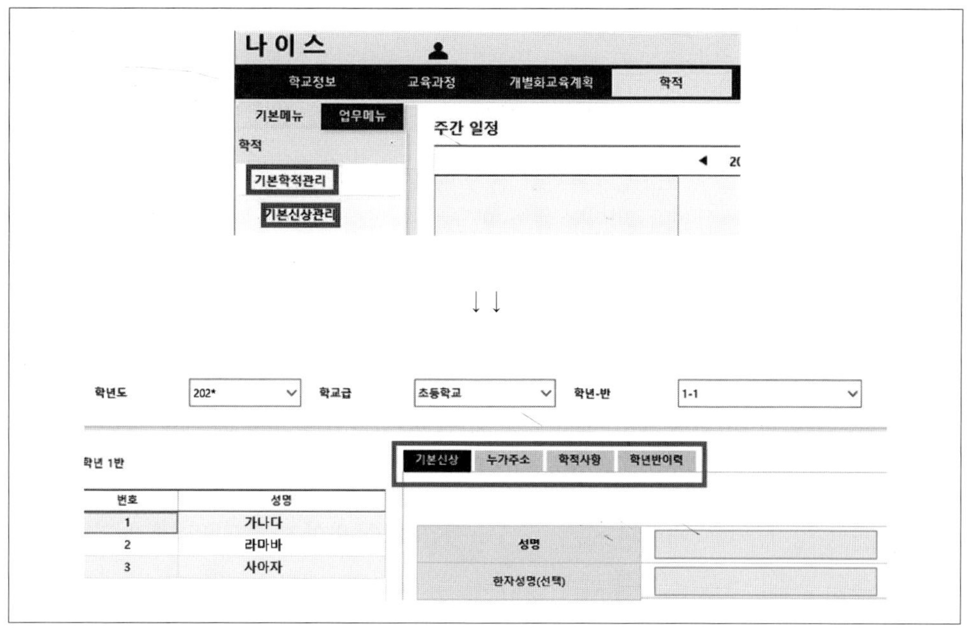

[그림 5-3] 나이스 기본학적관리 화면의 예

전입과 전출이 있는 경우에는 학적처리 담당교사의 안내대로 처리하면 된다. 전출인 경우, 담임교사는 전출 학생에 대한 출결, 시상, 성적 등의 내용을 나이스에 입력한 후 학교생활기록부에 모두 반영해야 한다. 전입인 경우, 이전 학교에서 나이스를 통해 보내 온 학적 관련 서류 내용을 검토하여 누락되거나 잘못 기재된 내용이 있는지 확인한다. 담임교사 또는 교육과정 부장이 내용에 이상이 없음을 확인하면 학적 담당교사가 처리한다. 개별화교육을 나이스로 처리하는 학교끼리는 나이스상으로 송부하고, 개별화교육을 나이스로 처리하지 않는 학교는 원본으로 송부한다.

「장애인 등에 대한 특수교육법」
제22조 제3항 특수교육대상자가 다른 학교로 전학할 경우 또는 상급학교로 진학할 경우에는 전출학교는 전입학교에 개별화교육을 14일 이내에 송부하여야 한다.

4. 통합교육 운영 계획

특수학교에 재학 중인 학생들은 일반학교의 교육 환경을 접할 기회가 매우 적은데, 졸업 이후 원활한 사회 통합을 위해서는 통합교육 환경을 경험할 필요가 있다. 특수교육대상 학생들에게 통합교육을 원활하게 제공하기 위해서는 계획에서부터 실행, 평가에 이르기까지 세심한 준비가 필요하다. 일반학교나 지역사회에서 통합교육을 실시할 수 있는 기관을 섭외하고, 통합교육의 기간, 형태, 프로그램 내용, 예산, 지원 인력, 학생 및 학부모의 요구 사항 등을 반영하여 계획을 세운다. 외부 기관의 구성원에 대한 장애이해교육을 실시해야 하며, 통합교육에 참여하는 특수교육대상 학생의 준비, 학부모와의 협력, 지역사회의 도움 등도 반영하여야 한다. 통합교육이 끝난 후 외부 기관과 연계한 평가, 학교 내부의 평가, 특수교육대상 학생의 만족도 및 발전 정도를 평가하여 다음 통합교육을 실시할 때 반영한다.

표 5-6 통합교육 활동 프로그램 예

시기	내용	비고
2월 중순	○○어린이집과의 통합교육 MOU 체결	
2월 말	○○어린이집 교사와의 협의	교육 시기, 반별 배치 협의
3월 초	○○어린이집 원생들을 대상으로 '장애 이해 교육' 실시 (연령별 실시, 총 3회)	특수학교 교사가 방문하여 교육
3월 중순	○○어린이집 교사 초청 장애 이해 교육 실시 및 협의회	특수학교에서 실시
3월 중순~7월 초	○○어린이집에서 통합교육 실시	매주 금요일 09:00~11:50
	특수학교 교사가 ○○어린이집 원생들을 대상으로 수업 진행	월 1회, 1시간

4월 말	○○어린이집과의 현장체험 학습 실시	특수학교 통학버스 1대 지원
7월 중순	○○어린이집 교사와의 통합교육 활동 평가회 실시	
7월 중순~8월 말	여름 방학	
9월 초~11월 말	○○어린이집에서 통합교육 실시	매주 금요일 09:00~11:50
	특수학교 교사가 ○○어린이집 원생들을 대상으로 수업 진행	
10월 중순	○○어린이집 초청 합동 수업 실시 (도자기, 스포츠, 오르프 수업) (○○어린이집 연령별 실시, 총 3회)	특수학교 미술, 체육, 음악 교사가 수업 진행
12월 초	○○어린이집 교사와의 통합교육 평가회 실시	
12월 중순~	겨울 방학	
12월 말	내년 통합교육 계획 수립	평가회 결과 반영

5. 특수교육보조인력 운영 계획 및 관리

특수교육보조인력이란 교육 활동, 외부 활동, 신변 처리 등 일과 시간에 발생할 수 있는 다양한 상황에서 교사를 지원하는 인력을 말한다. 특수학교에는 「장애인 등에 대한 특수교육법」 제28조 제3항에 근거하여 특수교육보조인력을 배치하고 있다. 특수교육보조인력의 배치 목적은 특수교육대상 학생의 개별화교육 강화에 따른 학습권을 보장하고, 특수교육대상 학생의 문제행동 관리 및 학교생활 적응 지원을 통한 특수교육의 질을 높이는 데 있다. 특수교육실무사가 특수교육보조인력 중 대표적인 인적 자원이며, 사회복무요원도 특수교육보조인력으로 활용하고 있다. 사회복무요원제도는 의무복무기간 동안 군대가 아닌 곳에서 병무청의 감독과 지원 아래 근무하는 것을 말한다. 자원봉사자도 특수학교 및 특수학급에서 활용할 수 있는 특수교육보조인력이지만 학교 현장에 상주하지는 않는다.

학교에 배치되는 특수교육보조인력은 교사의 책임하에 교수학습 활동, 신변처리, 급식, 교내외 활동, 등하교 등 특수교육대상자의 교육 및 학교 활동에 보조 역할을 담당한다. 특수교육보조인력이 학급에서 그 역할을 성공적으로 하기 위해서는 담임교사

표 5-7 특수교육실무사의 활동 내용

구분	활동 내용
교수 · 학습 활동 지원	• 학습자료 및 학용품 준비 • 이동 보조 • 교실과 운동장에서의 학생 활동 보조 • 학습자료 제작 지원 등
개인욕구 지원	• 용변 및 식사지도 등 신변 처리 • 보조기 착용 • 착탈의 • 건강 보호 및 안정 생활 지원 등
적응행동 지원	• 적응행동 촉진 및 부적응행동 관리 지원 • 또래와의 관계 형성 지원 • 행동지도를 위한 프로그램 관리
기타 요구 지원	• 학교장이 부여하는 교육 활동 업무 관련 (방과후학교, 수련활동, 소규모 테마형 교육여행, 현장체험학습, 창의적 체험 활동 등)

와의 협력이 중요하다. 특수학교에서는 지원이 필요한 특수교육학생들에게 특수교육실무사, 사회복무요원이 배치되며 이들은 학생들의 교육 활동을 지원하게 된다.

학교에서는 매년 필요한 특수교육보조인력의 인원을 파악한 후 특수교육실무사는 교육청에, 사회복무요원은 병무청에 신청한다. 교육청과 병무청은 학교에서 신청한 인원을 파악하여 특수교육실무사와 사회복무요원 정원을 학교에 배정한다. 학교에서는 배정 받은 정원 내에서 특수교육실무사를 채용하여 교육 현장에서 특수교육대상학생들의 교육 활동을 지원한다. 특수교육실무사와 사회복무요원을 학급에 어떻게 배치할지는 주로 교감과 교육과정 부장, 그리고 교육지원 부서와의 협의를 통하여 학교장이 결정한다.

TIP 요즘 특수교육 현장에 중도 · 중복장애 학생이 점차 증가해서 특수교육실무사의 수요가 늘고 있지만 제한된 예산으로 인해 필요한 만큼의 인력을 모두 지원해 주고 있지는 못합니다.

TIP 사회복무요원은 학교 교직원이 아니기에 그들의 복무는 병무청에서 따로 관리합니다. 사회복무요원의 복무기록은 추후에 소집 해제 날짜와 연관이 있기에 철저하게 관리해야 합니다. 병무청지도관은 사회복무요원의 관리와 상담을 위해 주기적으로 학교를 방문합니다.

TIP 특수교육대상 학생이 용변을 실수했거나 식사지도 시 토사물을 치워야 하는 경우, 특수교육보조인력의 도움을 받아 처리하되 교사가 교실을 비워야 할 경우에는 부담임이나 수업이 없는 교사에게 교실의 학생을 인계해야 합니다. 어떤 경우라도 교실에 교사 없이 학생들만 있는 상황은 절대 불가합니다. 그리고 특수교육보조인력의 도움을 받을 경우에는 특수교육대상 학생과의 성별을 고려해야 하며, 사회복무요원에게는 사전에 동의를 구한 후 도움을 받아야 합니다.

표 5-8 특수교육보조인력과의 갈등 상황 예

사례	구분	내용
사례 1	상황	학부모가 특수교육실무사에게 개인적으로 연락해서 학교생활에서 자신의 자녀에 대한 조치를 부탁함(예: 약 복용 등).
	해결 방안	학교 내 학생과 관련된 모든 사항은 담임교사를 통해 이루어져야 함을 학부모에게 안내하고, 특수교육실무사에게도 원칙을 잘 설명함.
사례 2	상황	올해 처음 부임한 교사와 경력이 오래된 특수교육실무사가 같은 반에서 일하게 됨. 특수교육대상 학생의 교육 활동과 생활지도에 있어서 초임 교사보다는 특수교육실무사의 도움과 처치가 더 실질적으로 효과가 있음. 학부모도 특수교육실무사에게 더 의지함.
	해결 방안	초임 교사 입장에서는 특수교육실무사의 경험을 존중해 주는 태도가 필요하고, 특수교육실무사 입장에서는 담임교사와 상의해서 결정하는 태도가 필요함. 교사와 특수교육실무사 간의 갈등은 결국 특수교육대상 학생과 학부모에게 피해가 갈 수 있고 더 나아가 학교 전체의 교육 활동에 좋지 않은 영향을 미칠 수 있기에 둘 사이의 협력 관계가 매우 중요함.
사례 3	상황	특수교육실무사가 교장선생님과 면담함. 면담 내용이 담임교사가 수업이 끝난 후 자꾸 교실 정리와 청소를 시킨다는 내용임.
	해결 방안	원래 특수교육실무사의 업무 중에 청소하는 업무는 포함되지 않음. 교육 환경 정비의 의미로 담임교사와 함께하는 것은 가능하지만 특수교육실무사에게 청소 업무를 일방적으로 지시하는 것은 특수교육실무사의 업무 범위를 벗어나는 사항임.
사례 4	상황	사회복무요원의 잦은 지각과 결근, 자리 이탈 등 근태가 문제가 되어 장애 학생의 교육 활동 시 도움을 받을 수 없음. 사회복무요원과 상담도 하고 부탁도 했지만 개선이 안 됨.
	해결 방안	극히 일부 사회복무요원의 근태는 여러 학교에서 문제가 되고 있음. 근태가 좋지 않다는 이유로 사회복무요원을 다른 학교나 기관으로 재배치할 수 없음. 지각과 결근 시 시간을 잘 기록하고 사회복무요원에게 확인받은 후 병무청에 신상 변동을 통보하는 방법밖에 없음(결근과 지각한 시간만큼 소집 해제 날짜에 반영됨).

6. 특수교육 통계자료 작성

교육청을 비롯한 특수교육 관련 정부 기관에서는 특수교육의 현황 파악과 향후 계획 수립을 위해 각종 기초 자료가 필요하다. 그래서 학년 초와 학기 중에 각종 통계자료 제출 요구를 받게 되는데, 학교는 해당 정보에 대한 통계 자료를 작성하여 제출한다. 통계자료 요청이 있을 때, 통계업무 담당교사는 필요한 자료를 관련 교사의 협조를 받아 내용을 작성하며, 해당 업무 교사는 통계담당교사에게 필요한 자료를 제출하면 된다. 특수학교의 경우에는 담당 부서에서 공문을 확인하여 처리하지만, 특수학급의 경우에는 특수교육교사가 작성해서 제출한다.

특수교육 통계자료 내용 예

특수학급 학급 및 학생 수, 특수학급 학년 및 장애영역별 학생 수, 특수학급 중복장애 현황, 특수학급 장애인 등록 현황, 특수학급 졸업생 진로 현황, 특수학급 교원정보, 특수학급 소속 순회교사 및 순회학급 현황, 특수학급 소속 순회교육 대상 학생 현황, 일반학급 특수교육대상자 현황(전일제), 일반학급 학년 및 장애영역별 현황, 일반학급 중복장애 현황, 일반학급 장애인 등록 현황, 일반학급 졸업생 진로 현황, 일반학급 순회교육 대상 학생 현황, 일반학교 배치 통합학급 현황

7. 학교정보공시제도

학교정보공시제도는 학교에 대한 정보를 '학교알리미' 사이트를 통해 모든 국민에게 공개하는 제도를 말하는데, 공시 항목에는 학생 현황, 교원 현황, 교육 활동, 교육 여건, 예·결산 현황, 학업성취 사항이 있다. 시기별로 4월, 5월, 9월에 보고하는 항목과 수시로 보고하는 항목이 있다. 학교정보공시는 담당 업무를 맡은 교사가 자료를 요구할 때 내용을 작성하면 된다.

표 5-9 학교알리미 내용 예

학생 현황	• 학교 현황 • 성별 학생 수 • 학년별 · 학급별 학생 수 • 전 · 출입 및 학업중단 학생 수 • 입학생 현황, 졸업생의 진로 현황 • 장학금 수혜 현황
교원 현황	• 직위별 교원 현황 • 자격종별 교원 현황
교육 활동	• 학교규칙 및 학교운영에 관한 규정 • 학교 교육과정 편성 · 운영 평가에 관한 사항 • 수업 일수 및 수업 시수 현황 • 수업공개 계획 ⋮
교육 여건	• 학교 용지 현황 • 교사(敎舍) • 학생 교육 활동에 필요한 지원시설 현황 • 학교시설 개방에 관한 사항 ⋮
예결산 현황	• 사립학교 교비회계 예결산 • 사립학교 법인회계 예결산서 • 학교발전기금

※ 학교에 따라 항목이 다를 수 있음.

⊙ 함께 토의해 봅시다!

1. 특수교육대상 학생이 학교를 이탈(교출)했을 경우 어떤 절차에 따라 학생을 찾을지 토의해 봅시다.
2. 학부모가 특수교육대상 학생의 졸업 후 진로에 대해 상담하러 왔다면 어떤 내용으로 이야기를 해야 할지 토의해 봅시다.

선배가 들려주는 특수교육 현장 이야기(5)

학생을 지도할 때 교사의 복장과 행동은 품격을 좌우한다

교사가 학생지도를 할 때 갖추어야 할 옷차림은 매우 중요하다. 특히, 특수학교나 특수학급에서 장애 학생들을 지도할 때는 학생과 눈높이를 맞추고, 교육 활동에 적절한 옷차림과 신발 등을 갖추도록 해야 한다. 체육 수업 시간에는 교사가 먼저 체육복과 운동화, 모자 등 복장을 갖추고, 학생들에게도 활동하기 편한 옷과 신발을 준비시킨다. 수업을 돕는 보조인력, 즉 특수교육지도사나 사회복무요원, 자원봉사자들에게도 해당 교과의 특성에 따라 활동하기 편한 복장과 신발을 갖추도록 미리 요청해 두어야 한다.

그리고 현장체험학습이나 캠프 등 야외 활동을 나갈 경우에도 교사는 학생들을 밀착하여 지도할 수 있는 옷차림과 신발을 준비하도록 하고, 가능하면 물티슈나 휴지 등을 넣을 수 있는 가방을 준비하는 것이 좋다. 공예나 도예, 제과제빵, 바리스타 활동 등 직업 시간에는 교사와 학생 모두 그 활동에 어울리는 작업복이나 앞치마, 모자 등을 착용하는 것이 기본이다. 이렇게 수업 활동에 알맞은 복장과 준비물을 갖출 때, 학생들은 수업에 적극적으로 참여하게 되고, 안전사고도 미리 예방할 수 있게 되는 것이다.

통학버스를 이용하는 학생들을 인솔할 때도 실내에서 착용하고 있던 슬리퍼를 신고 그대로 나오기보다는 활동하기 편한 신발을 신어야 한다. 예를 들어, 슬리퍼를 신고 뇌병변 학생의 휠체어를 밀어서 이동시킬 때 자칫하다 미끄러져 발목을 다칠 수도 있고, 발달장애 학생이 돌발적으로 교문 밖으로 뛰어나가면 교사는 달려가서 행동을 멈추게 해야 하는데 슬리퍼를 신고서는 발 빠른 학생을 따라 잡을 수가 없다.

특히 교사의 옷차림이나 행동은 보조인력의 옷차림이나 행동에도 영향을 미칠 수 있으므로 항상 학생의 안전과 올바른 생활지도를 위해 교사가 먼저 신경을 써야 한다. 그리고 개별 등하교를 하는 부모들도 교사와 보조인력이 어떤 모습으로 학생지도를 하고 있는지 눈여겨보기 때문에 더욱 세심한 주의가 필요하다.

수시

특수교육교사는 학생의 올바른 성장을 끌어내기 위해 다양한 교육적 요구에 대한 지도 및 연구와 더불어 학교에서 일어날 수 있는 여러 가지 상황에 대한 대비가 필요하다. 또한 학생에게 유익한 경험을 제공하기 위한 학교, 학급 단위의 다양한 행사를 기획하고 시행해야 한다.

6장에서 9장까지는 특수교육교사가 학교에서 수시로 일어나는 일을 어떻게 대처하고 처리해야 하는지에 대한 안전지도, 부적응행동 지도, 일상생활훈련 및 학습과 관련된 독서교육, 범교과 교육, 포트폴리오 관리 등에 대한 방법을 알아보고, 학교에서 이루어지는 다양한 학사 일정 중 교사가 해야 할 일은 무엇인지 살펴본다.

Chapter

06

수시 학급운영

학습 목표

1. 학부모 상담 시 고려할 점에 대해 예를 들어 설명한다.
2. 현장체험학습을 계획할 때 주의해야 할 것들을 고려하여 현장체험학습계획서를 작성한다.

수시

월	영역	내용	영역	내용
4~11월	학급 운영	• 학부모 상담 • 가정통신문 작성 • 알림장 작성 • 교육환경 구성 • 현장체험학습 계획 및 시행 • 교실 비품 관리	학습 지도	• 칭찬하기 • 발문하기 • 기본생활습관 교육 • 계기교육 • 독서교육 • 범교과 교육 • 다문화 및 특수교육대상 학생 지도 • 교재 · 교구 제작 및 활용 • 교수매체 활용 • 보완대체 의사소통(AAC) 활용 • 정기고사 • 교육 활동 포트폴리오 관리 • 가정연계학습 • 원격수업
	생활 지도	• 유형별 부적응행동 지도 • 유형별 안전사고 지도 • 기본 응급처치 • 재난 대피 훈련 • 식사예절, 위생지도	업무	• 행사 • 장학 • 나이스 행동발달 누가 기록 • PAPS • 특수교육대상자 및 학부모 원거리 통학비 정산 처리 • 다음 연도 교과용도서 신청 • 특수교육대상자 관련 전국 행사

학급운영

학급은 학생들이 일과 대부분을 보내는 곳으로, 배움과 생활이 함께하는 공간이다. 이러한 학급은 학생의 학업성취와 인격 형성에 영향을 미칠 수 있는 중요한 환경적 자원이 되지만, 학생지도를 든든히 후원할 수 있는 학부모와의 효율적인 의사소통과 협력이 있다면 교육 활동을 위한 훌륭한 환경이 될 수 있다.

수시 '학급운영' 편은 1년 동안 학급이 성공적으로 잘 운영되기 위하여 체계적으로 가용 환경자원을 활용하고, 실제적인 학급운영 기술을 안내함으로써 보다 효율적으로 학급을 운영할 수 있도록 안내한다.

1. 학부모 상담

학생들의 올바른 성장과 교육을 위해서는 교사와 학부모의 관계가 매우 중요한 변인으로 작용한다. 교사도 학생을 지도하면서 학부모의 도움이 필요하고, 학부모도 자신의 자녀가 학교에서 어떻게 생활하는지 궁금하므로 학부모 상담은 학생지도를 위하여 필수적이다. 이러한 상담을 통해 학생의 가족 환경, 부적응행동 지도방법, 가족 내의 정서적 지원 등에 관한 정보를 얻을 수 있고, 교육 활동을 실천하는 과정에서 학부모와 교육 파트너로서의 협력 관계를 구축할 수 있다.

1) 교사와 상담하는 학부모 마음

교사와 상담하는 학부모의 심리 상태는 자녀에 대한 막연한 불안감을 가지고 있으므로 교사에게 자녀의 학교생활을 확인하고 싶어 하고, 교사에게 인정 받고 싶으며 교사의 역량을 확인하고 싶은 마음을 갖고 있다(대전광역시서부교육청, 2008).

TIP 상담을 요청한 학부모는 가정에서의 여러 문제 상황을 얘기하고, 대처 방법을 들으면서 교사를 평가할 수도 있습니다. 당황하지 말고 부모가 잘 받아들일 방법을 친절하게 설명해 주는 것이 좋습니다. 조언 후에 "이건 제 생각이니까요. 정답이 아닐 수도 있습니다. 선택은 부모님의 몫이라는 걸 이해하고 들어 주셨으면 좋겠어요."라고 하면 교사가 학부모보다 높은 위치에서 해결책을 던져 주는 것이 아니라 선택권이 본인에게 있음을 알게 되고, 자신의 방식이 존중받는다는 느낌을 받게 되어 오히려 더 큰 신뢰를 얻게 됩니다.

2) 학부모 상담 준비

① 미리 상담 내용과 시간, 장소를 협의한다.

② 개별 학생의 발달 상태에 대해 그동안 기록한 정보(학교생활의 일화 기록장, 평정척도, 대조표 등)를 준비한다.

TIP 상담 장소는 가능한 한 조용하고 좌석은 가까이 있는 것이 부담스러운 경우에는 'ㄱ' 모양 정도로 앉는 것이 좋으며, 음료를 준비하여 자연스럽게 마시면서 대화한다면 친밀감이 더 높아질 수 있습니다. 더불어 상담 중에 학부모가 요청하는 자료를 바로 찾아볼 수 있도록 비치합니다.

3) 학부모 상담에서 수집해야 할 내용

① 학생의 발달 정보 및 건강 상태

② 가정에서의 일상적인 생활

③ 학습지도에 대한 요구사항

④ 부적응행동의 여부 및 가정에서의 지도방법

⑤ 학생지도에 영향을 줄 수 있는 정보 등

TIP 학부모가 요청한 상담 주제와 관련하여 필요한 자료를 정리해 놓으면 이후 상담 연계나 학생지도에 유용하게 참고할 수 있습니다.

4) 교사가 학부모에게 줄 수 있는 정보

① 학생의 진단 검사 결과

② 학교 학습 상황

③ 교우 관계 등의 학교생활 적응 정도

5) 성공적인 학부모 상담기술

학부모와의 상담기술에서 가장 중요한 것은 공감적 태도와 상담 시 학부모의 마음을 편하게 해 주는 것이다. 이와 관련하여 상담기술(왕영선, 2011)을 특수교육대상 학생의 학부모에게 적용할 때는 교사로서의 태도를 더욱 신중하게 해야 한다.

[그림 6-1] 학부모 상담

① 학부모의 몸짓, 표정 등 비언어적 태도 주시하기

교사는 학부모가 말하지 않아도 학부모 이면의 욕구까지도 읽을 수 있도록 노력해야 한다. 그리고 무엇보다 중요한 것은 학부모의 마음을 이해하고 공감하는 태도를 보이는 것이다.

② 학부모의 마음을 편하게 하기

학생에 대한 진정성 있는 관심과 편안함을 주는 말로 상담을 시작하며, 말을 많이 하기보다는 학부모의 이야기를 들어주며 포용하는 자세로 부모의 욕구를 파악한다. 또한 학생에 대한 긍정적인 언급은 부모에게 마음의 문을 열게 하고, 편안하게 이야기를 나눌 수 있게 한다.

TIP 먼저 상담의 취지를 설명하고, 학생의 장점이나 가장 최근에 관찰한 발달기록을 가지고 이야기를 시작하는 것이 좋습니다. 또한 학부모는 자녀에 대한 긍정적이고 구체적인 이야기를 듣는다면 안도감과 함께 교사를 신뢰하게 될 것입니다.

③ 학부모가 이해하기 쉬운 언어를 사용하기

학부모는 교육학을 전공한 사람이 아니다. 학부모와 교사가 같은 수준에서 편안하게 대화할 수 있도록 알아듣기 쉬운 언어를 사용한다. 가능한 한 중립적인 언어를 사용하고, 평가하거나 비판하려고 해서는 안 된다.

④ 대화는 일방통행이 아닌 쌍방향으로 소통하는 것임을 기억하기

학부모 상담은 부모의 생각을 알아가는 것이 중요하므로 교사는 학부모와 생각을 서로 주고받을 수 있도록 진행해야 한다.

TIP 경청은 다른 사람의 이야기를 잘 듣는 것입니다. 학부모의 이야기를 들으며 반응하는 것이 어렵게 생각된다면 상대방과 같은 표정을 짓는 것만으로도 큰 효과를 발휘할 수 있습니다.

⑤ 부정적인 결과를 예견하는 듯한 상담 피하기

교사가 "○○는 학습 동기가 낮아서인지 학습능력이 떨어지는 편입니다."라는 식의 부정적인 이야기를 하는 순간 이미 학부모의 마음은 닫혀 버린다. 이런 경우 상담은 더는 진행되지 않게 되며, 학부모는 자신의 자녀에게 문제가 있는 것이 아니라 교사가 학생에 대해서 나쁜 감정이 있기 때문이라고 생각할 수 있다. 따라서 먼저 상황을 수용하고 인정해 주어 사소한 부분이라도 학생의 칭찬 거리를 갖고 이야기를 시작하는 것이 좋다.

TIP 지적장애가 있는 학부모는 상대방과 상호작용하는 데 어려움을 느끼는 경우가 많습니다. 따라서 학부모가 이해할 수 있는 수준의 쉬운 언어로 자녀지도에 대해 구체적으로 설명하는 것이 좋습니다. 또한 다문화가정 상담 시 언어 문제로 소통에 어려움이 있는 경우에는 지역별 다문화 교육센터에서 통역 지원을 받을 수 있으므로 협조를 받아 상담을 준비할 수 있도록 합니다.

표 6-1 성공적인 학부모 상담을 위한 자기 점검 예

상담 중 수행 과제	예
나는 학부모의 몸짓, 표정 등 비언어적 태도를 주시했는가?	□
나는 학부모의 마음을 편하게 했는가?	□
나는 학부모와 상담하는 동안 긍정적인 분위기를 조성했는가?	□
나는 학부모가 이해하기 쉬운 언어를 사용했는가?	□
나는 학부모와의 대화를 쌍방향으로 순서를 지키며 진행했는가?	□
나는 긍정적인 이야기로 상담을 이끌었는가?	□

6) 상담일지 작성

학부모와 상담 후에는 상담 내용을 학생 이해자료로 사용하거나 추수 상담에 활용할 수 있도록 기록해 두어야 한다. 이와 관련하여 학교상담 일지 작성법(천성문, 박명숙, 함경애, 김미옥, 2014)에 따라 다음과 같이 기록할 수 있다.

① 육하원칙에 기초해 상담 내용 상세히 기록하기

상담 내용을 기록할 때에는 육하원칙에 기초해 언제, 어디서, 누가, 무엇을, 왜, 어떻게 하였는지를 상세히 기록한다. 그리고 상담자가 상담을 통해 무엇을 기대하는지도 꼭 확인하고 기록하도록 한다.

TIP 학부모의 개인정보부터 질문하면 취조당하는 느낌을 받아 심적 부담을 갖게 되기 때문에 상담이 원활하게 진행되기 어려울 수 있습니다. 따라서 학생이 가정에서 생활하는 내용과 부모가 기대하는 내용이 무엇인지 이야기를 나누고, 학교에서 학생들이 보여 주는 생활 태도에 대해 이야기를 나누는 것이 좋습니다.

② 상담 시 상담기록을 키워드로 기록하기

교사가 상담 내용을 기록하고 있다는 것을 학부모가 의식하게 되면 편한 마음으로 상담하기가 어려워지므로 가능한 한 기록하고 있다는 느낌을 주지 않도록 하는 것이 좋다.

TIP 상담의 중요 내용을 단어나 영문 약자로 기록할 수도 있고, 동의를 얻고 녹음하는 방법도 좋습니다.

③ 상담기록은 되도록 상담 후 바로 하기

시간이 지나면 상담 내용을 정확하게 기억하기 어려우므로 되도록 상담을 마치고 바로 기록한다.

TIP 매주 또는 매월 주기적인 상담(알림장, 전화, 메일, 면담, SNS)을 통해 학부모의 가정지도를 격려합니다. 또는 상담 집중 주간을 마련하여 상담 참여 방법, 상담 일시, 주제 등을 선택하여 전략적으로 상담해도 좋습니다.

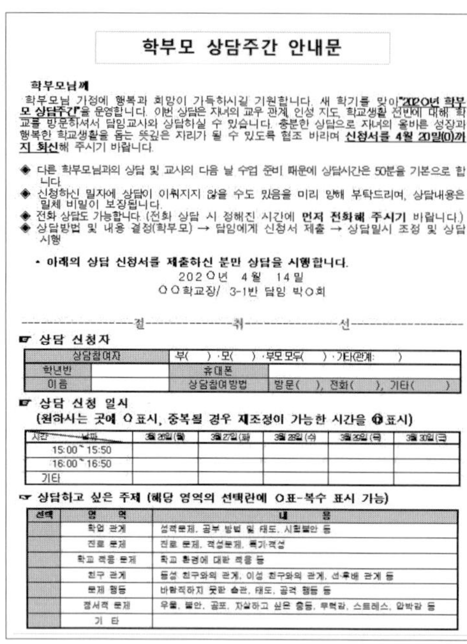

학부모 상담주간 안내문

학부모님께

학부모님 가정에 행복과 회망이 가득하시길 기원합니다. 새 학기를 맞이 **"202○년 학부모 상담주간"**을 운영합니다. 이번 상담은 자녀의 교우 관계, 인성 지도, 학교생활 전반에 대해 학교를 방문하셔서 담임교사와 상담하실 수 있습니다. 충분한 상담으로 자녀의 올바른 성장과 행복한 학교생활을 돕는 뜻깊은 자리가 될 수 있도록 협조 바라며 **신청서를 4월 20일(○)까지 회신**해 주시기 바랍니다.

◆ 다른 학부모님과의 상담 및 교사의 다음 날 수업 준비 때문에 상담시간은 50분을 기본으로 합니다.
◆ 신청하신 일자에 상담이 이뤄지지 않을 수도 있음을 미리 양해 부탁드리며, 상담내용은 일체 비밀이 보장됩니다.
◆ 전화 상담도 가능합니다.(전화 상담 시 정해진 시간에 **먼저 전화해 주시기** 바랍니다.)
◆ 상담방법 및 내용 결정(학부모) → 담임에게 신청서 제출 → 상담일시 조정 및 상담 시행

• 아래의 상담 신청서를 제출하신 분만 상담을 시행합니다.

202○년 4월 14일

○○학교장/ 3-1반 담임 박○희

-----------------절-----------------취-----------------선-----------------

☞ 상담 신청자

상담참여자		부( ) · 모( ) · 부모 모두( ) · 기타(관계:)	
학년반		휴대폰	
이름		상담참여방법	방문( ), 전화( ), 기타( )

☞ 상담 신청 일시
(원하시는 곳에 ○표시, 중복될 경우 재조정이 가능한 시간을 ◎표시)

시간＼날짜	3월 26일(월)	3월 27일(화)	3월 28일(수)	3월 29일(목)	3월 30일(금)
15:00~15:50					
16:00~16:50					
기타					

☞ 상담하고 싶은 주제 (해당 영역의 선택란에 ○표-복수 표시 가능)

선택	영 역	내 용
	학업 관계	성적문제, 공부 방법 및 태도, 시험불안 등
	진로 문제	진로 문제, 적성문제, 특기·적성
	학교 적응 문제	학교 환경에 대한 적응 등
	친구 관계	동성 친구와의 관계, 이성 친구와의 관계, 선·후배 관계 등
	문제 행동	바람직하지 못한 습관, 태도, 공격 행동 등
	정서적 문제	우울, 불안, 공포, 자살하고 싶은 충동, 무력감, 스트레스, 압박감 등
	기 타	

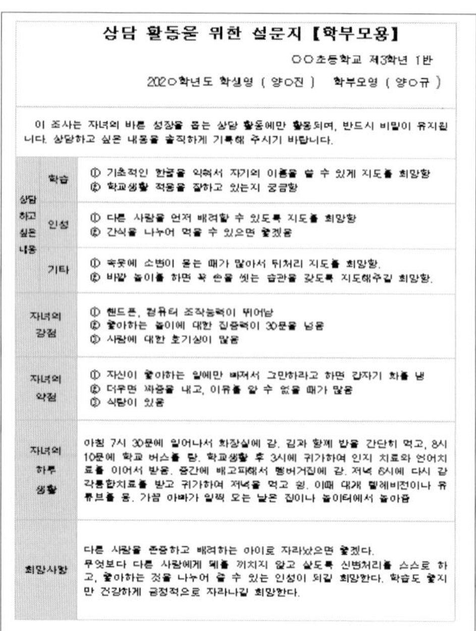

상담 활동을 위한 설문지 【학부모용】

○○초등학교 제3학년 1반

202○학년도 학생명 (양○진) 학부모명 (양○규)

이 조사는 자녀의 바른 성장을 돕는 상담 활동에만 활용되며, 반드시 비밀이 유지됩니다. 상담하고 싶은 내용을 솔직하게 기록해 주시기 바랍니다.

구분		내용
상담하고 싶은 내용	학습	① 기초적인 한글을 익혀서 자기의 이름을 쓸 수 있게 지도를 희망함 ② 학교생활 적응을 잘하고 있는지 궁금함
	인성	① 다른 사람을 먼저 배려할 수 있도록 지도를 희망함 ② 간식을 나누어 먹을 수 있으면 좋겠음
	기타	① 속옷에 소변이 묻는 때가 많아서 뒤처리 지도를 희망함. ② 바깥 놀이를 하면 꼭 손을 씻는 습관을 갖도록 지도해주길 희망함.
자녀의 강점		① 핸드폰, 컴퓨터 조작능력이 뛰어남 ② 좋아하는 놀이에 대한 집중력이 30분을 넘음 ③ 사람에 대한 호기심이 많음
자녀의 약점		① 자신이 좋아하는 일에만 빠져서 그만하라고 하면 갑자기 화를 냄 ② 더우면 짜증을 내고, 이유를 알 수 없을 때가 많음 ③ 식탐이 있음
자녀의 하루 생활		아침 7시 30분에 일어나서 화장실에 감. 김과 함께 밥을 간단히 먹고, 8시 10분에 학교 버스를 탐. 학교생활 후 3시에 귀가하여 인지 치료와 언어치료를 이어서 받음. 중간에 배고파해서 햄버거집에 감. 저녁 6시에 다시 감각통합치료를 받고 귀가하여 저녁을 먹고 쉼. 이때 대개 텔레비전이나 유튜브를 봄. 가끔 아빠가 일찍 오는 날은 집이나 놀이터에서 놀아줌
희망사항		다른 사람을 존중하고 배려하는 아이로 자라났으면 좋겠다. 무엇보다 다른 사람에게 폐를 끼치지 않고 살도록 신변처리를 스스로 하고, 좋아하는 것을 나누어 줄 수 있는 인성이 되길 희망한다. 학습도 좋지만 건강하게 긍정적으로 자라나길 희망한다.

[그림 6-2] 학부모 상담 신청 가정통신문과 상담을 위한 설문지 예

학생상담 누가 기록지

학년-반	중 3-1		이 름	강○윤	성 별	☑남 □여
학생의 특징 (정서·행동)	매우 온순하며, 자신의 의사 표현을 잘 하지 않음. 쑥스러움이 많고, 친구에게 맞아도 적극적으로 방어하거나 피하지 않으며, 요구사항이 있으면 스스로 해결하거나 쉽게 포기함. 구석에서 컴퓨터 음악과 동영상 보고 듣는 것을 좋아하고, 혼자 놀이하는 모습이 자주 관찰됨.					

일시	상담 방법	상담 영역	상 담 내 용 (내담자 호소 내용)	상담결과 및 처리내용
3/12	면담	교우 관계	짝꿍 A 학생의 책상을 지나가다가 실수로 필통을 떨어뜨렸고, 이에 화가 난 A 학생이 ○윤이에게 소리 지르고, 주먹으로 어깨를 3회 이상 쳐서 멍이 듦. 이에 가해자 학생에 대한 처벌을 요구함.	처벌이 가져온 이후의 상황에 대해 미리 충분히 설명하였고, 처벌 사안에 대하여 학교 규정에 따라 처벌하도록 하여 등교 정지 3일의 징계를 하였음.
3/21	전화	교우 관계	B 학생이 화가 나서 있을 때, 분풀이로 가만히 있던 ○윤이의 뺨을 할퀴었고, 손톱자국이 났음. 이에 가해자 학생의 처벌을 요구함.	처벌 사안이 되지 않아 가해자 학부모님께 사과를 요청하고, 학부모님끼리 해결하도록 하였음.
3/27	가정 방문	학교 적응	○윤이가 식사도 잘 안 하고, 늦잠이 많아지고, 새벽에 갑자기 일어나서 잠을 못 자며, 최근 학교 가기 싫어하는 것 같다고 걱정하심.	학생의 생체 리듬은 환경의 변화와 성장기 호르몬 변화에도 영향이 있으므로 지속적으로 더 관찰하겠다고 말씀드림.
3/31	e메일	교우 관계	○윤이 이마에 작은 상처가 있는데 혹시 짝꿍 A 학생이 그런 것은 아닌지 의심스럽기 때문에 CCTV 공개를 원하심. A 학생의 공격성이 불안하므로 짝 교체를 요구하심.	CCTV 확인결과 ○윤이의 이마 상처는 본인이 긁은 것으로 확인됨. 자리 배치는 한 달마다 변경하므로 시기에 따라서 오후에 짝 자리를 교체함.
기타 사항			○윤이는 외동 자녀, 피해를 보아도 호소하지 않고 참음.	

※ 상담 영역은 학습지도(학업성취도, 학습방법 등)/ 생활지도(친구 관계, 가정생활, 학교생활 등) 등으로 구분하여 기록한다.

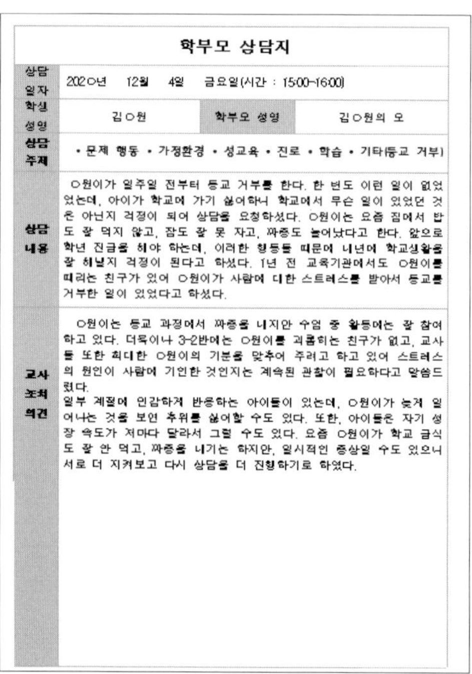

학부모 상담지

상담일자	202○년 12월 4일 금요일(시간 : 15:00~16:00)		
학생성명	김○원	학부모 성명	김○원의 오
상담주제	• 문제 행동 • 가정환경 • 성교육 • 진로 • 학습 • 기타(등교 거부)		
상담내용	○원이가 일주일 전부터 등교 거부를 한다. 한 번도 이런 일이 없었었는데, 아이가 학교에 가기 싫어하니 학교에서 무슨 일이 있었던 것은 아닌지 걱정이 되어 상담을 요청하셨다. ○원이는 요즘 집에서 밥도 잘 먹지 않고, 잠도 잘 못 자고, 짜증도 늘어났다고 한다. 앞으로 학년 진급을 해야 하는데, 이러한 행동들 때문에 내년에 학교생활을 잘 해낼지 걱정이 된다고 하셨다. 1년 전 교육기관에서도 ○원이를 때리는 친구가 있어 ○원이가 사람에 대한 스트레스를 받아서 등교를 거부한 일이 있었다고 하셨다.		
교사 조치 의견	○원이는 등교 과정에서 짜증을 내지만 수업 중 활동에는 잘 참여하고 있다. 더욱이나 3-2반에는 ○원이를 괴롭히는 친구가 없고, 교사들 또한 최대한 ○원이의 기분을 맞추어 주려고 하고 있어 스트레스의 원인이 사람에 기인한 것인지는 계속된 관찰이 필요하다고 말씀드렸다. 일부 계절에 민감하게 반응하는 아이들이 있는데, ○원이가 늦게 일어나는 것을 보면 추위를 싫어할 수도 있다. 또한, 아이들은 자기 성장 속도가 저마다 달라서 그럴 수도 있다. 요즘 ○원이가 학교 급식도 잘 안 먹고, 짜증을 내기는 하지만, 일시적인 증상일 수도 있으니 서로 더 지켜보고 다시 상담을 더 진행하기로 하였다.		

[그림 6-3] 상담 누가 기록과 학부모 상담기록 예

더 상세한 정보가 필요하다면!

경기도다문화교육센터(2014). 교사를 위한 다문화가정 학생과 학부모 교육상담 매뉴얼. 경기도교육청.

2. 가정통신문 작성

학생 생활지도를 효율적으로 하기 위해서는 반드시 가정의 협조가 있어야 한다. 가정통신문은 학교에서 필요한 자료와 정보를 가정에 제공하고, 학교에서 진행되는 제반 사항을 학부모에게 알리는 역할을 한다.

1) 가정통신문 작성 시 고려할 사항

① 학부모가 이해하기 쉬운 문장과 적절한 분량으로 작성한다.

TIP 다문화가정의 학부모에게 가정통신문을 보낼 때, 내용이 길거나 어려운 단어로 적혀 있다면 조금 쉬운 단어로 풀이하여 메모를 함께 보내고, 제출해야 할 중요한 서류가 있는 경우에는 따로 연락을 드리는 것이 좋습니다.

② 전달하고자 하는 내용을 정확하고 구체적으로 기재한다.

TIP 양육과 직장으로 인해 학부모가 가정통신문을 제대로 확인하지 못 하는 경우가 있으므로 중요한 내용의 알림인 경우에는 한 번 더 요약하여 메시지로 알리는 것이 좋습니다.

③ 학부모에게 협조를 요청할 때는 협조의 목적과 당위성을 설득력 있게 제시한다.

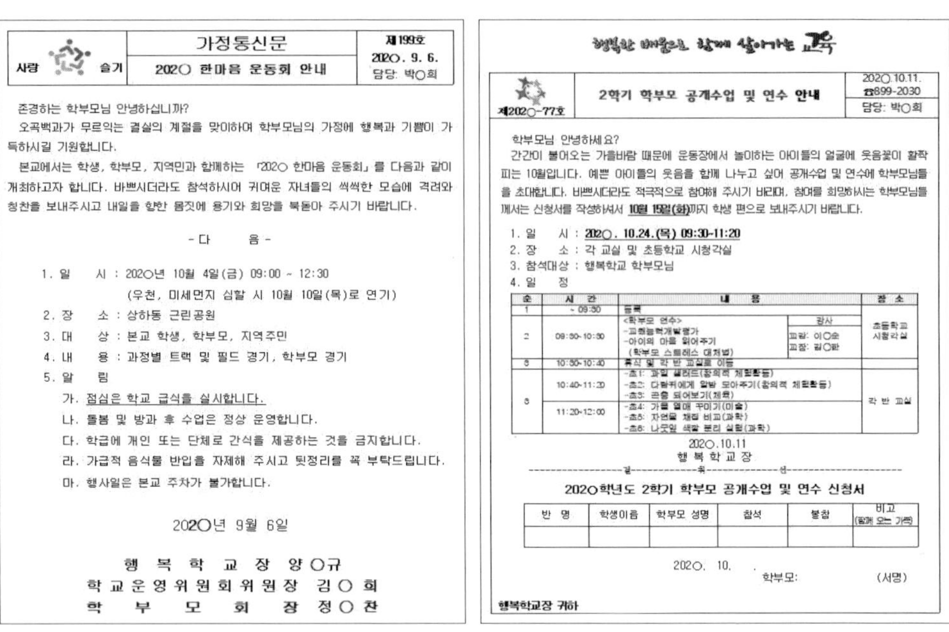

사랑 슬기	가정통신문	제199호
	2020 한마음 운동회 안내	202○. 9. 6. 담당: 박○희

존경하는 학부모님 안녕하십니까?

오곡백과가 무르익는 결실의 계절을 맞이하여 학부모님의 가정에 행복과 기쁨이 가득하시길 기원합니다.

본교에서는 학생, 학부모, 지역민과 함께하는 「202○ 한마음 운동회」를 다음과 같이 개최하고자 합니다. 바쁘시더라도 참석하시어 귀여운 자녀들의 씩씩한 모습에 격려와 칭찬을 보내주시고 내일을 향한 몸짓에 용기와 희망을 북돋아 주시기 바랍니다.

-다 음-

1. 일 시 : 202○년 10월 4일(금) 09:00 ~ 12:30
   (우천, 미세먼지 심할 시 10월 10일(목)로 연기)
2. 장 소 : 상하동 근린공원
3. 대 상 : 본교 학생, 학부모, 지역주민
4. 내 용 : 과정별 트랙 및 필드 경기, 학부모 경기
5. 알 림
   가. 점심은 학교 급식을 실시합니다.
   나. 돌봄 및 방과 후 수업은 정상 운영합니다.
   다. 학급에 개인 또는 단체로 간식을 제공하는 것을 금지합니다.
   라. 가급적 음식물 반입을 자제해 주시고 뒷정리를 꼭 부탁드립니다.
   마. 행사일은 본교 주차가 불가합니다.

202○년 9월 6일

행복학교장 양○규
학교운영위원회위원장 김○희
학부모회장 정○찬

행복한 배움으로 함께 살아가는 교육

제202○-77호	2학기 학부모 공개수업 및 연수 안내	202○.10.11. ☎899-2030 담당: 박○희

학부모님 안녕하세요?

간간이 불어오는 가을바람 때문에 운동장에서 놀이하는 아이들의 얼굴에 웃음꽃이 활짝 피는 10월입니다. 예쁜 아이들의 웃음을 함께 나누고 싶어 공개수업 및 연수에 학부모님들을 초대합니다. 바쁘시더라도 적극적으로 참여해 주시기 바라며, 참여를 희망하시는 학부모님들께서는 신청서를 작성하셔서 **10월 15일(화)**까지 학생 편으로 보내주시기 바랍니다.

1. 일 시 : **202○. 10.24.(목) 09:30~11:20**
2. 장 소 : 각 교실 및 초등학교 시청각실
3. 참석대상 : 행복학교 학부모님
4. 일 정

순	시간	내용	강사	장소
1	~09:30	등록		초등학교 시청각실
2	09:30~10:30	<학부모 연수> -교원능력개발평가 -아이의 마음 읽어주기 (학부모 스트레스 대처법)	교감: 이○순 교장: 김○환	
3	10:30~10:40	휴식 및 각 반 교실로 이동		
4	10:40~11:20	-초1: 과일 샐러드(창의적 체험활동) -초2: 다람쥐에게 알밤 모아주기(창의적 체험활동) -초3: 곤충 되어보기(체육)		각 반 교실
	11:20~12:00	-초4: 가을 열매 꾸미기(미술) -초5: 자연물 채집 비교(과학) -초6: 나뭇잎 색깔 분리 실험(과학)		

202○.10.11
행복학교장

-----------------절-----------------취-----------------선-----------------

202○학년도 2학기 학부모 공개수업 및 연수 신청서

반 명	학생이름	학부모 성명	참석	불참	비고 (함께 오는 가족)

202○. 10. .
학부모: (서명)

행복학교장 귀하

[그림 6-4] 가정통신문 예

TIP 가정통신문은 학교 명의로 발송되는 것이므로 문법, 오탈자, 편집 등에 유의하여 작성합니다. 가정통신문을 보내기 위해서는 통신문 관리 담당교사에게 가정통신문 번호(왼쪽 위 끝 번호)를 부여 받고, 가정통신문 발송 대장에 제목을 쓴 후 시행 가정통신문을 제출하여 보관합니다. 마지막으로 학교 홈페이지 가정통신문 해당 메뉴에 파일을 올려 공유하도록 합니다.

2) 가정통신문으로 알리는 사항 예

① 교육 활동을 알리는 주간생활계획표, 교육의 목적과 교육내용

② 교육 활동 계획에 필요한 준비물 안내 및 가정에서의 협조 사항

③ 자녀교육에 도움이 되는 지식과 정보(도서 안내, 교육에 관련된 전문 정보, 양육 조언, 식생활 정보, 건강위생 정보 등)

④ 부모 참여 행사를 위한 정보(공개수업, 운동회, 도서관 학부모 사서, 재능기부 등)

⑤ 특별 활동 및 행사에 관한 안내 사항(견학, 발표회, 전시회 등)

TIP 종이 가정통신문 외에 e 알리미(스마트 가정통신문)를 활용하는 학교가 많습니다. 스마트폰을 이용하면 알림 내용을 쉽게 확인하고, 회신할 수도 있으며 분실염려가 없다는 장점이 있습니다. 따라서 학교에서 주로 사용하는 공지 플랫폼을 확인하여 활용하도록 합니다.

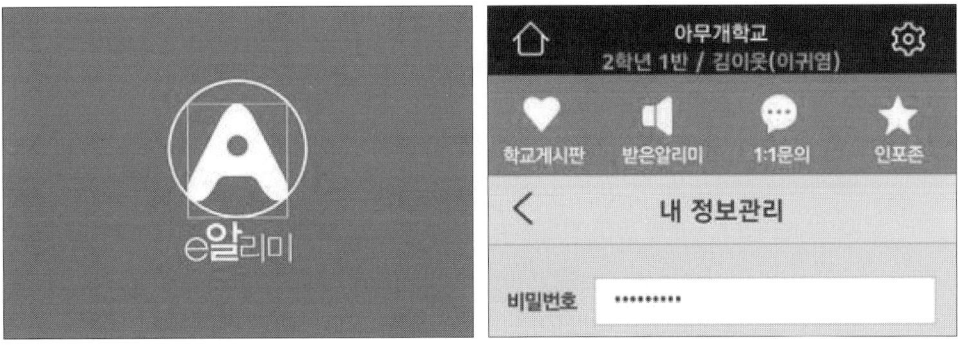

[그림 6-5] 스마트 알림장 예

출처: e 알리미 앱.

3. 알림장 작성

학생 생활지도를 효율적으로 하기 위해서는 가정의 협조가 필요하다. 알림장은 담임교사가 학급 차원에서 일어나는 소식을 가정으로 전하는 소통 수단으로서 새 친구 소개, 학급 준비물, 이번 주에 한 활동 내용 등을 알린다. 알림장은 전체를 대상으로 하는 일반적인 정보뿐만 아니라 개별 학생의 교육 특성을 담아 가정에서의 지도와 관련된 보다 구체적인 정보를 제공하여 지속적인 관계를 유지하게 한다.

1) 알림장 작성 시 고려 사항

① 학생이 등교하면 가정에서 보내는 알림장(학생의 투약 여부, 학생의 건강 상태에 대한 부모 의견 등)을 살펴보고, 궁금한 점이나 오해가 생길 수 있는 것은 전화로 반드시 확인한다.

② 알림장에는 학생의 일과 중 있었던 특별한 일이나 준비물 등을 기재한다. 특별히 학생별로 그날 투약 여부라든지 행동상의 문제가 있었다면 자세히 기술하도록 한다.

③ 가정에서 자녀와 함께할 수 있는 활동이나 자료들을 안내하여 가정과의 연계성을 유지할 수 있도록 한다.

TIP 가정과 학교에서 다른 모습을 보이는 학생이 있습니다. 이러한 경우 가정에서의 학생 생활 정보를 요청하는 수단으로 교환 알림장을 보내어 활용할 수 있습니다.

TIP SNS(카톡, 밴드 등)를 통해 교육 활동 사진 등을 학부모와 공유하는 경우가 있습니다. 이때 학생의 초상권 및 개인정보에 유의해야 하며, 자료를 함부로 저장하여 유출하지 않도록 주의해야 합니다. 예를 들어, N사의 밴드는 사진, 영상을 복사하지 못하게 하는 기능을 설정할 수 있고, 유튜브 영상 스튜디오에서는 학생의 얼굴을 모자이크 처리하는 기능이 있으니 활용하도록 합니다.

김○○	2020년 11월 8일 금요일
공지	<행사예고> 1. 11/10(월) : 추수감사절 * 과일 한 개씩 보내주세요. 2. 11/20(수) : ○○초등학교와 통합교육 3. 11/21(화) : ○○○영화관 영화 관람 현장체험 학습
개별	1. 지난주에 간식을 보내주셔서 고맙습니다. 보내주신 간식, 친구들과 맛있게 먹었습니다. 보내주신 손길에 정말 감사드립니다. 2. 행정실에서 11월 21일에 있을 박물관 현장체험비 입금을 확인하였습니다. 고맙습니다. 3. 지난주부터 채소 반찬 다섯 젓가락 이상 먹기를 진행하고 있습니다. ○○이는 노래를 들으며 즐겁게 시금치와 콩나물, 가지나물을 먹었습니다. 집에서도 ○○가 다양한 채소를 먹을 수 있도록 준비를 해주시면 감사하겠습니다.

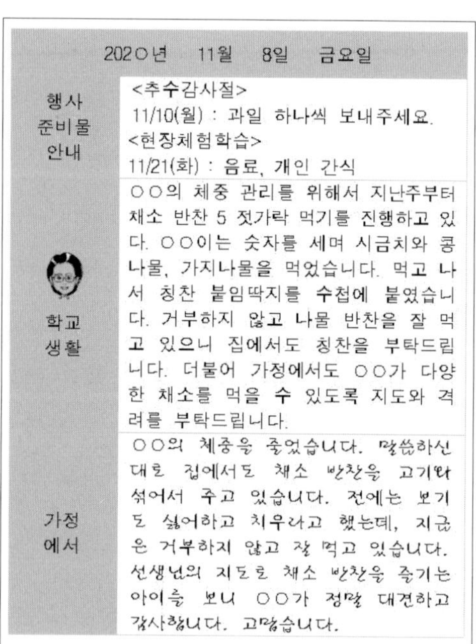

	2020년 11월 8일 금요일
행사 준비물 안내	<추수감사절> 11/10(월) : 과일 하나씩 보내주세요. <현장체험학습> 11/21(화) : 음료, 개인 간식
학교 생활	○○의 체중 관리를 위해서 지난주부터 채소 반찬 5 젓가락 먹기를 진행하고 있다. ○○이는 숫자를 세며 시금치와 콩나물, 가지나물을 먹었습니다. 먹고 나서 칭찬 붙임딱지를 수첩에 붙였습니다. 거부하지 않고 나물 반찬을 잘 먹고 있으니 집에서도 칭찬을 부탁드립니다. 더불어 가정에서도 ○○가 다양한 채소를 먹을 수 있도록 지도와 격려를 부탁드립니다.
가정 에서	○○의 체중을 줄었습니다. 말씀하신 대로 집에서도 채소 반찬을 고기와 섞어서 주고 있습니다. 전에는 보기도 싫어하고 치우라고 했는데, 지금은 거부하지 않고 잘 먹고 있습니다. 선생님의 지도로 채소 반찬을 즐기는 아이를 보니 ○○가 정말 대견하고 감사합니다. 고맙습니다.

[그림 6-6] 알림장 예

2) 그 외 알림 내용과 방법

① 글은 읽는 사람에 따라 그 의미가 다르게 전달될 수 있으므로 모호한 내용은 글로 전하지 않고 전화 연락을 통해 알린다.

② 학생에게 알림장 내용을 붙이게 하거나 자기 이름 쓰기, 자기 가방에 찾아 넣는 것도 학습의 한 방법이 된다.

③ 알림장에 기록하지 못한 내용이 있는 경우 문자 메시지를 통해 안내한다.

3) 휴대전화 문자 보내기

학부모에게 문자 메시지를 보낼 때 가장 중요한 것은 친절함과 자세한 설명이다. 교사의 친절함이 담긴 문자 메시지라면 어떤 내용이라도 기분 좋은 문자 메시지가 될 수 있다.

〈학교행사를 안내하는 경우〉	〈현장체험학습을 안내하는 경우〉
◎ 입학식 안내 일시: 3월 2일(월)(10:00~11:00) 장소: 학교 강당 기타: 입학식 이후 교실에서 정상수업이 시행됩니다. 점심 후 1시에 하교하니 하교 지도에 참고하시기 바랍니다.	◎ 현장체험학습 일정 변경안내 현장체험학습 일정이 ○○사유로 인하여 10월 5일(금)로 변경되었습니다. 기존: 10월 4일(목) 09:00~14:00 변경: 10월 5일(금) 09:00~14:00 사유: 미세먼지 매우 나쁨 주의 자녀의 현장체험학습 준비와 일정에 참고하시기 바랍니다.
〈학생이 결석한 경우〉	〈학부모 연수를 안내하는 경우〉
○○초 ○학년 ○반 담인 ○○○입니다. ○○이가 오늘 학교에 오지 않아 연락드립니다. 혹시 ○○이가 아픈 것은 아닌지 걱정이 됩니다. 문자를 확인 후 ○○이가 오지 못하는 이유를 문자로 알려주시면 감사하겠습니다.	◎ ○○학부모 연수 안내 일시: 10월 14일(금) 10:30~11:30 장소: 시청각실(본관 9층) 주제: 부적응행동 지도 강사: 강○욱(○○대학교 교수) 자녀지도 교육에 유익한 연수되시기 바랍니다.

[그림 6-7] 문자 알림의 예

4. 교육환경 구성

교실은 학생이 성장하고 발달하는 장으로서 가정을 제외한 대부분의 시간을 보내는 곳임에도 불구하고 교수 · 학습 지도나 생활지도에 관심을 기울이는 것과 비교하면 교사들은 상대적으로 환경 구성에 관한 관심을 적게 가지는 경향이 있다. 교수 · 학습계획을 수립할 때 교실 환경 구성이 단순히 시각적으로 아름답게 꾸미는 것이 아니라 효과적인 교수 · 학습을 위한 공간 활용 계획이라는 측면에서 고려해야 한다.

TIP 교실에 견학 계획서, 보고서, 조사 학습자료 등의 활동 결과물을 시기별로 게시하면 학생들이 학습의 흐름을 이해할 수 있고, 결과를 오랫동안 기억할 수 있습니다. 게다가 학생 스스로 성취감과 만족감을 느끼며 노력에 대한 칭찬 효과도 발생합니다.

1) 기본 환경 구성

교실 안에서 환경을 구성할 수 있는 곳은 칠판을 바라보는 앞쪽, 사물함이 있는 뒤쪽, 복도 쪽과 창문 쪽으로 구분할 수 있다. 이와 관련하여 기본적 교실 활용 방법(대전광역시서부교육청, 2008)에 따라 특수교육대상 학생을 고려하여 다음과 같이 환경을 구성할 수 있다.

① 교실 앞쪽 활용하기
- 학습 시선이 분산되지 않도록 하고, 가능하면 게시물을 최소한으로 배치하여 단순하게 구성한다.
- 교사 책상 근처에 책이나 비품을 앉은키 높이로 정리하여 시선이 분산되지 않도록 한다.

② 교실 뒤쪽 활용하기
- 과정 및 학년 수준에 맞추어 학급의 특색이 드러나게 구성하되, 시기(주별, 월별 등)에 맞는 내용을 바꾸어 가며 구성한다.
- 학급경영에 필요한 사항 및 학습 결과물을 다양하게 게시한다.
- 게시판을 활용하여 계절의 분위기를 느낄 수 있는 기본 환경을 구성한다.

③ 교실 옆쪽 활용하기
- 화분 등 관찰 활동이 가능한 식물과 곤충 기르기 교재를 배치한다.
- 시계, 달력, 학급규칙을 게시한다.

TIP 전지 크기의 한지를 이용한 미술작품을 창문에 전시하였더니 작품이 빛을 가려 어두워지고, 창문도 열 수가 없었습니다. 창가에 작품을 게시할 때는 채광, 환기, 통풍을 고려하여 배치하도록 합니다.

④ 복도 활용하기

복도 전시는 정보 공유의 장소로 모두가 함께 환경 구성에 참여하도록 한다. 예를 들어, 복도 벽에 철망을 걸고 학습 결과물을 게시한다면 많은 학생과 소통을 할 수 있다.

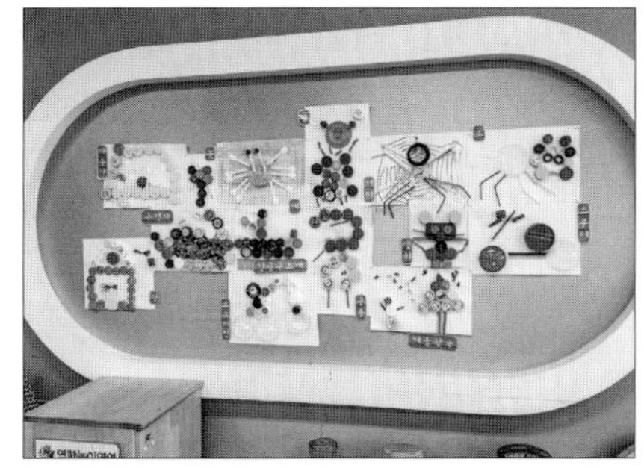

[그림 6-8] 게시판 활용의 예: 학생 역할 안내판과 학생 작품

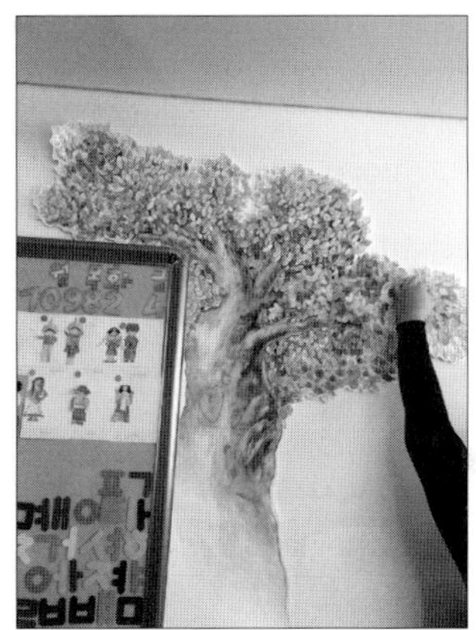

[그림 6-9] 창가와 교실 벽면을 활용한 계절 구성

2) 환경 구성 방침

교실 환경 구성은 미화 측면도 있지만, 학습지원을 위한 환경 조성이 가장 중요하다. 특수교육 현장에서의 환경은 다음의 내용을 고려하여 구성할 수 있다.

① 학생의 인지적 발달 정도와 함께 생활연령을 고려하여 가변성 있게 구성한다.

TIP 고등학교 교실에 '뽀로로' 캐릭터가 꾸며져 있어서 유치원과 같은 분위기가 나는 경우가 있습니다. 환경 구성 시 학생의 발달 수준과 더불어 생활 연령을 고려하여 구성하도록 합니다.

② 즉흥적으로 교실을 구성하는 것이 아니라, 교육과정 연간계획에 따라 학습 내용, 계절, 행사를 고려하여 환경을 구성한다.
③ 게시판은 항상 학생들이 기대와 흥미를 갖도록 변화하고, 생동감이 있어야 한다.
④ 정서 안정과 미적 조화가 함께 이루어지도록 깨끗하고 간결하게 구성한다.

TIP 교실 꾸미기가 단순히 환경심사의 대상으로서가 아니라 학급 구성원들에게 표현의 장이 될 수 있도록 합니다.

3) 학급의 환경 구성 적용

교실 환경은 대개 계절과 행사에 따라 변화를 줄 수 있고, 교사가 시간과 노력을 많이 들이지 않고도 쉽게 환경을 구성할 수 있다.

① 계절을 중심으로 환경을 구성할 경우, 나무를 중심으로 하면 부분 자료 교체만으로도 쉽게 변화를 줄 수 있다. 예를 들어, 나무 수관 부분에 봄에는 꽃, 여름에는 초록 잎, 가을에는 열매와 갈색 잎, 겨울에는 잎을 떼어 내어 계절의 변화를 보여 줄 수 있다.
② 행사를 주제로 환경을 구성할 경우, 대표적인 행사와 명절 등을 고려하여 변화를 줄 수 있다. 주로 설, 식목일, 추석, 크리스마스 등이 있는데, 교실 전체의 환경을 교체하기보다는 일정한 공간을 정하여 변화를 주도록 한다. 예를 들면, 교실 문 앞 장식물, 학습자료 게시판 부분의 이미지 교체, 또는 활동 결과물로도 변화를 나타낼 수 있다.
③ 고학년의 경우에는 계절, 행사, 명절 등에 따른 다양한 교과학습 활동 결과물로 전시하여 환경의 변화를 줄 수 있다.

TIP 환경 구성으로 교실 공간을 꾸미는 것뿐만 아니라 학생이 수업에 잘 참여할 수 있도록 환경을 지원하는 것도 필요합니다. 주기적으로 책상 배치 형태 변형, 자리 바꾸기, 학생의 발육을 고려한 책걸상 높낮이 조절, 장애 특성을 고려한 배치나 위치 변경, 책상 상판 경사도 조절 등이 환경 자원의 예가 될 수 있습니다.

5. 현장체험학습 계획 및 시행

가장 효과적인 배움은 체험과 활동을 통해 일어난다. 현장체험학습은 교실 밖 환경에서 이루어지는 학습으로서 학생은 학교 공간을 벗어나 그동안 쌓였던 정신적 피로를 풀고, 자연과 환경에 흥미와 관심을 두게 된다. 그러나 현장체험학습 계획을 세밀하게 세우지 않으면 본래의 목적을 달성하지도 못한 채 활동이 무질서 상태에 빠지거나 사고가 발생할 수 있다. 교육 목적을 달성하면서도 즐거운 현장체험학습을 진행하기 위해서 준비할 내용을 살펴본다.

1) 현장체험학습 지도방법

① 현장체험학습 전날

- 전체적인 프로그램 안내와 체험 장소를 설명한다.
- 차량 탑승 시 안전띠를 꼭 매도록 지도한다.

TIP 사고 발생 시 지도교사가 사전에 안전교육을 했는지가 교사의 사고 대처 역할이 적절했는지를 판단하는 중요한 사항이 될 수 있으므로 현장체험학습을 나갈 때 사전에 안전교육을 반드시 해야 합니다.

- 멀미에 따른 대응 지도를 한다.

TIP 멀미약은 처치 방법에 따라 두 가지로 나뉘는데, 먼저 귀밑에 붙이는 약은 먹는 약에 비해 효과는 뛰어나지만, 입이 마르고 졸리는 등의 부작용이 있기 때문에 현장학습을 출발하기 최소 4시간 전에 붙이도록 가정에 안내합니다. 또한 먹는 약의 경우는 출발 30분 전에 복용해야 하고, 4~6시간만 효과가 발생하므로 체험 일정과 상황에 따라 복용지도를 합니다.

② 현장체험학습 당일

- 출발 당일 아침에 학생 인원을 파악하고, 휴대용 마이크 또는 호루라기와 간단한 상비약을 준비한다.
- 멀미하는 학생을 파악하여 앞쪽에 앉힌다.
- 학생 인원을 파악하고 안전띠를 착용했는지 확인한다.

- 학생이 창밖으로 손을 내밀지 않도록 지도한다.
- 차량 운행 중에는 자리를 이동하지 않도록 한다.

TIP 차를 타고 내릴 때 운전해 주신 버스 기사님에게 감사 인사를 하도록 지도합니다. 아울러 버스에서 내릴 때 자신이 먹은 음료수병이나 과자 봉지를 모아 쓰레기통에 버리게 합니다.

- 목적지에 도착하면 익숙한 장소의 경우 학생에게 모이는 장소와 시간을 안내하여 주고, 낯선 장소의 경우 소그룹 또는 교사와 같이 이동한다.

현장체험학습 활동 전 학생 안내 예

지금부터 선생님을 따라서 크게 말합니다.
첫째, 우리가 모이는 시간은 오후 2시 30분입니다.
둘째, 모이는 장소는 우리가 서 있는 이 자리입니다.
셋째, 길을 잃어버렸을 때는 ○○○ 앞으로 모입니다.

③ 현장체험학습 다음 날
현장체험학습 반성 활동 및 연계 활동(경험화 그리기, 감상문이나 시화 쓰기, 이야기 나누기 등)을 계획하여 실시한다.

2) 현장체험학습 계획 시 고려사항

학생들에게 교육적이고 의미 있는 현장체험학습 활동이 되도록 하기 위해서는 현장체험학습 장소 선정부터 주제에 이르기까지 철저히 계획해야 한다. 현장체험학습 운영 매뉴얼(경상남도교육청, 2019)에 따라 다음과 같이 현장체험학습 계획을 세우도록 한다.

① 현장체험학습 장소를 선정할 때는 의미가 있는 역사 현장이나 자연 친화적인 장소를 선정하는 것이 좋고, 안전사항과 운영 경비 문제를 고려하여 결정해야 한다.
② 현장체험학습을 과정 단위로 추진하는 것보다는 같은 학년별로 또는 몇 개의 반

으로 나누어 추진하는 것이 좋다. 소규모로 현장체험학습을 기획하면 해당 반의 교육과정을 고려할 수 있고, 장소 선정 범위가 넓어지며, 충분한 공간 확보나 장소 이동, 각종 프로그램 진행이 수월하다.

③ 교사는 학생들과 함께 점심을 먹을 수 있도록 본인이 점심을 준비하고, 외부 도시락의 경우 위생 안전에 유의해야 한다.

TIP 학생의 활동비는 전적으로 활동 교육비에만 사용하고, 교사의 점심 비용으로 절대 사용하지 않습니다. 또한 학부모가 감사의 의미로 교사의 음식을 준비하지 않도록 사전에 가정에 안내하고, 혹시라도 당일 학부모가 준비해 온 음식은 먹지 않고 돌려보내도록 하며, 판단이 어려울 경우는 교감에게 문의하고 처리하는 것이 좋습니다.

3) 현장체험학습 계획서에 들어가야 할 내용

① 현장체험학습 추진 목적

② 현장체험학습 방침

③ 세부운영계획(일시, 대상, 인솔자, 안전 교원, 장소, 이동 방법)

* 안전점검을 위한 사전답사 계획

④ 현장체험학습 소요 예산(항목, 산출 근거, 저소득층 지원, 여행 보험료)

⑤ 현장체험학습 세부 일정 및 업무 협조 사항

* 우천, 미세먼지 등으로 인해 취소될 경우의 대책

⑥ 학생 준비물 및 안전 유의사항(복장, 학생 준비물, 안전 유의사항)

⑦ 학생지도 및 안전 대책(인솔교사 준수사항, 인솔교사 준비물, 안전사고 대책반 구성 및 구성원 임무, 사고 발생 시 대응 및 보고)

⑧ 불참 및 등교 학생지도 계획(지도 대상자, 불참자, 장소, 시간, 지도 내용 및 교사)

⑨ 사후 연계 활동

⑩ 학생 사전 안전교육 계획(일시, 장소, 대상, 교육자, 교육내용, 교육 자료)

⑪ 교사 청렴 교육

TIP 우천 시 또는 미세먼지가 심할 경우를 대비하여 대체 활동 계획을 함께 수립해 두면 날씨에 따른 비상 상황 시 당황하지 않고 다른 활동으로 전이할 수 있습니다. 또한 학생 실종 상황을 대비하여 아침에 모였을 때 학생 사진을 찍어 두어 복장 정보를 갖고 있으면 미아 발생

시 매우 중요한 정보로 활용할 수 있습니다.

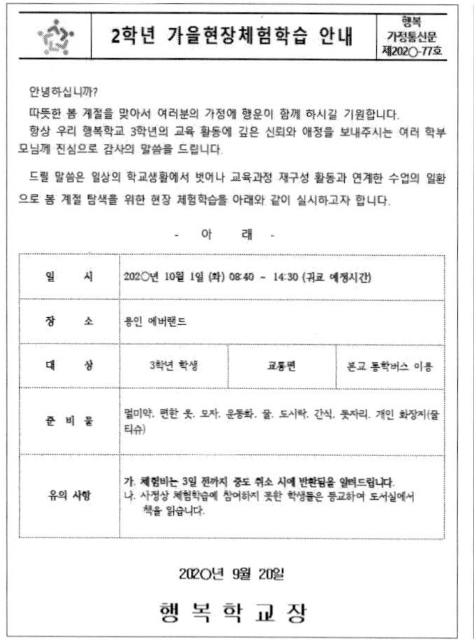

2학년 가을현장체험학습 안내 — 행복 가정통신문 제202○-77호

안녕하십니까?

따뜻한 봄 계절을 맞아서 여러분의 가정에 행운이 함께 하시길 기원합니다.

항상 우리 행복학교 3학년의 교육 활동에 깊은 신뢰와 애정을 보내주시는 여러 학부모님께 진심으로 감사의 말씀을 드립니다.

드릴 말씀은 일상의 학교생활에서 벗어나 교육과정 재구성 활동과 연계한 수업의 일환으로 봄 계절 탐색을 위한 현장 체험학습을 아래와 같이 실시하고자 합니다.

\- 아 래 -

일 시	202○년 10월 1일 (화) 08:40 ~ 14:30 (귀교 예정시간)		
장 소	용인 에버랜드		
대 상	3학년 학생	교통편	본교 통학버스 이용
준 비 물	멀미약, 편한 옷, 모자, 운동화, 물, 도시락, 간식, 돗자리, 개인 화장지(물티슈)		
유의 사항	가. 체험비는 3일 전까지 중도 취소 시에 반환됨을 알려드립니다. 나. 사정상 체험학습에 참여하지 못한 학생들은 등교하여 도서실에서 책을 읽습니다.		

202○년 9월 20일

행 복 학 교 장

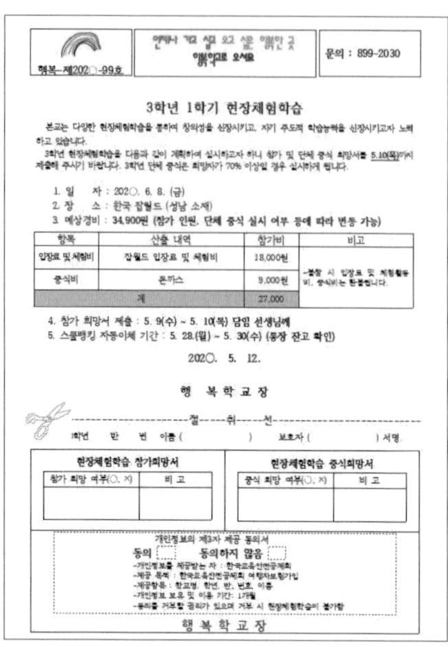

행복-제202○-99호 | 언제나 가고 싶고 오고 싶은 행복한 곳 행복학교로 오세요 | 문의 : 899-2030

3학년 1학기 현장체험학습

본교는 다양한 현장체험학습을 통하여 창의성을 신장시키고, 자기 주도적 학습능력을 신장시키고자 노력하고 있습니다.

3학년 현장체험학습을 다음과 같이 계획하여 실시하고자 하니 참가 및 단체 중식 희망서를 5.10(목)까지 제출해 주시기 바랍니다. 3학년 단체 중식은 희망자가 70% 이상일 경우 실시하게 됩니다.

1. 일 자 : 202○. 6. 8. (금)
2. 장 소 : 한국 잡월드 (성남 소재)
3. 예상경비 : 34,900원 (참가 인원, 단체 중식 실시 여부 등에 따라 변동 가능)

항목	산출 내역	참가비	비고
입장료 및 체험비	잡월드 입장료 및 체험비	18,000원	-불참 시 입장료 및 체험활동비, 중식비는 환불됩니다.
중식비	돈까스	9,000원	
계		27,000	

4. 참가 희망서 제출 : 5. 9(수) ~ 5. 10(목) 담임 선생님께
5. 스쿨뱅킹 자동이체 기간 : 5. 28.(월) ~ 5. 30(수) (통장 잔고 확인)

202○. 5. 12.

행 복 학 교 장

\-\-\-\-\-\-\-\-\-\- 절 \-\-\-\- 취 \-\-\-\- 선 \-\-\-\-\-\-\-\-\-\-

1학년 반 번 이름 ( ) 보호자 ( ) 서명

현장체험학습 참가희망서

참가 희망 여부(○, ×)	비 고

현장체험학습 중식희망서

중식 희망 여부(○, ×)	비 고

개인정보의 제3자 제공 동의서

동의 ☐ 동의하지 않음 ☐

-개인정보를 제공받는 자 : 한국교육안전공제회
-제공 목적 : 한국교육안전공제회 여행자보험가입
-제공항목 : 학교명, 학년, 반, 번호, 이름
-개인정보 보유 및 이용 기간: 1개월
-동의를 거부할 권리가 있으며 거부 시 현장체험학습이 불가함

행 복 학 교 장

[그림 6-10] 현장체험학습 가정통신문 예

TIP 현장체험학습은 가능한 교육계획에 따라 진행하고, 수익자 부담 비용이 발생할 경우는 학교운영위원회(일반적으로 4월)를 통해 사전 심의(자문)를 받도록 합니다. 또한 학생의 현장체험학습 활동비용은 행정실에서 스쿨뱅킹으로 관리하여야 차후 문제의 소지가 없습니다. 관련하여 교사가 직접 현장체험학습활동비나 관련 비용을 받지 않는 것이 좋습니다.

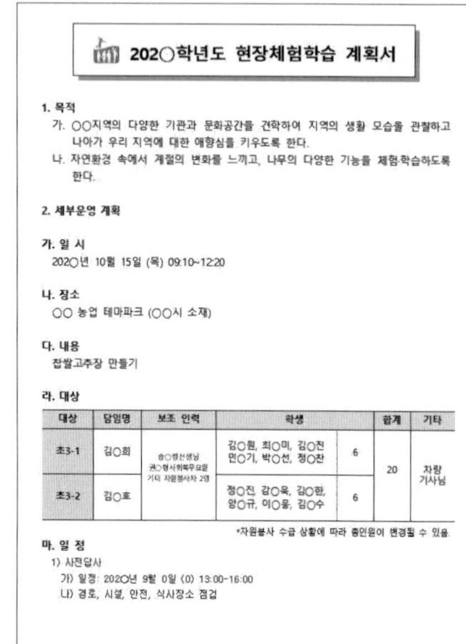

202○학년도 현장체험학습 계획서

1. 목적
   가. ○○지역의 다양한 기관과 문화공간을 견학하여 지역의 생활 모습을 관찰하고 나아가 우리 지역에 대한 애향심을 키우도록 한다.
   나. 자연환경 속에서 계절의 변화를 느끼고, 나무의 다양한 기능을 체험·학습하도록 한다.

2. 세부운영 계획

가. 일 시
202○년 10월 15일 (목) 09:10~12:20

나. 장소
○○ 농업 테마파크 (○○시 소재)

다. 내용
찹쌀고추장 만들기

라. 대상

대상	담임명	보조 인력	학생		합계	기타
초3-1	김○희	송○행선생님 권○행사회복무요원 기타 자원봉사자 2명	김○원, 최○미, 김○진 민○기, 박○선, 정○찬	6	20	차량 기사님
초3-2	김○호		정○진, 강○욱, 김○한, 양○규, 이○웅, 김○수	6		

*자원봉사 수급 상황에 따라 총인원이 변경될 수 있음.

마. 일 정
1) 사전답사
  가) 일정: 202○년 9월 0일 (0) 13:00-16:00
  나) 경로, 시설, 안전, 식사장소 점검

나) 현장체험 당일

시간	활동 내용	비고
09:10~10:00	인원 점검 및 이동	학교 버스 이용 (행정실 협조)
10:00~10:30	농산물 전시관 관람	
10:30~11:30	찹쌀고추장 만들기(재료 관찰하기, 만들기)	체험장
11:30~12:00	인원 점검 및 이동	학교 버스 이용 (행정실 협조)

* 미세먼지 및 우천 시 정상수업 운영

바. 비용

내용	비용	예산 항목
여행자보험	-학생 12명, 인솔자 6명 등 -1인당 약 1,000원	학교 현장체험학습 예산 사용
찹쌀고추장 만들기 체험료	-1인당 10,000원	교육청 지원 문화체험비로 진행

사. 문화체험 관련 교육과정 근거

학년 군	과목 및 내용
3-4학년 군	(국어) 가 9. 고개를 끄덕끄덕 – 상대방의 말을 집중해서 듣고 행동하기 (과학) 단 3. 우리 주변의 식물 – 식물의 생김새 관찰하기 (사회) 가 8. 우리 이웃 – 여러 이웃의 모습 알기 단 4. 우리 마을 – 우리 마을의 모습 살펴보기, 공공장소의 시설을 바르게 이용하기

아. 세부업무분장

업무 책임	업무 내용	업무담당자
총괄	기관 섭외 및 일정 조율, 문화체험 계획 수립, 예산 사용 등	김○희
	문화체험 사전 답사(9/28)	김○희
행정실 협조	차량 신청, 출장 신청, 보험 신청	김○희
안전교육	인솔교사 사전 안전연수 및 학생 사전안전교육 (10/10)	김○희 김○호
학생 인솔	각 학급 학생 이동 지도, 학생 안전 지도	각 학급 담임

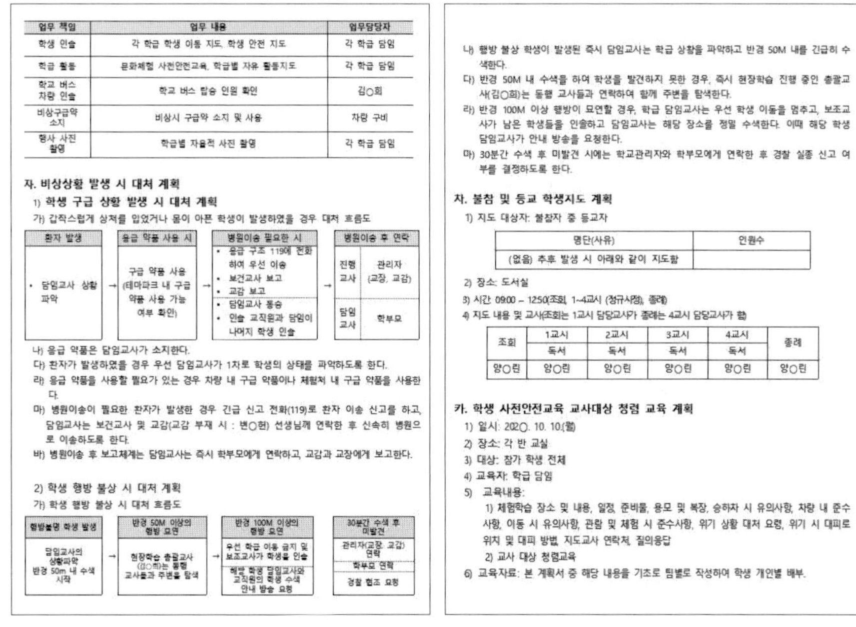

업무 책임	업무 내용	업무담당자
학생 인솔	각 학급 학생 이동 지도, 학생 안전 지도	각 학급 담임
학급 활동	문화체험 사전안전교육, 학급별 자유 활동지도	각 학급 담임
학교 버스 차량 인솔	학교 버스 탑승 인원 확인	김○희
비상구급약 소지	비상시 구급약 소지 및 사용	차량 구비
행사 사진 촬영	학급별 자율적 사진 촬영	각 학급 담임

자. 비상상황 발생 시 대처 계획

1) 학생 구급 상황 발생 시 대처 계획

가) 갑작스럽게 상처를 입었거나 몸이 아픈 학생이 발생하였을 경우 대처 흐름도

환자 발생	→	응급 약품 사용 시	→	병원이송 필요한 시	→	병원이송 후 연락
• 담임교사 상황 파악	→	구급 약품 사용 (테마파크 내 구급 약품 사용 가능 여부 확인)	→	• 응급 구조 119에 전화하여 우선 이송 • 보건교사 보고 • 교감 보고 • 담임교사 동승 • 인솔 교직원과 담임이 나머지 학생 인솔	→	진행 교사: 관리자 (교장, 교감) 담임 교사: 학부모

나) 응급 약품은 담임교사가 소지한다.

다) 환자가 발생하였을 경우 우선 담임교사가 1차로 학생의 상태를 파악하도록 한다.

라) 응급 약품을 사용할 필요가 있는 경우 차량 내 구급 약품이나 체험처 내 구급 약품을 사용한다.

마) 병원이송이 필요한 환자가 발생한 경우 긴급 신고 전화(119)로 환자 이송 신고를 하고, 담임교사는 보건교사 및 교감(교감 부재 시 : 변○현) 선생님께 연락한 후 신속히 병원으로 이송하도록 한다.

바) 병원이송 후 보고체계는 담임교사는 즉시 학부모에게 연락하고, 교감과 교장에게 보고한다.

2) 학생 행방 불상 시 대처 계획

가) 학생 행방 불상 시 대처 흐름도

행방불명 학생 발생	→	반경 50M 이상의 행방 묘연	→	반경 100M 이상의 행방 묘연		30분간 수색 후 미발견
담임교사의 상황파악 반경 50m 내 수색 시작	→	현장학습 총괄교사 (김○희)는 동행 교사들과 주변을 탐색	→	우선 학급 이동 금지 및 보조교사가 학생을 인솔 해당 학생 담임교사와 교직원의 학생 수색 안내 방송 요청		관리자(교장, 교감) 연락 학부모 연락 경찰 협조 요청

나) 행방 불상 학생이 발생된 즉시 담임교사는 학급 상황을 파악하고 반경 50M 내를 긴급히 수색한다.

다) 반경 50M 내 수색을 하여 학생을 발견하지 못한 경우, 즉시 현장학습 진행 중인 총괄교사(김○희)는 동행 교사들과 연락하여 함께 주변을 탐색한다.

라) 반경 100M 이상 행방이 묘연할 경우, 학급 담임교사는 우선 학생 이동을 멈추고, 보조교사가 남은 학생들을 인솔하고 담임교사는 해당 장소를 정밀 수색한다. 이때 해당 학생 담임교사가 안내 방송을 요청한다.

마) 30분간 수색 후 미발견 시에는 학교관리자와 학부모에게 연락한 후 경찰 실종 신고 여부를 결정하도록 한다.

차. 불참 및 등교 학생지도 계획

1) 지도 대상자: 불참자 중 등교자

명단(사유)	인원수
(없음) 추후 발생 시 아래와 같이 지도함	

2) 장소: 도서실

3) 시간: 09:00 – 12:50(조회, 1~4교시 (정규시정), 종례)

4) 지도 내용 및 교사(조회는 1교시 담당교사가 종례는 4교시 담당교사가 함)

조회	1교시	2교시	3교시	4교시	종례
	독서	독서	독서	독서	
양○린	양○린	양○린	양○린	양○린	양○린

카. 학생 사전안전교육 교사대상 청렴 교육 계획

1) 일시: 202○. 10. 10.(월)

2) 장소: 각 반 교실

3) 대상: 참가 학생 전체

4) 교육자: 학급 담임

5) 교육내용:

1) 체험학습 장소 및 내용, 일정, 준비물, 용모 및 복장, 승하차 시 유의사항, 차량 내 준수사항, 이동 시 유의사항, 관람 및 체험 시 준수사항, 위기 상황 대처 요령, 위기 시 대피로 위치 및 대피 방법, 지도교사 연락처, 질의응답

2) 교사 대상 청렴교육

6) 교육자료: 본 계획서 중 해당 내용을 기초로 팀별로 작성하여 학생 개인별 배부.

[그림 6-11] 현장체험학습 계획서 예

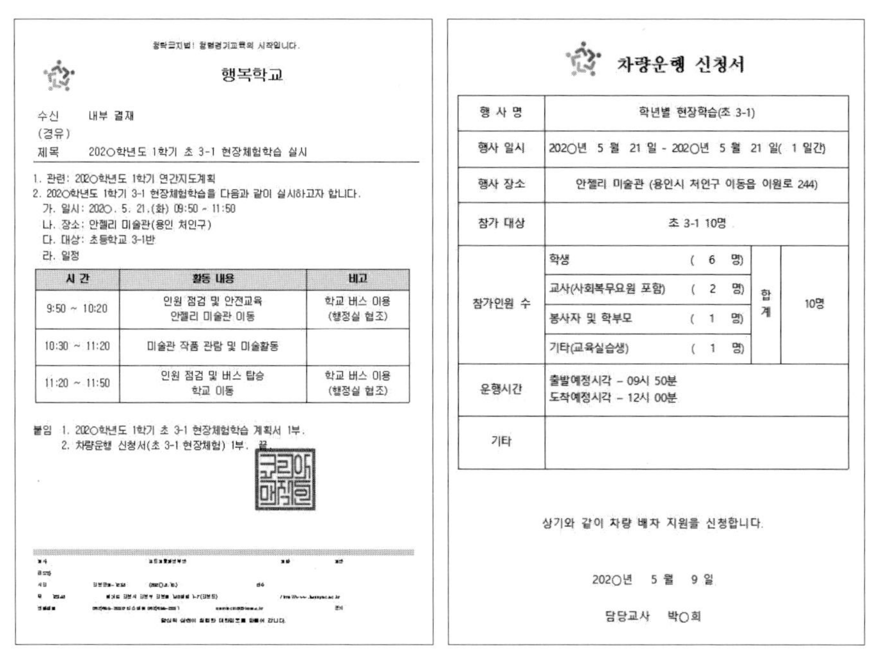

행복학교

수신 내부 결재

(경유)

제목 202○학년도 1학기 초 3-1 현장체험학습 실시

1. 관련: 202○학년도 1학기 연간지도계획
2. 202○학년도 1학기 3-1 현장체험학습을 다음과 같이 실시하고자 합니다.

가. 일시: 202○. 5. 21.(화) 09:50 ~ 11:50

나. 장소: 안젤리 미술관(용인 처인구)

다. 대상: 초등학교 3-1반

라. 일정

시 간	활동 내용	비고
9:50 ~ 10:20	인원 점검 및 안전교육 안젤리 미술관 이동	학교 버스 이용 (행정실 협조)
10:30 ~ 11:20	미술관 작품 관람 및 미술활동	
11:20 ~ 11:50	인원 점검 및 버스 탑승 학교 이동	학교 버스 이용 (행정실 협조)

붙임 1. 202○학년도 1학기 초 3-1 현장체험학습 계획서 1부.
2. 차량운행 신청서(초 3-1 현장체험) 1부. 끝.

차량운행 신청서

행 사 명	학년별 현장학습(초 3-1)		
행사 일시	202○년 5 월 21 일 - 202○년 5 월 21 일(1 일간)		
행사 장소	안젤리 미술관 (용인시 처인구 이동읍 이원로 244)		
참가 대상	초 3-1 10명		
참가인원 수	학생 (6 명)	합계	10명
	교사(사회복무요원 포함) (2 명)		
	봉사자 및 학부모 (1 명)		
	기타(교육실습생) (1 명)		
운행시간	출발예정시각 – 09시 50분 도착예정시각 – 12시 00분		
기타			

상기와 같이 차량 배차 지원을 신청합니다.

202○년 5 월 9 일

담당교사 박○희

[그림 6-12] 현장체험학습 기안과 서류 예

현장체험학습 운영 매뉴얼(교육부, 2016)에 따라 특수교육 현장에서의 사전답사를 고려하여 적용하면 다음과 같은 내용으로 점검할 수 있다.

표 6-2 현장체험학습 사전답사 점검 예

분류	점검 항목	예
일정 코스	학생의 성장 발달 단계에 맞는 일정인가?	□
	선정된 이동 경로가 교육과정과 연계해 교육적 효과가 있는가?	□
	이동 동선이 효율적으로 이루어졌는가?	□
	쇼핑이나 오락 시설 등에 오래 머무르지 않았는가?	□
건물	계획한 학생 수가 충분히 활용할 수 있는 규모인가?	□
	학생들의 특성을 고려한 편의시설을 갖추고 있는가?	□
	시설이 학생이 사용하기에 적절한가?	□
	주위가 위험에 노출되어 있지는 않은가?	□
	학생실종 상황이나 모임 시간 등을 안내할 수 있는 시설을 갖추고 있는가?	□
내부 시설	시설물들은 안전한가? (가구, 유리 창문, 세면대 위생 등)	□
	외부의 소음이나 유해 환경으로부터 차단되는가?	□
	식사 장소나 화장실의 위치는 가까운가?	□
	휠체어 학생의 편의를 고려한 장애인 화장실이 있는가?	□
안전	학생들의 이동 통로나 비상구는 확보되어 있는가?	□
	계단이나 난간에 미끄럼방지 테이프나 안전장치가 되어 있는가?	□
	체험학습 시행 전 안전교육 시행 계획이 있는가?	□
	비상전달체계 및 안전관리지침이 마련하고 있는가?	□
	비상시 안전을 책임질 안전요원 등이 배치되어 있는가?	□

TIP 체험 장소에 흙길과 언덕이 많은 경우 휠체어 이용 학생의 이동이 어려울 수 있습니다. 사전답사 시 휠체어가 지나갈 수 있는 평탄한 길인지, 경사로가 급하지는 않은지, 엘리베이터가 있는지, 휠체어 전용 화장실이 있는지를 꼭 확인하여 휠체어 이용 학생이 불편하지 않도록 합니다. 또한 내리막 경사를 내려갈 때는 휠체어 이용 학생의 안전벨트 착용을 반드시 확인하고, 휠체어를 후진 방향으로 하여 휠체어를 지지하며 내려갈 수 있도록 합니다.

더 상세한 정보가 필요하다면!

경상남도교육청(2019). 현장체험학습 운영매뉴얼.

교육부(2016). 수학여행 · 수련활동 등 현장체험학습 운영 매뉴얼.

6. 교실 비품 관리

각 학교의 비품 관리 규정에 따라 비품은 대개 학교 재정으로 구매되는 비품과 학교에 기증된 물품으로서 모양이 변하지 않고 비교적 장기간(3년 이상) 사용할 수 있는 물품이 있다. 이러한 비품은 비품 대장에 기재한 후부터 교실 비품으로 인정된다. 비품이 자연감모, 손상, 노후 및 불가항력의 파손으로 사용할 수 없거나 처분할 필요가 있는 경우는 비품 관리자에게 문의 후 처리해야 하며, 학교 자산이므로 스스로 판단하여 함부로 버려서는 안 된다.

1) 비품 관리 방법

등록된 비품(비품 라벨이 부착된 물건)에 대해서는 교실별로 수량 상태, 위치 등을 파악하기 위해 정기적인 실태조사를 시행한다.

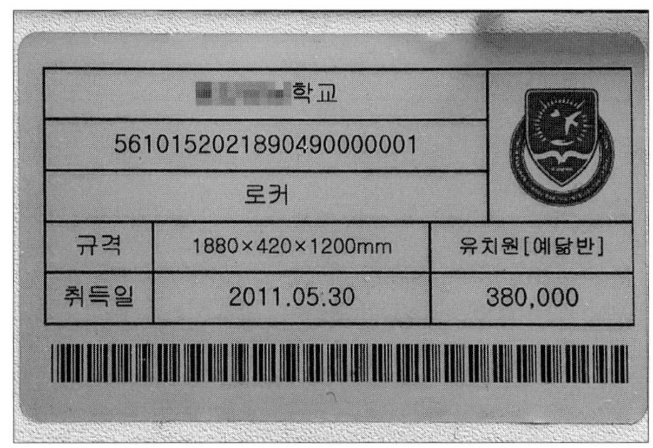

[그림 6-13] 비품 라벨 예

2) 비품 폐기처리

비품 중 장기간 사용으로 인해 손상되어 수리해도 본래의 사용 목적에 이용하지 못하게 되는 경우, 폐기처리 절차를 통해 처리한다.

비품 대장

번호	품명	수량	구입 가격	구입 연월일	구입 부서	비고
1	컴퓨터	1	1,000,000	2011. 2. 20.	학습지원부	
2	피아노	1	500,000	2011. 2. 20.	학습지원부	
3	시계	1	50,000	2011. 2. 20.	학습지원부	
4	책상	6	300,000	2011. 2. 20.	학습지원부	
	⋮					

[그림 6-14] 비품 관리 대장 예

비품 손망실 보고서

번호	품명	구입 연월일	수량	단가	금액	장소	사용자	손망실 확인
1	시계	2011.2.20	1	50,000	50,000	초 3-2	박○희	망실 202○. 2. 20.
2	책상	2011.2.20	6	300,000	180,000	초 3-2	박○희	망실 202○. 2. 20.
	⋮							

상기 내용과 같이 손망실 사실을 보고합니다.
202○년 2월 28일

사용 확인자: 박○희
사용 관리자: 양○규

○○학교장 귀하

[그림 6-15] 비품 손망실 보고서 예

TIP 본인의 부주의나 실수, 고의로 인한 파손 및 분실의 경우 해당 비품을 변상해야 하므로 평상시 학교 비품을 소중히 다루고, 관련 문제 발생 시 행정실에 문의하여 처리하도록 합니다.

함께 토의해 봅시다!

1. 친구의 뺨을 때린 일로 학생 간에 화해를 시켜 해결했는데, 피해 학생의 부모가 격분하여 징계를 요구하는 상황입니다. 이럴 때 특수교육교사는 어떻게 대처해야 할지 토의해 봅시다.
2. 현장체험학습 활동 중 학생실종에 대비하여 교사가 준비해야 하는 것은 무엇인지 토의해 봅시다.

선배가 들려주는 특수교육 현장 이야기(6)

부모가 행복해야 자녀가 행복하다

장애 자녀를 둔 많은 부모는 자녀에게 장애가 있다는 사실을 처음 알게 되었을 때 한동안 그것을 부정하고 싶어 한다. 그리고 병원이나 각종 치료실 등을 다니며 치료를 통해 정상으로 되돌리려고 많은 노력을 기울이지만 큰 발전이 없으면 낙심을 하거나 때로는 삶의 무거운 짐을 견디다 못해 자녀에게 화풀이를 하게 되는 경우도 있다.

특수학교를 졸업하고 현재 장애인복지관 보호작업장에서 일하고 있는 준호(가명)는 중학교 재학 당시만 해도 자폐 스펙트럼 장애의 주된 특성인 집착과 자해 행동 등으로 인해 다루기 힘든 학생이었다. 당시 준호가 복사하는 일에 집착하여 수업 중에도 교무실이나 행정실로 뛰쳐 내려오는 경우가 많았다. 그래서 어머니와 여러 차례 상담을 하던 중 준호의 집착과 자해 행동이 어쩌면 가족이 자신 때문에 괴로워하고 힘들어하는 모습을 탈피하기 위한 반발이나 심리적인 위축에서 비롯된 것일 수도 있다는 생각이 들었다. 그래서 가정에서도 부정적인 말보다는 긍정적인 말과 행동을 하도록 당부했다. 그때부터 어머니는 준호의 마음속에 있는 '걸러지지 않는 나쁜 기억'을 끄집어내고, 그곳에 '좋은 기억'을 채워 주기 위해 인내심을 갖고 많은 노력을 기울이셨다. 어머니는 처음에 자신의 표정이나 말투, 내재된 감정, 긍정적이며 좋은 모습을 준호가 눈치 채지 못하게 자연스럽게 표현하는 것이 쉬운 일이 아니었다고 한다. 하지만 시간이 지나자 준호는 서서히 엄마를 신뢰하기 시작했고, "엄마가 행복해 보였기 때문에 자기도 행복한 마음을 간직하고 싶어하는 느낌을 받았으며, 서로 신뢰관계가 생기면 절대 배신하지 않는다는 것도 깨달을 수 있었다"고 힘주어 말하였다.

그래서 흔히 "장애인은 치료의 대상이 아니라 사랑과 교육의 대상이다"라고 말하는 것이다. 즉, 다양한 교육과정과 프로그램을 통해 장애 학생이 가진 학습능력과 재능을 최대한 길러 주는 특수교육 교직은 숭고한 직업이며, 부모에게 장애를 올바로 인식하게 하고, 자녀의 존재 가치를 높이며 가족들과 함께 행복한 삶을 살아가도록 지원하는 것은 매우 보람된 일이다.

Chapter

07

수시 생활지도

학습 목표

1. 부적응행동의 종류에 따른 적절한 중재 방법을 설명한다.
2. 안전사고 발생을 예방하기 위하여 수업장면에서 교사가 고려할 내용을 구체적 예를 들어 열거한다.
3. 재난 상황에 따른 대비 절차를 목록화하여 진술한다.

생활지도

학생의 바람직한 성장을 위한 발달 단계와 장애 특성을 고려한 체계적인 지원은 특수교육대상 학생이 사회에 나가 독립된 인간으로서 갖추어야 할 능력을 함양하도록 하는 데 중요한 역할을 한다.

수시 '생활지도' 편은 학생의 지속적인 수업참여를 높이기 위한 다양한 지원 방법을 소개하여, 최적의 학습환경을 유지하고 관리하게 함으로써 더욱 효율적으로 학생을 지도할 수 있도록 안내한다.

1. 유형별 부적응행동 지도

학생의 부적응행동이 고착되면 학교생활에 적응하기가 어려워진다. 교육 경험이 많은 교사도 학생의 부적응행동을 효과적으로 대처하고 지도하는 데 많은 어려움과 부담을 느끼며, 시도한 여러 지도 방법이 실패했던 경험을 갖고 있다. 이러한 이유는 부적응행동에 대해 딱 맞는 하나의 지도 방법이 있는 것이 아니기 때문이다. 따라서 학생의 장애 특성과 발생 원인을 고려하여 다음과 같이 중재할 수 있다.

1) 자해 행동

김 교사 반의 ○○학생은 자주 자기 손등을 깨문다. 깨물지 말라고 제지를 하지만 그때뿐이고, 계속 깨물어서 손등이 상처투성이가 되고 만다.

TIP 학생이 자해 행동으로 의사를 표현하는 때도 있습니다. 따라서 행동 발생의 상황을 종합적으로 판단하여 학생이 무엇 때문에 화가 났는지 원인을 파악하는 것이 무엇보다 중요합니다.

부산광역시교육청(2014)의 문제행동 지도 방법에 따르면 다음과 같이 기능분석을 하여 자해 행동을 지도할 수 있다.

(1) 자해 행동 중재 방법: 기능분석을 통한 중재 사용

기능분석		보호 도구 사용		바람직한 행동으로 관심 전환하기
욕구불만 표현 의사소통, 각성 수준 조절을 위한 자기 자극 행동, 과제 회피, 무료함, 부적절한 관심 추구 등	+	장갑, 구강 피스, 붕대, 마스크 등	+	자해 행동과 함께할 수 없는 활동이나 과제 제시(조작 놀이, 그림 그리기, 악기 연주 등 상황에 적합하고 학생이 선호하는 활동)

(2) 기타 중재 방법

① 의사소통 기술이 부족하여 나타난 행동이라면 "도와주세요." 등의 말로 제 생각을 표현하게 한다.

② 어렵거나 싫은 과제가 원인일 경우 미리 과제 수준과 분량을 조정하여 준다.

③ 관심을 끌기 위한 부적응행동일 때는 학생의 행동을 주시하면서 학생이 느낄 수 있는 시선과 관심을 주지 않는다.

④ 부적응행동을 멈춘 후에는 "멈추었구나. 잘했어!"라고 칭찬해 준다.

⑤ 적절한 대체 행동을 개발하여 다른 행동(깨물 수 있는 물건 제공 등)으로 전환한다.

⑥ 학생이 피곤해하는 경우라면 뒤에서 특수교육보조인력과 쉬게 하거나 집으로 가서 쉴 수 있도록 조치한다.

TIP 학생들의 성, 폭력 관련 민감도가 하루가 다르게 높아지고 있어 교사의 접촉이 범죄로 인식되는 상황까지 발생하고 있습니다. 2019년 12월 1일 한국일보에 의하면 머리와 어깨를 쓸어내리는 행위가 성적 행동으로 인식되고, 자는 학생을 툭툭 쳤던 행위가 폭력으로 기소가 된 일이 있습니다. 따라서 어떠한 경우에도 교사가 학생의 신체를 접촉하는 일이 없도록 주의해야 합니다.

2) 상동 행동

> 박 교사 반의 ○○ 학생은 수업 시간에 끈이나 손가락을 계속해서 흔들거나 자리에서 일어나 계속해서 빙글빙글 도는 행동을 한다. 이로 인해 수업에 방해가 되어 수업 분위기가 어수선해진다.

TIP 우리도 심심하면 연필 돌리기나 다리 떨기 등의 자기 자극 행동을 하듯 특수교육대상 학생들도 지루한 상황에서 상동 행동으로 자신의 의사를 표현하기도 합니다.

상동 행동의 유형(김건희, 2018)에는 언어적 상동 행동[1]과 신체적 상동 행동[2]이 있다. 특히 학생이 상동 행동에 집중하게 되면 학습에 방해가 되기 때문에 다음과 같이 부적응행동을 지도할 수 있다(부산광역시교육청, 2014).

① 행동을 멈추지 않으면 스스로 참을 수 있게 천천히 10까지 세도록 한다.
② 과제나 활동을 완수한 후 일정 시간 동안 할 수 있도록 약속을 정하고 허용한다.
③ 학생이 수업을 어려워하거나 지루해할 때는 선호하는 활동이나 할 수 있을 만한 과제를 제공한다.
④ 집중시간이 짧은 경우는 짧은 단위의 활동이나 과제를 제공해서 주의를 전환한다.

TIP 교사가 학생의 상동 행동을 무조건 못하게 하면 이차적인 부적응행동이 일어날 수 있습니다. 따라서 과제를 하거나 활동하는 시간에만 중단시키고, 지도계획을 세워 점차 지도하도록 합니다. 또한 부적응행동 지도에서 잊지 말아야 할 중요한 것은 교사와 학생 간의 관계와 학생의 인권을 손상해서는 안 됩니다. 이러한 학교에서의 부적응행동은 학부모와 반드시 상담을 통해 연계 지도할 수 있도록 해야 하고, 가능한 한 전 담임교사로부터 학생의 이전 상황에 대해 상세한 정보를 얻는 것이 좋습니다.

---

1) 언어적 상동 행동: 의미 없는 소리, 단어, 노래 등을 반복하고, 광고, 방송 대사, 상호, 전화번호 등의 정보를 과도하게 반복하여 말하기
2) 신체적 상동 행동: 과도하게 제자리에서 뛰기, 손가락 튀기기, 제자리에서 빙빙 돌기 등의 반복적이고 복잡한 움직임의 반복 행동

3) 공격 행동

> 임 교사 반의 ○○ 학생은 수업 활동 중 갑작스럽게 괴성을 지르며 교실을 뛰어다니는 등 많이 흥분된 모습을 보이고, 의자를 넘어뜨리고 친구의 등을 때리는 등의 공격 행동을 심하게 보인다.

TIP 공격 행동을 보일 때는 결과에 대해 벌을 주기보다는 사전에 그와 같은 행동이 일어날 만한 상황 및 원인을 파악해서 미리 제거해 주거나 문제 상황을 극복하는 대안기술을 가르치는 것이 더 효과적일 수 있습니다.

부적응행동 중 공격 행동은 다음과 같이 중재할 수 있다(대전광역시 서부교육청, 2008).

(1) 원인 파악해서 제거하기

① 감각 자극(청각, 촉각 등)이 과도한 부담을 주고 있을 수 있다.

② 좌절, 실망, 학대, 혼란 등의 감정적 촉발 요인일 수 있다.

③ 음식 알레르기, 수면장애, 위장 문제, 병이나 상처 등의 물리적·생리적 요인일 수 있다.

(2) 학생에게 공격 행동을 대체할 수 있는 대안 행동 가르치기

① '그만' 카드와 같이 시각적·언어적 촉진으로 행동을 멈추게 하고 관심을 돌릴 수 있는 활동을 제공한다.

② 행동 전에 분노를 관리할 수 있는 프로그램(10까지 천천히 세기, 심호흡하기, 좋은 생각하기, 휴식 공간 이동 등)을 적용하게 한다.

③ 빠르게 걷기, 달리기, 트램펄린에서 점프하기 등 신체적인 활동을 하게 하여 부정적 에너지를 분산시킨다.

TIP 다른 사람이나 소유물을 보호해야 하는 상황에서는 두 팔을 잡는 등 최소한의 신체적 제지를 하고, 가능하면 긍정적 훈육을 해야 합니다. 중요한 것은 어떤 상황에서든지 학생 체벌은 절대 해서는 안 됩니다. 또한 부적응행동은 미미한 정도에서부터 타인에게 위협이 되는 정도의 행동까지 있는 만큼 부적응행동이 방치되어 자신과 다른 학생의 학습을 침해하지 않도록 해야 합니다. 따라서 학생의 행동 특성을 지속해서 기록하여 부적응행동을 개선하는 데 활용하도록 합니다.

4) 등교 거부

주 교사 반의 ○○ 학생은 일주일 전부터 학교에 오지 않으려고 한다. 잠깐 학교에 갔다가 하교해도 된다고 말했으나, 학생은 아침에 등교 시간이 가까워지면 일어나지 않고 잠을 자거나 짜증을 낸다고 한다.

TIP 등교 거부는 가정 문제, 친구 관계, 심리적 어려움 등의 문제로 나타날 수 있으므로 학생을 세심하게 관찰하고 이해하는 태도로 다가가서 도와주도록 합니다.

학생 위기지원단(2018)의 학생상담 방법에 따르면 특수교육 현장에서의 등교 거부 학생에 대한 지도방법은 다음과 같다.

(1) 등교 거부 이유 파악하기

① 등교하기 싫어하는 이유 파악하기

- 마음을 열고 학생의 말을 들어준다.

TIP 저학년의 경우 부모와의 분리가 힘들거나 수면 부족 등의 이유로 학교에 오기 싫어할 수도 있습니다. 고학년의 경우에는 학업 수행 관련 문제로 학습능력이 부족하거나 하기 싫은 수업과 지루함으로 인해 등교를 거부할 수도 있습니다. 또는 또래 간 갈등이나 교사와의 부정적 관계나 가족 문제에 기인할 수도 있으므로 학생의 등교 거부 원인이 무엇인지를 정확하게 파악하여 지도하는 것이 중요합니다.

(2) 등교 거부 중재 방법

① 학생의 긍정적 행동과 변화에 관심을 두고 좋은 점을 발견하여 칭찬해 준다.

② 교사와의 관계에서 발생한 문제인 경우, 본인의 태도나 언행 등 어떤 것이 문제인지 점검해 보고 긍정적 표현을 사용하여 해결방안을 제시한다.

③ 학업 수행상의 문제인 경우, 학생의 장애 특성과 인지 수준을 고려하여 현재 상황과 목표 수준의 적절성을 파악하여 조정한다.

④ 심리적 문제의 경우, 관련 전문기관에 의뢰해 도움을 받도록 한다.

5) 성적 행동

유 교사 반의 ○○ 학생은 쉬는 시간이나 점심시간 이후, 수업 시간에 자신의 성기를 만진다. 하지 말라고 주의시키면 그때뿐이고 뒤돌아서면 슬며시 손이 성기에 가 있다. 집에서도 다른 사람이 보지 않을 때 습관적으로 만지는 것 같다고 한다.

TIP 학생이 성에 대한 호기심이 생겨 성기를 만지기도 하지만, 수업 활동에 흥미가 없거나 관심을 받고 싶을 때 일종의 놀이처럼 이루어지기도 합니다. 원인이 무엇인지 파악하여 학생이 위생적으로 처리할 수 있도록 하는 것이 중요합니다.

울산광역시교육청(2018)의 문제행동 중재 방법에 따르면 특수교육 현장에서 성적 행동을 하는 학생에 대한 지도 방법은 다음과 같다.

(1) 자신의 성기를 만지는 행동 중재 방법

① 과제 회피가 목적이면 적당한 분량의 과제를 제공하고, 학생의 선호도와 관심사를 활동에 반영하기

② 부적응행동과 함께 일어날 수 없는 행동(필기도구 잡기, 손으로 조작하는 교구 제공하기 등) 강화하기

③ 공적인 공간과 사적인 공간을 구별하도록 하여 공적인 공간에서 성기를 만지는 행동은 잘못된 행동임을 인지시키기

④ 성기를 대신할 수 있는 느낌의 물렁물렁하고 부드러운 재질의 촉감 교구 제공하기

⑤ 올바른 자위행위 및 뒤처리 방법 지도하기

⑥ 생식기의 위생관리 방법에 대해 지도하기

TIP 가정에도 학생의 생식기 위생관리 및 자위행위 처리 방법을 안내합니다. 예로 단추나 지퍼가 있는 옷을 입혀 성기를 바로 만질 수 없게 하고, 성기 주변을 항상 청결히 유지하여 가려움 등으로 성기를 만지는 일이 발생하지 않게 합니다. 그러나 일상생활이 어려울 정도로 자위중독 증세가 있을 경우에는 정신과 상담과 치료를 권유하도록 합니다.

6) 위축 행동

민 교사 반의 ○○ 학생은 다른 수업으로 바뀔 때, 강당 모임이 있을 때 등등 전이 상황에 매우 스트레스를 받는다. 교육 활동 장소가 바뀌어 이동하는 상황이 되면 교실에서 나가지 않고 주저앉거나 엘리베이터 앞에서 멈춰 버린다. 민 교사는 이 학생 때문에 전체 학생지도에 어려움이 많다고 호소하였다.

TIP 위축 행동은 사람들이 많은 공간에서의 소음, 무질서 등 불편한 감각적 자극을 피하고자 하는 행동일 수 있으므로 부적응행동의 원인을 파악하여 지도해야 합니다.

부산광역시교육청(2014)의 문제행동 중재 방법에 따르면 특수교육 현장에서 위축 행동이 있는 학생에 대한 지도 방법은 다음과 같다.

(1) 장소나 활동 전이에 어려움을 보이는 행동의 중재 방법

① 교실에서 다른 장소로 이동하기 전에 미리 얘기하기

TIP 학생이 장소의 이동을 예측하도록 그림이나 사진 또는 일과표를 활용하여 불안 요소를 감소시켜 줍니다.

② 좋아하는 친구와 짝을 지어 주고, 함께 이동하면서 자연스럽게 관심을 제공하기

③ 변화에 대한 인식에 장애가 있으면 새로운 놀이나 환경 변화를 학습하는 것이 어려우므로 학생에게 어떤 일이 일어날지 미리 알려 주거나 보여 주어 학생이 가지고 있는 인지 능력에 적합한 상황을 제공해서 변화에 적응할 수 있게 하기

TIP 강당이나 급식실과 같이 사람이 많은 공간에 가기 두려워하고 불안해하는 학생이 있습니다. 억지로 학생을 데리고 가지 않고 서서히 적응하도록 하는 지도가 필요합니다. 이러한 위축 행동 중재는 학생마다 다를 수 있으므로 경험이 풍부한 선배와 동료 교사와의 협의와 조언을 참고하여 지도하도록 합니다.

(2) 지도 시 유의점

① 다른 학생들이 관심을 보여도 이런 행동이 계속 일어난다면 학생들에게 무시하게끔 함께 약속하고 지키도록 유도하기

② 학생이 좋아하는 곳으로의 이동 경험을 자주 제공하여 이동 자체가 어렵고 무서운 것이 아니라는 인식을 심어 주기

TIP 학교에서 일어나는 학생의 모든 부적응행동 지도는 절대 체벌하지 않고 배움에 초점을 맞추어 건강한 방법으로 접근해야 합니다. 부적응행동의 지도는 행동이 일어나는 상황을 중심으로 파악하고, 학생의 발달에 따라 지도해야 하며, 무엇보다 학생의 자존감과 배움에 대한 긍정적인 태도를 기르게 하여 학습에 방해가 되는 요소를 극복할 힘을 기르도록 도와줍니다.

더 상세한 정보가 필요하다면!

울산광역시교육청(2018). 한 손에 잡히는 문제행동 중재.

2. 유형별 안전사고 예방 교육

학생에게 가장 좋은 교육을 했다고 하더라도 사고가 발생하여 인명 상의 상해를 입으면 좋은 교육 활동의 결과는 빛이 바래져 버린다. 특수교육대상 학생의 경우 위험 상황에 대한 인식 및 대처 능력이 부족하고, 신체 조절 능력이 미숙하여 매 순간 위험에 노출될 수 있다. 안전사고를 예방하는 가장 좋은 방법은 사전에 모든 경우의 수를 대비하여 안전교육을 철저히 하는 것이다. 2015년 교육부는 학교 안전을 위해 학생의 발달 단계를 고려하여 체계적인 안전교육 7대 표준안[3]을 마련하였다.

TIP 안전사고가 발생했을 때 당황하지 말고 보건교사에게 긴급히 연락한 후 신속하게 구호 활동을 해야 합니다. 또한 사고 발생 시 관리자에게 보고 후 학부모에게 알리는 것이 좋습니다. 그래야 다음에 문제가 발생하였을 때에도 학교에서 관리하기가 쉽고, 필요한 지원을 신속하게 받을 수 있습니다. 안전사고가 교사의 잘못이 아니므로 관리자에게 보고하는 것을 절대 주저해서는 안 됩니다.

3) 7대 안전교육 표준안: 안전교육, 교통안전교육, 폭력예방 및 신변보호 교육, 약물안전 및 사이버중독 예방교육, 재난안전교육, 직업안전교육, 응급처치교육

1) 안전사고 발생 시 일반적인 처리 절차

학교에서의 안전사고는 영역별로 다음의 절차에 따라 처리한다(김학희, 2019).

표 7-1 학교안전사고 처리 절차

신속한 구호 활동	1) 119 신고(긴급 상황일 경우) 2) 현장 응급처치 및 보건실 이동(보건교사와 통화) 3) 학교장(감)에게 보고 후 학부모에게 연락 4) 담임교사(보건교사)는 반드시 병원까지 동행하여 검사 확인
담당교사가 동행할 경우 보결 처리	1) 담당부장이 사고학급 보강 결정 및 배치 2) 담당부장에게 보강 결정 통보 3) 학교장과 교감에게 사고 경위와 처리 상황 보고 4) 학년 부장이 사고학급 보결 나이스 기안
공제회 사고 통지 및 보상 청구	1) 공제급여관리시스템(www.dchoolsafe.or.kr) 2) 학생 안전사고 발생 신고서 양식 작성 3) 병원 발행 영수증 원본 제출

TIP 안전공제 활용은 보건교사에게 문의하여 아이디와 비밀번호를 입력하고, 공제급여관리 시스템에 들어가서 합니다. 또한 학교 교원은 3년 안에 안전 관련 연수(오프라인, 온라인)를 30시간 이상 이수해야 하며, 학생의 안전을 위해서라도 잊지 않고 받도록 합니다.

학교 외부에서 발생하는 안전사고는 다음과 같이 처리한다(김학희, 2019).

표 7-2 학교 외부지역 안전사고 처리 절차

신속한 구호 활동	• 119 신고 • 체험 활동 기관의 응급실 방문 • 체험 활동 기관 담당자 호출 • 관련 부장에게 상황 보고 및 담당 학급 부탁 • 병원으로 후송(체험 활동 담당자와 동행) • 학교장에게 보고 후 학부모에게 연락
사고 발생 학급 처리 및 사고 경위 파악 (사고 당일 작성)	• 관련 부장이 사고학급 담당 및 후속 조치 • 관련 부장이 사고 경위 파악 • 사고처리 후 사고 경위서 작성 – 사고 발생 일시 및 사고관련자 파악

	- 사고 원인과 목격자 진술서 확보 - 교사 직무수행 및 사후관리 내용 반드시 포함
보상 청구	• 학교 외부에서 발생한 경우 체험기관이 1차 책임 • 학교장 및 교감과 상의한 후 보상 청구 방안 논의

TIP 체험 활동 시 안전사고가 발생하였을 경우, 외부 기관과의 연계가 매우 중요합니다. 신속한 구호 활동을 한 후에는 병원에 동행하고, 관리자에게 보고한 후 학부모와 연락을 하도록 합니다.

2) 학교 안전사고 예방 수칙

학교 안전사고 매뉴얼(경기도교육청, 2013)에 따라 특수교육 현장의 학생 안전사고는 다음과 같이 예방지도를 할 수 있다.

(1) 실내 활동 시 안전수칙

① 의자를 책상 밑으로 넣는 등 책걸상 주변을 정리하여 학생 통행에 불편이 없도록 한다.

② 책걸상, 칼, 연필 등의 학용품으로 장난치지 않도록 지도한다.

③ 연필은 양쪽을 뾰족하게 깎아서 쓰지 않도록 지도한다.

④ 칼이나 가위를 사용할 때에는 가능한 한 가슴 아래에 위치시키고, 머리 위로 들거나 휘두르는 일이 없도록 지도한다.

⑤ 쉬는 시간에 교실에서 뛰지 않도록 한다. 뛰어다니다가 친구들과 부딪히거나 책상 모서리에 부딪히면 크게 다칠 수 있다.

⑥ 교실에서 공놀이를 하지 않도록 한다. 자칫하면 앉아 있는 다른 친구들이 그 공에 맞아 다칠 수 있다.

⑦ 창문 밖으로 물체를 던지지 않도록 한다. 작은 물체라도 지나가는 사람이 맞으면 중력에 의해 큰 충격을 받을 수 있다.

TIP 특수학교의 경우 학생의 안전을 위하여 창문을 최소한만 열리도록 조치하는 경우가 많은데, 그런데도 학생이 창문 틈으로 몰래 물건을 던지는 일이 발생할 수 있으므로 유의하여 지도합니다.

(2) 교과수업 시 안전수칙

① 수업 중이나 수업 후에 약품 및 실험 도구를 학생이 만지지 않도록 철저히 관리한다.

② 지도교사의 감독 없이 학생끼리 실험하지 않도록 한다.

③ 학생이 실수로 물감, 크레파스 등의 미술 재료를 먹거나 마시거나 피부에 닿아도 해롭지 않은 안전품질 표시가 있는 것을 사용한다.

④ 미술 활동 시 쉽게 바닥을 닦을 수 있는 비닐이나 종이를 깔되, 물기가 생기면 즉시 닦아 미끄럼을 방지한다.

⑤ 종이에 손이 베이지 않도록 주의하고, 베였을 경우 소독하고 연고를 바르도록 한다.

⑥ 가위는 끝이 무디며 가볍고 안전한 것을 사용하게 한다.

⑦ 접착제나 바니시는 사용 용도에 대해 사전 교육을 하고, 특히 접착제는 손이나 피부에 묻지 않게 조심해서 사용하도록 지도한다.

⑧ 재활용품, 자연물 등의 재료는 깨끗하고 위생적으로 처리한 후 사용하게 한다.

⑨ 운동하기에 적절한 복장을 착용하도록 지도한다.

⑩ 운동을 하기 전에는 충분히 준비 운동을 하게 한다.

⑪ 학생의 나이와 신체 조건에 맞도록 운동량을 조절한다.

⑫ 많은 사람이 운동장을 이용할 때에는 야구, 축구는 피한다.

⑬ 모든 운동은 난이도에 따라 쉬운 것을 충분히 익힌 다음에 어려운 것을 하도록 한다.

표 7-3 운동을 중지해야 하는 응급 증상 점검

운동 중지 증상	예
학생의 얼굴이 창백해지고 식은땀을 흘리는가?	□
입술이 파래지고 호흡이 곤란한가?	□
달리는 자세가 불안하고, 속도가 급격히 떨어지는가?	□

(3) 학교 안전교육 활동 예

① 학교 안전점검의 날 운영

② 일시: 매월 첫 번째 월요일, 각 교실과 가정의 안전을 점검하여 점검표에 점검한 내용을 기록하고, 위험 요소가 발견되면 즉시 바로잡도록 한다.

③ 안전한 학교 환경 구성: 계단, 화장실, 실험실습실 등의 위험한 장소에는 눈에 잘 보이는 그림 및 글자로 표시된 안전표지판을 반드시 부착하고, 학교 시설물에는 안전장치를 설치한다.

TIP 학교 시설물의 안전한 사용을 위하여 유리문에 손가락 끼임 방지 장치, 계단 난간에 미끄럼 방지판, 벽면과 모서리에 고무판을 부착하여야 안전사고를 방지할 수 있습니다.

[그림 7-1] 가구 모서리 보호대와 계단 조심 표시 예

표 7-4 안전사고 기록지 양식 예

안전사고 기록지

교사	교감
박○희	(전결)
협조 :	

학년 반	3-1	성명	김○○	성별	남	담임교사명	박○희
발생 일시		202○년 4월 3일		발생 장소		급식실	
사건 개요		202○년 4월 3일 12시 점심시간 경, 김○○ 학생이 학교 급식 메뉴에 나온 고구마튀김을 먹다가 왼쪽 위 앞니 1개가 10% 정도가 부러졌다. 아마도 학생의 이가 약하고, 고구마가 오래 튀겨져서 씹다가 부러진 것으로 추측된다. 옆에서 지도하던 특수교육 실무사 님도 같이 확인하고 사진을 찍었다.					
가정 연락 상황		이가 부러진 상태를 확인하고, 보건실에서 치아 상태를 재확인하였다. 부러진 이가 발견되지 않았고, 찍은 사진을 학부모님께 보내기 전 오늘의 사고 경위를 말씀드렸다. 먹은 음식물과 딱딱한 정도를 말씀드렸고, 부러진 이가 발견되지 않아 삼킨 것으로 추측되어 병원에 가보실 것을 말씀드렸다.					
관련 사진 첨부							

202○. 4. 3.

위 사실에 거짓이 없음을 확인함.

작성자 : 박○희 (인)

더 상세한 정보가 필요하다면!

서울시교육청(2013). 학생안전지침.
경기도교육청(2013). 안전교육 길라잡이.

3. 기본 응급처치 및 요보호 학생 관리

응급처치는 응급의료기관에서 전문적인 치료를 받기 전까지 행해지는 즉각적이고 임시적인 처치로 가슴 압박과 기타 증상의 악화를 방지하는 조치를 말한다(교육부, 2019). 교사의 신속하고 정확한 응급처치가 학생의 회복 기간, 장애 여부에도 영향을 미칠 수 있으므로 기본 응급처치 방법을 숙지하고 대처하도록 한다.

TIP 학년 초에 학생 건강실태조사를 통해 건강 문제(뇌전증, 소아암, 당뇨 등의 질병)가 있는 학생 현황을 꼭 파악해야 합니다. 그리고 뇌전증 등으로 발작 시 대처 방법, 약물 투여 방법, 질병의 형태나 특징, 치료 방식, 비밀 유지 요구 등을 알아 두어야 요보호 학생이 안전하게 학교생활을 할 수 있도록 합니다.

1) 병원 의뢰를 하는 경우

① 2시간 이상 보건실 요양을 계속하는 경우
② 가벼운 부상으로 3시간 이내에 응급처치와 이송을 기다리는 경우
③ 미열, 단순 외상, 반복적인 구토가 있는 경우
④ 단순한 내과 질환인 경우(변비, 감기, 어지럼, 구토, 설사, 두통)

TIP 병원에 의뢰하는 경우는 위와 같으나 될 수 있는 대로 보건교사의 지시를 따르도록 하고, 교사가 병원에 동행해야 하는 경우도 물어보고 행동하는 것이 좋습니다.

2) 학부모 동의(이송 및 정보 동의)와 사전 확인 사항

① 학부모 연락처(1차)
② 학부모 권한 수행자 연락처(2차, 3차)
③ 요보호 학생의 경우, 학생이 주로 이용하는 병·의원 명
④ 학부모에게 연락이 안 될 경우, 인근 병·의원은 학생이 주로 이용하는 병원으로 이송하여도 이의를 제기하지 않음을 명시한 동의서

3) 기본적인 응급처치 요령

응급처치 매뉴얼(서울대학교 의과대학 의학교육연수, 2012)에 따라 경련/발작 발생 시 다음과 같이 응급처치를 한다.

(1) 경련/발작 시 응급처치 방법

① 경련/발작 중인 경우

- 보건교사와 119에 동시에 신속하게 연락한다.
- 학부모에게 연락하여 발작 사실을 전한다.
- 의식을 잃으면 갑자기 쓰러지게 되므로 학생을 옮기지 말고, 바닥에 눕힌 다음 머리에 부드러운 물건을 대어 준다.
- 주변의 딱딱한 위험물을 치워 머리나 팔다리가 부딪히지 않게 한다.
- 안경을 벗기고, 혀를 깨물지 않는지 확인한다.
- 발작 시 입 안에 고인 침이나 거품, 구토물이 기도를 막지 않도록 고개를 옆으로 돌려준다.

TIP 발작 중인 학생을 자연스럽게 옆으로 눕혀 기도를 확보하되, 이물질 확인을 위하여 발작 중인 학생의 입 안에 손가락을 넣지 않도록 합니다. 자칫 위험한 일이 일어날 수도 있습니다.

- 조이는 옷을 풀어 주고, 가벼운 담요 등을 덮어 혈액순환을 돕는다.
- 주변에 있는 학생들을 나가게 하거나 커튼을 쳐 주어 프라이버시를 지켜 준다.
- 다른 학생들에게 뇌전증 발작은 일시적인 현상으로 곧 멈추게 됨을 설명하여 동요하지 않도록 한다.
- 발작 시작 시각, 유발 원인으로 추정되는 요인(스트레스, 정서적 긴장 등), 발작 형태, 지속 시간 등을 기록하고 5분 이상 발작하면 바로 병원으로 후송하도록 한다.

TIP 뇌전증이 있는 학생의 경우 과거 병력과 약물복용 여부(종류, 용량, 시간 및 아침 약 복용 여부 등), 발작 발생 시 상황에 대한 정보를 미리 수집해 두는 것이 좋습니다. 또한 소발작의 경우에는 앞의 응급상황 정보를 고려하여 119에 신고할지를 판단하거나 보건교사의 지시에 따르도록 합니다.

② 발작 후인 경우

- 발작은 체력 소모가 심하고, 발작 후 바로 깊은 수면에 빠지는 경우가 많으므로 몸을 따뜻하게 보온해 주고 충분히 쉬도록 한다.
- 발작 도중 손상된 신체 부위가 없는지 살펴보고, 상처 부위를 소독하고 연고를 바른다.
- 정신이 완전히 돌아와 구토 등이 없고 음식물을 삼킬 수 있으면 따뜻한 물을 마시게 하고 안정을 취하게 한다.
- 머리 손상이나 의식의 장애 등 심각한 손상 시 바로 병원으로 후송하여 정밀검사를 시행한다.
- 배변 실수를 한 경우, 깨끗이 씻기고 옷을 갈아입힌다.

TIP 발작으로 인한 호흡곤란이 올 경우를 대비하여 교실에 휴대용 산소통을 상비해 두면 산소 공급을 통해 발작 증상을 완화하고 회복에도 도움이 됩니다. 또한 현장체험학습을 할 때도 휴대용 산소통을 갖추고 있으면 만약의 호흡곤란으로 오는 사고를 예방할 수 있습니다.

학교현장 재난유형별 교육·훈련 매뉴얼(교육부, 2019)에 따르면 응급 상황 시 심폐소생술과 자동심장충격기(AED) 사용법은 다음과 같다.

(2) 기본 소생술

① 학생의 반응을 확인한다.

② 주변에 도움을 요청하고 119에 신고한다.

③ 가슴 중앙에 있는 가슴뼈 부위를 반복하여 압박 30회를 실행한다(한쪽 손바닥을 가슴뼈의 압박 위치에 대고, 그 위에 다른 손바닥을 평행하게 겹쳐 두 손으로 압박한다).

TIP 심폐소생술 및 응급처치를 배우고 싶다면 대한심폐소생협회(http://www.kacpr.org)나 1339 응급의료정보센터(http://www.1339.or.kr)를 참고하기 바랍니다.

(3) 자동심장충격기(자동제세동기) 사용법

① 전원을 켠다.

② 두 개의 패드를 부착한다(상의를 벗기고 포장지에 그려져 있는 대로 부착한다).

③ 기계가 자동으로 심장 리듬을 분석하는 동안에는 환자와 접촉을 하지 않는다.

④ 심장 충격이 필요한 경우 '심장 충격이 필요합니다.'라는 음성 메시지가 나오면 제세동 버튼을 눌러 심장 충격이 되도록 한다.

⑤ 제세동 시행 후 즉시 심폐소생술을 다시 시행한다.

(4) 하임리히법

영유아와 아동을 위한 응급처치 매뉴얼(신상도, 2011))에 의하면 기도가 막혔을 경우 3~4분 이내로 이물질을 제거해 주지 않으면 산소가 차단되어 뇌사 상태에 빠지거나 생명을 잃을 수도 있으므로 기도 폐쇄 환자를 발견했을 시 하임리히법을 실시해야 한다.

TIP 부분적인 기도폐쇄 환자한테 하임리히법을 시행할 시 오히려 복부에 손상을 입혀 위험을 유발할 수 있습니다. 또한 잘못된 부위를 압박하거나 지나치게 강한 힘으로 압박할 경우 내부 장기에 손상을 입히거나 뼈가 부러질 수 있습니다. 절대로 등을 치거나 물을 먹이는 등의 행동을 금합니다.

① 완전한 기도폐쇄인지 상태 파악하기

- 숨을 제대로 쉬지 못하는 경우
- 얼굴이 파랗게 질린 경우
- 말하지 못하는 상태인 경우

학생의 상태를 확인했다면 즉시 119에 신고한 후 하임리히법을 시행한다.

② 하임리히법 순서

- 학생의 상태를 확인하고 119에 신고한다.
- 학생의 등 뒤에 선 다음 학생 다리 사이에 다리 한쪽을 넣고 앞굽이 자세로 서도록 한다.
- 학생의 명치끝과 배꼽 가운데 부분이 압박 지점이다. 손 모양은 엄지손가락을 안으로 접은 상태에서 주먹을 쥔 다음 엄지손가락의 끝부분을 압박 지점에 놓은 후 반대쪽 손으로 주먹 쥔 손 뒷부분을 감싼다.

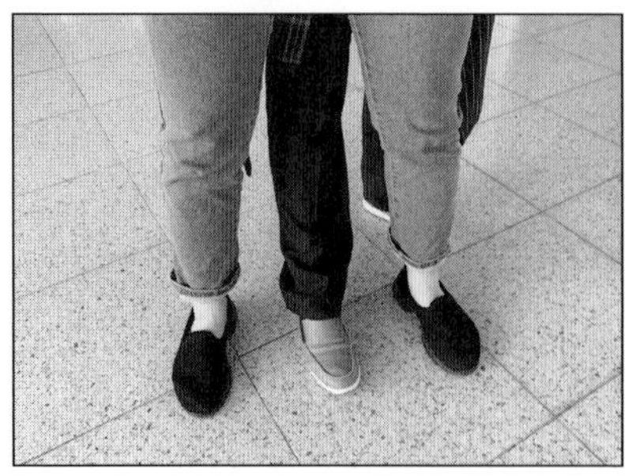

[그림 7-2] 하임리히법 자세 1

• 하임리히법 시행: 압박 지점을 대각선 위로 당기면서 누른다. 이때 단순히 당기는 것이 아니라 팔로 옆구리를 조여서 공기를 압축시킨 다음 당겨 주는 것이 중요하다. 시행 중 학생이 의식을 잃었을 경우 곧바로 심폐소생술을 시행해야 한다.

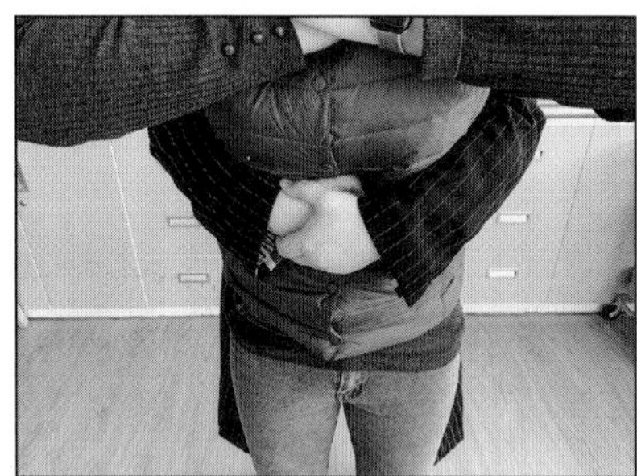

[그림 7-3] 하임리히법 자세 2

TIP 영유아의 경우, 어른과 하임리히법 순서가 다르니 꼭 확인하고 시행하도록 합니다.

(5) 상황별 응급처치

영유아와 아동을 위한 응급처치 매뉴얼(신상도, 2011)에 따라 특수교육 현장에서 일어날 수 있는 상황별 응급처치는 다음과 같이 할 수 있다.

① 머리를 부딪혔을 때

• 머리와 어깨를 약간 위로 올린 자세로 눕히고, 상처 주변을 지혈하고, 소독한 거즈로 상처 부위를 덮은 후 병원에 간다.

• 혹이 생긴 경우는 차가운 수건이나 냉찜질을 한다.

② 눈을 다쳤을 때

- 눈에 먼지가 들어가면 눈물을 흘리게 하여 자연적으로 빠지게 하고 환부를 비비지 않도록 한다.
- 눈을 찔린 경우에는 119 구급차를 요청한 뒤 이물질을 제거하지 않고, 찔린 눈을 종이컵이나 붕대로 보호한다.

③ 코나 귀에 이물질이 들어갔을 때

- 이물질이 들어가지 않은 콧구멍을 막고 세게 풀어 보게 한다.
- 벌레가 들어간 코나 귀에 손전등을 비추어 밖으로 나오게끔 유도하거나 마사지 기름(1~2 방울)을 넣어서 아래쪽으로 흘러나오게 한다.

④ 코피가 나거나 치아를 다쳤을 때

- 코피가 나는 경우, 고개를 약간 앞으로 숙이게 하고 코뼈 바로 밑의 코 부분을 두 손가락으로 5~10분 꼭 누른다.
- 지혈할 경우에는 콧속을 너무 깊지 않게 막고, 끝이 조금 밖으로 나오게 한 후 냉찜질을 한다.

TIP 만약 코피가 20분 이상 멈추지 않으면 빨리 병원으로 가야 합니다.

⑤ 이가 부러진 경우

- 거즈를 도톰하게 말아 다친 부분에 물게 하고 병원으로 간다.
- 차가운 수건이나 냉찜질 팩을 이용하여 냉찜질한다.

TIP 부러진 치아가 입속에 남아 있는지 확인하고, 부러진 치아를 우유나 식염수에 담아 보존해서 병원에 함께 가지고 가야 합니다.

⑥ 팔이나 다리를 다쳤을 때

- 피가 나지 않는 경우에는 부목(또는 골판지나 잡지 등)을 사용하여 가볍게 붕대를 감고, 병원으로 간다.
- 염좌일 때 다친 곳을 움직이지 않게 하고, 냉찜질을 해 주고 다친 곳을 압박붕대로 감아준 후 다친 곳을 올려 준다.

TIP 염증과 부종이 있는 경우에는 혈관수축을 위하여 냉찜질을 하면 통증 완화 및 근육경련을 해소할 수 있고, 이와 반대로 온찜질은 근육이 뭉치거나 혈액순환이 필요할 때 사용합니다. 상황에 따른 정확한 처치 방법은 보건교사의 지도에 따릅니다.

⑦ 피부에 상처가 났을 때
- 긁히거나 까진 경우에는 상처 부위를 깨끗이 씻어 주고, 연고를 바른 뒤 밴드를 붙여 준다.
- 멍든 경우에는 냉찜질을 한 뒤 상처 부위를 심장보다 높게 한다.
- 베인 경우에는 생리식염수로 상처 부위를 씻은 후에 소독한 거즈로 덮고 병원에 간다.

⑧ 화상을 입었을 때
- 가벼운 화상의 경우 흐르는 차가운 물로 15분 정도 식혀 주고, 항생제 연고나 화상용 연고를 발라준 뒤 소독한 거즈로 덮는다.
- 화상 부위가 5cm 이상이면 119 구급차를 요청하고 위와 같이 처치한다.

⑨ 곤충이나 동물에게 물렸을 때
- 사람에게 물린 경우 피가 나면 지혈하고 상처 부위를 생리식염수로 씻은 뒤 냉찜질한다.
- 곤충에게 물린 경우에는 흐르는 물에 비누로 씻고, 항히스타민 연고를 바른 뒤 냉찜질한다.
- 동물에게 물린 경우에는 119 구급차를 요청하고, 상처 부위를 압박하여 지혈한다.

TIP 학교에 배치된 '응급상황 발생 시 처리 매뉴얼'과 보건교사의 지도로 대처합니다만, 응급상황 발생 시 보건교사가 없을 경우에는 119에 연락을 하는 것이 좋습니다.

4) 학생 응급사고 사안 처리 시 유의사항

① 보건교사에게 알리고, 상황에 따라 신속히 119에 연락한다.

② 병원 후송 시에는 보건교사 및 담임교사와 동행한다.

③ 사고의 원인과 경과를 확인할 수 있도록 현장을 보존하고, 사고 내용을 학부모에게 알린다.

④ 학부모에게 위로의 말을 전하고, 가정에서 학생의 건강상태 변화를 수시로 파악한다.

⑤ 보건교사(학교안전공제회 등)와 협의하여 처리한다.

⑥ 소송 및 각종 조사에 대비하여 사고 발생 과정을 알고 있는 증인 및 기록(사고현장 사진, 주위에 함께 있던 학생 등)을 확보한다.

⑦ 사고 발생부터 종결까지 전 과정을 육하원칙에 따라서 시간대별로 꼼꼼하게 기록한다.

⑧ 될 수 있는 대로 피해 학생의 관점(성적, 출석 처리 등)에서 문제를 생각하고 처리하되, 확실히 알지 못하는 치료 방법, 치료비의 부담 등에 대해서는 예단하여 말하지 않는다.

⑨ 학교에서 최선을 다하고 있다는 의식(학교관리자나 사건 관계자 등의 병원 방문, 성의 있는 언행 등)을 가질 수 있도록 모든 조치를 마련하여 대처한다.

⑩ 사고처리 과정에서 사건에 대해 의사결정 능력이 있는 당사자(피해 학생의 보호자)와 협의한다.

⑪ 사고처리 과정에서 학교 측의 창구를 단일화(사고 담당자 지정)하여 대처한다.

⑫ 학교안전공제회 등의 육하원칙에 따르거나 규정된 서식에 따라 통보한다.

TIP 학교안전공제회에서는 각 시도 학교안전공제회의 각종 업무나 보상 관련 구비서류, 청구절차, 보상 기준, 각종 규정 등을 자세히 알 수 있습니다.

더 상세한 정보가 필요하다면!

교육부(2019). 학교현장 재난유형별 교육 · 훈련 매뉴얼.

4. 재난대비 훈련

재난이 발생하게 되면 재물 피해뿐만 아니라 치명적인 인명 상해까지 발생할 수 있으므로 예고 없이 일어나는 화재, 지진 등의 재난사고를 대비해야 한다. 더욱이 장애학생의 경우에는 신체 기능 조절 능력, 위기 상황 대처 능력, 판단 능력 등이 부족하여 갑자기 일어나는 사고에 피해가 클 수밖에 없다. 따라서 스스로 자신을 보호하고, 재난의 위험에 대비할 수 있도록 재난 안전교육 및 대피요령을 숙지하도록 한다.

1) 황사 · 미세먼지 대처 행동 요령

겨울철, 봄철 황사와 미세먼지 오염이 높으므로 가능하면 매일 방송 매체(TV, 라디오) 및 인터넷(기상청)을 통해 기상 상황을 확인하여 학급을 운영하도록 한다. 재난대비 안전 매뉴얼(교육부, 2019)에 따라 특수교육 현장에서 황사 및 미세먼지가 발생하면 다음과 같이 대처할 수 있다.

(1) 등 · 하교 시 대처 요령

① 황사용 마스크, 손수건, 휴지 등을 준비하여 착용하도록 한다.

② 황사, 미세먼지가 짙은 경우에는 교차로나 건널목을 건널 때 안전에 유의하도록 한다.

(2) 학교에서 수업 활동 시 대처 요령

① 창문을 닫고 실외 활동을 자제하도록 한다.

② 개인위생을 철저히 한다.

- 손을 깨끗이 씻고 양치질을 하여 질환을 예방한다.
- 목을 축이는 정도로 물을 자주 마시게 한다.
- 눈이 가렵다고 손으로 만지지 말고 물로 씻거나 눈약을 이용한다.
- 외부 활동 시 손수건이나 마스크, 긴 소매 의복을 착용하게 한다.

③ 황사나 미세먼지가 없어지면 실내 공기를 환기한다.

TIP 가정에서도 황사 · 미세먼지 오염도가 높으면 창문을 닫고 실외 활동을 자제하도록 안내하고, 실내 공기를 쾌적하게 하기 위해 공기청정기, 가습기를 이용하게 합니다. 또한 불가피한 외출 시 손수건이나 마스크, 긴 소매 의복을 착용하게 하고, 황사나 미세먼지가 지나간 후 실내 공기를 환기하도록 합니다.

2) 호흡기 바이러스 감염

호흡기 바이러스 감염(예: MERS, COVID-19 등)에는 여러 종류가 있으나 최근 전 세계적으로 심각하게 대두된 것은 2019년에 발생한 신종 코로나19이다. 신종 감염증은 바이러스성 호흡기 질환으로 기침 등으로 발생하는 비말이 눈 · 코 · 입의 점막으로 침투하여 전염되며, 감염성이 매우 높다. 감염되면 대략 2~14일 정도의 잠복기를 거쳐 발열, 기침, 호흡곤란, 폐렴 증상이 나타나지만, 무증상 감염사례도 종종 나타나고 있다. 그러나 마스크 쓰기, 거리 두기, 손 씻기 등 개인위생을 철저히 하며 방역지침을 준수하면 호흡기 바이러스의 감염을 예방할 수 있다.

(1) 등교 전 또는 등교 시 감염 예방 대처요령

① 매일 체온을 측정하여 37.5도 이상 및 발열감이 있으면 등교하지 않는다.(단, 평소에 발열 증상이 계속되는 경우는 제외)

② 기침, 호흡곤란, 오한, 근육통, 두통, 인후통, 후각 · 미각 소실과 같은 코로나19 의심 증상이 있는 경우 등교하지 않는다.(단, 기저질환 등으로 평소에 앞의 증상이 계속되는 경우는 제외)

③ 학생 및 동거 가족 중 최근 14일 이내에 해외여행을 다녀온 사실이 있는 경우 등교하지 않는다.

④ 동거 가족 중 현재 자가격리자가 있는 경우 등교하지 않는다.

⑤ 마스크 착용하고 등교한다.

⑥ 마스크 손으로 만지지 않는다.

⑦ 기침이나 재채기할 때 옷소매로 입과 코를 가린다.

⑧ 씻지 않은 손으로 눈, 코, 입을 만지지 않는다.

TIP 고열이 지속되거나 증상이 심해지면 보건 교사와 전화상담실 전국 1339, 지역 번호+120, 지역 담당 보건소에 문의합니다.

(2) 학교에서 수업 활동 시 감염 예방 대처 요령

① 마스크를 쓰고 생활하며 마스크를 만지지 않는다.

② 하루 3번 이상 체온을 측정하여 37.5도 이상 나타나면 방역지침 매뉴얼에 따라

일시적 관찰실로 즉시 이동하고 보건소에 보고하여 선별진료소로 이송한다.
③ 교육 활동 후 손 씻기를 생활화한다.(흐르는 물에 30초 이상 충분히 씻기)
④ 책상 배치 시 학생 간의 거리 유지하며 칸막이를 설치한다.
⑤ 학용품은 개인별로 사용한다.
⑥ 음식을 먹기 전 반드시 손을 씻는다.
⑦ 간식, 음료 등 어떤 음식물도 나누어 먹지 않는다.
⑧ 점심 식사할 때는 간격을 유지하여 앉고 대화하지 않는다.
⑨ 수시로 창문을 열어 환기한다.
⑩ 공기 순환형 에어컨, 공기 순환형 공기청정기 사용을 금지한다.
⑪ 학생 하교 후 교재교구, 책상과 의자, 손잡이, 컴퓨터 키보드 및 마우스 등 일상생활 소독을 매일 한다.

TIP 가정에서도 유사한 의심 증상이 발생하면 증상이 완화될 때까지 외출을 자제하고 병원에 가지 않아야 합니다. 증상이 지속할 때는 전화상담실 전국 1339, 지역 번호+120, 지역 담당 보건소에 우선 문의하되 사람이 많은 장소는 절대 방문하지 않도록 하며 모든 접촉을 최소화하도록 합니다. 또한 외식, 운동, 노래방, PC방, 찜질방, 대중목욕탕, 물놀이장 등의 다중이용시설이나 결혼식, 장례식, 집회 활동, 종교 활동과 같은 집단 모임 행사 등은 감염 위험도가 높은 활동일 뿐 아니라 마스크 착용이 불가능한 경우가 많고 침방울의 발생률이 높으므로 반드시 주의하도록 합니다.

3) 화재 대피 요령

특수교육 현장에서 화재 발생 시 대피 요령은 다음과 같다(국립재난안전연구원, 2018).

(1) 화재 발생 시 대피 요령

① 화재 발생 시 "불이야!" 하고 큰소리로 외쳐서 다른 사람에게 알리거나 화재 비상벨을 울린다.
② 119에 신고를 한다.
③ 학생을 최대한 신속하게 대피시킨다.
휠체어 사용 학생은 가슴으로 안아 빨리 안전한 구역으로 대피한다. 대피 중 계단 등이 있는 경우에는 조력자 2~4인이 휠체어를 들고 대피하도록 하며, 반드시

사전에 조력자 지정이 필요하다. 다만, 조력자가 적으면 1명의 조력자가 학생을 안거나 불을 끄는 등의 방법으로 대피하도록 한다.

④ 밖으로 대피하는 출구로 접근할 수 없는 경우 문을 닫고 창문 근처로 가서 적극적으로 구조요청을 하며 기다린다(연기가 방으로 들어오지 못하도록 문틈을 옷이나 이불로 막아야 함).

⑤ 연기가 많을 때는 한 손으로 코와 입을 젖은 수건 등으로 막아 연기가 폐에 들어가지 않도록 하고 낮은 자세로 탈출을 한다.

⑥ 청각장애 학생의 경우 비상 화재 등 신호에 따라 대피로로 이동하게 하고, 시각장애 학생의 경우 시설의 비상구 위치 및 대피 경로 등을 숙지하게 한다.

TIP 화재 발생 시 대피를 할 때에는 반드시 문을 닫고 대피하여 불과 연기의 확산을 방지해야 합니다. 엘리베이터(승강기)는 타지 않도록 하고, 출입문 손잡이나 문이 뜨겁고 문틈에서 연기가 나오면 임의로 문을 열지 않아야 합니다.

(2) 화재 발생 후 대피 요령

① 대피한 경우에는 안전한 장소에서 구조를 기다린다.

② 밖으로 나온 뒤에는 절대 안으로 들어가지 않는다.

TIP 대피 훈련은 생명 유지, 안전과도 연관이 있으므로 주기적으로 대응 요령(대피로 숙지, 소화기 위치, 휠체어 이동 지원 인력 등)을 숙지하도록 합니다. 긴급 상황 대피 훈련은 교육청에서 제공하는 5분 나침반 교육을 활용하면 좋습니다.

(3) 화재 시 소화기 사용 방법은 다음과 같다.

① 소화기를 불이 난 곳으로 옮긴다.

② 손잡이 부분의 안전핀을 뽑는다.

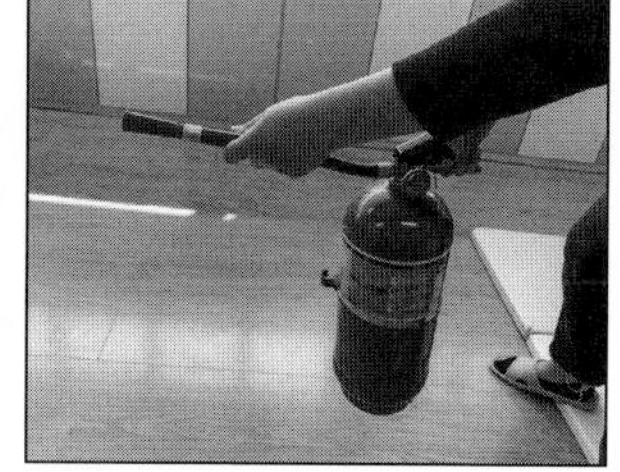

[그림 7-4] 소화기 사용 방법

③ 바람을 등지고 서서 호스를 불 쪽으로 향하게 한다.

④ 손잡이를 힘껏 움켜쥐고 빗자루로 쓸듯이 뿌린다.

TIP 가정에서의 화재 대피 안내 시 불을 발견하면 큰소리로 "불이야!" 하고 외쳐 다른 사람에게 알리게 합니다. 대피 시 계단을 이용하며 아래층으로 대피가 어려우면 옥상으로 대피하며, 연기가 많은 경우 젖은 수건 등으로 코와 입을 막고 낮은 자세로 이동하여 대피를 하도록 지도합니다.

4) 지진 대피 요령

재난 안전 매뉴얼(교육부, 2019)에 따르면 지진 발생 시 다음과 같이 대피한다.

(1) 교내(건물 안)에서 교육 활동 중 지진이 발생한 경우 대피 요령

학교 안전요원의 지시와 안내를 따르도록 한다.

① 발생 직후

자신의 책상 밑으로 재빨리 들어가거나 책과 방석 등으로 머리를 보호하도록 한다.

- 밖으로 급하게 달려나가지 않게 한다.
- 책상 아래로 들어가 몸을 웅크리고 책상다리를 꼭 잡게 한다.
- 근처에 책상이 없을 때에는 책 등으로 머리를 보호하게 한다.
- 즉시 창문에서 떨어지고, 계단에서 떨어지지 않도록 난간을 붙잡게 한다.

② 흔들림이 멈춘 후

- 큰 흔들림이 진정되면 출입문부터 개방한다.
- 화재를 대비해 전열기 및 전원을 차단한다.

③ 대피 시

밖으로 대피할 때에는 책가방 등으로 머리를 보호하면서 이동하게 한다.

- 엘리베이터를 타지 않는다(사용 중인 경우, 모든 층을 눌러 바로 내린다).
- 낙하물 및 유리창 파편에 의해 다치지 않도록 주의한다.
- 창문에서 멀리 떨어져 이동한다.

- 학생이 뛰지 않고 질서 있게 대피 경로를 따라 이동하게 한다.
- 휠체어 사용 학생의 경우, 학생을 가슴으로 안아 빨리 안전한 구역으로 피한다. 대피 중 계단 등이 있는 경우에는 조력자 2~4인이 휠체어를 들고 대피하도록 하며, 반드시 사전에 조력자 지정이 필요하다.
- 교실 밖으로 나와서는 최대한 건물로부터 멀리 떨어진 운동장으로 피한다.

④ 대피 이후의 행동

환자 및 불안증세를 보이는 학생은 담임교사 및 보건교사에게 알리고 조치를 받게 한 후 안전지대를 벗어나지 않도록 한다.

(2) 실외(운동장, 교외 활동) 교육 활동 중 지진이 발생한 경우 대피 요령

① 지진 발생 시

가방 등으로 머리를 보호하고 건물과 최대한 떨어진 안전한 곳으로 대피하게 한다.

② 대피 시

흔들림이 멈추면 재빨리 주변의 안전지대로 이동한다.

- 건물의 붕괴 위험이나 낙하물 발생 여부에 주의를 기울이며 멀리 벗어나도록 한다.
- 학교 외벽이 건물보다 쉽게 붕괴될 수 있으므로 절대 기대지 않는다.

③ 대피 이후의 행동

환자 및 불안증세를 보이는 학생은 인솔 교사에게 알리고 조치를 받게 한 후, 학교 안전요원의 지시나 안전이 확보되기 전까지 안전지대를 벗어나지 않도록 한다.

TIP 가정에서의 지진 발생 시 안내로 책상 아래로 들어가 식탁 등의 다리를 꼭 잡거나 방석 등으로 머리를 보호하게 하고, 대피한 상황이라면 떨어지는 물건에 유의하여 머리를 보호하고 최대한 건물에서 멀리 떨어진 대피 장소로 대피하도록 지도합니다.

더 상세한 정보가 필요하다면!

국립재난안전연구원(2018). 장애인 취약특성을 고려한 재난대응 매뉴얼 개발.

교육부(2019). 학교현장 재난유형별 교육 · 훈련 매뉴얼.

5. 식사 예절, 위생 지도

올바른 식생활은 학생의 성장 발달과 일생의 건강을 유지하는 데 매우 중요하다. 아울러 건강과 관련된 영양 관리 차원의 식습관 지도뿐만 아니라 문화적 차원의 식사 예절, 위생 지도도 중요하다. 또한 잘못된 식습관 등으로 인해 늘어나고 있는 소아비만, 고혈압, 당뇨병, 동맥경화증도 올바른 식생활 지도를 통해 미리 예방해야 한다.

1) 바람직한 식사 예절 지도 내용

① 감사하는 마음으로 식사한다.
② 음식을 먹다 남기지 않도록 각자의 식판에 적당량을 덜어 먹도록 한다. 음식을 덜 때는 배식용 수저를 사용한다.
③ 식사 중 대화를 할 때는 입 안의 음식물을 삼킨 후 이야기하게 한다.
④ 음식을 손으로 집어 먹지 않게 한다.
⑤ 식사 중에 재채기나 기침이 나올 때는 고개를 돌려서 입을 가리도록 한다.

2) 식생활 지도 내용

점심시간은 식사 기술 및 예절을 배우기에 가장 적절한 시간이다. 학교 식생활 지도 방법(구재옥, 2009)에 따라 특수교육 현장에서 다음과 같이 특수교육대상 학생에게 식생활 지도를 할 수 있다.

(1) 식사 전 지도 내용

① 식사 전에 용변 및 손 씻기를 지도한다.
② 음식을 흘리는 학생의 경우 방수 앞치마를 착용하게 한다.

TIP 식사 후 앞치마에 음식물이 묻었는데, 그대로 내버려 두면 방수 앞치마에서 음식물이 섞여 비위생적인 상태가 되므로 식사를 하고 난 후 반드시 방수 앞치마를 물로 헹구고 잘 말리도록 합니다.

③ 젓가락질 지도가 필요한 학생은 연습용 젓가락을 개인적으로 준비하여 사용하도록 지도한다.
④ 식당으로 이동할 때는 교사와 학생이 같이 이동하도록 한다.

(2) 배식받을 때의 지도 내용

① 숟가락과 포크, 식판을 챙기도록 하고, 숟가락과 젓가락을 집을 때 이것저것 고르지 않도록 한다.
② 배식 시 밥과 국이 앞쪽으로 오도록 하고, 식판을 똑바로 잡도록 지도한다.
③ 줄을 서서 차례로 배식을 받도록 지도한다.
④ 학기 초에 자리를 지정해 주어 자기 자리에 앉도록 지도한다.

(3) 식사할 때의 지도 내용

① 과식 및 폭식이 되지 않도록 식사량을 조절하도록 지도한다.
② 밥과 반찬을 번갈아 골고루 먹는 습관을 갖도록 지도한다.
③ 씹기 장애가 있는 경우, 반찬을 미리 잘게 잘라서 먹기 쉽도록 준비해 준다.
④ 더 먹고 싶을 때는 기다렸다가 모든 학생의 배식이 끝나면 추가 배식을 받게 지도한다.

(4) 식사 후 지도할 내용

① 식사 후 식탁 의자를 제자리에 넣는 등 주변 정리정돈을 하도록 한다.
② 식판 정리를 스스로 할 수 있도록 한다.
③ 교실로 이동할 때는 교사 또는 학급보조원과 함께하여 안전사고를 예방한다.

TIP 간식을 먹을 때는 가능한 한 개인 접시에 나누어 주도록 하고, 학생 개개인의 특성에 맞게 적절한 양을 배분하여 줍니다. 숟가락질이 어렵고 밥을 잘 흘리는 학생의 경우 식사를 할 때 깊이가 있는 그릇에 밥을 담아 주면 좀 더 쉽게 식사를 할 수 있습니다.

⊙ 함께 토의해 봅시다!

1. 학급 담임으로서 최선을 다해 부적응행동 지도를 했는데도 개선이 되지 않을 때 특수교육교사가 취할 방법은 무엇일지 토의해 봅시다.
2. 초 3학년인 반 남학생이 요즘 들어 여학생 짝꿍을 자꾸 안으려고 합니다. 여학생의 어머니가 성추행이라고 느끼는 경우라면, 어떻게 대처하는 것이 좋을지 토의해 봅시다.

선배가 들려주는 특수교육 현장 이야기(7)

식이요법으로도 학생의 집착과 공격행동을 줄일 수 있다

발달장애 학생들 중 많은 수가 편식 습관을 갖고 있다. 이들은 대부분 육류를 좋아하고 야채를 싫어한다. 어떤 경우는 빵 종류나 우유 성분이 들어 있는 음식물에 집착을 보이기도 한다. 그래서 그러한 음식을 보면 때로는 흥분하기도 하며, 그것을 못 먹게 하면 심하게 짜증을 내거나 심지어 자해를 하는 경우도 생긴다.

길수(가명)는 자폐스펙트럼 장애를 갖고 있는데, 중학교를 졸업하면서 상동 행동과 함께 강박증, 자해와 공격행동이 갑자기 나타나 어머님과 상담을 하였다. 식습관에 대해 여쭈어 보니 짜고 매운 음식과 특히, 빵과 우유를 좋아한다고 하였다. 그동안 어머님은 집 근처 신경정신과에서 리스페리돈과 프로작을 처방받아 복용시켰는데, 처음 2주 정도는 좀 안정이 되었다가 그 후에 다시 굉장히 난폭해져서 가정에서도 돌보기 힘들다고 호소하였다. 마침 약물치료에서도 효과가 없는 발달장애인을 식이요법으로 변화시킨 사례들을 잡지에서 본적이 있어 GFCF(Gluten-Free, Casein-Free) 다이어트를 소개하였다. 우유에 들어있는 '카제인' 단백질과 밀가루에 있는 '글루텐' 단백질을 분해하는 효소가 부족한 사람이 우유나 밀가루 성분이 많이 들어간 음식을 섭취하게 되면 1시간 정도 지나 몸에서 염증 반응을 일으켜 갑자기 흥분하거나 짜증을 내게 된다는 것이다. 그래서 일정 기간 동안 밀가루를 포함한 곡류와 유제품을 제한하였을 때, 발달장애자녀의 부적응행동이 개선되었다는 사례를 미국이나 캐나다 등의 많은 부모들이 전하고 있다고 말씀드렸다.

길수 어머님은 이러한 제안을 받아들여 길수의 혈액 내 독소까지 제거할 목적으로 생식부터 시작한 후, 가족들이 함께 동참하여 약 7개월가량 자연스레 자연식으로 바꾸어 나갔다. 처음에는 아무래도 얼굴 모습이 초췌해지고 기운이 없어 보였지만 이렇게 자연식으로 먹다보니 길수는 점차 인스턴트 식품이나 과자 맛에 집착하는 행동이 줄어들었고, 특별히 글루텐과 카제인 성분이 든 식품은 철저히 가려서 먹였더니 짜증도 감소하였다고 한다. 물론 가끔 빵 가게에 가고 싶어 하고, 어떻게 하면 먹어 볼까 눈치를 살피기도 하지만 스스로 자제하는 모습이 엿보인다고 하였다.

Chapter

08

수시 학습지도

학습 목표

1. 칭찬과 효과적인 발문을 반영하여 교수 · 학습과정안을 작성한다.
2. 범교과 교육을 하는 이유와 종류에 대해 설명한다.
3. 학교생활에 필요한 규칙과 관련된 AAC 활용 계획을 수립한다.

학습지도

교사는 다양한 역할을 수행하며 많은 업무를 처리한다. 교사의 역할 중 가장 중요한 것은 학생을 가르치는 일이다. 특수교육교사는 특수교육대상 학생들의 개별적인 요구를 파악하고, 그 요구를 바탕으로 학생의 기본생활습관 및 다양한 교과 목표를 세우고 실천한다. 특수교육교사는 수시로 학생의 필요와 요구에 따른 교육 방법을 연구하고 적용하며, 다시 고민하고 수정하는 과정을 반복한다. 그 과정에서 특수교육교사는 특수교육대상 학생에게 유익하고 즐거운 수업을 제공하기 위해 다양한 교재와 교구를 제작하고, 어울리는 매체를 선정하며, 보완대체 의사소통 도구를 활용한 의사소통 방법을 제시할 수 있다. 그리고 이러한 학교생활에서의 다양한 교육적 시도는 교사와 학부모의 긴밀한 협조를 통해 학생의 성장을 돕는다.

1. 칭찬하기

특수교육대상 학생들이 가진 다양한 부적응행동, 학습에 무관심한 태도, 더딘 수행 속도와 같은 것들로 인해 특수교육교사는 칭찬보다는 꾸중을 하는 경우가 더 많을지도 모른다. 교사의 칭찬과 인정을 통해 학생들은 정서적인 안정을 느낄 수 있으며, 교사와 학생은 더욱 친밀한 관계로 변화할 수 있다. 이러한 긍정적 변화는 학생으로 하여금 학교생활에 대한 기대를 갖게 하여 학습 동기와 교육 효과를 높이는 토대가 된다. 이로 인해 교사는 즐거운 마음과 적극적인 태도로 더 잘 지도할 수 있게 된다.

1) 칭찬의 유형

특수교육교사가 현장에서 주로 적용하고 있는 칭찬의 종류는 언어적, 행동적, 물질적 칭찬의 세 가지 유형(김인식, 2000)으로 나눌 수 있다.

① 언어적 수단: '많이 좋아졌구나' '열심히 했구나' 등의 말로 칭찬한다.
② 행동적 수단: 손을 흔들어 주거나 손뼉치기, 엄지손가락을 들어 칭찬한다.
③ 물질적 수단: 칭찬 받을 행동을 했을 때 학용품, 장난감 등 학생이 좋아하는 것을 제공한다.

2) 칭찬할 때 고려할 점

특수교육대상 학생을 칭찬할 때 특수교육교사가 고려해야 할 사항이 있다. 다음은 효과적인 칭찬의 방법(김인식, 2000)과 바람직한 행동의 증가 측면에서 설명하고 있는 사회적 강화제(양명희, 2016)를 특수교육대상 학생에게 적용하도록 정리한 것이다.

① 학생의 행동을 읽고 칭찬한다.
학생을 주의 깊게 관찰하여 학생이 하고 있는 일과 관련된 내용으로 칭찬한다.
② 즉시 칭찬한다.
학생이 바람직한 일을 했을 경우 즉시 칭찬해야 한다. 시간이 지난 후에 칭찬하면 바람직한 행동이 증가하는 효과가 떨어진다.
③ 구체적으로 칭찬한다.
추상적인 개념의 이해가 어려울 수 있는 특수교육대상 학생에게는 구체적인 단어를 사용하는 것이 좋다. 교사가 칭찬하는 대상이 자기라는 것을 학생 스스로 알 수 있도록 해야 한다.
④ 과정에 중점을 두고 칭찬한다.
결과에 초점을 두기보다는 문제를 해결하기 위해 열심히 노력하는 과정에서 보이는 학생의 모습과 행동을 칭찬한다.
⑤ 다양한 표현으로 칭찬한다.
학생의 다양한 행동을 똑같은 문장이나 단어만을 사용하여 칭찬하기보다는 상황에 따라 여러 가지 표현으로 칭찬하는 것이 좋다.
⑥ 인정하고, 신뢰해주는 태도로 칭찬한다.
성의 없는 태도와 말투로 형식적인 칭찬을 하는 것이 아니라 학생을 신뢰하고 있다는 느낌이 들도록 진심을 다해 칭찬한다.

TIP 장애가 심하다고 해서, 말을 하지 못한다고 해서 교사의 따뜻한 눈빛과 마음이 담긴 표현을 느끼지 못하는 것은 아닙니다. '최고야'라는 진심 어린 말 한마디와 엄지손가락을 들어 학생을 칭찬하는 교사의 표현이 학생을 더욱 성장하게 하는 밑거름이 될 수 있습니다.

더 상세한 정보가 필요하다면!

Nelsen, J., Foster, S., & Raphael, A. (2019). 친절하며 단호한 교사를 위한 학급긍정훈육법: 특수교육편. (김성환, 황미주, 심규현, 빈나리, 박주현 공역). 서울: 에듀니티.
양명희(2016). 행동수정이론에 기초한 행동지원. 서울:학지사.

2. 발문하기

수업 시간에 교사의 발문은 수업의 상당 부분을 차지한다. 교사는 수업을 진행하면서 학생과 끊임없이 대화한다. 특수학교 수업은 일반학교 수업에 비해 평균적으로 학생보다 교사의 발문 비율이 더 높다. 발문은 수업 시간에 학생이 더 적극적으로 참여할 수 있도록 하는 학습 활동의 촉진제 역할을 한다. 또한, 교사가 몰라서 묻는 것이 아니라 학습자가 학습목표를 달성하도록 의도적으로 물어보는 것이다. 교사는 수업을 계획하는 단계에서 학생들의 학습 활동에 대한 관심을 이끌어 내고, 사고 활동을 자극할 수 있는 발문을 어떻게 해야 할지 생각해야 한다.

1) 발문이 갖추어야 할 조건

효과적인 수업을 이끌기 위해서는 좋은 발문의 조건(정찬기오 외, 2016)이 있다. 특수교육교사는 발문을 통해 학생들의 성장을 이끌 수 있도록 자신이 맡은 학생들의 수준을 고려한 발문을 계획해야 한다.

① 모든 학생이 이해할 수 있는 말로 발문해야 한다.
② 한 번에 한 가지 대답을 요구하는 발문이어야 한다.
③ 수업 내용과 직접적으로 관련이 있는 내용이어야 한다.
④ 학생의 능력과 수준을 고려하여 구체적이고 명확한 내용으로 발문한다.

⑤ 유행어나 비속어가 아닌 어법에 맞는 올바른 언어를 사용해야 한다.
⑥ 학생의 지식과 경험의 범위 안에서 대답할 수 있는 발문이어야 한다.
⑦ 단순한 지식을 반복적으로 이야기하는 발문이 아닌 학생의 사고 과정을 자극하여 스스로 생각할 수 있게 만드는 발문이어야 한다.

2) 발문할 때 고려할 점

특수교육대상 학생에게 발문할 때는 일반적으로 고려해야 할 점(정찬기오 외, 2016)에 덧붙여 특수교육교사의 관점에서 다시 한번 생각해 보고 적용할 필요가 있다.

① 학생의 개별적 수준을 고려한다.
특수교육대상 학생들은 흥미와 재미가 충족되어야 수업에 적극적으로 참여한다. 교사의 발문에는 흥미유발의 효과가 높으며, 학생들이 조금만 생각하면 쉽게 답할 수 있는 수준의 발문을 포함하고 있어야 한다. 같은 교과와 제재라 하더라도 학생의 수준에 따라 수업의 활동과 내용이 달라지므로 발문도 다양한 수준에서 이루어져야 한다.
② 특정 학생에게 발문을 집중하지 않는다.
특수교육 현장에서는 반응을 잘하는 특정 학생에게만 수업이 집중될 가능성이 있다. 발문은 가능한 한 모든 학생에게 고르게 한다.
③ 자료를 활용하여 발문한다.
수용 언어는 가능하지만 구어로 표현하는 데 어려움이 있는 특수교육대상 학생에게는 발문에 답하기 위한 몇 가지의 구체물이나 그림카드, 낱말카드, AAC 등의 자료를 제시하고, 그 자료를 선택하도록 한다.
④ 대답할 시간을 충분히 준다.
실제 수업을 관찰해 보면 교사가 발문한 후 학생들을 기다려 주는 시간이 생각보다 길지 않다. 특수교육대상 학생들을 대상으로 한 수업 시 발문 후 원하는 답이 빨리 나오지 않으면 교사가 먼저 대답해 버리고 학생에게 동의를 구하는 광경을 흔히 접하게 된다. 일반학생에 비해 반응이 더욱 느릴 수밖에 없는 특수교육대상 학생들에게 발문을 한 후에는 교사가 여유를 갖고 기다려 주어야 한다.

⑤ 학생들의 대답에 긍정적으로 반응한다.

특수교육대상 학생들은 교사의 의도와는 다른 다양한 답을 내놓을 수 있다. 그럴 때 교사는 당황하는 태도를 보이거나 핀잔을 주지 말고, 학생들에게 관대하고 따뜻하게, 그리고 자신감을 북돋을 수 있는 태도로 반응한다.

TIP 수업하는 장면을 동영상으로 촬영한 후 자신의 발문을 분석해 보는 것도 좋습니다. 자신의 수업 장면을 보는 것이 조금 어색할 수 있으나, 자신이 어떤 발문을 어떻게 하는지 정확하게 확인해서 긍정적인 방향으로 수정해 나가는 데 도움이 됩니다. 발문과 더불어 교사의 목소리도 중요합니다. 같은 크기로 단조롭게 말하고 있지는 않은지, 목소리의 크기가 너무 크거나 작지 않은지 스스로 점검해 보는 과정이 필요합니다. 목소리의 크기, 음색, 속도를 적절하게 조절하면 수업의 분위기를 훨씬 더 효과적으로 이끌어 나갈 수 있습니다.

3. 기본생활습관 교육

특수교육대상 학생의 기본생활습관 교육은 매우 중요하다. 기본생활습관은 정해진 달이나 특별한 날에만 하는 교육이 아니다. 일 년 내내 수시로 학교와 가정에서 지속적으로 이루어져야 한다.

1) 기본생활습관 교육 방법

① 학생의 현행 수준을 파악하여 지도하고자 하는 목표 행동을 단계별로 나눈다. 같은 목표를 가지고 있더라도 학생의 수준에 따라 나뉘는 단계가 다를 수 있다.

② 기본생활습관은 특정 상황에서의 연습으로만 형성되지 않는다. 실생활 장면에서 꾸준히 이루어져야 한다.

③ 담임교사, 교과담당교사, 특수교육보조인력 등 학교 내 모든 구성원의 협력이 있어야 한다.

④ 대부분의 기술들은 가정에서 더 많이 사용되기 때문에 교육에 관한 정보를 학부모와 주고받으며 가정과 연계하여 지도한다.

2) 기본생활습관 지도 목표

학교생활에 필요한 학급 규칙 지키기, 개인위생, 학습 태도 등 여러 영역에서 학생들이 지킬 수 있는 다양한 목표를 세운다. 목표를 정할 때에는 학교생활에서 교사가 지도할 수 있는 영역을 선정하며, 한 번에 너무 많은 행동 목표가 들어가지 않도록 주의한다. 목표의 예로는 바르게 인사하기, 내 물건 스스로 정리하기, 쓰레기 분리수거하기, 맡은 구역 청소 잘하기, 손 깨끗이 씻기, 양치질 바르게 하기, 식당에서 차례대로 줄 서기, 복도에서 뛰지 않기, 몸단장 깨끗이 하기, 수업 시간에 바르게 앉기 등이다.

TIP 한 주에 한 가지 영역을 정하여 중점적으로 지도하는 계획을 세울 수 있습니다. 예를 들어 새로운 선생님과 친구들을 만나는 3월 첫 주에는 '바르게 인사하기', 둘째 주에는 '내 물건 스스로 정리하기' 등 한 가지 주제를 정합니다. 그 주에 가장 많은 노력을 한 학생에게는 학생이 좋아하는 강화제를 제공하는 것도 좋습니다. 매주 새로운 주제를 정하지 않아도 괜찮고, 1~2달에 한 번씩 같은 주제가 반복되어도 좋습니다. 그 주에 정해진 주제는 주간학습계획이나 알림장 등을 통해 학부모에게도 안내하여 가정에서 같은 영역을 중점적으로 지도할 수 있도록 합니다.

3) 기본생활습관 영역 지도의 예

① 컵 사용하기

손잡이가 없는 컵, 한 쪽에만 손잡이가 있는 컵, 양손잡이 컵, 스파우트 컵(젖꼭지와 빨대 중간 형태로 구멍을 통해서만 음료가 나오도록 되어 있음), 빨대 컵 등 다양한 종류의 컵이 있다. 학생의 현재 수행 능력 수준에 맞는 컵을 선택하여 사용한다.

② 이 닦기

교사의 손을 잡고 양치하더라도 물을 입 안에 넣어 헹구기 어려운 특수교육대상 학생이 많이 있다. 물을 뱉는 것이 어려운 학생들에게는 칫솔을 깨끗한 물에 계속 헹구며 닦아 내는 방법으로 지도를 시작한다.

③ 소변 지도

소변 지도는 날이 따뜻해지는 시기부터 시작하는 것이 좋다. 소변에 대한 욕구를 스스로 표현하기 어려운 학생의 경우 소변을 보는 평균 시간마다(예를 들어, 2교시, 4교시 끝난 쉬는 시간 등) 화장실로 데려가 소변을 볼 수 있도록 지도한다. 소변 지도는 특히 가정에서의 연계가 매우 중요하므로 소변지도표 등을 만들어 당일 소변 횟수, 시간 등을 기록하고 가정과 학교에서 내용을 주고받으며 실시하도록 한다.

④ 브래지어 착용

여학생들의 경우, 2차 성징이 시작되면 브래지어를 착용한다. 하지만, 답답하고 불편함 때문에 브래지어를 착용하는 데 거부감이 있는 학생들이 있을 수 있다. 와이어가 있는 브래지어 대신 캡만 들어 있는 스포츠용이나 민소매 형태로 되어 있는 속옷을 착용 할 수 있도록 안내한다.

⑤ 생리 지도

매달 생리 주기가 되면 하루에도 여러 번 생리대를 사용해야 하기 때문에 여학생들에게 매우 중요한 교육 중 하나이다. 학생들이 생리대를 보이게 들고 다니지 않도록 파우치에 보관하여 소지할 수 있도록 한다. 생리대를 알맞게 부착하는 방법은 사람 인형을 활용하여 학생이 여러 번 충분히 연습한 후에 직접 착용해 볼 수 있도록 지도하는 것이 좋다. 또한 생리대를 일정 시간마다 교체할 수 있도록 안내한다. 생리대를 버릴 때는 다른 사람에게 불쾌감을 주는 일이 없도록 돌돌 말아 생리대 포장지로 싸서 버리는 과정과 변기에 넣지 말고 따로 마련된 휴지통이나 위생용품 수거함에 넣을 수 있도록 처리 방법까지 지도한다.

TIP 처음 생리를 시작하게 된 학생에게는 자신의 몸과 마음의 변화를 이해할 수 있도록 보건교사의 도움을 받아 성교육을 합니다. 또한 묻어난 생리혈을 보고 놀라거나 당황해 할 수 있으므로 생리혈에 대한 설명을 할 필요가 있습니다. 생리대 착용 방법을 설명할 때는 생리대의 부드러운 면과 접착면을 만져 보게 하여 몸에 닿는 면과 속옷에 닿는 면의 차이를 알려 주는 것이 좋습니다. 또한 생리대를 착용하는 것에 불편함을 느껴 자꾸 생리대를 빼려는 학생이 있을 수 있습니다. 이 경우에는 학부모에게 요청하여 생리팬티(생리혈을 흡수하여 생리대를 사용하지 않아도 됨)를 구입하여 착용하게 합니다. 그리고 생리 주기가 아닐 때 팬티라이너를 속옷에 붙여 착용하도록 하여 몸에 닿는 느낌에 익숙해질 수 있도록 연습하는 것도 좋습니다.

4. 계기교육

계기교육이란 24절기, 국경일, 법정 기념일, 세계 기념일, 일반 기념일 등 교육과정에 제시되지 않은 특정한 주제에 대하여 교육할 필요가 있을 때 이루어지는 교육을 말한다. 계기교육 안에는 생활에 밀접한 관련이 있는 내용이 포함되어 있으므로 특수교육대상 학생들에게도 다양한 방법으로 교육이 이루어져야 하며, 창의적 체험 활동 시간 또는 해당 주제와 관련된 교과 시간을 활용한다.

1) 계기교육 시 고려할 점

① 절기와 계절에 맞게 자연스러운 교육이 이루어지도록 한다. 봄에는 봄과 관련된 절기 교육을, 기념일은 해당 월에 지도한다.

② 지도하는 학년의 교육과정과 연계하여 실시한다. 교육과정을 분석하여 관련 있는 내용을 선정한다.

③ 다양한 방법으로 계기교육을 실시한다. 학습지로 정보만 전달하는 것이 아니라 다양한 영상이나 사진자료 등을 활용하고, 직접 체험하고 활동해 볼 수 있도록 계획하고 실행한다.

2) 계기교육 지도 예

① 역사책 만들기

삼일절, 현충일, 제헌절, 광복절 등 역사적 사건과 관련된 계기교육 활동 자료로 역사책 또는 역사 신문 만들기 등의 활동을 한다.

② 기념일 달력 만들기

매달 달력을 만들고, 달력에 기념일과 절기 등을 표시하며 해당 월의 기념일과 절기를 파악한다.

③ 미술과 연계하여 활동하기

미술 활동을 통해 국경일, 기념일 등의 의미와 내용을 알도록 포스터나 표어를 만들어 게시한다.

④ 음악과 연계하여 활동하기

절기와 관련된 노래 배우기, 노래 감상하기, 관련 노래 발표회 열기 등 음악과 관련된 다채로운 활동을 한다.

⑤ 영화 상영

절기나 기념일과 관련된 주제의 영화를 찾아 학생들과 함께 시청하고, 상영 후에는 감상문 쓰기 등의 확장 활동을 한다.

⑥ 현장학습

현장체험학습을 계획한 달에 포함된 기념일 또는 계절 등 계기교육과 관련 있는 곳을 장소로 정한다. 예를 들어, 삼일절 학습 후에는 유관순열사기념관이나 제암리3.1운동순국기념관 등을 방문할 수 있다.

TIP 계기교육을 했던 활동 모습을 사진으로 찍거나 활동을 통해 나온 결과물을 모아 학기 말에 작은 전시회를 여는 것도 좋습니다. 학생들은 자신의 모습이 담긴 사진과 결과물을 통해 긍정적인 피드백을 얻을 수 있고, 학부모는 다양한 수업에 열심히 참여한 자녀의 활동 모습을 보고 칭찬과 격려를 해 줄 수 있습니다.

더 상세한 정보가 필요하다면!

국립특수교육원(2015). 기본 교육과정 교과서 보완자료. 중학교 사회 계기교육.

행정안전부 업무안내. 국경일과기념일. (https://www.mois.go.kr/frt/sub/a06/b08/nationalHoliday/screen.do)

특수학급보완자료 사회(계기교육) 초등학교, 중학교, 고등학교 편. 미래엔도서몰.

각종 교육포털 사이트: 키드키즈, 꼬망세, 누리놀이, 지니키즈, 에듀넷 티 클리어 등

5. 독서교육

책을 읽는 활동은 문자기호를 음성적으로 읽는 해독과 문자 속에 담겨진 의미를 찾아 재구성하는 독해, 글을 읽은 후 정서적 반응과 지식의 확장이 이루어지는 독서의 3단계로 나눌 수 있다. 학교에서 독서 지도는 그 중요도에 비해 실제 지도하는 것이 쉽지 않다. 하지만 독서교육은 특수교육대상 학생들에게 많은 이점이 있다. 또한 독서교육은 별도의 영역이기도 하지만, 국어 교과와 연계하여 교과 지도계획 및 교과학습발달상황 평가에 관련 내용이 들어가므로 학기 초에 국어과 교육과정과 연계한 지도 계획을 세울 때 고려해야 한다.

1) 독서교육의 효과

책이라는 매체를 활용하는 독서교육은 특수교육대상 학생들에게 여러 가지 긍정적인 교육의 효과를 나타낼 수 있다. 그 중에서도 특수교육대상 학생들에게 많이 읽어주는 그림책은 중요한 의미를 가지고 있다. 그림책이 가진 교육적 의의(서정숙, 김언경, 안은희, 최현주, 최소린, 2016)를 토대로 특수교육대상 학생들에게 적용될 수 있는 독서교육의 다양한 효과를 정리해 볼 수 있다.

① 교과서 이외의 다양한 주제의 책을 통해 즐거움을 느끼고, 실생활과 연계된 교육을 간접 경험한다.
② 흥미와 관심을 가지고 좋아하는 책을 읽으며, 자연스럽게 학습 태도가 향상된다.
③ 그림책의 경우 글과 함께 그림이 제공되어 있으므로 특수교육대상 학생들이 그림을 통해 생각하고, 상상할 수 있는 기회가 주어지며, 보다 쉽게 글의 의미를 파악할 수 있다.
④ 책은 다양한 인물이 등장하고, 교훈과 재미를 담고 있다. 다른 사람의 감정에 대한 이해가 어려운 특수교육대상 학생들은 등장인물을 통해 기쁨, 노여움, 슬픔, 즐거움 등 다양한 감정에 대해 배우는 기회를 가진다.

2) 독서교육 지도 방향

경기도교육청, '2020학교독서교육추진계획'에서는 독서교육의 다양한 방향을 제시하고 있다. 특수교육교사는 독서교육 지도의 기본 방향을 숙지하고, 특수교육대상 학생의 특성을 고려한 지도 방향을 설정하도록 한다.

① 책 읽는 기회를 만들어 준다.
특수교육대상 학생들 중에는 글자를 읽지 못하는 학생이 많다. 하지만 글씨를 모른다고 해서 책을 보지 못하는 것은 아니다. 그림으로만 이루어져 있는 책도 있다. 특수교육교사는 특수교육대상 학생들이 책 읽는 것을 겁내지 않고 책과 친해질 수 있는 시간을 마련해 주고, 책을 많이 접할 수 있는 다양한 기회를 제공한다.

② 학생별로 독서교육의 속도를 조절한다.

개인차가 큰 특수교육대상 학생들에게 같은 학급이라고 해서 동일한 책을 주고, 같은 속도로 책을 읽게 하는 것은 독서의 효과를 기대하기 어렵다. 같은 책이라도 학생들의 수준에 맞게 속도를 조절하며 읽을 수 있도록 지도하는 것이 좋다.

③ 학교 도서관을 이용하여 독서교육을 실시한다.

학교 도서관을 이용하면 읽고 싶은 책 고르기, 대여하기, 반납하기 등 책과 관련된 일련의 사회적 교육들을 함께 진행할 수 있다. 또한 독서교육에 필요한 책이 있다면 학교 도서관의 도서 구입 시 신청하도록 한다.

④ 책과 연계된 다양한 활동을 진행한다.

책을 읽는 중에, 혹은 책을 읽은 후에 미술, 음악, 체육과 연계된 다양한 활동으로 통합적인 지도가 이루어질 수 있도록 교육과정을 계획한다. 독서교육이라고 해서 국어시간에만 이루어지는 것이 아니다. 다양한 과목에서 통합적인 지도를 통해 독서교육의 내용이 더욱 다채로워질 수 있다.

TIP 특수교육대상 학생들이 책에 흥미를 느낄 수 있도록 도와줍니다. 처음부터 너무 교육적인 것만 강조하거나 글이 많은 책을 주는 대신 사운드 북이나 그림 위주의 책부터 천천히 시작할 수 있도록 합니다.

3) 독서교육 활동 예

① 책 나눔의 날

학생들의 가정에 있는 다양한 책을 가져와 한 달에 한 번 다른 친구들과 바꿔 보는 책 나눔 프로그램을 운영한다. 책을 구입하는 비용도 아끼고, 학생들은 다양한 책을 접할 수 있다.

② 도서신문 발간

책을 읽고 느낀 점, 책에서 발견한 좋은 구절 나누기, 책을 읽고 떠오르는 그림 모으기 등의 다양한 활동을 실시하고 한데 묶어 정기적으로 도서신문을 만들어 게시한다.

③ 독서왕 선발대회

함께 읽은 책을 토대로 간단한 질문을 만들어 학생들과 함께 퀴즈게임을 한다. 학생들이 좋아하는 상품도 걸려 있다면 훨씬 더 적극적으로 참여하며, 독서교육에 대한 강화가 될 수 있다.

④ 책 속의 주인공 되기

책에 나온 한 장면이나 중요한 부분을 가르칠 때 학생이 직접 주인공이 될 수 있도록 활동을 계획하고, 다양한 자료를 활용하여 직접 체험해 볼 수 있도록 한다. 책에 나오는 장면을 학생이 따라 해 보고 사진을 찍거나, 그림에 학생 얼굴을 붙일 수 있는 활동 자료를 제작하거나 책에 나오는 주인공의 이름을 학생 이름으로 바꾸는 등 다양한 방법으로 시도해 볼 수 있다.

⑤ 북아트

종이를 접거나 오려서 다양한 모양으로 만든 뒤 그림이나 글을 직접 쓰거나 붙여 책의 형태로 만드는 것을 북아트라고 한다. 학생의 수행 수준에 따라 보고 쓰기, 덧쓰기, 직접 쓰기 등 다양한 쓰기 자료를 만들어 제시하면 모두 다른 교육적 요구를 가진 특수교육대상 학생들의 참여를 이끌어 낼 수 있다. 북아트를 활용한 독서교육은 학생들이 직접 만들고, 쓰고, 그리며 통합적 교육 활동이 이루어진다.

⑥ 학급 책 출간

학생들과 함께한 활동 결과물(짧은 동시 짓기, 일기 쓰기, 체험문 쓰기 등)을 한데 모아 학기 말에 학급 책을 발간한다.

TIP '책을 읽어 준다'라고 생각했을 때 종이책을 교사가 직접 읽어 주는 방법을 생각합니다. 하지만 이 외에도 다양한 방법이 있습니다. 전자책의 형태로 제시할 수 있습니다. 전자책은 핸드폰, 태블릿 PC, 컴퓨터 등 다양한 매체를 통한 접근이 용이하며, 화면에 대한 관심과 집중이 높은 학생에게 효과적입니다. 또 다른 방법으로는 다양한 동화 영상을 활용하는 것입니다. 전래동화나 생활동화 등 다양한 영상을 유튜브나 출판사 등의 인터넷 사이트에서 찾을 수 있습니다. 생생하게 느낄 수 있도록 증강현실로 제공되는 책들도 있습니다. 이 외에도 책의 내용 파일을 다운받아 넣어 준 후 책을 펜으로 터치하면 해당 페이지의 내용을 읽어 주는 펜(세이펜, 똑소리펜, 명꼬펜 등)도 있고, 책의 내용을 노래로 만들어 놓은 자료도 찾을 수 있습니다. 앱을 활용한 독서교육도 생각해 볼 수 있습니다. '행복을 들려주는 도서관'은 시각장애인 전용 무료 음성 도서, 뉴스, 잡지 및 재활 정보를 음성 콘텐츠로 제공하는 서비스 앱입니다. 앱을 설치한 후 미디어접근센터(https://www.kbumac.or.kr)에 가입하여 인증을 받고 사용할 수 있습니다. 이렇듯 특수교육대상 학생들의 요구와 특성, 수업의 내용에 따라 교사는 어떤 방법으로 책을 읽어 주거나 들려줄지 생각해 보고 다양한 자료를 찾아보는 것이 필요합니다.

더 상세한 정보가 필요하다면!

경기도교육청(2019). 교무학사매뉴얼(초등). 제2편 교육과정. 독서인문교양교육 편.
어린이 도서연구회 (http://www.childbook.org)
학교도서관 문화운동 네트워크 (http://www.hakdo.net)
한우리 독서문화운동본부 (http://hanuribook.or.kr)

6. 범교과 교육

2015 교육과정에서 범교과 학습 주제는 안전 · 건강 교육, 인성교육, 진로교육, 민주시민 교육, 인권교육, 다문화 교육, 통일 교육, 독도 교육, 경제 · 금융 교육, 환경 · 지속가능한 발전 교육의 10개 주제로 범주화하여 제시하고 있으며, 교과와 창의적 체험활동과 통합적으로 다루도록 안내하고 있다. 여기서는 10개 주제의 범교과 교육 내용 요소 및 교육 활동의 예, 참고할 수 있는 사이트를 소개하였다. 다문화 교육에서 다룰 수 있는 다문화 가정의 특수교육대상자에 대한 지원 방법 등은 다음에 조금 더 자세히 설명하고자 한다.

1) 안전 · 건강 교육

① 내용 요소

자연 재난 상황에서 안전을 지키는 방법, 보건 및 성교육, 건강한 식생활 및 영양교육 등

② 교육 활동의 예

학생들과 함께 직접 체험할 수 있는 교구를 활용하거나 대피 훈련을 실시한다. 훈련의 과정을 미리 영상이나 사진을 통해 단계별로 지도한 후 학교에서 대피로를 따라 직접 대피해 보는 활동이 필요하다. 또한 비만 예방, 흡연 예방, 안전 수칙 지키기 등 안전과 건강에 관련된 포스터를 만들고 전시하기 등의 다양한 활동을 진행할 수 있다.

③ 참고할 수 있는 사이트

교육부 학교안전정보센터 www.schoolsafe.kr/

TIP 특별한 날짜에 시간을 내어 실시하는 재난대비훈련 등이 아니더라도 학교생활에서 이루어지는 모든 교육 활동에서 안전에 대한 교육이 생활 속에서 밀접하게 이루어질 수 있도록 계획하고 실천하는 것이 필요합니다.

2) 인성교육

① 내용 요소

우리나라 전통 윤리(효도, 공경 등), 생명 존중, 공동체 의식 등

② 교육 활동의 예

고마운 선생님과 부모님께 편지 쓰기, 교실이나 가정에서 동 · 식물 기르기 등의 활동을 통해 효도와 공경, 생명 존중에 대한 실천적 교육을 실시한다.

③ 참고할 수 있는 사이트

인성교육지원센터 https://insung.kedi.re.kr/

TIP 살아 있는 동물을 학급에서 기를 때에는 생명에 대한 존중 의식을 바탕으로 키우고자 하는 동물에 대한 기본적인 이해가 필요하며, 교사는 수업이나 학기가 끝난 후에도 책임 의식을 가지고 돌봐야 합니다.

3) 진로교육

① 내용 요소

진로탐색, 진로 체험 활동, 여가 시간 활용 방법 등

② 교육 활동의 예

학생 자신에 대한 이해를 바탕으로 진로를 탐색하고, 직업에 대한 이해를 돕기 위한 교육내용을 중심으로 하며, 다양한 직업을 직접 경험해 볼 수 있는 체험 프로그램을 실시하면 도움이 된다.

③ 참고할 수 있는 사이트

진로정보망커리어넷 https://www.career.go.kr

TIP 특수교육대상 학생들의 진로 · 직업 교육은 고등학교 졸업 이후 진학과 취업, 자립생활의 기초를 마련합니다. 진로교육은 진로 인식, 진로탐색, 진로 설계를 포함한 체계적인 교육이 필요합니다.

4) 민주시민 교육

① 내용 요소

청렴 · 반부패 문화 형성, 헌법의 정신 및 법 질서 존중, 생산 활동에 참여하고 있는 근로자의 권리와 의무 등

② 교육 활동의 예

학급과 학교에서 지켜야 할 규칙 만들기, 친구를 배려하기 위한 행동 알기, 교통 질서 익히기 등의 활동을 한다.

③ 참고할 수 있는 사이트

민주화운동기념사업회(행안부) http://www.kdemo.or.kr/

5) 인권교육

① 내용 요소

인간의 존엄성과 인권 존중(아동 및 청소년), 장애인 차별 금지, 각종 폭력 예방, 양성평등, 노동 인권 존중 등

② 교육 활동의 예

인권교육에는 모든 학생을 대상으로 장애 영역별 특성, 교우관계 형성 등의 장애 이해교육 및 장애 학생 인권보호에 대한 내용이 포함된다. 장애 학생 스스로 자신의 인권을 보호할 수 있도록 일상생활에서 학생들이 경험할 수 있는 사례를 중심으로 교육한다.

③ 참고할 수 있는 사이트

국가인권위원회 교육센터 http://edu.humanrights.go.kr

TIP 최근 장애 학생 인권에 대한 중요성이 더욱 강조되고 있습니다. 이에 교육부에서는 장애 학생들의 인권보호를 위한 인권지원단을 운영하고, 지역 경찰서, 복지관 등 유관기관과의 협력을 강화하고자 하는 노력을 하고 있습니다. 또한, 장애 학생, 비장애 학생, 교사, 학부모를 대상으로 장애인권교육을 포함한 장애이해교육, 자기옹호교육 및 성폭력 예방을 위한 교육 등을 실시합니다. 국립특수교육원 사이트 내에는 장애 학생 온라인 인권보호 지원센터를 운영하고 있습니다.

6) 다문화 교육

① 내용 요소

다양성을 존중하는 교육 활동, 세계시민 교육 및 국제이해 교육, 국제 사회 전반에 걸친 다문화 이해와 상호 존중 등

② 교육 활동의 예

세계 각국의 음식, 의상, 놀이를 체험하고 문화적 특성을 알아볼 수 있는 다양한 활동을 제공하여 다문화 가정에 대한 문화적 다양성을 인정하고 존중하며, 사회적 차별 및 편견을 예방할 수 있도록 교육한다.

③ 참고할 수 있는 사이트

다문화교육 다누리배움터 http://www.danurischool.kr/

7) 통일 교육

① 내용 요소

통일의 필요성, 국가 상징, 한국문화사, 호국보훈, 국가정체성 등

② 교육 활동의 예

교육과정과 연계하여 평화통일에 대한 의식 함양 및 안보의식, 북한에 대한 올바른 인식과 이해를 도울 수 있는 영상을 시청하거나 통일안보와 관련된 문예행사를 운영할 수 있다. 또는 국립현충원, 한반도통일미래센터 등 통일 교육과 관련 있는 장소로 현장체험학습을 갈 수도 있다.

③ 참고할 수 있는 사이트

통일부 통일교육원 www.uniedu.go.kr

8) 독도 교육

① 내용 요소

국토에 대한 개념 인식, 독도 사랑 등

② 교육 활동의 예

독도에 대한 역사 인식 및 교육의 중요성이 점차 강조되고 있다. 특수교육대상

학생들도 우리나라에서 중요하게 생각하는 문제들에 대한 이해를 가질 수 있도록 독도 관련 영상 시청하기, 독도 역사 알리기 포스터 그리기, 독도체험관 방문하기 등의 활동을 할 수 있다.

③ 참고할 수 있는 사이트

동북아역사재단 http://www.historyfoundation.or.kr

9) 경제 · 금융 교육

① 내용 요소

소비자의 책임과 권리, 창업(기업가)정신, 합리적 경제 활동, 복지와 세금, 금융생활, 지적 재산권 등

② 교육 활동의 예

지역사회 내 은행 이용하기(통장 개설, 창구 이용, 자동화기기 사용 방법 익히기), 상점 이용하기(편의점, 마트, 음식점 이용하기) 등을 통한 교육을 계획하여 실시한다.

③ 참고할 수 있는 사이트

한국은행 경제교육 http://www.bokeducation.or.kr

10) 환경 · 지속가능발전 교육

① 내용 요소

저출산 · 고령화 사회 대비 교육, 물 · 에너지 보호, 해양교육, 농업 · 농촌 이해 교육, 더 나은 환경과 지속적으로 발전하는 사회 등

② 교육 활동의 예

폐품을 이용한 만들기 대회, 환경보호 및 에너지절약 관련 포스터 그리기, 글짓기, 일기 쓰기 등을 통해 환경의 중요성을 생각해볼 수 있도록 하며, 환경 보호 관련 영화 또는 다큐멘터리 상영, 사진전 등을 통해 환경 보호에 대한 경각심을 가질 수 있도록 한다. 또한, 재활용품 분리수거하기, 수돗물 아껴 쓰기, 불필요한 전기 사용 줄이기, 적정 실내 온도 유지하기 등의 학교에서 실천할 수 있는 다양한 교육 활동이 자연스럽게 이루어질 수 있도록 한다.

③ 참고할 수 있는 사이트

케미스토리 어린이 환경과 건강포털 http://www.chemistory.go.kr, 국가지속가능발전 포털 http://ncsd.go.kr/

TIP 범교과 교육은 다양한 주제를 포함하고 있습니다. 특수교육교사는 학습 내용을 선별할 때, 특수교육대상 학생의 지적 수준에 대한 교사의 개인적 판단으로 교육의 주제 또는 내용을 제한해서는 안 됩니다. 자칫 어려울 수 있는 주제를 가진 범교과 교육이라 할지라도 특수교육교사는 특수교육대상 학생에게 다양한 주제의 범교과 학습이 이루어질 수 있도록 학생의 수준에 적합한 난이도와 흥미로운 방식을 고려하여 지도하도록 합니다. 그 밖에 정보통신활용 교육, 보건 교육, 한자 교육 등은 범교과 학습의 10개 주제에 속하지 않지만, 관련 교과(군)와 창의적 체험 활동 시간에 학교가 자율적으로 시간을 확보하여 지도할 것을 권장하고 있습니다.

더 상세한 정보가 필요하다면!

경기도교육청 사이트 내 통합자료실. (초 · 중등) 범교과 학습 주제와 교과 교육과정 연결맵 활용 자료.

에듀넷 티-클리어 (http://info.edunet.net)

창의 · 인성 교육넷(크레존) (https://www.crezone.net)

7. 다문화 및 특수교육대상 학생 지도

우리나라의 다문화 학생은 매년 증가하고 있으며, 통계상으로도 전체 학생은 저출산으로 인한 감소세를 보이는 반면, 다문화 학생은 증가하고 있다. 특수학교나 특수학급에서도 다문화 가정의 특수교육대상 학생을 자주 만나게 된다. 앞에서 소개한 범교과 교육에서도 다문화 교육에 대해 다루었지만, 여기서는 다문화 가정의 특수교육대상 학생을 어떻게 지원해 줄 수 있는지에 대해 조금 더 상세히 살펴보고자 한다.

1) 다문화 가정의 학부모와 학생이 가진 어려움

다문화 가정의 특수교육대상자로 선정된 학생은 다문화와 장애라는 두 가지 어려움을 가지고 있다. 특수교육교사는 일반 특수교육대상자와는 다른 다문화 학생의 교육적 고려사항(박주언, 한경근, 2019)을 기억해야 한다.

① 언어적인 문제를 가지고 의사소통에 어려움을 가질 가능성이 매우 크다.
② 특수교육대상자로서 '장애'와 다문화 가정의 자녀로서 '문화'라는 두 가지 측면에서 어려움을 겪는다.
③ 다문화 가정은 가정의 형태, 출생지, 거주지 등에 따른 다양한 특성을 가지고 있다. 의사소통의 문제, 자녀양육 및 교육과 관련된 정보를 얻을 수 있는 기회의 부족, 다른 가족 구성원과의 갈등, 문화적 부적응이라는 측면에서 어려움을 겪는다.

2) 다문화 및 특수교육대상 학생을 위한 교육적 고려사항

다문화 가정의 특수교육대상자에 대한 목표는 학업에 있어 균등한 기회가 보장될 수 있도록 지원하는 것이다(박주언, 한경근, 2019).

① 다문화 가정의 특수교육대상 학생이 특수교육대상자로 선정된 배경을 살펴본다. 이때 특수교육대상 학생이 가진 다양한 문제가 다문화 가정이 가진 특성 때문인지, 혹은 인지적 문제인지를 파악하여 그에 따른 적절한 교육목표를 설정하는 것이 필요하다.
② 다문화 가정은 하나의 범주로 묶기 어려우며, 다양한 문화권에 속해 있으므로 각 가정별로 모두 다른 특징을 가진다. 따라서 특수교육대상 학생이 속한 가정의 문화적 배경을 먼저 파악하는 것이 필요하다. 그 특성을 바탕으로 학습에 긍정적으로 활용할 수 있는 방안과 특별히 고려해야 할 사항이 있는지 찾아 적용한다.

TIP 특수교육대상 학생이 있는 다문화 가정의 학부모에게 자녀 교육에 필요한 정보를 안내할 때는 최대한 자세하게 안내하도록 하며, 학교에 기한 내에 제출해야 하는 서류나 중요한 내용 등은 개별적으로 다시 한 번 안내가 필요합니다. 또한 필요할 경우 다문화 가정의 학부모에게 관련 기관의 협조와 지원에 관한 내용을 제공할 수 있습니다.

더 상세한 정보가 필요하다면!

박주언, 한경근(2019). 중국계 다문화가정 장애학생 학부모의 초등학교 통합교육에 대한 인식과 경험. 특수교육연구, 26(2), 163-186.

Hallahan, Daniel P., Kauffman, James M., & Pullen, Paige C. (2014). 특별한 학습자를 위한 특수교육. (장혜성, 김수진, 김호연, 최승숙, 최윤희 공역). 서울: 학지사.

8. 교재 · 교구 제작 및 활용

특수교육 현장에서는 교재 · 교구를 활용하여 직접 경험하고, 체험할 수 있는 형태의 수업이 많이 이루어진다. 그렇기 때문에 특수교육에서 교재 · 교구는 매우 중요한 부분이다.

1) 교재 · 교구(학습자료) 제작 시 고려할 점

교재 · 교구를 제작할 때 고려해야 할 여러 가지 사항(임경옥, 박지은, 김미정, 2018; 이경면, 2018)이 있다. 특별히 특수교육대상 학생을 위해 교재와 교구를 제작할 때는 특수교육대상 학생들이 가진 개별적인 특성을 고려해야 한다.

① 학생의 발달단계 및 특성을 고려하여 제작한다. 예를 들어, 뭐든지 입으로 가져가는 학생에게 아주 작은 크기의 교재는 피해야 한다.

② 특수교육대상 학생들의 흥미와 관심을 끌 수 있도록 만들어야 한다. 교재 · 교구를 만들 때 어둡고 칙칙한 색깔보다는 학생들의 주의를 끌 만한 색을 사용하면 좋다. 또한 사전에 학생이 좋아하는 캐릭터 등을 조사하여 해당 캐릭터의 그림이 들어가면 학생들의 관심을 끌기에 좋다.

③ 안전과 위생을 고려해야 한다. 예를 들어, 코팅된 자료를 오릴 때 일자로 자르다 보면 모서리 부분에 긁히거나 찔리는 등 학생들이 다칠 수 있으므로 코너라운더 등을 사용하거나 가위로 끝을 둥글게 잘라야 한다. 그리고 반복적으로 사용해야 하는 교재 · 교구는 가능한 한 깨끗하게 유지할 수 있는 재료가 무엇인지 고민하여 선택한다.

④ 전시와 보관이 가능한 것인지 생각해야 한다. 힘들게 만든 교재와 교구를 한 번 만 쓰고 버린다면 비효율적이다. 보관을 용이하게 만들어야 지속적으로 활용하기 좋다.

TIP 교재 · 교구의 제작 재료는 매우 많습니다. 도화지만 예를 들더라도 용도에 따라 그램 수가 다른 종이를 선택할 수 있습니다. 아트지, 머메이드지, 주름지, 골판지 등 종이의 종류도 매우 다양합니다. 많은 재료의 특성을 제대로 알아야 교재 · 교구를 제작하기가 용이하기 때문에 교사는 평소 다양한 재료의 특징과 활용법을 알아 두면 좋습니다. 또한 교재 · 교구를 제작하기에 앞서 기존에 상품화된 교재 · 교구에는 어떤 것들이 있는지 미리 파악해 두는 것도 도움이 됩니다. 학생의 개별적 요구나 교사의 수업 형태에 맞게 제작할 수도 있지만, 교사가 직접 만드는 것보다 상품화된 교재 · 교구의 형태나 기능이 훨씬 좋다면 구입해서 사용하는 것도 좋습니다.

2) 교재 · 교구의 활용

교사는 교재 · 교구를 다양하게 활용할 수 있는 전략(임경옥 외, 2018)을 미리 파악하여 교육의 목적과 상황에 따라 효과적으로 쓸 수 있는 역량을 갖추어야 한다.

① 주의집중과 동기유발 기회를 제공한다. 매력적이고 흥미 있는 교재 · 교구는 학생이 활동에 관심을 가질 수 있도록 하며, 집중할 수 있도록 돕고, 학습의 효과를 높인다.

② 학생의 능동적이고 적극적인 태도를 이끌어 낸다. 적절한 교재 · 교구는 학생으로 하여금 수동적인 태도에서 벗어나 직접 조작하고 탐색하여, 학습에 참여하고자 하는 태도를 가지게 한다.

③ 다양한 의사소통의 기회를 제공한다. 교재 · 교구를 활용하면 다양한 상황을 만들어 낼 수 있다. 여러 가지 상황은 풍부한 의사소통의 기회가 생기는 것을 의미한다.

④ 또래와 함께 교재 · 교구를 사용할 수 있도록 유도한다. 또래와 함께 교재 · 교구를 사용하는 시간을 통해 다른 사람과 관계를 맺고, 상호 작용하는 방법을 배울 수 있다.

⑤ 교실 내에 편안한 공간을 마련하고, 교재와 교구를 자유롭게 탐색할 수 있는 휴

식 시간을 제공한다. 학생은 휴식 공간에서 다양한 교재·교구를 자유롭게 활용하여 놀이 활동을 하며 안정감을 느낀다. 학생의 선호도를 미리 파악하여 좋아하는 교재와 교구를 준비하는 것이 좋다.

TIP 다양한 주제로 열리는 교육박람회 관람을 통해 여러 가지 아이디어를 얻을 수 있습니다. 매년 열리는 시기와 장소가 다를 수 있으니 해당 연도 전시 계획을 학년 초에 미리 검색해 보고 일정을 확인하도록 합니다. 미리 검색한 정보를 바탕으로 주변 지역에서 열리는 교육박람회에 참석하면 좋습니다. 대표적인 교육박람회로는 초등교육박람회, 서울국제유아교육전, 대한민국교육박람회 등이 있습니다.

더 상세한 정보가 필요하다면!

임경옥, 박지은, 김미정(2018). 장애영유아 보육교사, 특수교육교사, 통합교사를 위한 특수교구교재 제작. 서울: 학지사.

9. 교수 매체 활용

특수교육대상 학생들과의 수업을 성공적으로 진행해 나가기 위해서는 그들의 흥미를 자극하고 동기를 유발시켜 수업에 적극적으로 참여하도록 유도할 수 있는 다양한 교육 매체를 사용해야 한다.

1) 교수 매체의 선정 시 고려할 점

수업의 목표를 달성하기 위한 교수 매체 선정 시 고려할 점(한국특수교육교과교육학회, 2011)이 있다. 다양한 종류의 교수 매체들 중에 어떤 매체를 선정할지에 대한 고민은 수업의 특성과 학생의 능력, 자신의 역량을 고려하여 해야 할 교사의 몫이다.

① 실제 수업에 적용하고 활용할 수 있는 매체를 선정한다.
② 지나치게 추상적인 교수매체보다는 구체적인 매체를 선정한다.
③ 학습 목표와 해결해야 할 학습 문제를 고려하여 학습 과제에 어울리는 매체를 선정한다. 어떤 매체가 좋다고 해서 학습 내용과 관련 없는 매체를 선정해서는 안

된다.

④ 매체를 사용할 교사 자신이 능숙하게 다룰 수 있는 매체를 선정한다. 아무리 좋은 매체라도 교사 자신이 사용 방법을 잘 모르면 활용하지 않게 된다.

2) 스마트 기기를 적용한 교수 매체 활용 방법

스마트 기기를 활용한 다양한 교수 매체로는 스마트폰과 스마트패드, 증강현실, 가상현실, 전자칠판, 스마트 토이, 3D프린터 등이 있다.

[그림 8-1] 전자칠판과 게임 결합

[그림 8-2] 전자칠판과 스마트폰의 연동

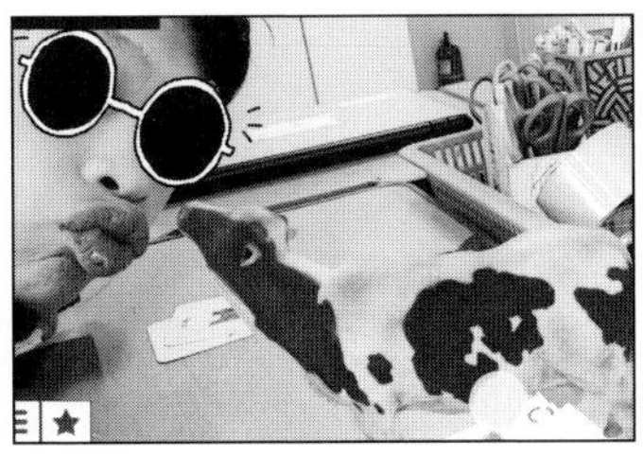

[그림 8-3] 가상현실(VR) 체험과 증강현실(AR) 체험

[그림 8-4] 스마트 테이블

[그림 8-5] 3D프린터와 3D펜

TIP 수업 시간에 다양한 교육용 앱을 활용하면 학생들의 흥미와 관심을 유발할 수 있으며, 제한된 상황에서 훨씬 더 풍부한 활동을 진행할 수 있습니다. 학생들에게 적용하기 전에 교사가 직접 다양한 앱을 활용해 보고 수업에 적용하는 것이 좋습니다. 활용할 수 있는 몇 가지 예를 들면 소중한글(한글 자·모음 학습, 단어 카드 활용 퀴즈 등), 어린이그림카드(과일, 채소, 동물 등 다양한 그림에 해당하는 단어 읽기, 낱말 쓰기 등), 달달아이 숫자(숫자 쓰기, 숫자 관련 노래 익히기, 연산학습) 등이 있습니다.

더 상세한 정보가 필요하다면!

한국특수교육교과교육학회 편(2011). 특수교육 교과교육론. 경기: 교육과학사.

임경옥, 박지은, 김미정(2018). 장애영유아 보육교사, 특수교육교사, 통합교사를 위한 특수교구교재 제작. 서울: 학지사.

김경철, 고진영, 최우수(2018). 영·유아교사를 위한 교수매체의 이론과 실제. 경기: 공동체.

10. 보완대체 의사소통(AAC) 활용

특수학교에서는 말과 언어의 이해 및 표현에 어려움을 가진 특수교육대상 학생들을 어느 교실에서든 만날 수 있다. 그래서 특수교육교사는 학교 현장에서 특수교육대상 학생들의 학습 참여와 의사소통 욕구 충족을 위해 보완대체 의사소통(augmentative and alternative communication: AAC)수단을 활용한다.

1) AAC 적용을 위한 특수교육교사의 준비 사항

특수교육교사는 학생에게 AAC를 적용하기에 앞서 AAC의 사용과 관련해서 기본이 되는 전제(김영태, 박은혜, 한성경, 구정아, 2016)를 바탕으로 미리 정보를 수집하고 준비해야 할 것들이 있다.

① 학생의 의사소통 현행 수준을 정확하게 파악하고 목표를 세운다.
② 학교생활의 여러 장면(수업, 이동, 식사, 용변 등)에 필요한 어휘 및 상징 정보를 파악한다.
③ AAC를 개별화교육계획 및 교육과정 안에 포함시켜 교육한다.
④ 교과담당교사에게도 정보를 제공하여 동일한 AAC 지도가 이루어지도록 한다.
⑤ 학부모에게 지속적인 피드백 및 정보를 제공하여 학교와 가정 간에 연계지도가 이루어질 수 있도록 한다.

TIP 몸짓 상징 "손담"은 구어를 통한 의사소통이 어렵고, 수어나 보완대체의사소통 도구를 사용하는 데에도 어려움이 있는 중도 · 중복장애 학생들의 의사소통 교육을 위해 개발된 상징체계입니다. 장애자녀 부모지원 종합 시스템인 온맘 사이트에서 관련 자료를 받아 활용할 수 있습니다.

2) 학교와 학급에서 활용할 수 있는 AAC의 예

① 시각적으로 일정을 확인할 수 있는 시간표를 활용한다.
수업시간표를 그림, 해당 수업 교사의 사진, 교과서 그림 등 상징을 넣어 제작할 수 있다. 벨크로 등을 이용해 수업이 끝나면 하나씩 뗄 수 있게 만든다면 시간의 순서도 눈으로 확인할 수 있다.
② 음악실, 체육관, 식당 등 장소 정보에 대한 그림 상징을 사용한다.
특별실 문 앞에 상징을 붙이면 어떤 장소인지 알 수 있다. 음악실, 미술실, 체육관이나 식당 등 학교 안에 있는 다양한 특별실로 이동할 때 가야 할 곳을 미리 파악할 수 있으며, 도착한 곳에서 다시 그림 상징을 보고 맞게 왔는지 확인할 수 있다.

③ 녹음기기를 사용하여 주요 어휘를 익힐 수 있도록 돕는다.

토킹 버튼, 스마트 오케이 톡톡, 에이블 토커는 비교적 조작이 간편하고 편리하게 사용할 수 있다. 수업 제재에 따라 중점적으로 지도해야 할 단어나 문장을 녹음하여 편리하게 사용할 수 있다.

④ AAC 앱을 활용한다.

학부모, 교사, 학생 모두가 AAC 앱을 스마트 기기에 설치하여 가정과 학교를 서로 연결할 수 있을 뿐만 아니라 장소에 구애 받지 않고 어디에서나 동일한 방법으로 의사소통할 수 있다.

TIP 특별실, 교과그림 상징 등 매년 사용하는 그림 상징은 같은 학교 안에서 교사들이 정보를 공유하여 동일하게 사용한다면 학년 간 연계가 이루어지며, 교육의 효과를 높일 수 있습니다.

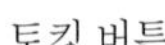
토킹 버튼

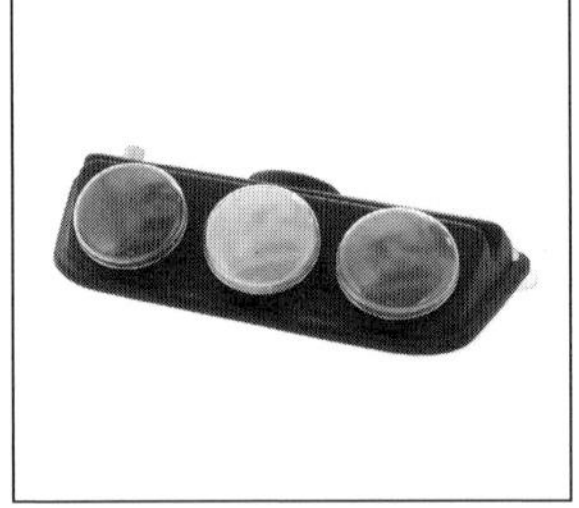

에이블 토커

[그림 8-6] 간단한 녹음 도구(출처: 홍익무역)

보이스탭

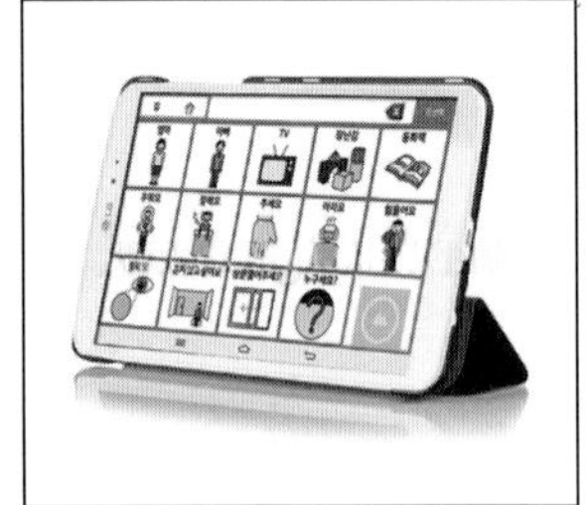

마이토키스마트

[그림 8-7] 하이테크 의사소통 도구(출처: 홍익무역)

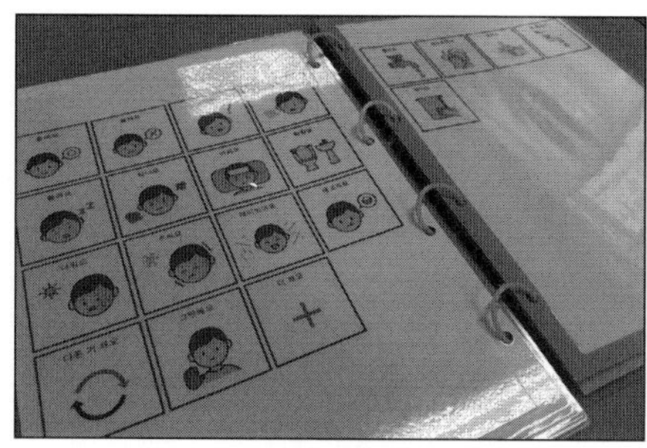
의사소통 책

휴대용 의사소통 카드

시간표

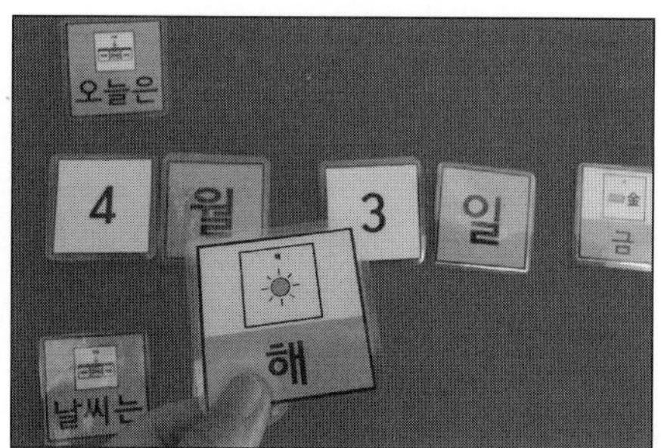

날짜와 날씨판

등교 후 해야 할 일 시각스케줄

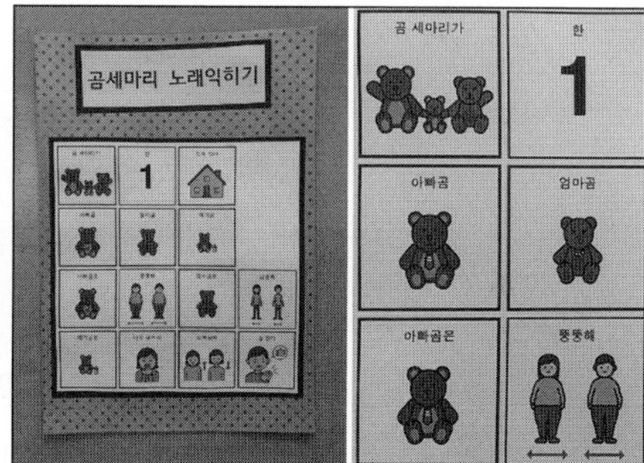

노래 지도

[그림 8-8] AAC 활용의 예

출처: 언어치료 AAC센터 사람과 소통 https://aacexchange.net/

🔍 더 상세한 정보가 필요하다면!

김영태, 박은혜, 한선경, 구정아(2016). 언어치료사 및 특수교사를 위한 한국보완대체의사소통 평가 및 중재 프로그램. 서울: 학지사.

Beukelman, David R., & Mirenda, Pat (2017). 보완대체의사소통. (박현주 역). 서울: 학지사.

11. 정기고사(중간, 기말고사 일정, 시험 범위 안내)

공통교육과정을 운영하는 특수학교(감각장애학교, 지체장애학교 등)와 특수학급은 정기 고사(중간고사, 기말고사)를 실시한다. 학교에서 시험 관리는 매우 중요하고 민감한 사안이므로 교사는 관련 규정을 상세하게 숙지하고 있어야 하며, 임의로 판단해서 시행해서는 안 된다. 다음은 정기고사를 실시할 때 지켜야 할 내용이다.

1) 학업성적 관리 규정

학교에 있는 학업성적 관리 규정 내용을 꼭 숙지하고 있어야 한다. 이 규정은 학교생활기록부의 작성 및 관리에 대하여 필요한 사항을 규정하고 있는 교육부훈령에 따라 각 시 · 도 교육청이 제시한 학업성적관리지침을 준거로 작성된다. 이 규정은 학업성적 평가 및 관리의 일반적인 기준을 제시하여 학업성적 평가 및 관리의 객관성, 공정성, 투명성과 신뢰도를 제고하는 데 목적이 있다.

TIP 공통교육과정 및 선택중심교육과정을 도입하여 적용하는 특수학교에서는 일반학교의 교육과정과 학업성적 관리 규정의 대부분을 똑같이 적용하고 있습니다. 상급학교 진학에 같은 기준을 적용해야 하기 때문입니다. 객관적이고 공정한 학업성적관리를 위한 것이기에 학업성적 관리지침의 일반적 기준은 학교가 반드시 따라야 하며, 학교의 상황에 따라 변경하여 적용할 수 있는 자율적 기준은 제시된 범위 안에서 학교 자체 기준에 따라 설정할 수 있습니다. 학업성적 관리 규정은 매년 시 · 도 교육청에서 내려오는 지침을 확인하여 변경되거나 수정된 사항이 없는지 확인하도록 합니다.

2) 정기고사 실시 안내

① 정기고사를 실시하기 전에 학생과 학부모에게 시험 일정과 시험 범위, 성적 이의 신청 기간, 고사 때 유의 사항 등을 학생들에게 알려야 한다. 주로 가정통신문 형태로 학생과 학부모에게 알린다.

② 정기고사를 실시하기 전에 교과협의회를 개최하여 정기고사에 대한 사항을 확인하고, 내용 변경이 필요하면 학업성적관리위원회의 심의를 거쳐 내부기안으로 근거를 꼭 남겨야 한다.

3) 평가 계획

정기고사는 학기별로 중간고사와 기말고사 각 1회를 실시하는 것을 원칙으로 한다. 매 학년도 초에 학업성적관리위원회의 협의와 학교장 결재를 거쳐 시험 과목을 일부 조정할 수 있다. 다만 자유학기에는 중간 · 기말 고사 등의 일제식 지필평가는 실시하지 않으며, 학생의 학습과 성장을 지원하는 과정 중심의 평가를 실시한다.

표 8-1 정기고사 안내 가정통신문 예

정기고사 안내문

1. 일시: 202○년 ○○월 ○○일(○)요일~202○년 ○○월 ○○일(○)요일

2. 유의사항
   1) 고사 기간 중 등교시간을 꼭 지킵니다. (등교시간 8시 30분, 시험시작시간 8시 50분)
   2) 휴대 전화를 비롯한 통신(전자)기기를 소지하지 않아야 하며, 시험시간 중에 통신기기를 소지한 학생은 부정행위자로 처리합니다.
   3) 부정행위자 및 부정행위 동조자는 해당 과목의 지필평가 성적을 0점 처리합니다.
   4) 고사 종료 시 감독관의 답안지 확인이 끝날 때까지 학생들은 퇴실할 수 없습니다.
   5) 독감 등의 경우 별도의 고사실을 운영하며, 지각생은 남은 시간 동안만 시험 응시를 허용합니다.
   6) 이의 신청 기간 : 202○년 ○○월 ○○일(○)요일~202○년 ○○월 ○○일(○)요일
   7) 중학교 1학년은 자유학기제로 인하여 중간고사를 실시하지 않습니다.

3. 기말고사 일정

일자	교시	중3	고1	고2
○○월 ○○일	1	사회	기술가정	수학 I
	2	정보	정보	
	3	수학	수학	한국지리
○○월 ○○일	1	기술가정	한문 I	사회문화
	2			
	3	국어	국어	화법과 작문
	4		통합사회	
○○월 ○○일	1	영어	영어	영어권 문화
	2		통합과학	한국사
	3	체육	체육	운동과 건강

4. 기말고사 시험 범위: 뒷면 참고

정기고사 외에 수행평가도 실시하는데, 학년 초에 교과협의회에서 각 교과목의 교육과정 및 교과의 특성을 감안하여 수행평가의 영역·방법·횟수·세부 기준(배점)·반영 비율, 기본 점수의 부여 여부, 부여 점수의 범위, 성적 처리 방법, 그리고 결과의 활용 등에 관한 수행평가 계획을 수립하고, 학업성적관리위원회의 심의를 거쳐 학교장의 결재를 받아 시행한다. 수행평가 계획은 평가 전에 학생과 학부모에게 공개한다.

4) 지필평가 문제를 출제하는 경우

지필평가 문제를 출제할 때 주의를 기울여야 할 많은 원칙적인 사항이 있다. 기본교육과정을 사용하는 특수학교와는 달리 감각장애 및 지체장애 특수학교와 같이 공통교육과정 및 선택중심교육과정을 사용하여 대입 내신성적을 고려하는 특수학교에서는 다음의 내용들이 최대한 지켜져야 한다.

① 교과협의회에서 과목별 성취 기준에 맞는 출제 계획을 수립한 후 출제한다.
② 지필평가문제는 타당도, 신뢰도를 제고할 수 있도록 출제하고, 평가의 내용영역, 성취 기준(내용 또는 성취기준 번호), 난이도, 정답, 문항별 배점, 채점 기준이 명시된 '문항정보표'를 작성해야 한다.
③ 교사별로 문항수를 분담하여 출제하는 일이 없도록 하고, 동일 교과목 담당교사 간 협의를 통한 공동 출제를 원칙으로 한다.
④ 지필평가문제를 출제할 때는 시판되는 참고서 등의 문제를 전재하거나 일부 변경하여 출제하는 일, 전년도에 출제한 문제를 그대로 제출하는 일이 없도록 하고, 객관성이 부족하여 정답에 대한 논란이 발생하거나 정답이 없는 문제가 출제되는 일이 없도록 한다.
⑤ 출제 오류로 인한 재시험이 실시될 경우, 학업성적관리위원회의 심의를 거쳐 재시험의 시기와 방법 등을 결정하여 실시한다.
⑥ 성적 처리가 끝난 지필평가문제 원안지와 문항정보표는 성적 산출의 증빙자료로 5년간 당해 학교에 보관한다.
⑦ 학교에서는 장애 학생의 평가조정규정을 마련하여 장애 유형과 정도에 맞는 적절한 평가를 받을 수 있도록 지원해야 하며, 추가적인 평가 조정이 필요한 경우에는 학업성적관리위원회의 심의를 거쳐 구체적인 지원 사항을 결정한다.

표 8-2 문항정보표 예

202○학년도 고등학교 3학년 사회 · 문화과 2학기 기말고사 문항정보표	출제자	○○○

단원: Ⅲ. 문화와 사회 02 문화 이해의 태도~04 한국 문화의 세계화를 위한 노력

채점 기준안	※ 부분 점수 인정 문항: 12번, 16번, 23번	문항 유형						
		구분	선택형	완결형	진위형	배합형	단답형	합계
		문항수	19	2	·	·	2	23
		점수	79	12	·	·	9	100
문항 번호	평 가 내 용	배점	문항 유형	난이도			정답	
				쉬움	보통	어려움		
1	[12사03-04-1] 하위 문화의 의미와 특징	3	선택	○			①	
2	[12사03-04-1] 하위 문화의 의미와 특징	3	선택	○			③	
3	[12사03-04-2] 대중 문화의 의미와 특징	5	단답			○	획일성(또는 모방성, 수동성, 대중매체 의존성)	
4	[12사03-04-1] 하위 문화의 의미와 특징	3	선택	○			④	

5) 기본교육과정 운영 학교

기본교육과정을 운영하는 특수학교에서는 과정중심평가를 운영하기에 정기고사를 따로 실시하지는 않지만, 학교생활기록에 대한 사항은 공통교육과정 및 선택중심교육과정을 운영하는 특수학교나 특수학급과 마찬가지로 학업성적관리규정에 따라 시행한다.

TIP 2015 특수교육 교육과정 총론의 중학교 교육과정 편성 · 운영기준 11)의 마)항목에서 '자유학기에는 학생의 학습과 성장을 지원하는 과정중심평가를 실시'할 것을 명시하고 있습니다. 과정중심평가는 결과중심의 평가에서 벗어나 학습 중, 학습을 위한, 학습으로서의 평가를 말합니다. 따라서 평가의 방법도 포트폴리오, 관찰, 면담, 실험 · 실습, 토의 · 토론 등 다

양하게 따를 수 있습니다. 이때 평가는 지식과 기능, 태도 등 종합적인 평가가 이루어질 수 있도록 합니다.

더 상세한 정보가 필요하다면!

에듀넷 티-클리어 (http://info.edunet.net/nedu/main/mainForm.do)

교육부 자유학기제 소개 사이트 (www.ggoomggi.go.kr)

12. 교육 활동 포트폴리오 관리

특수교육에서 교과지도는 교과서 외에도 여러 가지 활동 자료를 활용한다. 사진, 미술작품, 학습지 등 다양한 교육 활동 결과물의 관리를 제대로 하지 않으면 학생들이 열심히 수행한 교육 활동 결과물이 그대로 버려질 수 있다. 특수교육교사는 학생이 활동한 다양한 결과물을 잘 관리해야 한다.

1) 사진 및 영상

① 사진과 영상은 개인정보에 속한다. 학교에서 학생을 촬영하고 사진이나 영상을 보관·이용할 경우 학생의 초상권에 대한 '개인정보 수집 및 이용 동의서'를 학부모(보호자)에게 미리 받도록 한다.

② 학생의 사진과 영상이 유출되지 않도록 비공개 파일로 관리해야 한다. 또한 교사 자신은 물론 특수교육보조인력, 교육실습생 등 학생을 만나는 다양한 사람이 학생의 사진을 함부로 찍거나 SNS에 올리지 않도록 안내하는 등 각별히 주의한다.

③ 학생별 폴더, 날짜별 폴더를 만들어 이름을 적어 저장해 두면 필요한 사진과 영상이 있을 때 찾기 쉽다.

④ USB에 저장해서 학기 말에 학부모에게 전달하거나 사진을 출력하여 앨범을 만들어 주어도 좋다.

⑤ '개인정보 수집 및 이용 동의서'에 명시된 기한이 지나면 교사가 가지고 있던 사진이나 영상 파일은 반드시 삭제한다.

TIP 특수교육대상 학생의 특성상 보통 연사 기능을 활용하여 사진을 찍게 됩니다. 가장 잘 나온 사진 1~2장만 남기고 바로 정리하여 사진 정리 때문에 학기 말에 많은 시간을 쏟는 일이 없도록 하는 것이 좋습니다.

2) 미술작품

① 학생들의 미술작품은 훼손되지 않도록 잘 보관하고, 교실 또는 복도에 전시하였다가 가정으로 보낸다.

② 협동작품이나 부피가 큰 작품, 또는 훼손될 수 있는 작품(자연물을 이용한 작품 등)은 사진을 찍어 두었다가 다른 미술작품을 가정으로 돌려보낼 때 사진으로 출력하여 따로 앨범을 만들어 보내면 좋다.

3) 학습지

① 특수교육 현장에서는 교과서 외에 다양한 학습 자료를 제작하여 개별 학습지를 활용한 수업을 하는 경우가 많다. 우선 학습지를 만들 때는 학습과 관련성이 있는지 생각해야 하며, 학생들의 학습 결과를 확인할 수 있도록 만들어야 한다. 학습지의 내용은 알아보기 쉽게 구성하도록 하며, 쓰기나 계산, 선 긋기 등의 기본 학습 활동 외에도 다양한 방법으로 해결할 수 있는 활동이 포함되도록 한다.

② 학생들의 학습 자료를 교과영역별로 또는 학생별로 묶어 클리어 파일 등에 보관하면 좋다. 결과물을 잘 모아 두면 평가 자료로도 활용할 수 있고, 학기 말에 가정으로 보내어 학생들의 학습 활동 평가 및 학업 성취에 대한 자료로 제공할 수 있다.

TIP 학습지를 제작할 때는 학생들의 현행 수준을 고려하여 같은 수업에서도 여러 개의 수준으로 나누어 몇 개의 학습지로 제작할 수 있습니다. 학습지 상단에 학생의 이름쓰기를 예로 들면, 학생의 현행 수준에 따라 학생 사진 붙이기, 자신의 이름 찾아 붙이기, 덧쓰기, 스스로 쓰기 등 다양한 단계로 나눌 수 있습니다. 학습지의 하단에는 교사 의견을 쓸 수 있는 칸을 마련하여 학생의 학습 활동에 대한 간단한 의견이나 수행 수준을 기록한다면 나중에 평가 자료로 활용하는 데 도움이 됩니다.

13. 가정연계학습

특수교육에 있어 가정과의 연계지도는 매우 중요하다는 것을 다양한 사례를 통해 알 수 있다. 특수교육교사는 학부모가 자녀의 학교생활에 관심을 가지고 교사와 협력하여 가정에서도 교육적인 시간이 만들어질 수 있도록 안내해야 한다.

1) 가정연계학습의 필요성

① 학교에서의 교육이 가정에서도 함께 이루어질 때 상승효과를 기대할 수 있다.
동일한 기술을 지도하거나 부적응행동을 중재할 때 비슷한 상황을 바꾸어 가며 지도하면 효과가 크다. 학교와 가정에서 특정 기술이나 행동을 일정한 방법으로 지도하거나 지원하는 것은 학생이 대상이나 장소, 상황에 따라 다른 방법으로 지도할 때 올 수 있는 혼란을 줄일 수 있으며, 좀 더 긍정적인 방향으로의 변화를 이끌어 낼 수 있다.

② 자연스러운 환경에서 그 기술이 필요한 때에 지도를 하면 가장 잘 습득된다.
용변 지도, 식사 지도 등과 같은 일상생활 기술의 경우, 가장 자연스러운 상황은 가정이다. 따라서 특수교육대상 학생의 일상생활 기술 습득을 위한 가정에서의 적극적인 지도는 꼭 필요한 부분이다.

2) 학부모에게 협력을 요구할 때 주의사항

① 너무 무리한 요구를 하지 않는다.
너무 어렵거나 많은 시간이 소요되는 과제를 제시할 경우에 학부모는 과제가 부담스러워 지칠 수 있다. 학부모의 입장에서 과제의 난이도를 생각해 본다.

② 지속적으로 의사소통한다.
학기 초에 한두 번 학부모에게 협력을 요구했다고 해서 그것이 끝이 되어서는 안 된다. 교사와 학부모의 지속적인 의사소통을 통해 협력이 이루어질 때, 학생의 작은 변화도 놓치지 않고 파악할 수 있다. 이는 긍정적인 방향으로 교육의 성과를 이끌어 내는 기회가 된다.

③ 학부모의 심리적 상태를 파악하고 이해한다.

장애를 가진 자녀를 키우는 학부모는 심리적으로 힘든 경우가 많다. 자녀 교육에 필요한 협력을 요구할 때 학부모의 이야기에 교사가 충분히 관심을 가지고 공감하면서 잘 듣고 있다는 생각이 들 수 있도록 노력해야 한다.

3) 가정과 연계한 학습지도의 예

다음은 주말에 있었던 일을 중심으로 가정과 연계하여 할 수 있는 학습지도의 예이다.

① 사진 활용하기

학부모가 매주 주말에 가정에서 찍은 1~2장의 사진에 간단한 설명을 붙여 미리 약속한 시간까지 교사에게 전송하도록 한다. 교사는 사진을 받아 학생들과 함께 주말에 있었던 일에 대해 이야기 나눈다. 학부모에게 사진을 요구할 때, 사진은 가정에서의 특별한 이벤트를 촬영한 것이 아니어도 괜찮으며, 평상시 자연스러운 일상을 촬영한 사진이면 된다고 설명한다. 학부모는 매주 학생들과 함께한 시간을 기록할 수 있고, 교사는 생활과 밀접한 학습 자료를 얻을 수 있다. 매주 받았던 사진을 출력하여 학기 말에 앨범을 만들어 주거나 USB에 담아 주어도 좋다.

② 알림장 활용하기

학부모가 매주 사진을 전송하는 것을 부담스러워하거나 어려운 경우에는 알림장이나 주말 이야기 공책을 만들어 활용하는 방법이 있다. 학생과 주말에 했던 일을 교사에게 간단한 메모 형식으로 보내도록 안내한다. 학부모가 적어준 내용을 바탕으로 학생들과 이야기를 나눌 수 있는 활동 자료를 제작하여 지도할 수 있다.

③ 일기 활용하기

학생이 받아쓰기 또는 스스로 쓰는 것이 가능하다면 주말에 있었던 일을 일기로 작성해서 이야기 나누기 활동을 할 수 있다. 매주 학생이 주말에 있었던 일을 적어올 수 있도록 가정에서의 지도를 안내한다.

TIP 가정과 연계한 학습 몇 가지를 예로 들었지만, 이 밖에도 교과와 관련된 다양한 과제를 제시할 수 있습니다. 실과 수업이라면 요리 활동, 사회 수업이라면 지역사회와 관련된 조사나 방문 등의 연계학습을 진행할 수 있습니다. 이때 학부모의 역량이나 가족의 형태, 학생의 수행 수준을 고려하여 과제의 난이도를 조정하는 것이 필요합니다.

4) 학부모에게 안내할 수 있는 사이트

① 온맘-교육부 국립특수교육원 장애 자녀 부모 지원 종합시스템
http://www.nise.go.kr/onmam/front/user/main.do

② 한국장애인부모회 http://www.kpat.or.kr

③ 보건복지부 http://www.mohw.go.kr/react/index.jsp

TIP 특수교육교사는 특수교육대상 학생의 학부모에게 자녀의 발달 및 학교생활에 대한 다양한 자료를 제공하고 함께 협력하는 것이 필요합니다. 부모는 교사가 제공해 준 자료를 바탕으로 자녀의 학교생활을 파악할 수 있습니다. 또한 자녀의 강점과 약점을 객관적으로 바라볼 수 있으며, 이를 통해 미래에 대한 장·단기적인 목표를 세울 수 있습니다.

더 상세한 정보가 필요하다면!

Hallahan, Daniel P., Kauffman, James M., & Pullen, Paige C. (2014). 특별한 학습자를 위한 특수교육. (장혜성, 김수진, 김호연, 최승숙, 최윤희 공역). 서울: 학지사.

경기도교육청(2015). 일반교사 및 특수교육교사를 위한 특수교육대상유아 초등학교 입학 적응지원 가이드북.

14. 원격수업

2020년 COVID-19 확산 사태로 인해 교사와 학생이 학교에서 만나지 않고 온라인을 통해 만나는 온라인 개학이 이루어졌다. 수업 진행, 과제 수행, 평가 등 교수-학습 과정이 온라인으로 시행된다. 일반학생에 비해 특수교육대상 학생들이 교사를 직접 만나지 않고 비대면으로 수업에 집중하기는 어려운 부분이 있다. 수업을 어떻게 진행할 것인지, 과제를 어떻게 제시할 것인지, 다양한 교재와 교구를 어떻게 대신할 것인지 등 특수교육교사는 자신이 맡은 특수교육대상 학생에게 가장 적합한 유형으로 수업을 제공하고 참여를 이끌어낼 수 있도록 해야 한다.

1) 원격수업 유형

(1) 실시간 쌍방향 유형

① Cisco Webex: Webex 앱을 다운받은 후 이메일로 바로 가입하며, 무료 또는 유료로 사용이 가능하다. 회의를 주최하는 진행자가 온라인회의실을 만든 후 다른 사람을 초대하여 이용하는 방식으로 최대 100명까지 이용 가능하다.

② ZOOM: PC, 모바일, 태블릿 등에서 모두 사용 가능하며 화상회의를 진행하는 진행자가 회원으로 가입하여 다른 사람들을 초대한다. 유료 또는 무료 서비스로 이용할 수 있으며, 유 · 무료 서비스에 따라 화상 회의를 할 수 있는 시간의 차이가 발생된다. 무료의 경우 최대 100명이 참여 가능하며 40분의 시간제한이 있다. 화면 공유 기능을 활용하여 수업 자료를 함께 볼 수 있다.

③ 구글: 행아웃과 미트는 구글에서 제공하는 화상회의 시스템이다. 서로의 화면을 공유하거나 채팅, 통화 기능 등이 있다. 참여 인원이나 해상도 면에서 약간의 차이가 있다.

④ 유튜브: 유튜브 채널을 개설하고 실시간 라이브방송 인증을 해야한다. 웹캠과 마이크 등의 장비를 갖추고, 스트림야드, OBS프로그램 등을 사용하여 실시간으로 스트리밍할 수 있다.

(2) 콘텐츠 활용 유형

① EBS 강좌

② 교사 제작 영상 및 자료 등

(3) 과제 수행 유형

① 교사가 제시하는 다양한 과제(학습지, 학습자료, 감상문, 미술 작품 등)를 학생이 수행한 후 학습결과를 제출하고 교사가 확인한다.

TIP 수업시간에 다양한 구체물이나 교구를 활용했기에 학생들에게 다양한 학습꾸러미를 제작하여 가정으로 보내거나 가정에서 쉽게 구할 수 있는 학습 자료는 무엇이 있을지 찾아서 과제를 제시합니다.

2) 원격수업 운영 기준

① 수업시간: 현재 온라인수업에 대한 교육부의 기준안은 단위수업시간에 맞추어 학교 급, 학교 여건, 학생의 학습수행 수준 등 여러 가지 조건을 고려하여 학교 급별로 자율성을 인정하고 있다.

② 출석처리: 실시간 출석 또는 과제 수행에 따른 수업 후 학습 결과 보고서 또는 학부모 확인서, 교사에게 메일 또는 문자 전송 등 다양한 방법으로 출석처리를 하고 있다.

③ 평가: 원격수업에서 학습한 내용을 바탕으로 평가가 이루어질 수 있도록 수행평가 또는 지필평가에 대한 기준을 마련하고 학생들이 등교했을 경우 또는 등교하지 않았을 경우의 두 가지 경우를 모두 생각하여 평가할 수 있도록 한다.

3) 원격수업 운영 시 유의사항

① 원격수업 운영을 위한 '개인정보 수집 및 이용 동의서'를 사전에 받도록 하며 교사가 제작한 수업 콘텐츠나 학습자료 등을 유출하지 않도록 학부모와 학생에게도 꼭 알리도록 한다.

② 원격수업의 특성상 학습결손이 발생할 수 있는 여지가 있으므로 교과목별 이수시간 및 성취기준에 대한 근거를 마련하여 수업을 실시한다.

③ 학생들을 직접 만날 수 없으므로 학업에 흥미를 가질 수 있도록 지속적인 피드백을 한다.

④ 온라인상에 업로드한 평가 자료들이 기간이 지나 삭제될 경우 학기말 평가 시 어려움이 있을 수 있으므로 학생들의 학습 수행 사진 또는 영상은 꼭 다운받아 잘 보관하도록 한다.

4) 원격수업 시 활용할 수 있는 도구 및 플랫폼

① 네이버밴드: 밴드의 라이브 기능을 활용한 실시간 수업 및 예약 기능을 활용한 수업 영상, 과제 업로드 가능

② 구글 클래스룸: 영상 올리기 및 댓글 출석 가능

③ PPT: 화면 녹화 및 트리밍 기능 활용 가능

④ 아이캔노트: 판서 및 녹화 프로그램(현재 저작권 무료 이용 가능)

⑤ OBS: 녹화 기능을 가진 프로그램으로 라이브 방송 가능

⑥ 윈도우 비디오편집기(무비 메이커): 윈도우 기본 내장프로그램으로 간단하게 사진이나 영상을 편집하는 프로그램

⑦ 곰믹스(무료/유료): 영상을 합치거나 삭제하기, 오디오 편집 등의 기능을 활용할 수 있는 프로그램

TIP 온라인수업을 위한 컨텐츠를 제작할 때는 사진, 영상, 음원, 글꼴 등의 저작권을 확인하고 사용하도록 합니다. 자료에 표시된 자유이용허락(CCL) 조건을 살펴보면, 저작권정보 표시, 비영리, 변경금지, 동일조건변경허락이라는 4가지 기본 조건을 바탕으로 6가지 이용허락 조건이 있으므로 반드시 이 부분을 확인하고 이용 조건에 맞게 사용합니다. 한국저작권위원회 및 공유마당, 유튜브 오디오 라이브러리, 프리뮤직아카이브, 프리사운드, 픽사베이 등의 사이트를 이용하면 무료 글꼴, 음원, 사진 등을 내려받을 수 있습니다.

더 상세한 정보가 필요하다면!

교육부(2020). 17개시도교육청 원격수업 운영사례집.

한국교육학술정보원(2020). 비대면 학습과 소통을 위한 원격 화상회의 도구 조사 · 분석.

한국저작권위원회 (https://gongu.copyright.or.kr/gongu/main/main.do)

공유마당 (https://gongu.copyright.or.kr/gongu/main/main.do)

함께 토의해 봅시다!

1. 학습지와 교과서 외에도 다양한 교수 매체를 통한 학습 활동이 이루어집니다. 다양한 매체를 통한 학습 활동을 어떤 방식으로 모아서 평가할 수 있을지 토의해 봅시다.
2. 새로 배정된 자신의 학급에 다문화 및 특수교육대상 학생이 있습니다. 한국인인 아버지는 직업상 바쁘셔서 연락이 어렵고, 어머니는 한국말이 서툽니다. 학부모와의 상담부터 학생지도까지 교사는 어떤 준비와 지원을 해야 할지 토의해 봅시다.

선배가 들려주는 특수교육 현장 이야기(8)

발달장애 학생은 몸으로 느끼고 사고한다

특수교육 현장에서 발달장애 학생, 특히 자폐성장애 학생을 접하게 되면 눈맞춤을 하면서 인사하거나 악수하는 것이 어색하게 느껴진다. 더구나 교사가 친근감을 갖기 위해 학생에게 가까이 다가가서 허그를 하려고 하면 손으로 밀치면서 거부하는 경우를 보게 된다. 다른 사람과의 상호작용을 하는 데 있어 어려움을 나타내는 것이다.

이러한 현상을 감각통합지도법(sensory integration therapy)의 이론적 배경이 되는 신경생리학적 관점에서 살펴보면, 우리가 바르게 행동하고 좋은 언어를 사용할 수 있는 것은 우리의 감각이 환경에서 오는 자극을 받아들여 두뇌에서 잘 조직화되어져야지만 가능한 일이다. 그런데 많은 자폐성 장애 학생을 비롯하여 발달장애인의 감각은 외부 자극을 받아들여 등록하려고 하지 않고, 또 들어온 감각도 기관에서 적절하게 처리하지 못하며, 대뇌에서 외부 상황에 맞추어 언어나 행동을 실행하는 일에 곤란을 겪는다.

특히, 촉각방어반응을 가진 학생의 경우, 주로 원시계의 활동이 강하게 나타나서 다른 사람과의 접촉이 힘들게 되어 대인관계를 원활하게 하지 못하는 경우가 많다. 또한 불안감 때문에 장난감이나 놀이기구 선택의 폭이 좁고, 교육 활동 장면에서의 주의 집중력도 떨어지게 되는 것이다.

템플 그랜딘(Temple Grandin)의 경우도 어릴 때부터 촉각방어반응이 심하여 일반학교에서 적응하는 데 어려움이 있었다. 만 2세 때 자폐성장애로 진단 받았을 때, 담당의사는 평생 장애인시설에서 지낼 것이라고 말하였다. 그러나 부모님의 헌신적인 노력과 상냥하면서도 엄격한 훈련과 지도 방법을 적용한 훌륭한 선생님들 덕분에 자신의 독특한 개성을 살려 자기계발을 통해 사회적 자립에 성공하였다. 이것은 그녀의 약점인 민감한 촉각을 완화시키고, 오히려 장점과 재능을 최대한 길러 준 유능한 교사들의 헌신에 의해 1970년에 프랭클린 피어스 컬리지에서 심리학 학사, 1975년에는 애리조나 주립대학교에서 동물학 석사, 1989년에는 일리노이 대학교에서 동물학 박사 학위를 취득하였고, 현재 미국 콜로라도 주립대학교 교수로 재직하고 있으며, 동물복지를 배려한 가축 시설의 설계자로도 활동하고 있다.

Chapter

09

수시 업무

학습 목표

1. 특수학교에서 이루어지는 학교 행사(장애인의 날, 가을 체육대회 등) 계획서를 작성한다.
2. 교사의 역량 개발을 위한 자기 장학과 동료 장학의 공통점과 차이점을 비교한다.

업무

교과수업에서 진행하기 힘든 다양한 교육적 경험을 제공하기 위해 학교와 학급에서는 여러 행사를 특색 있게 꾸려 진행한다. 학교에서는 가을 체육대회, 종합발표회 등 학생들이 협동심을 기를 수 있고, 학부모도 함께 참여하여 즐거운 추억을 쌓을 수 있는 행사를 기획한다. 학급에서는 계절과 절기에 맞는 다양한 행사를 교사가 직접 기획하고 준비하여 진행할 수 있다. 이러한 다양한 행사는 학생들의 부족한 경험을 채워줄 수 있는 기회가 된다. 또한 이 시기에 교사는 자기 연찬을 위한 자율 장학활동과 수업 공개를 하게 되며, 이를 통해 교사도 배움과 성장의 시간을 갖는다. 이 외에도 교사는 학생 행동 발달 기록, 통학비 지원, 교과서 구입 등 학생의 교육 활동 및 기타 지원을 위한 다양한 업무를 지속적으로 수행한다.

1. 행사

학교마다 조금씩 다르기는 하지만, 학교의 행사에는 학교 수준에서 실시되는 연례 행사와 다양한 절기나 계절, 명절 등에 맞춰 학급 또는 학년 수준에서 실시하는 행사들이 있다. 여기서 학급은 특수학교 내 학급을 말한다.

1) 학교 행사

학교 수준에서 실시되는 행사에는 대표적으로 입학식과 졸업식, 장애인의 날 기념식, 방학식(여름, 겨울), 개학식, 가을 체육대회, 종합발표회(학예회), 진로페스티벌, 사생대회 등이 있다. 학교 수준에서 이루어지는 이와 같은 행사는 연례 행사의 성격을 지니고, 학교의 모든 구성원이 행사에 참여한다.

TIP 본인의 담당 업무가 아니더라도 학교 행사에서는 관련 부서 및 업무 담당자의 안내에 따라 업무지원을 할 수도 있으므로 협력적인 태도로 참여하는 것이 좋습니다.

(1) 학교 행사의 예

① 장애인의 날 기념식

음악회 관람, 연극이나 인형극 관람, 학생 캐리커처 그려 주기, 팝콘이나 솜사탕 등 간단한 음식을 먹을 수 있는 푸드코트 마련하기, 학급별 사진 찍어주기 등 다양한 체험 또는 공연 관람 행사를 기획하여 운영할 수 있다.

② 체육대회

체육대회를 기획할 때는 특수교육대상 학생들이 즐겁게 참여할 수 있도록 고려해야한다. 실시하는 모든 종목에 참여할 수 없다고 하더라도 장애를 가진 학생들이 최소한 1개 종목에는 참여할 수 있도록 장애를 고려한 다양한 종목을 선정하는 것이 좋다.

③ 사생대회

특수교육대상 학생들만이 가진 예술적 특징과 독특한 감각이 있다. 특수교육교사는 학생들이 자신만의 감성으로 즐겁게 예술적 표현을 할 수 있도록 학생이 좋아하는 표현기법과 재료가 무엇인지 고민하고 준비해야 한다. 활동 중에 작품의 완성도나 상을 타기 위한 목적으로 교사가 지나치게 많은 부분을 수행하지 않도록 주의해야 한다. 사생대회는 학생 개인별 작품 만들기, 학급 협동 작품 만들기를 하거나 학교 전체 활동(예를 들어, 타일 벽화 만들기 등)을 할 수도 있다. 사생대회에 참여하는 학생들의 활동 모습을 사진으로 찍어 대회가 끝난 후 사진전을 여는 것도 좋다.

TIP 야외에서 이루어지는 행사를 계획할 때는 미세먼지로 인한 야외활동 금지 상황과 우천 시 상황에 대한 대비책으로 실내에서 할 수 있는 활동으로 전환하거나 연기하는 등에 대한 계획도 함께 세워 두어야 합니다.

2) 과정별 또는 학급별 행사

학생들과 함께할 수 있는 과정별 또는 학급별 특색 행사가 있다. 기념일과 절기, 명절, 계절에 알맞은 유익하고 재미있는 행사를 기획해서 학생들과 함께 특별한 날을 만들어 볼 수 있다. 교사가 준비해야 할 일이 많아질 수 있겠지만, 학생들과 추억을 만들 수 있는 재미있는 하루가 될 것이다.

(1) 과정별 또는 학급별 특색 활동의 예

① 한복 입는 날

설날 또는 추석 연휴에 맞춰 교사와 학생 모두가 한복을 입고 등교한다. 사진과 책으로만 한복에 대한 교육을 하는 것이 아니라 학생들이 직접 입어 볼 수 있는 기회도 만들고, 다양한 사진도 남길 수 있다.

② 요리왕 선발대회

함께 음식을 만들고 나누어 먹는 날이다. 동학년 또는 과정별로 몇 개의 학급이 함께하면 좋다. 조별 또는 학급별로 다른 음식을 만들어 시식도 하고 요리왕도 뽑는다. 활동이 끝나면 모두 같이 맛있게 먹는다.

TIP 요리 활동을 할 때에는 학생의 건강정보를 파악하여 알레르기를 일으킬 수 있는 재료는 없는지 미리 확인하도록 합니다. 예를 들어, 밀가루에 대한 알레르기로 아나필락시스를 일으킬 가능성이 있는 경우 공기중에 날리는 소량의 밀가루만으로도 전신발작이나 호흡곤란 등의 반응이 나타날 수 있으므로 행사를 계획할 때는 다양한 상황에 대한 점검이 필요합니다. 또한 사전에 음식을 만들 때 사용하는 도구에 대한 안전 교육을 실시하도록 하며 학생들이 불이나 뜨거운 물에 화상을 입거나 칼이나 가위에 베이는 일이 없도록 특별히 안전에 유의하여 활동합니다.

③ 바자회

행사 전, 집에서는 사용하지 않지만 다른 사람이 쓸 수 있는 깨끗한 물건을 가져오도록 안내하고, 교사가 미리 가격을 책정하여 가격표를 붙여 놓는다. 그리고 학생들에게 평소에 칭찬 토큰으로 나누어 준 모의화폐 또는 쿠폰으로 사고 싶은 물건을 스스로 결정해서 살 수 있게 한다. 몇 학급이 함께하면 더욱 풍성한 활동이 된다.

④ 신나는 여름 놀이

여름에 할 수 있는 다양한 놀이를 코너별로 구성한다. 물총 싸움, 물 풍선 놀이, 간이 수영장 이용하기 등의 활동을 통해 여름에 할 수 있는 놀이를 신나게 체험할 수 있다.

⑤ 김장 담그기

요즘은 가정에서도 김장을 담그는 집이 많지 않기 때문에 학교에서 체험해 봄으로써 전통 음식인 김치가 어떻게 만들어지는지 알 수 있다. 김장거리를 교사가 직접 준비하기 어렵다면 버무리기만 하면 되는 반제품을 이용한다.

TIP 학급별 또는 동 학년과 함께 학급특색행사를 기획해서 수업 교환이나 현장체험학습을 가게 될 경우에는 반드시 사전에 결재 처리를 하고 행사를 실시하도록 합니다.

2. 장학 활동

학교에서의 장학은 컨설팅 장학, 임상 장학, 약식 장학, 자기 장학, 동료 장학, 공개수업 등 다양한 형태로 이루어진다. 동료장학은 장학의 대표적 형태 중 하나로서 학습공동체(시 · 도별로 명칭이 다를 수 있음)를 중심으로 한 자율 장학의 형태로 많이 실시되고 있다. 그리고 수업을 공개하게 되는 동료 장학과 학부모 공개수업은 교원능력개발평가의 기초가 된다는 점을 유념해야 한다. 수업을 공개한다는 것은 부담스러운 일이긴 하지만 이를 통해 수업에 대한 고민을 해결할 수 있고, 다양한 아이디어를 얻을 수 있으며 자기 수업에 대한 연찬이 이루어지기 때문에 교사에게 필요한 과정이다.

1) 컨설팅 장학

컨설팅 장학은 학교의 요청에 따라 학교 교육의 개선을 위해 학교 운영 문제 및 교육 현안을 진단하고, 대안을 마련하며, 대안 실행 과정을 지원하는 교육청의 장학 활동이다.

2) 임상 장학

임상 장학은 교사의 교수 상황을 직접 관찰하는 수업 장학으로, 교장, 교감, 장학사, 수석 교사, 수업 전문가와 교사가 일대일 관계 속에서 수업에 대한 지도 및 조언을 하는 장학이다.

3) 약식 장학

학교에서 교장 혹은 교감이 교내 순시나 짧은 시간 동안 수업 참관을 통해 교사에게 지도나 조언을 제공하는 활동으로 일상 장학이라고도 한다.

4) 자기 장학

서울특별시교육청(2020)에서 발행한 '2020 함께 만들어 가는 서울초등교육'에서는 자기 장학의 여러 가지 형태를 설명하고 있다. 자기 장학은 교사 자신의 전문성 신장을 위한 자율 장학의 하나이다. 교사는 자신의 성장을 위해 이러한 형태의 자기 장학을 스스로 계획하고 실천하는 것이 필요하다.

① 외부기관 연수: 수업의 전문성 신장을 위하여 다양한 기관(예를 들면, 중앙교육연수원, 각 시 · 도 교육청 연수원, 국립특수교육원부설원격교육연수원, 티처빌, 아이스크림교육연수원 등)에서 자신에게 필요한 부분의 영역과 관련된 연수를 신청하여 들으면 도움이 된다.

② 학술발표회: 교과지도 또는 특수교육대상 학생지도와 관련된 다양한 학술발표회에 참여하여 많은 정보를 교류할 수 있다. 또한, 학술발표회에서 얻은 정보를 토대로 관련 논문을 찾아 최신 동향을 파악하고 연구하며, 스스로 성장할 수 있는 기회를 마련한다.

③ 교과협의회 운영: 같은 교과를 맡은 교사나 동 학년 교사가 함께 자발적인 교과협의회 등을 조직하여 교과지도계획, 수업자료 개발, 자체 연수 및 세미나 등을 실시하며 정보를 공유한다.

④ 자기 임상 장학: 동료 장학 또는 학부모 공개수업 등 다른 사람들에게 자신의 수업을 보여 주는 것과는 달리 장학의 전 과정을 자신이 계획하고 실행하여 자신의 수업을 스스로 돌아보고 개선하는 방법이다.

⑤ 학생 관찰: 학년 초에 학생의 장애 특성, 학습 특성 등을 시간표집법, 일화 기록 등을 이용하여 관찰한다. 관찰한 내용을 바탕으로 학생들의 행동을 긍정적으로 변화시키기 위한 계획을 세우고 실천할 수 있다.

5) 동료 장학

동료 장학의 경우 학교 안에서 동료 교사들끼리 교육 활동 개선을 위한 자율성과 협동성을 기초로 공동연구, 공동실천을 통한 수업 장학이다. 동료 장학 시 함께 연구한 내용을 바탕으로 교육과정과 수업 속에서 함께 적용해 보고, 배우는 자세로 다른 교사의 수업을 통해 새로운 아이디어를 얻고, 더 바람직한 수업의 방향을 함께 논의해야 한다(경기도성남교육지원청, 2019).

TIP 동료교사의 수업을 참관할 때는 예의를 갖추고 참관합니다. 수업 시작 전에 들어가 인사를 나누고 미리 앉아 수업 시작을 기다려야 합니다. 만약 본인의 수업이나 학생지도 등으로 정해진 시간보다 늦은 경우 조용히 들어가도록 합니다. 수업 시간 동안에는 다른 교사와 잡담을 하지 않으며, 참관록 작성을 위한 과도한 메모를 하지 않도록 합니다. 수업을 마친 교사에게는 수고했다는 인사를 잊지 않도록 합니다.

(1) 동료 장학 준비 절차

동료 장학은 〈표 9-1〉과 같은 절차에 따라 이루어진다.

표 9-1 동료 장학의 흐름

동료 장학의 흐름
공개수업 일정 확인 및 협의(장소, 일시, 동료 장학 팀 구성 등) → 수업 공개 교과 및 단원, 제재 결정 → 수업지도안 작성(각 기관에서 제공하는 양식 참고, 보통 약안) → 결재(연구부 또는 업무 담당자) → 동료장학 팀별로 수업지도안 공유 → 수업 공개 → 참관록 작성 → 협의회 →협력적 장학 활동을 통한 결과 환류

(2) 공개 수업 후 협의회

- 수업 참관 후 기록하는 참관록은 수업 내용과 관련된 내용을 중심으로 구체적으로 작성한다.
- 수업에서 보완하거나 고쳐 나가야 할 것들과 함께 잘된 점을 공유할 수 있도록 장학의 관점에서 협의한다.
- 공개 수업 참관 후 자신의 생각과 다른 점을 지나치게 주장하지 않도록 한다.

표 9-2 참관록 작성 예

202○학년도 ○학기 ○○학교 동료교사 수업 참관록

참관 교사: 최○○(인)

수업 교과	과학	수업교사	박○○	수업 대상	초○-○(　)명		
수업 제재	물에 녹는 물질과 녹지 않는 물질 분류			참관 일시	202○년 ○○월 ○○일 ○요일(　)교시		
영역	내용			매우 그렇다	그렇다	보통이다	그렇지 않다	매우 그렇지 않다

영역	내용	매우 그렇다	그렇다	보통이다	그렇지 않다	매우 그렇지 않다
수업설계	학생들의 특성을 고려하여 교육과정을 재구성하고 수업을 설계하였는가?	○				
	경험을 통하여 사고가 성장할 수 있도록 평가가 계획되었는가?	○				
수업과정	흥미와 호기심이 지속적으로 일어나는 학습 활동을 하고 있는가?	○				
	대부분의 학생이 학습 과정에 능동적으로 참여하고 있는가?	○				
수업확인	배움의 결과를 확인하고, 그 결과에 대한 피드백이 적절히 이루어지고 있는가?	○				
종합의견	- 물질이라는 개념을 이해하고, 물에 녹는 물질과 녹지 않는 물질을 분류하는 제재가 특수교육 대상 학생들에게 어려울 수도 있지만, 교과서 내용을 학생들이 쉽게 이해할 수 있도록 재구성하여 제시하였음. - 학생들이 알아들을 수 있는 쉬운 단어를 사용하여 여러 번 반복적으로 설명하고, 생활 주변에서 쉽게 볼 수 있는 물질을 실험에 사용하여 학생들의 경험과 지식의 범위 안에서 수업을 고려한 점이 좋았음. - 실험 도구의 선택 시 유리로 된 도구가 아닌 플라스틱으로 만들어진 비커와 스포이트 등을 사용하여 학생들이 안전하게 실험에 참여할 수 있도록 하였음. - 교사는 모든 학생에게 고루 발문하며, 학생들이 학습에 적극적으로 참여하고 있는지 지속적으로 확인하였으며, 모든 학생을 실험에 참여시켰음. - 실험을 마친 후 실험 내용을 관찰지에 기록하게 함으로써 학생들이 수업 내용을 다시 확인하도록 하였으며, 그 과정 중에 학생들에게 결과에 대한 피드백을 적절하게 해 주었음. - 교사 스스로 수업에 대한 적극적인 자세를 취하였으며, 긍정적인 분위기 속에 모든 학생이 즐겁게 수업에 참여하도록 이끌었음.					

TIP 최근 동료 장학은 학습공동체에 기반하여 교육과정을 함께 연구하며, 연구한 내용을 수업을 통해 실천해 보고, 수업분석 및 환류를 통한 교사 개인과 학교 조직을 함께 성장하기 위한 방향으로 변화되고 있습니다. 함께 성장할 수 있는 학습공동체에 참여하면 동료 교사와 협력관계 안에서 다양한 유익을 얻을 수 있을 것입니다.

6) 학부모 공개수업

학부모 공개수업의 경우 한두 번의 수업 공개로 일년 동안의 교육 활동이 평가되는 듯한 부담이 있을 수 있다. 준비를 철저하게 하더라도 특수교육대상 학생들과 함께하는 공개수업은 돌발 상황이 흔히 발생한다. 공개적으로 평가를 받는다는 생각보다는 학부모에게 자녀들이 교실 수업에 어떤 모습으로 참여하고 있는지를 공개한다는 생각으로 임한다.

표 9-3 학부모 공개수업의 흐름

학부모 공개수업의 흐름
학부모 공개수업 일정 확인 → 학기 지도계획에 따른 수업 공개 교과 및 단원, 제재 결정 → 학부모 공개수업 일정 확정 → 학부모 안내 → 수업지도안 작성(각 기관에서 제공하는 양식 참고, 보통 약안) → 결재(연구부 또는 업무 담당자) → 교재·교구 및 그 밖에 필요한 자료 제작 → 수업 공개 → 참관록 취합 → 평가 결과 환류

TIP 공개수업을 계획하고, 수업지도안을 작성한 후에 수업에 대한 틀이 마련되면 공개수업을 해야 하는 학급 외에 다른 학급에서 미리 지도해 보면 좋습니다. 다른 학급 수업이 없다면, 계획한 활동을 부분적으로 나누어서 실시해 보는 것도 도움이 됩니다. 대상을 달리하거나, 활동을 부분적으로 나누어 미리 수업을 해 보면 부족하거나 아쉬운 점을 확인할 수 있고 공개수업 전에 미리 그 부분에 대한 수정 및 보완을 할 수 있습니다.

경기도교육청(2019a)의 중등·신규교사 편의 수업계획수립, 평소 수업준비, 자기 장학, 동료 대상 공개수업, 외부 수업공개 편을 참고하여 공개수업 체크리스트를 작성하였다.

표 9-4 공개수업을 위한 체크리스트

수업 전	예	아니요
학생들의 현행 수준을 정확하게 파악하고, 현재 진행되는 단원에서 적절한 수업 제재를 선정하였는가?	☐	☐
학생의 개별 수준에 맞게 교육과정을 재구성하였는가?	☐	☐
수업의 목표와 제재에 맞게 학습지도안을 정해진 양식에 따라 작성하고 검토하였는가?	☐	☐
작성한 학습지도안을 토대로 발문계획을 세웠는가?	☐	☐
알맞은 교육매체와 학습자료를 선정하고 준비하였는가?	☐	☐
교실환경을 점검하였는가?	☐	☐
수업 중	**예**	**아니요**
수업을 시작할 수 있는 환경과 집중하는 분위기를 조성하는가?	☐	☐
교수매체를 적절하게 사용하는가?	☐	☐
적당한 위치와 효율적인 동선에서 수업을 진행하는가?	☐	☐
교사의 목소리를 효과적으로 조절하며, 적절한 발문을 하는가?	☐	☐
모든 학생을 돌아보며 수업을 진행하는가?	☐	☐
학습 단계에 따른 학생들의 성취도를 수시로 점검하는가?	☐	☐
학생의 문제행동에 침착한 태도로 대처하는가?	☐	☐
작성한 학습지도안의 흐름대로 도입, 전개, 정리 및 평가가 이루어지는가?	☐	☐
수업 후	**예**	**아니요**
수업이 끝난 후 자신의 수업을 반성적인 태도로 돌아보았는가?	☐	☐
수업자는 참관자들에게 제재의 선정, 수업 준비, 수업 진행에서의 어려움 등 수업 전반에 걸친 다양한 정보를 제공해 주었는가?	☐	☐
공개수업의 반성 및 평가를 토대로 긍정적인 방향으로 발전할 수 있는 계획을 세우고 실천하였는가?	☐	☐

TIP 학부모 공개수업을 준비할 때, 공개수업의 취지, 수업참관 시 주의해야 할 점에 대해 미리 안내하고, 당일에는 교실 문 앞에 학부모 공개수업 안내지를 부착해 둡니다. 또한 학부모들이 참관록을 작성하기 편하도록 클립보드와 볼펜을 준비해 놓는 것이 좋습니다. 자녀가 평소 어떻게 학교생활을 하고 있는지 궁금한 학부모를 위해 그동안 학생들이 활동했던 사진을 전시해 두거나 짧은 영상을 만들어 수업이 끝난 후 함께 보는 것도 교사와 학부모 간에 상호 신뢰를 쌓는 데 도움이 됩니다.

표 9-5 공개수업 안내문 예

안녕하십니까?
귀한 시간을 내어 우리 자녀의 교육 활동에 관심을 가지고 수업에 참관해 주셔서 감사드립니다.
오늘의 수업에 대해 간단하게 안내드리겠습니다.

〈수업 안내〉

교과목	음악	제재곡	옥수수 하모니카
제재	다양한 방법으로 제재곡을 익히고 노래 부르기		
활동	- 색깔 음계 익히기 - 색깔 악보 완성하기 - 음계를 몸으로 표현하며 노래 부르기		
학생들이 앞으로 나와 함께 노래 부를 때 다소 어수선할 수 있겠지만 학부모님들도 즐거운 마음으로 손뼉 쳐 주세요.			

공개수업과 관련하여 몇 가지 당부 말씀을 드립니다.
우리 아이들은 작은 변화에도 민감하게 반응합니다. 더욱이 수업 시간에 부모님이 함께 계시기 때문에 우리 아이들은 평소와는 다른 행동이나 반응을 보일 수 있습니다. 그렇기 때문에 학부모님들께서는 아이들이 수업에 집중할 수 있도록 큰 소리로 자녀를 부르거나 사진을 찍는 등의 수업 외의 자극이 아이들에게 주어지지 않도록 해 주시면 감사하겠습니다.
우리 아이들은 교과의 특성, 활동의 내용, 당일 컨디션 등 여러 조건에 따라 반응이 다릅니다. 오늘 수업 시간에 본 우리 아이 모습이 평소와 동일한 모습이 아닐 수 있다는 것을 말씀드립니다.
그리고 우리 아이들도 공개수업을 위해 나름대로 긴장한 가운데 부모님들 앞에서 최선을 다했습니다. 수업을 마친 후 아이들에게 따뜻한 칭찬과 격려를 해 주시기 바랍니다.

202○년 ○○월 ○○일
수업공개교사 : 최○○ 드림

더 상세한 정보가 필요하다면!

경기도교육청(2019a). 교무학사매뉴얼(중등). 제8편 신규교사.
경기도교육청(2019b). 교무학사매뉴얼(초등). 제6편 신규교사. 교수 · 학습방법편.
이경면(2018). 예비 특수교사 및 초임교사를 위한 수업실연의 실제. 서울: 학지사.

3. 행동 발달 나이스 누가 기록

학생의 행동 발달은 나이스에 누가 기록한다. 기본적으로 학생의 건강, 안전, 부적응행동, 특이사항 등이 있을 경우 기록하는 것으로, 사안이 발생했을 때마다 정확하게 기록해야 한다.

1) 행동 발달 나이스 누가 기록의 의의

① 교사 개인의 수첩이나 메모지가 아닌 나이스라는 공적 문서에 학생의 행동 발달을 누가 기록한다는 점이 중요하다.

② 학생에게서 일어난 행동 발달이 누가 기록된다는 점이 중요하다. 학생의 행동에 대한 교사의 지속적인 관찰과 지도 내용 등이 포함되어 있기 때문에 개별화교육계획 수립 및 평가를 위한 기초정보로 사용될 수 있다. 또한 학생지도와 관련된 어떤 사안이 발생했을 경우 교사를 보호할 수 있는 중요한 근거자료가 된다.

2) 행동 발달 나이스 누가 기록 방법

나이스에서 학생생활 탭의 [행동특성및종합의견]으로 들어가서 [개인별 누가 기록] 중 [학생 이름]을 클릭 후 [일자]를 선택하여 해당 일에 일어난 사안을 기록한다.

[그림 9-1] 나이스 행동 발달 탭

3) 작성 예

① 식사지도: 며칠 동안 식사량이 감소하였는데 오늘은 식사량이 증가함. 급식메뉴 중 좋아하는 반찬의 영향이 있는 것으로 보임.

② 용변지도: 평소 2교시, 4교시 수업 후 소변을 봄. 2교시 수업 후 소변을 보지 않아 3교시 교과담당교사에게 용변 표시를 하면 화장실에 갈 수 있도록 지도 부탁함. 3교시 수업 중간 불편한 표정으로 소리를 내며 의사를 표시하여 교과담당교사가 화장실로 가도록 지도함.

③ 부적응행동: 음악수업이 변경되어 학교 전체행사로 전교생을 대상으로 한 음악회가 강당에서 실시됨. 아침부터 수업이 변경되었음을 계속 주지시켰으나 이동시간에 강당이 아닌 음악실로 가려고 고집을 부림. '음악실, 음악실'이라고 소리를 지르며 음악실로 향하려고 해서 다시 교실로 돌아와 시간표와 장소이동에 관한 내용을 그림상징언어로 확인한 후 함께 강당으로 이동함. 음악회를 하는 동안 특이사항은 없었음.

TIP 매년 교육부에서는 학교생활기록부 기재요령을 발표합니다. 단위 학교에서는 이 기준을 바탕으로 학교에서 정한 방침과 기준에 따라 작성 방법을 안내하므로 각 학교의 연수 및 안내 자료를 숙지하여 작성하도록 합니다.

더 상세한 정보가 필요하다면!

교육부(2020c). 초등학교 2020 학교생활기록부 기재요령.

4. PAPS(physical activity promotion system)

학교에서는 매년 학생의 '건강 · 체력평가'를 실시한다. 이 결과를 토대로 학교별 학생 건강 · 체력 증진 프로그램 또는 건강 · 체력교실 운영에 활용한다.

1) 실시 방법

① 대상

초등학교 5학년~고등학교 3학년(초등학교 4학년은 선택, 초등학교 1~3학년은 미실시)

② 시기

- 정시 측정: 학교 교육 계획에 따라 매년 학년 초(3~5월 권장)에 실시한다.
  ※ 2학기 편성 운영 금지
- 수시 측정: 학교 계획에 따라 시기 결정(최소 1회 이상)

③ 기록: 측정 후 결과를 나이스에 기록한다.

2) PAPS 측정 종목 구성

① 필수(학생건강 · 체력평가)

- 심폐지구력: 왕복오래달리기, 오래달리기걷기, 스텝검사
  ※ 심박수 측정 장비 없이 측정하는 경우
- 유연성: 앉아윗몸앞으로굽히기, 종합유연성검사
- 근력 · 근지구력: (무릎 대고) 팔굽혀펴기, 윗몸말아올리기, 악력검사
- 순발력: 50M 달리기, 제자리멀리뛰기
- 체지방: 체질량지수, 체지방률

② 선택

- 심폐지구력 정밀평가: 왕복오래달리기, 오래달리기걷기, 스텝검사
  ※ 심박수 측정 장비 사용
- 비만평가: 체지방 ※ 체지방자동측정장비(BLA방법) 사용
- 자기신체평가: 자기신체평가 20문항 질문지 사용
- 학생자세평가: 학생자세평가 설문지 사용

TIP 학생의 현재 체력을 평가하는 것으로 무리하게 해서 더 좋은 기록을 내려고 해서는 안 됩니다. 모든 체력평가는 안전을 최우선으로 하며 학생의 신체능력을 고려하여 진행해야 합니다. 체력평가 중간에 학생들의 건강 상태를 유심히 살펴보아야 하며 학생들이 마실 물을 미리 준비해 둡니다.

더 상세한 정보가 필요하다면!

경기도교육청(2019). 교무학사매뉴얼(초등). 제3편 체육 · 보건교육 및 체험 활동.
경기도교육청 체육건강교육과(2015). 학생건강체력평가 매뉴얼: Physical Activity Promotion System. 서울대학교스포츠과학연구소.

5. 특수교육대상자 및 학부모 원거리 통학비 정산 처리

통학비 정산은 보통 학기 말에 처리하며, 학부모가 통학비 신청서(주민등록등본 및 통장 사본 포함)를 제출하면 학교에서 통학비 지급 대상자 심의 · 선정을 거쳐 통학비 신청서를 시 · 도 교육청으로 제출하고, 시 · 도 교육청에서 특수학교로 교부한다.

1) 학교에서의 업무 처리 순서 및 교사가 해야 할 일

① 출석 일수에 따라 지원 금액이 결정되므로 통학비는 한 학기 출결마감을 마친 뒤 학기 말에 지원됨을 학부모(보호자)에게 미리 알린다.
② 특수학교에서는 담당 부서의 업무 담당자가 담임교사에게 통학비 관련 안내를 한다.
③ 담임교사는 수업 일수 등 지급 기초자료를 나이스에서 출력하여 업무 담당자 또는 행정실에 제출한다.
④ 통학비는 행정실에서 개별 학부모(보호자) 계좌로 송금한다.
※ 대상자 선정 및 신청 절차와 관련된 내용은 학기 초 업무편을 참고

TIP 통학비는 학생이 학교에 출석한 수업 일수에 따라 지급됩니다. 평소 학생의 출결사항을 철저하게 나이스에 기록하지 않으면 실제 지급되어야 할 금액보다 많이 지급되거나 적게 지급될 수 있습니다. 이럴 경우 예산 낭비 또는 학부모와의 마찰이 생길 수 있습니다. 따라서 교사는 출결 사항을 미루지 말고 매일 철저히 기록해야 합니다.

더 상세한 정보가 필요하다면!

경기도교육청(2019c). 특수교육대상학생 원거리 통학비 지원 계획.
경기도교육청(2019d). 학교 가는 길이 즐거워요! 특수교육 대상학생 원거리 통학비 지원.

6. 다음 학년도 교과용 도서 신청

기본교육과정을 적용하는 학교의 경우, 교과서 업무를 담당하는 담당자가 나이스를 통하여 다음 학년도에 사용할 교과서를 일괄 주문한다. 공통 및 선택중심교육과정을 적용하는 경우 국정도서가 개발된 교과서 이외의 교과서들은 검 · 인정 도서의 선정 절차를 거쳐 나이스 또는 지역 공급인, 해당 출판사 등으로 교사가 직접 주문한다. 대략적으로 주문은 9~11월, 공급은 11~2월경에 이루어지며, 초등과정의 경우 학기별로 신청한다. 자세한 사항은 당해 연도 교과용 도서 신청 매뉴얼에 따른다.

1) 교과용 도서의 정의 「교과용도서에 관한 규정」 제2조

① 교과용 도서: 교과서 및 지도서

② 교과서: 학교에서 학생들의 교육을 위하여 사용되는 학생용의 서책, 음반, 영상 및 전자 저작물 등을 말한다.

③ 지도서: 학교에서 학생들의 교육을 위하여 사용되는 교사용의 서책, 음반, 영상 및 전자 저작물 등을 말한다.

④ 국정도서: 교육부가 저작권을 가진 교과용 도서를 말한다.

⑤ 검정도서: 교육부장관의 검정을 받은 교과용 도서를 말한다.

⑥ 인정도서: 국정 · 검정 도서가 없는 경우 또는 이를 사용하기 곤란하거나 보충할 필요가 있는 경우에 사용하기 위하여 교육부장관의 인정을 받은 도서로, 인정도서의 인정권한은 시 · 도 교육감에게 위임한다.

2) 선정 및 구입 절차

① 검 · 인정 도서(공통 및 선택중심교육과정 적용 학교)

교원 의견수렴 후 선정심의(안) 작성 → 학교운영위원회 심의 확정 → 주문 및 학교홈페이지 공개

② 국정도서(공통 및 선택중심교육과정 적용학교의 초등학교 과정 및 기본교육과정 적용학교)

신청 교과목 선정(중 · 고등학교 선택 교과/학부모 의견수렴) → 교과용 도서 수량 파악 → 주문 → 배부

TIP 원하는 도서가 없다면 시 · 도 교육청을 통해 교육부로 추가 요청합니다. 교과용 도서 관련 정보의 등록 · 수정 · 삭제는 교육부에서만 가능합니다.

더 상세한 정보가 필요하다면!

교과서민원바로처리센터 (www.textbook114.com)
한국검인정교과서협회 (www.ktbook.com)
교과용도서 수정 · 보완 (www.textbook.or.kr)

7. 특수교육대상자 관련 전국 행사

특수학교나 특수학급 학생들을 위한 전국 규모의 대회로는 전국장애학생체육대회, 장애학생e페스티벌, 진로드림페스티벌(전국장애학생 직업기능경진대회) 등이 있다.

1) 전국장애학생체육대회

대한장애인체육회의 주최로 매년 실시하는 체육대회다. 경기 종목은 육성 종목으로 골볼, 보치아, 수영, 육상, 탁구가 있으며, 보급 종목으로 농구, 디스크골프, 배구, 배드민턴, 볼링, 역도, 조정, 축구, 플로어볼, e-스포츠가 있고 전시 종목으로 슐런이 있다. 참석 대상은 전국 초 · 중 · 고등학교 장애 학생 및 특수교육교원 등이다.

2) 전국장애학생e페스티벌

국립특수교육원, 한국콘텐츠진흥원, 넷마블문화재단이 공동 주최하는 행사로, 특수학교(급) 학생 정보경진대회 및 전국장애학생e스포츠대회 등을 실시한다. 매년 특수학교(급) 학생, 일반학생, 학부모, 특수교육교원, 시 · 도 교육청 및 유관기관 담당자 등 약 1,500명가량이 참가한다.

3) 진로드림페스티벌(전국장애학생직업기능경진대회)

교육부에서 주최하는 행사로 전국 특수학교와 특수학급의 중등 · 고등 · 전공과 학생을 대상으로 실시한다. 장애 학생의 흥미와 적성에 맞는 소질계발 및 진로탐색이 이루어질 수 있도록 다양한 직업교육 프로그램을 소개한다.

⊙ 함께 토의해 봅시다!

1. 학부모 공개수업에 학부모 한 명이 불참하였습니다. 그 학부모는 공개수업을 보지 못했으니 수업 동영상을 보내 주거나 다른 날 와서 수업을 보고 싶다고 요청하였습니다. 이러한 경우 교사는 어떻게 해야 할지 토의해 봅시다.
2. 특수교육대상자는 기준에 따라 통학비 지원을 받을 수 있습니다. 담임교사는 절차와 기준에 따라 학생의 출결처리를 정확하게 하였는데, 통학비 지원 금액이 적다는 이유로 학부모에게 항의를 받았습니다. 이때 교사는 어떻게 해야 할지 토의해 봅시다.

선배가 들려주는 특수교육 현장 이야기(9)

의학에는 한계가 있으나 교육에는 한계가 없다

특수교육학을 공부하던 대학 시절, 장애 자녀의 부모이면서 일본 특수교육 및 장애인복지 분야의 선구자로 활약하신 쇼지 사브로(昇地三郎)박사의 특강은 나에게 장애인의 교육 가능성과 특수교육교사로서의 참된 사명을 깨닫게 해 주었다.

쇼지 박사는 슬하에 2남 1녀를 두었는데, 첫째와 막내아들이 건강한 몸으로 태어났으나 첫돌 무렵에 고열로 인해 중증 뇌병변 장애를 갖게 되었다. 두 아들의 병을 고치기 위해 교사를 그만두고 의과대학에 입학하여 학위를 받았다. 하지만 치료와 재활의 문제가 의학으로 해결되지 않았다. 그래서 교육의 힘으로 그 꿈을 이루어보려고 재도전하여 아동심리학과 특수교육에 관한 임상 연구를 통해 교육학 박사 학위를 취득함과 동시에 후쿠오까(福岡) 대학 교수가 되었다. 그리고 당시 일반학교에서 '집단 따돌림(왕따)'을 당해 학교에 가지 못하고 있던 두 아들과 다른 발달장애 아동들을 위해 1954년 일본 최초의 특수학교인 '시이노미 학원'을 설립하였다.

당시 다른 학교가 없어 시이노미 학원에는 인근 지역뿐만 아니라 전국 각지에서 많은 장애 아동들이 몰려들었다. 각자 개성이 다른 아동들을 교육하는 것은 정말 힘든 일이었지만 그는 "아무리 장애가 심한 아동이라도 그 마음속에는 아름다운 싹을 가지고 있다. 그 싹을 틔우는 일은 부모의 사랑에 의해 이루어지며, 그 싹이 곧게 자라도록 하는 것은 교사의 열정과 헌신이며, 그 싹이 꽃을 피우고 열매를 맺도록 하는 것은 지역사회인들의 책임이다."라고 말하였다. 부모의 깊은 사랑의 마음을 담아 장애 아동들을 정성껏 보살피며 교직원들과 혼신의 힘을 다해 지도한 결과, 수많은 교육적 성과를 거두게 되었다. 그 이듬해 발간된 교육실천 수기집 『시이노미학원』은 베스트셀러가 되었고, 영화로까지 제작되어 일본뿐만 아니라 미국, 프랑스, 이탈리아 등 여러 나라에서 큰 호평을 받게 되었다. 우리나라에서도 이 책은 『새와 이야기할 수 있는 아이』(도서출판 특수교육)라는 제목으로 번역 출판되어 특수교육 및 장애인복지 종사자, 그리고 많은 장애인 부모님들에게 '교육의 가능성'을 새롭게 일깨워 주는 계기가 되었다.

학기 말

Chapter **10** … 학기 말 학급운영과 생활지도 및 학습지도

학기 말은 한 학기를 마무리하면서 교사와 학부모, 교사와 학생 간에 신뢰 구축을 바탕으로 운영해 온 학급 경영을 평가하고, 방학을 준비하며, 실행했던 교육과정과 업무들을 점검하는 시기이다.

이 장에서는 학생을 개별적으로 종합 평가하여 개별화교육계획 결과를 작성 · 마감하는 방법과 생활통지표를 비롯한 학교생활기록부의 작성 및 마감 방법, 학년 말의 자유로운 교육 활동의 계획 수립과 실행, 방학 준비, 다음 학기 준비 또는 차기 학년도 교육과정 준비를 위한 정리, 업무 인수인계 등과 같은 학기 말에 교사가 마무리해야 하는 여러 가지 업무에 대해 살펴본다.

Chapter

10

학기 말 학급운영과 생활지도 및 학습지도

학습 목표

1. 한 학기 동안 운영해 온 학급 경영 및 교육과정 평가를 위해 특수교육교사가 해야 하는 업무에는 어떤 것이 있는지 예를 들어 설명한다.
2. 학생들의 안전하고 유익한 방학을 위해 교사가 준비해야 할 업무에는 무엇이 있는지 구체적으로 설명한다.
3. 개별화교육계획 평가 요소를 고려하여 평가 결과를 기록한다.

학기 말

월	영역	내용	영역	내용
7월, 12～2월	학급 운영	• 7월, 12～2월 개별화교육계획 평가 • 1, 2학기 개별화교육계획 평가 • 1, 2학기 개별화교육계획 결과 제출 및 가정 송부 • 학기 말 평가 • 학교생활기록부의 작성 • 학교생활기록부의 점검 및 마감 • 생활통지표의 등록, 마감 및 가정 송부 • 학급경영록 또는 과정중심평가록 점검 및 제출 • 학습자료 모음집 정리 • 학부모 상담 • 방학 프로그램 안내	학습 지도	• 방학 계획서 작성 • 방학 학습과제물 부여 • 기말고사 • 자율적인 학년 말 학습활동
	생활 지도	• 여름철 생활 안전지도 • 겨울철 생활 안전지도 • 교실 정리 정돈 • 방학 중 학생 상황 파악 • 개학안내	업무	• 방학식 날 마무리 활동 • 인수인계 준비 및 환경 정리 • 신학년도 통학버스 노선 계획 수립 • 문서 편철, 각종 대장 확인 및 정리

학급운영

학기 말은 한 학기 동안 실시한 교육 활동에 대하여 여러 가지 평가가 이루어지는 시기이다. 따라서 학기 말 학급운영 업무 중 가장 중요한 일은 개별화교육계획의 종합적인 평가와 마감, 개별화교육 결과의 가정 송부, 과정중심 교육과정의 평가에 따른 나이스 성적 입력 및 마감, 학교생활기록부의 점검 및 마감이다.

이 외에도 학기 말 학급운영으로는 학급경영록 또는 과정중심평가록의 점검 및 제출, 학습자료 모음집의 정리, 개별화교육 결과 및 학생 생활지도와 관련된 학기 말 학부모상담, 방학 기간 동안 운영하는 방학 프로그램의 안내가 있다.

1. 7월, 12~2월 개별화교육계획 평가

7월, 12~2월에 수립했던 월별 개별화교육계획의 교육목표와 교육내용에 따라 평가 결과를 기록한 후 마감하고 상신한다.

평가 작성 방법 및 마감 관리의 구체적인 방법은 4장 6절의 '개별화교육계획 수립' 중에서 '월별 개별화교육계획'을 참고한다.

이로써 한 학기의 월별 개별화교육이 마무리되며, 이후 월별 개별화교육계획의 평가 내용은 학기평가의 토대가 된다.

TIP 나이스에 평가 내용을 입력하기 전에 한글 맞춤법 검사기를 이용하면 문장의 오류를 줄일 수 있습니다. 무료로 사용할 수 있는 '국어 평생교육 우리말 배움터 한글 맞춤법 검사기'를 사용하면 도움이 됩니다.
URL주소: http://urimal.cs.pusan.ac.kr/urimal_new/

TIP 개별화교육 평가를 상신한 이후 조금은 번거롭더라도 [나이스]-[기본메뉴]-[상신창]-[조회]를 통해 자신이 상신한 개별화교육 관련 내용이 제대로 상신되었는지 점검하는 것을 습관화해 둘 필요가 있습니다.

2. 1 · 2학기 개별화교육계획 평가

1) 학기별 개별화교육계획 평가

학기 초에 수립한 개별화교육계획에 따라 특수교육대상자가 교육목표에 도달할 수 있도록 다양한 교육방법을 통해 개별화교육을 실행해 왔다면 학기 말에는 그 교육목표에 대한 달성 여부를 평가해야 한다. 학기 말 개별화교육계획의 평가는 기본적으로 학기 초에 수립한 개별화교육계획의 평가 계획에 의거하여 평가한다.

평가의 내용은 개별화교육계획에 제시된 교육목표와 교육내용의 범위 및 수준을 벗어나서는 안 된다. 또한 학생의 개별적 교육목표의 성취기준에 따른 학습에 대한 흥미, 참여 태도, 적극성, 인식의 정도, 기능의 향상, 문제 해결의 태도 등 학습의 과정 및 결과를 평가하되 학생의 언어적 표현뿐만 아니라 신체적 표현 등의 비언어적인 부분까지 모두 포함하여 학생 개개인의 학습 진행 및 향상 정도를 구체적이며 종합적으로 평가한다.

TIP 학기 말 개별화교육계획의 평가에 앞서 학기 중에 실시해 온 월별 개별화교육계획의 평가를 평가 계획에 따라 잘 작성해 왔다면 학기 말 개별화교육계획의 평가 시 별도의 내용으로 평가하기보다는 월별 개별화교육계획의 평가 내용을 토대로 종합하여 기록합니다.

표 10-1 개별화교육계획 학기목표 및 평가의 예

특수교육 교육과정(기본교육과정) 중학교 진로와 직업

번호	1	이름	김○○	마감	미마감
현행수준	[직업준비] 서비스업에 대해 일부 알고 있으나 각각의 서비스업의 개념과 하는 일에 대한 인식이 명확하지 않음. 읽고 쓰기가 가능하고, 의사소통이 원활하며 밝고 사교성이 좋은 편으로 아직 확실하게 진로를 정하지 못하였으나 사무직 또는 바리스타와 같은 서비스업과 관련된 직업에 관심이 많음. 자신의 미래에 대한 고민이 있어, 자신의 꿈이 무엇이며 구체적으로 자신이 할 수 있는 일을 찾고 싶어 하므로 다양한 진로 및 직업에 대한 정보와 경험을 제공할 필요가 있음.				

	[직업기능-공예] 공예와 관련된 기본 도구와 재료의 이름을 일부 알고 있으며, 작업 준비를 스스로 할 수 있음. 선천적 합지증으로 분리 수술한 이력이 있어 손의 구조적인 문제로 소근육의 움직임이 아주 섬세하지는 않으나 연필 잡고 쓰기, 젓가락질하기, 가위질하기 등 대부분의 활동을 수행할 수 있음. 여러 가지 공예 작업에 대한 흥미와 관심이 많아 의욕적이며, 작업에 임하는 태도가 성실한 편으로 다양한 공예 활동 경험이 요구됨.
학기목표	[직업준비] 1. 서비스업 분야의 여러 가지 직업과 하는 일을 안다. 2. 각각의 서비스업과 관련된 도구 및 기기의 이름과 기능을 연관지어 설명한다. [직업기능-공예] 1. 공예 활동에 필요한 다양한 도구의 이름과 사용법을 나열한다. 2. 다양한 재료를 이용하여 공예작품을 만든다.
평가	서비스업 분야인 청소, 세탁, 조리, 세차, 대인 서비스, 사무지원 등의 각각의 분야가 제공하는 서비스가 어떤 것인지 바르게 짝 지을 수 있으며, 가정, 학교, 지역사회에서 찾아볼 수 있는 다양한 서비스업의 직업명과 하는 일을 학습지의 보기에서 찾아 쓸 수 있음. 서비스업에 필요한 바른 태도를 알고 상황극에서 언어표현, 표정, 행동 등으로 표현할 수 있으며, 특히 사무지원 분야 및 대인 서비스 분야에서 사용되는 여러 가지 도구 및 기기의 이름과 쓰임새를 간단히 설명할 수 있음. 사무지원 도구 및 기기인 스테이플러를 사용할 때, 여러 장의 서류를 가지런히 하지 못하고 지정한 위치에 찍지 못했으나 차츰 서류 뭉치를 하나로 고르게 정리하였으며, 제 위치에 밀리지 않게 찍어 서류 묶음을 만듦. 복사기의 자동복사 프로그램을 이용하여 필요한 수량만큼 복사할 수 있으며, 코팅할 종이를 코팅용지에 바르게 배치하고 코팅기의 적정 온도와 속도를 조절하여 코팅할 수 있음. 그라인더를 이용해 스쿱에 커피 가루를 담을 수 있으며 언어적 도움을 받아 소복하게 담긴 커피 가루를 평평하게 깎아 덜어 낼 수 있음. 수평을 유지하여 탬핑할 수 있고, 에스프레소 기기에 포터 필터를 장착할 때 정확한 위치를 찾는 것은 반복이 필요하지만 포터 필터를 단단히 고정하여 커피를 추출할 수 있음. 추출한 에스프레소에 적정량의 뜨거운 물을 희석하여 아메리카노를 만들 수 있으며, 커피잔을 쟁반에 받쳐 손님에게 예의바르고 조심스럽게 서빙하고, 행주로 테이블을 닦아 뒷정리를 하는 등 친절한 태도로 모의 대인 서비스를 할 수 있음. 냅킨 공예에 필요한 재료 및 도구의 이름과 각각의 쓰임새를 바르게 말할 수 있으며, 냅킨 공예로 정리함을 만드는 방법을 나타낸 그림을 차례대로 배열할 수 있음. 사포를 이용하여 정리함 목제 반제품을 매끄럽게 다듬을 수 있고, 붓으로 초벌제를 일정한 방향으로 꼼꼼하게 바를 수 있으며, 공예에 사용할 냅킨을 선택하여 그림을 따라 오릴 수 있음. 무늬를 살려 오리는 것은 반복적인 연습이 좀 더 필요하지만 오려 낸 냅킨에서 그림이 가장 선명한 부분을 찢어지지 않게 잘 떼어 내어 적절하게 배치해 디자인할 수 있음. 초벌제가 건조된 정리함에 접착제를 고르게 바른 후 디자인한 대로 냅킨을 잘 붙일 수 있음. 접착제를 완전히 건조시킨 후 마감제를 덧칠하고 드라이기로 말려 정리함을 완성함.

표 10-2 개별화교육계획 월별목표 및 평가의 예

특수교육 교육과정(기본교육과정) 중학교 진로와 직업

□	순서	월	교육목표	교육내용	교육방법	평가준거	평가	마감
□	1	4	[직업준비] 1. 서비스업의 뜻을 안다. 2. 서비스업의 다양한 직업을 안다.[생략]	1. 서비스업이 무엇인지 알아보기 2. 서비스업에서 하는 일 살펴보기[생략]	- 직접교수, 또래교수, 모델링, 여러 가지 사물 및 삽화 활용, 동영상 활용, 실생활 체험학습[생략]	- 잘 수행함: 81~100%, 도움 없이 수행 - 가끔 수행함: 61~80%, 언어, 시범 촉진을 받아 수행[생략]	- 잘 수행함: 서비스업은 사람을 대상으로 하며 고객의 요구를 해결해 주는 것임을 이해[생략]	미마감

순서	1	월	4
교육목표	[직업준비] 1. 서비스업의 뜻을 안다. 2. 서비스업의 다양한 직업을 안다. 3. 서비스업에서 하는 일을 안다.		
교육내용	1. 서비스업이 무엇인지 알아보기 2. 서비스업의 여러 가지 직업과 하는 일 살펴보기 3. 서비스업 일을 하는 데 필요한 바른 태도 알아보기 4. 우리 지역사회에서 찾아볼 수 있는 서비스업 분야의 일 알아보기		
교육방법	- 직접교수, 또래교수, 모델링, 여러 가지 사물 및 삽화 활용, 동영상 활용, 실생활 체험학습		
평가준거	- 잘 수행함: 81~100%, 도움 없이 수행 - 가끔 수행함: 61~80%, 언어, 시범 촉진을 받아 수행 - 도움 받아 수행함: 60% 이하, 신체적, 전반적 도움을 받아 수행		
평가	- 잘 수행함: 서비스업은 사람을 대상으로 하며 고객의 요구를 해결해 주는 것임을 이해하고 여러 그림 자료 중 서비스업과 관련된 그림(카트 정리하기, 버스 승하차 돕기, 가사 업무 등)을 찾을 수 있음. 서비스업의 분야인 청소, 세탁, 조리, 세차, 대인 서비스, 사무지원 등의 사진을 보고 각각의 분야가 제공하는 서비스가 어떤 것인지 보기에서 찾아 짝 지을 수 있으며, 서비스업에 필요한 태도로 예의 바르게 행동하기, 친절하기 대하기, 안전하게 일하기, 인내심, 단정한 차림 등이 있음을 알고 상황극에서 언어표현, 표정, 행동 등으로 표현할 수 있음. 가정, 학교, 지역사회에서 볼 수 있는 다양한 서비스업으로 환경미화원, 청소업체 청소원, 세탁소 세탁원, 식당의 요리사, 학교 급식실의 조리사, 커피 바리스타, 세차장의 세차원, 마트 판매원, 마트 계산원, 미용사, 의사, 약사, 사무직원, 교무실의 행정사 등을 이야기하고 각각의 서비스업이 하는 일을 간단하게 설명함.		

□	순서	월	교육목표	교육내용	교육방법	평가준거	평가	마감
□	1	4	안다.[생략]	보기[생략]	학습[생략]	수행[생략]	하고[생략]	
□	2	5	[직업준비] 1. 사무지원 분야의 직업과 하는 일을 안다. 2. 사무지원 도구 및 기기[생략]	1. 사무지원 분야의 직업명과 하는 일 알아보기 2. 사무지원 도구 및 기기의 이름 알기 [생략]	- 직접교수, 또래교수, 모델링, 여러 가지 사물 및 삽화 활용, 동영상 활용, 실생활 체험학습[생략]	- 잘 수행함: 81~100%, 도움 없이 수행 - 가끔 수행함: 61~80%, 언어, 시범 촉진을 받아 수행 [생략]	- 잘 수행함 : 사무지원 분야의 직업으로 사무 보조원, 문서 작성원, 사서 보조원, 우편물 [생략]	미마감

순서	2	월	5
교육목표	[직업준비] 1. 사무지원 분야의 직업과 하는 일을 안다. 2. 사무지원 도구 및 기기의 이름과 사용법을 안다. 3. 대인 서비스 분야의 직업과 하는 일을 안다. 4. 대인 서비스 도구 및 기기의 이름과 사용법을 안다.		
교육내용	1. 사무지원 분야의 직업명과 하는 일 알아보기 2. 사무지원 도구 및 기기의 이름 알기 3. 스테이플러, 복사기, 코팅기의 쓰임새에 맞게 사용하기 4. 대인 서비스 분야의 직업명과 하는 일 알아보기 5. 카페에서 사용하는 대인 서비스 도구 및 기기의 이름 알기 6. 그라인더, 에스프레소머신, 쟁반, 행주의 쓰임새에 맞게 사용하기		
교육방법	- 직접교수, 또래교수, 모델링, 여러 가지 사물 및 삽화 활용, 동영상 활용, 실생활 체험학습		
평가준거	- 잘 수행함: 81~100%, 도움 없이 수행 - 가끔 수행함: 61~80%, 언어, 시범 촉진을 받아 수행 - 도움 받아 수행함: 60% 이하, 신체적, 전반적 도움을 받아 수행		
평가	- 잘 수행함: 사무지원 분야의 직업으로 사무 보조원, 문서 작성원, 사서 보조원, 우편물 분류원 등 각 직업의 이름과 하는 일, 일하는 곳을 바르게 짝 지음. 사무실에서 사용되는 사무지원 도구 및 기기(컴퓨터, 복사기, 팩시밀리, 문서 세단기, 스테이플러, 서류철, 펀치 등)의 이름을 말할 수 있음. 스테이플러를 사용할 때 여러 장의 서류를 가지런히 하지 못하고 지정한 위치에 찍지 못했으나 차츰 서류 뭉치를 하나로 고르게 정리하였으며 제 위치에 밀리지 않게 찍어 서류 묶음을 만듦. 복사기의 자동복사 프로그램을 이용하여 필요한 수량만큼 복사할 수 있음. 코팅할 종이를 코팅용지에 바르게 배치할 수 있으며, 코팅기의 적정 온도와 속도를 조절하여 코팅할 수 있음. 대인 서비스 분야의 직업으로 서빙원, 요양 보호사, 판매원, 주유원, 주차 안내원, 매장 정리원 등 각 직업의 이름과 하는 일을 학습지의 보기에서 찾아 쓸 수 있으며 카페에서 사용하는 대인 서비스 도구 및 기기(메뉴판, 쟁반, 행주, 앞치마, 에스프레소머신, 그라인더, 커피잔 등)의		

	이름을 말할 수 있음. 그라인더를 이용해 스쿱에 커피 가루를 담을 수 있으며 언어적 도움을 받아 소복하게 담긴 커피 가루를 평평하게 깎아 덜어 낼 수 있음. 수평을 유지하여 탬핑할 수 있고 에스프레소 기기에 포터 필터를 장착할 때 정확한 위치를 찾는 것은 반복이 필요하지만 포터 필터를 단단히 고정하여 커피를 추출할 수 있음. 추출한 에스프레소에 적정량의 뜨거운 물을 희석하여 아메리카노를 만들 수 있으며, 커피잔을 쟁반에 받쳐 손님에게 예의바르고 조심스럽게 서빙하고 행주로 테이블을 닦아 뒷정리를 하는 등의 모의 대인 서비스를 수행할 수 있음.

□	순서	월	교육목표	교육내용	교육방법	평가준거	평가	마감
□	2	5	의 [생략]	알기[생략]	학습[생략]	수행[생략]	편물 [생략]	
□	3	6,7	[직업기능-공예] 1. 냅킨 공예에 사용되는 여러 가지 도구의 이름과 사용법을 안다.[생략]	1. 냅킨 공예 재료와 도구의 이름 및 쓰임새 알기 2. 냅킨 공예 [생략]	- 직접교수, 또래교수, 모델링, 여러 가지 사물 및 삽화 활용, 동영상 활용, 실생활 체험학습[생략]	- 잘 수행함: 81~100%, 도움 없이 수행 - 가끔 수행함: 61~80%, 언어, 시범 촉진을 받아 수행[생략]	- 잘 수행함: 냅킨, 사포, 초벌제, 접착제, 마감제, 붓, 공예용 가위 등 냅킨 공예에 필요 [생략]	미마감

순서	3	월	6, 7
교육목표	[직업기능-공예] 1. 냅킨 공예에 사용되는 여러 가지 도구의 이름과 사용법을 안다. 2. 냅킨을 이용하여 간단한 소품을 완성할 수 있다.		
교육내용	1. 냅킨 공예 재료와 도구의 이름 및 쓰임새 알기 2. 냅킨 공예의 방법 및 순서 알기 3. 냅킨 공예 도구를 활용하여 정리함 만들기		
교육방법	- 직접교수, 또래교수, 모델링, 여러 가지 사물 및 삽화 활용, 동영상 활용, 실생활 체험학습		
평가준거	- 잘 수행함: 81~100%, 도움 없이 수행 - 가끔 수행함: 61~80%, 언어, 시범 촉진을 받아 수행 - 도움 받아 수행함: 60% 이하, 신체적, 전반적 도움을 받아 수행		
평가	- 잘 수행함: 냅킨, 사포, 초벌제, 접착제, 마감제, 붓, 공예용 가위 등 냅킨 공예에 필요한 재료 및 도구의 이름과 각각의 쓰임새를 바르게 말할 수 있으며, 냅킨 공예 기법으로 정리함을 만드는 방법을 나타낸 그림을 차례대로 배열할 수 있음. 사포를 이용하여 정리함 목제 반제품을 매끄럽게 다듬을 수 있으며, 붓으로 초벌제를 일정한 방향으로 꼼꼼하게 바를 수 있음. 여러 가지 냅킨 중 공예에 사용할 냅킨을 선택하여 그림을 따라 오릴 수 있고, 무늬를 살려 오리는 것은 반복적인 연습이 좀 더 필요하지만 오려 낸 냅킨의 3겹 중 그림이 가장 선명한 부분을 잘 떼어내어 적절하게 배치해 디자인할 수 있음. 초벌제가 건조된 정리함에 접착제를 고르게 바른 후 디자인한 모양대로 냅킨을 찢어지지 않게 붙일 수 있으며, 접착제가 마른 후 마감제를 덧칠하고 드라이기로 건조해 정리함을 완성함.		

더 상세한 정보가 필요하다면!

국립특수교육원(2019). 개별화교육계획 운영 가이드북.

2) 학기별 개별화교육계획 마감

7월과 12~2월 학기 말에는 앞서 설명한 학기별 개별화교육계획 평가방법에 따라 개별화교육계획의 종합적인 평가와 학기목표에 따른 도달 및 발달 내용 등을 기록하고 마감 관리 절차를 거쳐 한 학기의 개별화교육을 마감하고 상신한다. 평가 작성 방법 및 마감 관리의 구체적인 방법은 4장 6절의 '개별화교육계획 수립' 중에서 '마감 관리'를 참고한다.

3. 1 · 2학기 개별화교육계획 결과 제출 및 가정 송부

「장애인 등에 대한 특수교육법 시행규칙」 제4조(개별화교육지원팀의 구성 등) 제4항에 따르면 "각급 학교의 장은 매 학기마다 개별화교육계획에 따른 각각의 특수교육대상자의 학업성취도 평가를 실시하고, 그 결과를 특수교육대상자 또는 그 보호자에게 통보하여야 한다."라고 명시되어 있다. 따라서 학기 말에는 개별화교육계획을 평가하고 마감한 결과를 가정에 송부해야 한다.

가정 송부용 개별화교육계획 결과지 작성은 다음의 절차를 따른다.

① 나이스에 입력한 학기별 개별화교육 평가 내용을 한글 파일로 저장한다.
② 저장된 내용을 가정 송부용 파일로 편집한다(학교마다 편집 방법이 다르므로 업무 담당자의 안내에 따름).
③ 결재 절차에 따라 결재를 받은 후 가정에 송부한다.
④ 학교에 따라 학기 말 학부모 상담 때 학부모에게 날인 또는 서명을 받기도 한다.

4. 학기 말 평가

2018학년도부터 특수학교도 과정중심평가가 본격적으로 도입되었다. 그에 따라 대부분의 특수학교에서는 각 학교에 맞는 과목별 과정중심평가 계획을 수립하였다. 따라서 학기 말 평가는 학기 중에 실시해 왔던 과정중심평가를 종합하여 정리한다.

5. 학교생활기록부 작성

학교의 과목별 과정중심평가 계획에 따라 실시해 온 평가 내용을 학기 말 평가로 종합하여 정리했다면 그 내용을 기반으로 생활통지표를 작성한다. 생활통지표는 학교생활기록부와 일원화되어 있어 생활통지표를 출력하기 위해서는 먼저 학교생활기록부의 입력과 점검 및 마감이 선행되어야 한다.

학기 말 업무 중 가장 중요하다고도 할 수 있는 학교생활기록부의 기록은 절대 오류가 있어서는 안 되기 때문에 다음에 소개되는 학교생활기록부의 작성과 마감 방법에 대해 철저하게 숙지해야 한다.

1) 학적

① 교과학습 발달 상황이나 창의적 체험 활동 상황 등 생활통지표와 관련된 내용을 입력하기에 앞서 먼저 나이스에서 학적부터 점검한다.

② 기본 신상, 누가 주소, 가족 상황, 학적사항, 학년 반 이력에 오류가 없는지 확인해야 하며, 간혹 학생의 증명사진이 누락된 경우가 있으므로 반드시 점검해야 한다.

③ 유예, 면제, 자퇴, 퇴학, 휴학, 재취학, 재입학, 편입학, 복학, 유급, 조기진급 등 중요한 학적변동인 경우 [학적 특기사항]에 학적변동의 사유가 입력되어 있는지 점검한다(교육부, 2020b, c).

④ 전출일과 전입일은 연중 공백 기간이 없도록 처리되어 있는지, 전출일과 전입일이 동일한 경우 당일은 전입일로 하고 전출일은 전입일 하루 전으로 처리되어 있는지 점검한다(교육부, 2020b, c).

⑤「학교폭력예방 및 대책에 관한 법률」 제17조(가해학생에 대한 조치사항)제1항 제1호(피해학생에 대한 서면사과), 제2호(피해학생 및 신고 · 고발 학생에 대한 접촉, 협박 및 보복행위의 금지), 제3호(학교에서의 봉사)까지의 조치사항을 이행한 가해학생에 대한 조치사항은 입력을 유보하고 해당 조치 사항은 학교폭력 가해학생 조치사항대장에 기록하여 관리한다(교육부, 2020b, c).

⑥ 학교폭력 가해학생 조치사항 입력이 유보된 가해학생이「학교폭력예방 및 대책에 관한 법률」 제17조(가해학생에 대한 조치사항)제1항 제1호(피해학생에 대한 서면사과), 제2호(피해학생 및 신고 · 고발 학생에 대한 접촉, 협박 및 보복행위의 금지), 제3호(학교에서의 봉사)까지의 조치사항을 이행하지 않았거나 동일학교급[초등학생의 경우 가해학생 조치 결정일(교육지원청 내부결재일)로부터 3년 내]에서 다시 다른 학교폭력으로「학교폭력예방 및 대책에 관한 법률」 제17조(가해학생에 대한 조치사항)의 조치를 받은 경우에는 이전에 입력이 유보된 조치사항을 포함하여 모두 입력한다(교육부, 2020b, c).

⑦ 학교폭력대책심의위원회에서 결정한「학교폭력예방 및 대책에 관한 법률」 제17조(가해학생에 대한 조치사항)제1항 제8호(전학), 제9호(퇴학처분)에 따른 조치사항은 [학적 특기사항]에 조치 결정일자(교육지원청 내부결재일)와 함께 결정 즉시 입력한다(교육부, 2020b, c).

⑧ 학교폭력 관련 피해학생 조치사항은 입력하지 않는다(교육부, 2020b, c).

⑨ [학적 특기사항]에 기재된「학교폭력예방 및 대책에 관한 법률」 제17조(가해학생에 대한 조치사항)제1항 제1호(피해학생에 대한 서면사과), 제2호(피해학생 및 신고 · 고발 학생에 대한 접촉, 협박 및 보복행위의 금지), 제3호(학교에서의 봉사), 제7호(학급교체)의 조치사항은 졸업과 동시(졸업식 이후부터 2월 말 사이 졸업생 학적반영 이전)에 삭제한다(교육부, 2020b, c).

⑩ [학적 특기사항]에 기재된「학교폭력예방 및 대책에 관한 법률」 제17조(가해학생에 대한 조치사항)제1항 제4호(사회봉사), 제5호(학내외 전문가에 의한 특별 교육이수 또는 심리치료), 제6호(출석정지), 제8호(전학)의 조치사항은 졸업 2년 후에 삭제하는 것을 원칙으로 하되, 해당학생의 반성 정도와 긍정적 행동변화 정도를 고려하여 졸업 직전 학교폭력 전담기구의 심의를 거쳐 졸업과 동시에 삭제할 수 있다. 그러나, 재학기간 동안 2건 이상의 학교폭력 사안으로 가해학생 조치(제1호 제2호, 제3호, 제7호 포함)를 받았거나 학교폭력 조치 결정일로부터 졸업학년도 2월 말일까

지 6개월이 경과되지 않은 경우는 심의 대상자로 신청할 수 없다(교육부, 2020b, c).

⑪ [학적 특기사항]에 기재된「학교폭력예방 및 대책에 관한 법률」제17조(가해학생에 대한 조치사항)제1항 제9호(퇴학처분)은 고등학교만 대상이며 삭제 대상이 아니다(교육부, 2020b, c).

TIP [학적 특기사항]의 한글 입력 가능 최대 글자수는 500자입니다.

2) 출결 상황

① 평소 출결 관리를 철저히 하되 생활통지표를 작성할 때는 [출결 특기사항]을 입력한다.

② [출결 특기사항]에는 결석(질병, 무단 등으로 인한 장기결석, 기타결석 및 반복된 조퇴 · 지각 · 결과) 사유와 결석일수를 기록하며 결석이 없는 경우는 개근으로 기록한다(교육부, 2020b, c).

③ 학교폭력대책심의위원회에서 결정한「학교폭력예방 및 대책에 관한 법률」제17조(가해 학생에 대한 조치사항)제1항 제4호(사회봉사), 제5호(특별교육이수 또는 심리치료), 제6호(출석정지)는 [출결 특기사항]에 조치사항을 조치 결정일자(교육지원청 내부결재일)와 함께 결정 즉시 입력한다(교육부, 2020b, c).

④ 학교폭력대책심의위원회에서 결정한「학교폭력예방 및 대책에 관한 법률」제17조(가해 학생에 대한 조치사항)제1항 제4호(사회봉사), 제5호(특별교육이수 또는 심리치료)의 이행 기간은 출석인정 결석으로 처리한다(교육부, 2020b, c).

⑤ 학교폭력대책심의위원회에서 결정한「학교폭력예방 및 대책에 관한 법률」제17조(가해 학생에 대한 조치사항)제1항 제6호(출석정지)에 따른 출석정지 기간은 미인정결석에 해당되며 [출결 특기사항]에 사유를 입력한다(교육부, 2020b, c).

⑥ [출결 특기사항]에 기재된 학교폭력 가해학생 조치사항 제4호(사회봉사), 제5호(특별교육 이수 또는 심리치료), 제6호(출석정지)는 해당학생 졸업 2년 후에 삭제하는 것을 원칙으로 하되, 졸업 직전 학교폭력 전담기구의 심의를 거쳐 졸업과 동시에 삭제할 수 있다. 그러나 재학기간 동안 2건 이상의 학교폭력 사안으로 가해학생 조치(제1호, 제2호, 제3호, 제7호 포함)를 받았거나 학교폭력 조치 결정일로부터 졸업학년도 2월 말일까지 6개월이 경과되지 않은 경우에는 심의 대상자로 신청할

수 없다(교육부, 2020b, c).

⑦ 출석인정 결석을 했거나 5일 이내의 질병결석 등의 결석이 있는 경우, 현장체험 학습신청서, 현장체험학습 결과보고서, 결석계, 혹은 학부모 의견서(또는 처방전 또는 담임교사 확인서) 등의 증빙서류가 누락되지 않았는지 철저하게 점검한다.

TIP [출결 특기사항]에 한글 입력 가능 최대 글자수는 500자이며, 출결 관리는 되도록 일출결 관리를 권장합니다.

3) 수상경력(교육부, 2020b, c)

① [수상경력]에는 학년 초 학교교육계획서에 따라 실시한 교내상만 입력하되 연간 시상 계획의 수상명과 일치하게 기록한다.

② 모든 교외상은 학교생활기록부 어떠한 항목에도 입력하지 않는다.

③ 교내상은 학교생활기록부 [수상경력]에만 입력하며 [수상경력] 이외의 어떠한 항목에도 입력하지 않는다(창의적 체험 활동 상황의 특기사항, 교과학습 발달 상황의 세부능력 및 특기사항, 자유학기 활동 상황, 행동특성 및 종합의견 등).

4) 진로 희망사항(교육부, 2020b, c)

① 초등 전 학년과 중학교 1~2학년, 고등학교 1~2학년은 [진로 희망사항]의 항목이 삭제되어 미기재한다.

② 중학교 3학년과 고등학교 3학년은 [진로 희망사항]을 적용하며, 커리어넷 직업·학과정보의 직업분류를 참고하여 학생의 직업에 대한 관심 분야나 희망 직업을 기재한다.

③ [희망 사유]에는 충분한 상담과 관찰을 통해 학생의 희망 직업에 대한 진로 선택 동기, 이유, 계기 등을 입력하되, 상급학교 전형자료로는 제공하지 않는다.

TIP [진로 희망사항]의 [희망 사유]에 한글 입력 가능 최대 글자수는 200자입니다.

5) 창의적 체험 활동 상황

창의적 체험 활동은 자율 활동, 동아리 활동, 봉사 활동, 진로 활동 영역으로 나누어지며, 각 영역에 대해 담임교사와 창의적 체험 활동 담당교사가 분담하여 평가하되, 교사가 관찰하고 평가한 누가 기록을 근거로 학생의 활동 참여 태도, 활동 실적, 향상의 정도, 행동의 변화 및 특기사항 등을 종합하여 [창의적 체험 활동 특기사항]에 서술 입력한다(교육부, 2020b, c).

(1) 자율 활동

① 적응 활동, 자치 활동, 창의적 특색 활동, 학교 행사가 자율 활동에 해당하며, 정규 교육과정 내에서 운영한 자율 활동의 실시 일자를 선택하여 이수 시간과 활동 내용을 누가 입력한다.

② 자율 활동 누가 기록 입력이 완료되면 누가 기록 이수 시간 합계를 확인하여 총 이수 시간을 입력한다.

③ 자율 활동 운영 시간에 참여하지 않은 경우는 이수 시간에서 제외한다(경조사 또는 천재지변 등으로 인한 출석인정 결석, 질병 · 미인정 · 기타결석 및 조퇴 등을 구분하지 않음)(교육부, 2020b, c).

④ [자율 활동 특기사항]은 학교폭력예방교육, 인권교육, 생명존중교육, 생태 · 환경교육, 안전교육, 성폭력예방교육, 아동학대 및 가정폭력 예방교육, 장애인 인식개선, 실종 · 유괴 예방교육, 교권존중 상호이해교육, 도박예방교육, 정보통신 윤리교육, 학생회의 및 학생회 활동 등의 자율 활동 실시 날짜와 학생에 대한 평가 내용을 기록한다.

⑤ 자치 활동 관련 내용을 [자율 활동 특기사항]에 입력할 때에는 구체적인 임원의 종류를 알 수 있도록 전교, 학년, 학급 등을 입력하고 재임기간을 기록하되, 1학년은 입학일부터 학년 말, 그 외 학년은 3월 1일부터 학년 말까지로 입력한다(교육부, 2020b, c).

⑥ [자율 활동 특기사항]은 활동실적의 단순한 나열식 입력을 지양하고 활동 과정에서 드러나는 개별적인 행동특성, 참여 및 협력의 정도, 활동실적, 향상의 정도 등을 평가하여 구체적으로 입력한다(교육부, 2020b, c).

TIP 자율 활동 작성의 예

- 친구사랑 톡톡톡 데이(2019. 03. 22.)의 칭찬 릴레이와 친교 활동에 적극적으로 참여함. 학교폭력예방교육(2019. 04. 19.)으로 학교폭력 시 신고처를 바르게 말할 수 있음. 재난대피 안전모의 사용방법과 지진대피 요령을 알고 지진대피훈련(2019. 05. 28.) 시 비상대피로를 따라 신속하게 대피할 수 있음. 실종·유괴 예방 교육(2009. 06. 10.)을 실시하여 실종 및 유괴상황의 대처방법을 그림 자료에서 바르게 찾음. 인권교육(2019. 06. 21.)을 통해 그림을 보고 청소년 권리를 간단히 설명할 수 있음. 횡단보도를 건널 때의 여러 가지 위험한 상황을 알고 교통안전교육(2019. 07. 05.) 체험 활동 시 안전하게 횡단보도를 건널 수 있음.
- 중학교 1학년 임원 활동 기간 입력: 1학기 전교 학생자치회 회장(2020. 03. 02.~2020. 08. 26.)

TIP [자율 활동 특기사항]의 한글 입력 가능 최대 글자수는 500자입니다.

TIP 출결 관리를 철저히 했다면 누가 기록을 입력했을 때 이수 시간 합계가 자동으로 계산되어 나타나므로 그 합계를 그대로 반영하여 총 이수 시간에 입력하면 되지만, 혹시라도 학생 개인별로 결석이나 개별 상황이 있는 경우에는 이수 시간 계산에 오류가 없는지 점검할 필요가 있습니다.

(2) 동아리 활동

① 동아리 활동은 정규 교육과정 내에서 운영하는 동아리 활동, 학교스포츠 클럽활동 및 청소년단체 활동을 포함한다.

② 동아리 활동 관련 내용을 입력하기에 앞서 각 부별 동아리 구성 및 학생의 부서배정에 오류가 없는지 확인한다.

③ 동아리 활동 시수는 정규 교육과정으로 운영되는 동아리 활동, 학교스포츠 클럽활동, 학교장이 승인한 방과후 학교스포츠 클럽활동 시수를 합산하여 반영한다(교육부, 2020b, c).

④ [동아리 활동 특기사항]은 해당 동아리 담당교사가 입력하며 교사 관찰, 자기 평가, 학생 상호 평가, 포트폴리오 등 다양한 방법으로 평가하되 참여 및 협력의 정도, 활동내용 등을 개별적 특성이 나타나도록 기재한다(방과후 학교스포츠 클럽활동은 클럽명과 시간만 기록, 학교교육계획에 의한 청소년단체활동은 청소년단체명만 입력)(교육부, 2020b, c).

TIP [동아리 활동 특기사항]의 한글 입력 가능 최대 글자수는 500자입니다.

(3) **진로 활동**(교육부, 2020b, c)

① 진로희망과 관련된 학생의 자질과 노력, 학생의 활동 참여도, 활동에 대한 의욕 및 태도의 변화, 활동 결과 등 진로 활동과 관련된 사항을 입력한다.

② 학생의 진로를 돕기 위해 학교에서 실시한 활동의 결과 및 학부모와 진로 상담을 한 결과 또는 담임교사, 상담교사, 교과담당교사, 진로전담교사의 상담 및 권고 내용을 입력한다.

③ 학생의 학업 진로, 직업 진로에 대한 계획서, 진로와 관련된 각종 검사를 바탕으로 [진로 활동 특기사항]을 입력한다.

TIP [진로 활동 특기사항]의 한글 입력 가능 최대 글자수는 700자입니다.

(4) **봉사 활동**(교육부, 2020b, c)

① 봉사 활동 영역은 학교교육계획에 의해 실시한 봉사 활동과 개인적으로 실시한 봉사 활동으로 나뉘며, 구체적인 실적은 별도의 양식인 [봉사 활동 실적]에 입력한다.

② 학생 개인의 계획에 의해 실시한 봉사 활동은 학교장이 승인한 경우에만 입력한다.

③ 봉사 활동 실적의 [장소 또는 주관기관명]은 학교 또는 개인으로 구분하여 입력하며 구체적인 장소나 주관기관명을 기재한다.

④ 활동 내용에는 간단한 문장으로 구체적인 봉사 활동 내용이나 제목을 입력한다.

⑤ 봉사 활동은 시간 단위로 입력하되, 1일 8시간 이내만 봉사 활동 시간으로 인정하며, 동일 기관에서 같은 내용으로 봉사 활동을 꾸준히 한 경우에는 학기 말 또는 학년 말에 합산하고 합산 시간이 1시간이 안 되는 경우는 제외한 후 입력한다.

⑥ 「초 · 중등교육법 시행령」 제31조 제1항에 따른 학생의 징계, 「학교폭력예방 및 대책에 관한 법률」 제17조(가해 학생에 대한 조치사항)제1항에 따른 학교폭력 관련 조치사항 등에 의한 학교 내 봉사 활동, 사회봉사, 출석정지 기간의 봉사 활동, 보호처분 3호에 따른 사회봉사, 무단결석 중 실시한 봉사 활동은 봉사 활동 실적으로 입력하지 않는다.

⑦ [봉사 활동 특기사항]은 초등 전 학년, 중 1~2, 고 1~2학년은 기재하지 않으나

필요한 경우 [행동특성 및 종합의견]에 기재할 수 있다.

⑧ [봉사 활동 특기사항]의 기재는 중 · 고등학교 3학년만 해당하며 체계적, 지속적인 봉사 활동 등 특기할 만한 사항이 있는 학생에 한하여 활동 내용 및 구체적인 사항을 입력하되 구체적인 범위는 학교장이 정한다.

TIP [봉사 활동 특기사항]의 한글 입력 가능 최대 글자수는 500자입니다.

TIP 개인적으로 봉사 활동을 실시하는 경우는 방과후에 이루어져야 하며, 도움 없이 자발적인 봉사 활동을 할 수 있는 학생에 한해서만 인정 받을 수 있습니다. 발달장애 및 지체장애 학생은 장애 학생의 특성상 방과후에 개인적인 봉사 활동을 할 수 있는 경우가 흔치 않기 때문에 대부분의 학교는 교육과정계획에 따라 운영되는 학교 내 봉사 활동만 인정하며 학교에 따라서는 개인별 봉사 활동 특기사항을 기록하지 않는 경우도 있습니다. 하지만 감각장애학교 학생의 경우 학교 이외의 장소에서 자원봉사를 하면 VMS(보건복지부), 1365자원봉사포털(행정안전부), DOVOL(여성가족부)과 나이스의 학교생활기록부가 연계되어 있어 해당 사이트에서 봉사실적을 전송해 주면 학교생활기록부에 입력할 수 있습니다.

6) 교과학습 발달 상황

(1) 서술평가

① 학교생활기록부와 일원화되어 있는 생활통지표의 가장 기본 역할은 성적 입력이다. 특수학교 중에서도 특수교육 교육과정(기본교육과정)을 사용하는 지적장애 및 정서장애 학교는 서술평가로 성적을 입력한다.

② 나이스의 [성적]-[서술평가]-[교과학습 발달 상황]에 과목별로 교과담당교사가 과정중심평가를 종합하여 정리한 학기 말 평가 내용을 기록한다.

③ [교과학습 발달 상황]의 서술평가는 학생의 수업 참여 태도 및 노력, 교과별 학습 목표 성취를 위한 향상된 모습과 변화 및 성장 정도를 구체적이고 세부적이며 긍정적인 내용으로 기재한다(교육부, 2020b, c).

④ 방과후학교 활동은 초등 전학년, 중 1~2, 고 1~2학년은 기재하지 않으며, 중 · 고등학교 3학년에 한하여 방과후학교 활동과 관련이 있는 교과담당교사 또는 담임교사가 강좌명(주요 내용)과 이수시간만 입력한다(교육부, 2020b, c).

⑤ 방과후학교 이수 시간 기준은 학업성적관리위원회의 심의로 결정하며 주요 내용을 입력하는 경우는 30자 이내로 한다(교육부, 2020b, c).

⑥ 모든 서술형 문장은 '~함' '~임' '등'과 같은 명사형 어미로 종결하고 특수문자는 사용하지 않는다.

TIP 서술평가 작성의 예

- 국어: 글을 읽고 일어난 일을 시간의 순서대로 정리하여 작성할 수 있고, 시간을 나타내는 여러 가지 우리말을 적절하게 사용하여 말할 수 있음. 상황에 어울리는 낱말을 보기에서 찾아 쓸 수 있으며, 글을 읽고 잘못된 표현을 찾아 바르게 고칠 수 있음. 소리는 비슷하지만 의미가 다른 낱말의 뜻을 이해하여 상황에 어울리게 말할 수 있음.
- 사회: 여러 가지 감정표현의 구분을 어려워하였으나 표정과 몸짓으로 다양한 감정 나타내기를 통해 감정 퀴즈를 맞출 수 있음. 백지도에 산악 지대, 평야 지대, 바다를 표시할 수 있으며 우리나라 사계절의 특징 및 생활상의 변화를 바르게 짝 지을 수 있고, 여러 지역의 특산물이 생산된 곳을 지도에서 찾을 수 있음.
- 과목별 [교과학습 발달 상황]의 한글 입력 가능 최대 글자수는 500자입니다.

TIP 방과후학교 작성의 예

- 당해 학기에 관련 과목이 개설된 경우, 과목별 [교과학습 발달 상황]에 입력합니다.
- 진로와 직업: 방과후학교 토탈아트공예반(다양한 공예 활동으로 도움 없이 생활 공예작품을 완성함. 30시간)을 수강함.
- 당해 학기에 관련 과목이 개설되어 있지 않은 경우, 개인별 [세부능력 및 특기사항]에 입력합니다[방과후학교 힐링여행반(40시간)을 수강함].

TIP 초등학교급은 2학기 [교과학습 발달 상황]에 1학기 평가 내용을 포함하여 입력하지만 중고등학교급은 학생부에 자동으로 1, 2학기 합해서 반영되므로 학기별로 각각 입력합니다.

TIP 학교 상황에 따라 전 과목에 대해 개별화교육을 실시하는 경우에는 나이스에서 개별화교육 불러오기를 하면 성적 입력을 간단하게 해결할 수 있습니다.

TIP 학기 말에는 생활통지표 작업을 위해 전국의 모든 학교가 나이스를 사용하므로 간혹 오류가 발생하기도 합니다. 힘들게 기록한 내용을 잃고 싶지 않다면 귀찮더라도 1명씩 입력할 때마다 '저장' 키를 누르는 것을 잊지 말아야 합니다.

TIP 개별화교육계획 입력과 마찬가지로 성적을 입력할 때도 한글 맞춤법 검사기를 이용하면 오탈자를 방지할 수 있습니다.

(2) 자유학기 활동 상황(교육부, 2020b, c)

① 자유학기 활동 상황의 하위영역은 진로탐색 활동, 주제선택 활동, 예술 · 체육 활

동, 동아리 활동으로 나뉘며 정규 교육과정 내에 실시한 자유학기 활동의 영역별 이수시간 및 [자유학기 활동 상황 영역별 특기사항]을 입력한다.

② 영역별 활동 내용 평가방법 및 기준은 학교별로 정하되, [자유학기 활동 상황 영역별 특기사항]은 자유학기 활동에 참여한 모든 학생을 대상으로 활동 내용, 참여도, 흥미도 등을 종합평가하여 학생의 활동 과정 및 참여 태도, 활동 후 성장 정도 등 개별적 특성이 구체적으로 드러나도록 입력한다.

③ 이 외에도 자유학기 활동의 경우 학교교육계획에 의해 정규 교육과정 내에서 이루어진 체험 활동의 내용을 입력할 수 있다.

④ 자유학기 활동 상황 각 영역의 이수 시간이 0시간인 학생에 대해서는 그 사유를 [자유학기 활동 상황 영역별 특기사항]에 입력한다.

TIP [자유학기 활동 상황 영역별 특기사항]의 한글 입력 가능 최대 글자수는 1000자입니다.

7) 행동특성 및 종합의견(교육부, 2020b, c)

① 학생의 학습 행동 및 인성 등 학교생활 전반에 대하여 상시 관찰한 내용을 [행동발달 상황]에 해당 날짜와 함께 누가 기록한다.

② [행동특성 및 종합의견]은 한 학기 동안 누가 기록한 내용을 근거로 학생의 학습 상황, 잠재력, 인지적 특성, 행동 및 태도, 인성, 창의성, 예체능 활동 등 학생의 구체적인 변화, 발전, 성장 등을 종합적으로 기재한다.

③ [행동특성 및 종합의견]은 되도록 장점 위주로 기록하며 단점을 입력해야 할 때는 긍정적인 변화 가능성을 함께 입력한다.

④ 「학교폭력예방 및 대책에 관한 법률」 제17조(가해학생에 대한 조치사항)제1항 제7호(학급교체)의 조치를 받은 학생은 [행동특성 및 종합의견]에 조치 결정일자(교육지원청 내부결재일)와 함께 결정 즉시 입력한다.

⑤ 「학교폭력예방 및 대책에 관한 법률」 제17조(가해학생에 대한 조치사항)제1항 제1호(서면사과), 제2호(접촉, 협박 및 보복행위 금지), 제3호(학교에서의 봉사)까지의 조치사항을 이행한 가해학생의 경우는 [행동특성 및 종합의견]에 입력하지 않고 '학교폭력 가해학생 조치사항 대장'에 조치사항을 기록 및 관리한다.

⑥ 조치사항의 기록을 유보해 둔 가해학생이라도 조치 결정일로부터 3년 이내에 학교폭력이 재발하여 가해학생으로 추가 조치 받은 경우는 기록을 미루었던 조치

사항까지 [행동특성 및 종합의견]에 모두 기록한다.

⑦ 학교생활기록부에 기재된 사항 중 「학교폭력예방 및 대책에 관한 법률」 제17조(가해학생에 대한 조치사항)제1항 제1호(서면사과), 제2호(접촉, 협박 및 보복행위 금지), 제3호(학교에서의 봉사), 제7호(학급교체)의 경우 졸업과 동시에 학업성적관리위원회의 절차에 따라 기록을 삭제한다.

⑧ 그러나 재학기간 동안 2건 이상의 학교폭력 사안으로 가해학생 조치(제1호, 제2호, 제3호, 제7호 포함)를 받았거나 학교폭력 조치 결정일로부터 졸업학년도 2월 말일까지 6개월이 경과되지 않은 경우는 심의 대상자로 신청할 수 없다.

⑨ 학교폭력 가해학생으로 조치사항을 받은 학생이 반성하여 긍정적인 모습으로 변화한 경우 그 변화된 모습을 구체적으로 기록한다.

TIP [행동특성 및 종합의견] 작성의 예

쉬는 시간에 자신이 원하는 놀이 활동을 하게 해 주거나 자유롭게 행동할 수 있도록 해 주는 대신 수업 시간의 규칙을 잘 지킬 수 있도록 지도하면서 수업 시간 중 자리 이탈 행동이 현저하게 줄었음. 친구들에 대한 관심의 표현이 늘고 웃음이 많아졌으며 학습 과정에서 질문했을 때 대답하는 태도의 적극성이 매우 향상되었음. 좋다, 싫다, 원하는 것 등에 대한 의사를 물었을 때 자신의 생각을 말하는 의지와 단호함이 매우 뚜렷해지는 등 자기 결정력이 향상되고 있어 학교생활 전반에 걸쳐 긍정적인 생활 태도로 확대됨.

TIP [행동특성 및 종합의견]의 토대가 되는 [행동 발달 상황]의 누가 기록에는 학생의 부적응행동이나 건강상의 문제, 안전사고 발생 상황 등을 기록하고, 그에 따른 생활지도 내용 및 학부모 상담 내용도 함께 기록하는 것이 좋습니다. 별도의 교무 수첩이나 기록양식을 사용하기보다는 [행동 발달 상황]의 누가 기록을 활용하는 것이 공신력을 가지며, 차기 담임교사에게 인수인계를 원활하게 할 수 있어 일관성 있는 생활지도가 가능해지기 때문입니다. 또한, [행동특성 및 종합의견]은 학부모가 열람할 수 있으나 [행동 발달 상황]의 누가 기록은 학부모의 열람이 불가능하기 때문에 상황에 따라 부정적인 내용을 기록하는 것에 있어 부담을 갖지 않아도 됩니다. 생활지도 및 안전사고에 대비하기 위하여 [행동 발달 상황]의 누가 기록을 꼼꼼하게 기록해 두는 것을 추천합니다.

TIP [교과학습 발달 상황]이나 [창의적 체험 활동 특기사항], [자유학기 활동 상황 영역별 특기사항]의 입력은 나이스에 바로 입력하는 것을 원칙으로 하고 있습니다. 한글이나 MS Word로 작성했다가 나이스에 붙여넣기를 하면 오류가 발생하는 경우가 있기 때문입니다. 하지만 붙여넣기를 할 때 메모장을 활용하거나 엑셀파일에 작성해서 붙여넣기를 하면 오류가 줄어들 수 있습니다. 메모장, 엑셀의 바이트(byte)수가 나이스와 맞기 때문입니다. 이런 입력 방법도 직접 입력을 하는 것이 아니므로 맞춤법 및 띄어쓰기 등의 오류가 없는지 철저히 점검해야 합니다.

TIP 생활통지표 내용 입력과 관련하여 내용이 난해하고 방대하여 조금은 막막한 생각이 들 수 있겠지만 너무 걱정하지 않아도 됩니다. 학교생활기록부 기재 방법 및 지침은 교육부 훈령 지침에 따라 수시로 바뀌며, 매 학기마다 학교생활기록부 업무담당자가 필수로 교사 연수를 실시합니다. 또한 매년 교육부에서 '학교생활기록부 기재요령'이라는 가이드북을 발간하여 교사 전원에게 배부하므로 필요할 때마다 찾아보면 됩니다. 그래도 어렵다! 느낄 때는 주저하지 말고 가까이에 있는 선배 교사에게 도움을 요청하기 바랍니다.

6. 학교생활기록부 점검 및 마감

1) 학교생활기록부의 점검

학교생활기록부는 마감하기 전 철저한 점검이 선행되어야 한다. 마감 후 오류가 발견된 경우 정정 대장을 작성하고 수정하는 등 정정 절차가 매우 복잡하고 까다롭기 때문이다. 따라서 학교생활기록부의 마감은 신중해야 하며, 마감하기 전에 꼼꼼하게 점검, 또 점검할 필요가 있다.

〈표 10-3〉 학교생활기록부 점검표는 교육부에서 발행한 '초등학교 2020 학교생활

표 10-3 학교생활기록부 점검표

영역	확인 및 점검 내용	확인 (○, ×)
인적 · 학적 사항	성명, 성별, 주민등록번호 일치 여부	
	학생의 사진 누락 여부	
	변동된 주소 누가 기록, 도로명 주소 확인(주민등록등본)	
	입학일, 전출일, 전입일, 진급일 확인	
	학년반 이력 확인	
	학적변동 기록 확인 및 사유 입력(취학, 재취학, 유예, 유급, 면제 등)	
	[학적 특기사항]에 「학교폭력예방 및 대책에 관한 법률」 제17조제1항에 따른 가해학생 조치사항 입력	

<table>
<tr><td rowspan="4">출결 상황</td><td>수업일수 확인(2월 마감까지)</td><td></td></tr>
<tr><td>[출결 특기사항] 사유 기록(개근-학년 말에 기록, 결석일수가 5일 이상인 경우, 반복된 조퇴 · 지각 · 결과-학교장이 기록 여부 판단)</td><td></td></tr>
<tr><td>질병으로 인한 결석 5일 이내인 경우 증빙서류 제출 확인</td><td></td></tr>
<tr><td>[출결 특기사항]에 「학교폭력예방 및 대책에 관한 법률」 제17조제1항에 따른 가해학생 조치사항 입력</td><td></td></tr>
<tr><td>수상경력</td><td>학년 초 학교교육계획서에 따라 실시한 '교내상'만 기재
(그외 어떠한 항목에도 입력하지 않음)</td><td></td></tr>
<tr><td>진로
희망사항</td><td>중 · 고 3학년만 기재
진로 분야나 직업명으로 기재
[희망 사유]를 명확히 기록하고 명사형 어미로 끝냄</td><td></td></tr>
<tr><td rowspan="13">창의적
체험 활동</td><td>자율 활동, 동아리 활동, 진로 활동, 봉사 활동의 누가 기록</td><td></td></tr>
<tr><td>누가 기록과 이수 시간 일치 여부</td><td></td></tr>
<tr><td>영역별 누가 기록을 토대로 활동에 대한 참여도, 의욕, 진보의 정도, 태도의 변화 등을 구체적인 문장으로 기재 여부</td><td></td></tr>
<tr><td>[자율 활동 특기사항]에 임원 종류 및 활동 기간을 입력</td><td></td></tr>
<tr><td>학교스포츠 클럽활동은 동아리 활동 이수 시간과 합산하여 등록하며, [학교스포츠 클럽활동 특기사항] 입력</td><td></td></tr>
<tr><td>[진로 활동 특기사항]은 학생의 진로 관심 분야나 희망 직업 기재
진로희망을 정하지 못한 경우 '진로탐색 중임' '현재 진로희망 없음'으로 입력(초등은 입력 선택)</td><td></td></tr>
<tr><td>창의적 체험 활동 각 영역의 이수 시간이 0시간인 경우 [창의적 체험 활동 영역별 특기사항]에 사유 입력</td><td></td></tr>
<tr><td>안전한 생활(초등 1~2학년)은 교육과정 성취기준을 근거로 [안전한 생활 특기사항] 별도 입력</td><td></td></tr>
<tr><td>학적 변동 학생의 창의적 체험 활동 기록 확인</td><td></td></tr>
<tr><td>봉사 활동 실적(일자, 기간, 장소, 주관기관명, 활동 내용, 시간)</td><td></td></tr>
<tr><td>봉사 활동 시간단위로 등록(동일 기관의 경우 합산 가능, 1시간 미만은 버림)</td><td></td></tr>
<tr><td>중 · 고 3학년만 [봉사 활동 특기사항] 기재
초등 전 학년, 중 · 고 1~2학년은 미기재이나 기재가 필요한 경우 [행동특성 및 종합의견]에 기재 가능</td><td></td></tr>
<tr><td rowspan="4">교과학습
발달상황</td><td>과목별 [교과학습 발달 상황] 입력 여부</td><td></td></tr>
<tr><td>수업 참여의 태도와 노력, 자기주도적 학습에 의한 변화와 성장 정도를 중심으로 기재</td><td></td></tr>
<tr><td>여러 학생에 대하여 동일한 내용을 중복 입력하지 않음</td><td></td></tr>
<tr><td>방과후학교 활동은 중 · 고등학교 3학년에 한해 강좌명, 이수 시간만 기재(교과담당 또는 담임교사)</td><td></td></tr>
</table>

행동특성 및 종합 의견	행동 발달 상황 누가 기록(시도교육감이 정한 방법에 따라 누가 기록)	
	누가 기록한 내용을 토대로 종합적이고 구체적으로 기록	
	장점과 단점은 누가 기록된 사실에 근거하여 입력하되 단점을 입력하는 경우는 변화 가능성을 함께 입력	
	「학교폭력예방 및 대책에 관한 법률」 제17조제1항에 따른 가해학생 조치사항 입력(제1,2,3,7호와 제4,5,6호를 구분하여 입력, 제1,2,3,7호의 재발상황에 따른 기록 및 긍정적 변화 내용 기재)	
	「학교폭력예방 및 대책에 관한 법률」 제17조제1항 제1,2,3,7호에 해당하는 당해 연도 졸업 예정자의 학교폭력 조치사항의 절차에 따른 삭제	
자료의 정비	오탈자 및 띄어쓰기 오류 여부 확인	
	학교생활기록부 자료 반영 및 자료 검증 실시(수정할 때마다 담임교사가 실시)	
	학교생활기록부 입력 내용의 3회 이상 대조 및 확인	
	생활통지표 자료 반영 및 반 마감(담임교사)	
	학교생활기록부 반별 마감(담임교사) 및 학생부 마감(업무담당자) 실시 후 승인 요청	
	학교생활기록부 정정대장 작성은 정정 항목별로 구분하여 작성 (학교생활기록부 정정 원칙적 금지)	
	학교생활기록부 정정대장 작성 시 오류 내용, 정정 내용, 정정 사유는 구체적으로 입력	
건강 기록부	인적사항 생성	
	신체발달, 신체능력, 건강검진, 별도검사 등 입력	
	건강기록부 자료 검증 및 반별 마감(담임교사), 건강기록부 전체 마감(보건교사) 실시	

기록부 기재요령'과 '중 · 고등학교 2020 학교생활기록부 기재요령'의 내용 중 특수학교에서 기재하는 학생생활기록부의 기본적인 주요 목록을 정리한 것이다.

〈표 10-3〉의 학교생활기록부 점검표를 참고하여 학교생활기록부의 확인과 점검이 필요한 내용을 체크하며 철저하게 마무리한다.

TIP 앞서 설명한 바와 같이 학교생활기록부 기재 방법 및 지침은 교육부 훈령 지침에 따라 수시로 변하기 때문에 매년 교육부에서 발행하는 '학교생활기록부 기재요령'을 숙지할 필요가 있습니다. 앞의 점검표는 교육부의 '초등학교 2020 학교생활기록부 기재요령'과 '중 · 고등학교 2020 학교생활기록부 기재요령'의 변화된 내용을 최대한 반영하였지만, 점검표 외에도 추가로 더욱 철저히 점검해야 하는 부분들이 있을 수 있으니 교육부에서 매년 발행하는 '학교생활기록부 기재요령'을 반드시 숙지하고 참고하여 기재하기 바랍니다.

더 상세한 정보가 필요하다면!

교육부(2020b). 중 · 고등학교 2020 학교생활기록부 기재요령.
교육부(2020c). 초등학교 2020 학교생활기록부 기재요령.

2) 학교생활기록부 마감 및 자료 검증

① 학교생활기록부 입력을 완료하고 점검을 마무리했다면 입력한 자료를 반영하여 학교생활기록부를 생성하고 마감한다.
② 마감한 학교생활기록부를 [자료검증] 탭을 이용하여 오류가 나타나는지 확인한다.
③ [자료검증]을 통해 오류가 나타나면 내용을 확인하고, 수정 또는 예외처리 사유 내용을 기재한다.
④ 특수교육 교육과정(기본교육과정)을 적용하는 경우 [자료검증]-[교과학습 발달 상황]에 '확인 필요'가 표시되면 [예외처리 사유]로 '특수교육 교육과정(기본교육과정) 적용 대상으로 서술평가로 입력'이라고 기록한다.
⑤ [예외처리 사유]를 제외한 나머지 항목은 오류 점검을 위한 '확인 필요'가 나타나지 않을 때까지 [자료검증]을 재실시하고 마무리가 되면 마감한다.

7. 생활통지표의 등록, 마감 및 가정 송부

1) 생활통지표 등록 및 마감

① 학부모에게 송부할 생활통지표 양식을 구성하기 위한 절차로는 교훈 및 학교장 인사말을 입력하고 생활통지표에 안내할 항목을 선택하여 저장한다.
② 생활통지표 탭에서 전체 학생에 대한 [자료반영] 및 [마감]을 한다.
③ 만약 이 과정 중에 입력했던 내용이 조금이라도 바뀌었다면 학교생활기록부의 [자료반영]과 생활통지표의 [자료반영]을 재실시하여야 한다.
④ [학생 개인별 또는 반별 통신문]을 입력하고 모든 오류 수정과 [자료반영]이 완료되고 나면 개인별로 출력하여 다시 한번 더 오류가 없는지 점검한다.

생활통지표

2019 학년도 1 학기

▶기본학적사항

학년	1	반	1	번호	1	성명	김○○	담임명	이○○

▶교과학습발달상황

교과학습발달상황
국어 : 순서를 설명하는 말을 듣고 행동으로 나타낼 수 있으며 만화를 보고 인물의 말을 다른 말로 바꿔 말할 수 있음. 여러 가지 광고지를 보고 전하려는 내용을 파악하여 말할 수 있으며 이야기를 듣고 세부 내용을 기억해 쓸 수 있음. 자신의 경험을 떠올려 보고 그때의 기분을 표현할 수 있으며 이야기를 듣고 어떤 생각을 했는지, 왜 그렇게 생각하게 했는지를 설명할 수 있음.
사회 : 우리나라의 계절에 따른 여행지를 조사할 수 있고 각 지역의 생산물 이동 과정을 바르게 말할 수 있음. 색깔로 표시된 등고선의 고저를 이해하고 백지도에 산악 지대, 평야 지대, 바다를 표시할 수 있음. 다수결의 원칙을 이해하고 학급의 사안을 결정할 때 친구들의 의견을 경청, 존중하여 다수결의 원칙대로 학급 회의를 진행할 수 있음.
수학 : 쌓기 활동에서 안정감을 위해서는 물건의 크기, 무게, 위치, 순서 등을 고려해야 함을 알고 다양한 형태의 쌓기 활동을 할 수 있음. 빈칸에 알맞은 요일과 날짜를 모두 찾아 바르게 읽고 쓸 수 있음. 영화 예매표에서 날짜와 요일을 찾아 읽을 수 있으나 좌석과 열을 찾는 것에서는 도움이 필요함. 물건 값을 알고 가진 돈과 비교하여 부족한 금액이 얼마인지를 알 수 있음. 도넛의 종류별 개수를 세어 표로 정리하고 도넛 모양 붙임딱지를 붙여 그림 그래프를 완성할 수 있음. 가베를 이용하여 여러 가지 사각형(정사각형, 직사각형, 마름모, 평행사변형, 사다리꼴)을 만들 수 있음.
과학 : 제주도에 대한 설명을 통해 돌하르방과 현무암에 성질에 대해 알고 현무암이 생활 속에서 어떻게 활용되는지를 이해함. 태양이 하는 일에 대해 간단하게 설명할 수 있음. 생태계 및 먹이 사슬에 대한 설명을 이해하고 자신의 별자리를 찾아 선을 연결하여 그려볼 수 있음.
진로와 직업 : [직업준비] 농수산업 관련 직업 및 하는 일을 설명할 수 있으며 일상생활과 관련된 다양한 서비스업의 종류와 특징 및 각 서비스업에 해당하는 직업명을 말할 수 있음. 사무지원 분야의 직업과 하는 일, 관련된 도구와 기기의 쓰임새를 알고 안전에 유의하여 바르게 사용할 수 있음. 대인 서비스 분야의 직업이 갖추어야 할 태도를 알고 관련 도구를 사용하여 적절한 대인 서비스를 응대할 수 있음. [직업기능-공예] 펠트 공예, 양초 공예, 압화 공예, 냅킨 공예, EVA 공예, 팔찌 공예의 도구 및 기기의 이름과 쓰임새를 알고 사용법에 따라 바르게 사용할 수 있음. 편시우드 공예 작업 시 매우 꼼꼼하게 채색하여 작품을 완성할 수 있으며 자신이 원하는 대로 한지의 배지를 배치하여 한지 공예의 디자인을 할 수 있음. 전자저울을 이용해 석고 공예의 재료를 정확하게 계량할 수 있고 물의 적정 온도를 측정, 유지하여 천연염료 및 매염제를 녹인 후 양말, 스카프 등을 염색할 수 있음.
체육 : 빅민턴 라켓을 바로 잡고 셔틀콕을 쳐서 네트 반대편으로 넘길 수 있음. 배턴을 잡고 이어달리기를 할 수 있으며, 달려오는 친구의 배턴을 받아 골인점으로 달려 볼 수 있음. 여러 방법으로 공 주고받기를 수행함. 매트에서 중심 잡기, 친구와 협동하여 중심 잡기를 도움 없이 할 수 있음.
음악 : '아름다운 세상' 노래를 부르며 목, 핸드드럼 등으로 4/4박자의 강약을 표현할 수 있음. '별과 꽃' 가사를 외워 노래를 부르며 포르테, 피아노 등의 장면에서 셈여림을 바꾸어 노래 불러봄. 노래 선곡하기, 순서 정하기 등 학급 음악회를 열기 위한 준비를 하고, 공연 순서에 맞춰 학급 음악회를 발표함.
미술 : 음악을 듣고 자신이 원하는 선의 모양과 원하는 색으로 표현할 수 있으며 10 색상환에 대해 이해하여 이를 응용한 피자 만들기를 할 수 있음. 꽃잎 도안에 자신만의 표현방법으로 그리고 채색하여 볼 꽃밭 꾸미기를 할 수 있으며 샤갈의 작품을 감상한 후 스케치하여 물감으로 채색할 수 있음.
정보통신활용 : 한글 프로그램을 이용하여 간단한 문서를 작성할 수 있고 작성한 문서를 프린터에서 출력함. 그림 및 문서 편집 기능을 활용하여 PPT 프레젠테이션으로 원하는 정보를 재구성할 수 있음. 책, 신문, 전단지 등의 시각 매체의 이름을 알고 일상 생활에서 활용하는 방법을 앎.

▶출결상황

수업일수	결석일수			지각			조퇴			결과			특기사항
	질병	미인정	기타	질병	미인정	기타	질병	미인정	기타	질병	미인정	기타	
192	4	.	.	.	.	.	1	.	.	.	.	.	감기(1일), 장염(2일), 치과 검진(1일).

○○학교 1/3

반	1	번호	1	이름	김○○

▶ 창의적체험활동상황

창의적체험활동상황		
영역	시간	특기사항
자율활동	70	사이버 중독 예방교육(2019.04.24.)을 통해 인터넷을 과다 사용했을 때의 위험성과 사이버 중독 예방방법을 이해함. 학교폭력예방교육(2019.04.19.)을 실시하여 학교폭력의 여러 유형을 알고 대처 방법에 대해 알아봄. 인권교육(2019.05.10.)으로 인권을 존중해야 하는 의미를 인식함. 아동학대 예방교육(2019.06.20.)을 통해 아동학대의 유형과 학대를 받게 되는 경우 신고처에 대해 알아봄. 여러 유형의 장애 영역에 대한 특성과 이해 방법을 장애인식개선교육(2019.07.03.)을 통해 알아봄.
동아리활동	75	(클레이아트부)(19시간) 지점토와 ○○, 폼 클레이와 하비 클레이 등의 다양한 점토 제품을 살펴보고 특성을 비교한 후 자신이 사용하고 싶은 점토를 자유롭게 선택하여 동아리 활동에 참여함. 막대 모양과 공 모양 만들기 기법을 응용하여 3색 콘 아이스크림을 만듦. 상상 속의 인물을 자유롭게 그린 후 다양한 색으로 칠해서 여름맞이 부채 만들기를 하고, 원형 틀 위에 정교한 형태의 양초와 과일 장식, 크림 등을 점토로 표현하여 케이크 모양 보석함을 완성함. (타악부)(16시간) 악기 연주에 대한 습득력이 매우 빠르고 교사가 지도한 대로 비교적 정확하게 연주할 수 있음. 기능적으로 손의 사용이 불편하여 오랫동안 일정한 박자를 연주하는 활동에는 어려움이 있으나 일정한 박자를 연주하는 능력이 뛰어남. 자신이 연주해야 하는 부분을 정확히 인지하여 연주곡의 부분을 나누어서 일정한 박자를 연주하고 쉬었다가 다시 연주하는 활동하면서 친구들과 함께 합주에 참여할 수 있음. (숲체험활동 : 학교스포츠클럽)(40시간) 목련꽃 꽃망울을 찾을 수 있고 다양한 크기의 솔방울이를 찾아 꾸미기를 할 수 있으며 산책로에 피는 봄꽃, 여름꽃의 이름을 말해주면 해당하는 꽃을 찾을 수 있음. 풀 씨름 하기, 민들레 홀씨 불어 날리기, 가위바위보 하여 아카시아 잎사귀 떼기 등 다양한 숲 체험 놀이 활동에 참여하였으며 여러 가지 색깔의 꽃잎을 따서 꽃 팔레트를 만들 수 있음.
봉사활동		
진로활동	16	커리어넷의 직업탐험대 프로그램을 이용하여 8가지 직업군을 알아보고 주니어 직업정보를 통해 각각의 직업에 대한 정보를 스스로 찾아봄(2019.04. 30.) ○○청소년 수련관의 바리스타 직업체험 활동에 참여(2019.06.28.)하였으며 커피를 추출하는 과정을 이해하여 에스프레소 머신을 이용해 에스프레소를 추출한 뒤 아메리카노를 완성함.

▶ 행동특성 및 종합의견

행동특성 및 종합의견
학습 태도가 매우 바람직하고 우수하며 자신의 과제를 충실히 수행함. 자신이 맡은 1인 1역도 매우 책임감 있게 수행하며 지나치게 참견하는 경향이 있으나 친구들을 보호하고 도와주려 애쓰는 배려심을 자주 발휘함. 자신의 생각과 다르더라도 친구의 의견을 부정하지 않고 '그럴 수도 있겠구나' 하고 인정해주며 존중하는 태도를 나타냄. 학교 및 학급의 규칙을 잘 이해하고 그 규칙을 모범적으로 준수하며 바름이 실천과제를 꾸준히 잘 실천함.

▶가정통신

학교에서 가정으로	가정에서 학교로
학습활동에 임하는 태도가 매우 적극적이고 무엇이든 열심히 참여하며 학급의 회장으로서 학급의 여러 가지 일을 도맡아 하면서 배려와 헌신을 해준 우리 ○○이의 모범 된 모습을 크게 칭찬합니다. 1학기 동안 일기 쓰기를 꾸준히 하면서 새로운 표현의 확장 및 문장력이 향상되고 있으니 여름방학 기간에도 일기 쓰기 지도를 지속해 주시기 바랍니다. 관심을 받고자 하는 것도 있지만 간혹 아프다는 말을 자주 하여 조금 염려되는 부분이 있으니 방학 동안 다양한 체험활동뿐 아니라 건강한 생활을 유지할 수 있도록 도와주시기 바랍니다.	

○○학교 2/3

반	1	번호	1	이름	김○○

[그림 10-1] 생활통지표 내용 출력의 예

TIP 생활통지표를 처음 출력할 때에는 표지를 제외하고 내용만 출력하여 동료 교사와 교차 점검을 하는 것이 반드시 필요합니다. 전 과목이 모두 기록되어 있는지 확인하고 문장의 순서, 연결 어미, 띄어쓰기, 오타 등을 철저하게 점검하여 오류를 수정합니다. 오류를 수정한 이후에는 다시 학교생활기록부 [자료반영] 및 생활통지표 [자료반영]을 해야만 수정된 내용이 반영됩니다.

2) 생활통지표 가정 송부

① 교차 점검을 완료한 생활통지표는 표지를 제외하고 내용만 출력하여 학생별로 묶은 후 제출하여 점검을 받는다.

② 점검 후 오류가 확인된 부분을 수정 및 [자료반영]하여 생활통지표 표지와 함께 개인별로 출력한다.

③ 학교별 결재 절차에 따라 결재를 받는다.

④ 방학식 날에 방학과제물 안내와 함께 가정으로 보낸다.

2019 학년도 2 학기

생활통지표

교 육 목 표

참되고 정답고 힘차게

학 부 모 님 께

학부모님께

안녕하십니까? 2019학년도 한 해 동안 우리 학교를 항상 믿고 응원하며 격려로써 함께 해주신 학부모님께 깊은 감사를 드립니다.

우리 학생들은 선생님들의 따뜻한 사랑과 정성스런 가르침 속에 조금씩 조금씩 훌륭하게 성장하고 있습니다. 1년 동안 열심히 학교생활을 한 귀댁의 자녀들을 크게 칭찬해 주시고 격려해 주시기 바랍니다.

다가오는 2020년 새 학년도에는 우리 학생들이 더욱 깨끗하고 안전한 환경에서 마음껏 뛰놀며 다양한 교육 활동을 할 수 있도록 학교환경 개선사업을 추진하고 있습니다. 우리 학교가 더 많은 도약과 발전을 할 수 있도록 따뜻한 관심과 협조를 부탁드립니다.

또한, 본교의 모든 교직원들은 새해에도 '즐거움과 사랑이 넘치는 행복한 학교'를 만들기 위해 최선을 다하겠습니다.

감염병으로 인하여 전 세계적으로 어수선한 요즘 학년말 방학 동안 개인위생을 더욱 철저히 하여 우리 학생들이 건강을 해치지 않도록 유의해 주시고 새 학년도에 생기 넘치는 반가운 모습으로 다시 만나기를 고대하겠습니다. 감사합니다.

2020년 2월 14일 ○○학교장

○○학교

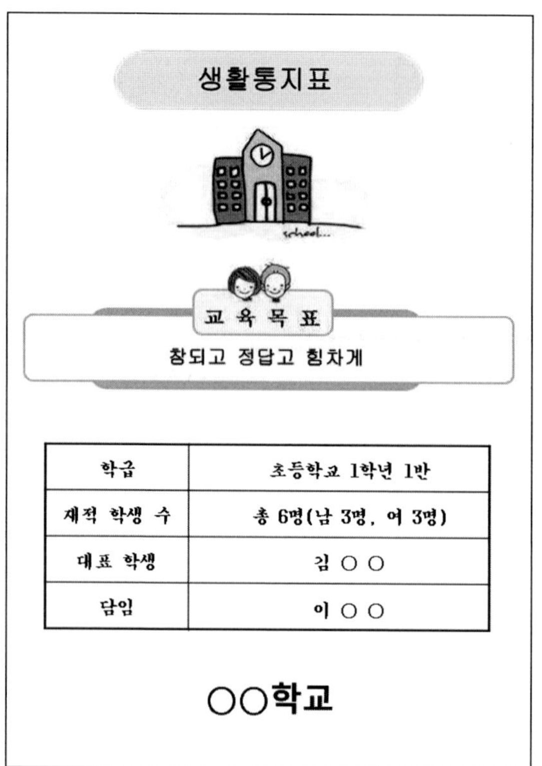
생활통지표

교 육 목 표

참되고 정답고 힘차게

학급	초등학교 1학년 1반
재적 학생 수	총 6명(남 3명, 여 3명)
대표 학생	김 ○ ○
담임	이 ○ ○

○○학교

[그림 10-2] 생활통지표 표지 및 결재용 제출 표지의 예

8. 학급경영록 또는 과정중심평가록 점검 및 제출

① 학급경영록 또는 과정중심평가록은 학교마다 양식이 매우 다르다. 그러나 양식에 관계없이 수업 시수, 수업 누가 시수에 오류가 없는지 점검해야 하며 교과목마다 1학기에 이수해야 하는 최소 이수 시수를 달성했는지 확인해야 한다.

② 최소 이수 시수를 초과하는 경우는 문제가 되지 않지만, 만약 최소 이수 시수에 미치지 못하는 교과목이 있다면 최소 이수 시수를 초과하는 과목과 수업을 변경하여 수업하고 최소 이수 시수를 확보해야 한다.

③ 학급경영록 또는 과정중심평가록의 오탈자 및 띄어쓰기, 날짜 오류, 평가 누락 등을 점검하여 수정한다.

④ 담임(또는 교과담임), 부장, 교감, 교장 결재란에 날인 또는 서명의 누락이 없는지 점검하고 빠진 경우는 개별적으로 결재를 받은 후 점검이 완료되면 제출한다.

9. 학습 결과물 모음집 정리

한 학기 동안 교과를 운영하면서 수업 과정에서 사용했던 개별 학습지나 학습 결과물의 모음집을 정리한다.

수업 활동이 끝난 즉시 정리하는 것이 가장 바람직하지만 사정에 따라 바로 정리하지 못하고 우선 보관하게 되는 경우가 발생하기도 하며, 교과담임교사가 수업이 끝난 뒤 한참 후에 학습 결과물을 전달해 주는 경우가 있으므로 방학 전에 학습 결과물 모음집을 정리하여 방학식 날 가정으로 보낸다.

10. 학부모 상담

한 학기를 마무리하며 학부모와의 상담을 통하여 자녀가 학교 생활을 잘했는지, 생활지도상의 문제점은 없었는지, 다음 학기에는 어떤 교육을 어떻게 적용할 것인지 등에 대해 학부모에게 방향을 제시하고 서로 의견을 나누며 다음 학기 개별화교육에 필요한 것을 준비한다. 자세한 학부모 상담 요령은 6장 1절 '학부모 상담'을 참고한다.

11. 방학 프로그램 안내

가정통신문을 통해 방학 동안 학교에서 운영하는 돌봄교실 및 방과후학교 프로그램 등을 안내하여 수요 조사를 하고 참여 신청서를 받는다.

특수학교의 경우, 돌봄교실 및 방과후학교 프로그램 등의 업무담당자가 가정통신문을 일괄 배부한다.

생활지도

학생에 대한 생활지도는 학교생활 전반에 걸쳐 이루어지는 것이지만 학기 말 생활지도의 경우에는 계절 및 방학과 관련한 내용을 좀 더 강조하여 실시한다. 따라서 학기 말 생활지도를 통해 방학을 준비하고 장기간의 방학 동안 소홀할 수 있는 안전에 대한 경각심을 고취시킴으로써 학생에게 발생할 수 있는 안전사고를 예방할 수 있다.

1. 여름철 생활 안전지도

여름방학 동안 학생들이 지켜야 할 여러 가지 생활 안전에 대해 교과 시간 등을 활용하여 지도한다.

① 물놀이 10대 안전수칙
② 물놀이 안전사고 상황별 대처요령
③ 재난 대비 안전지도(폭염, 태풍, 집중호우, 지진, 화재, 미세먼지 등)
④ 식생활 안전교육(식중독, 세균성 장염 등)
⑤ 개인위생교육(코로나19 감염 예방 등)
⑥ 교통안전사고 예방 교육
⑦ 놀이기구 안전교육
⑧ 아동학대 및 가정폭력 대처요령
⑨ 성폭력 예방 교육
⑩ 실종 및 유괴 대처요령

이 외에도 학생들의 안전을 위해 필요하다면 더 많은 생활 안전 관련 교육을 실시해야 한다.

2. 겨울철 생활 안전지도

겨울방학 동안 학생들이 지켜야 할 여러 가지 생활 안전에 대해 교과 시간 등을 활용하여 지도한다.

① 빙상 및 눈길 안전교육
② 폭설 및 한파 대비 교육
③ 화재 예방 및 상황별 대처요령
④ 개인위생교육(코로나19, 독감, 신종 인플루엔자 감염 예방 등)
⑤ 식생활 안전교육(노로바이러스 등)
⑥ 교통안전사고 예방 교육
⑦ 놀이기구 안전교육
⑧ 아동학대 및 가정폭력 대처요령
⑨ 성폭력 예방 교육
⑩ 실종 및 유괴 대처요령

이 외에도 학생들의 안전을 위해 필요하다면 더 많은 생활 안전 관련 교육을 실시해야 한다.

더 상세한 정보가 필요하다면!

학교안전정보센터 (www.schoolsafe.kr/)
국민안전교육포털 (kasem.safekorea.go.kr/)
도란도란 학교폭력예방 (www.edunet.net/nedu/doran/doranMainForm.do?me...)
중앙아동보호전문기관 자료실 (www.korea1391.go.kr/new/bbs/board)
아동권리보장원 실종아동전문센터 (www.missingchild.or.kr/)
깨비키즈 (www.kebikids.com/)
　　깨비키즈-깨비누리-멀티누리자료(동영상 자료, 교안 및 학습지)
지니키즈 (http://www.genikids.com/)
　　지니키즈-누리과정-생활주제별 콘텐츠(동영상 자료, 활동지)
키드키즈 (www.kidkids.net/)
아이스크림초등 (http://www.i-scream.co.kr) (창의적 체험 활동)

TIP 깨비키즈, 지니키즈, 키드키즈는 유료 콘텐츠이므로 학교 예산으로 구매하거나 정보 관련 업무 부서에 요청하여 학교 공용으로 구매하여 사용하면 효율적입니다.

TIP 아이스크림초등은 유료 콘텐츠이지만 특수교육교사의 경우 재직증명서만 제출하면 평생 무료로 사용할 수 있습니다.

3. 교실 정리정돈

방학 동안 사용하지 않는 교실을 정리정돈하고 대청소를 한다.

① 책상 서랍
② 사물함
③ 교과서 정리 또는 폐기
④ 개인 및 공용 학용품 정리
⑤ 개인 소지품 가정으로 보내기
⑥ 교실에 음식물 남겨 두지 않기

4. 방학 중 학생 상황 파악

특수교육대상 학생들은 개별적 특성상 안전이 우려되는 심각한 건강상의 문제나 부적응행동을 나타내는 경우가 많다.

교사는 학생에 대해 방학 중이라고 해서 책임이 전혀 없는 것이 아니므로 가정과 연계해 일관성 있는 생활지도가 이루어질 수 있도록 방학 기간 동안 1~2회 정도 학생들의 건강 및 안전 상황에 대하여 점검하여 교사의 책무를 다하여야 한다.

직접 통화가 가능하다면 학생과 통화로 안부를 묻는 것도 좋은 방법이며, 학부모와 직접 통화하거나 문자 및 SNS 등을 이용하여 학생의 상황을 파악한다.

TIP 특히, 부적응행동이나 안전사고, 건강상의 문제가 심각하게 우려되는 학생의 경우 '방학중 맞춤형 생활지도 계획'을 수립하여 방학 기간 동안 학생에 대한 일관성 있는 생활지도를 실시할 수 있도록 학부모와 연계하는 방안을 구체적으로 계획하고 결재를 받아두는 것도 좋은 방법입니다.

5. 개학 안내

개학식 2~3일 전에 유선 또는 문자 등의 방법으로 개학식 날짜와 등하교 시간, 점심 식사 제공 여부, 방학과제물 등의 준비물을 안내한다.

학습지도

학기 말은 특수교육 교육과정(기본교육과정)을 운영하는 학교에서는 한 학기 동안 학습한 교과 내용을 단원별로 다시 한번 복습하고 정리하는 시기이며, 공통 및 선택중심 교육과정을 운영하는 학교에서는 기말고사를 실시하는 기간이다.

또한 학기 말에는 방학 동안에도 가정에서 지속적으로 학습활동이 이루어질 수 있도록 방학 계획서 및 방학 학습과제물을 준비해야 한다.

이 외에도 모든 교육과정을 마무리하는 시기인 2월 학년 말에는 평소와는 다른 좀 더 특별한 학습지도를 실시할 수 있다.

1. 방학 계획서 작성

방학 계획서는 담임교사가 방학식 날 학생들에게 배부하는 방학 안내 통신문으로, 학교 차원에서 발송하는 정식 가정통신문과는 양식이 조금 다르다. 방학 계획서에는 방학 기간, 개학일, 개학 날 하교 시간, 개학 날 준비물, 학부모에게 전하는 글, 방학 중 지킬 일, 학교와 교사 연락처, 권장 도서 안내, 방학 공통 과제물 안내 등을 작성한다.

방학 과제의 결과물은 학교에 따라 개학 이후 전시회를 하고 그에 따른 시상을 하기도 한다.

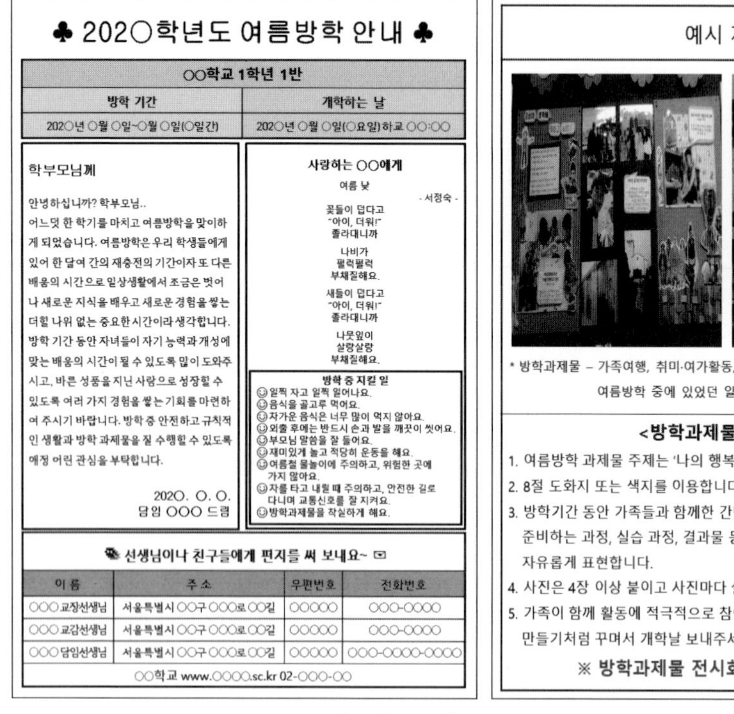

♣ 202○학년도 여름방학 안내 ♣

○○학교 1학년 1반	
방학 기간	개학하는 날
202○년 ○월 ○일~○월 ○일(○일간)	202○년 ○월 ○일(○요일)하교 ○○:○○

학부모님께

안녕하십니까? 학부모님..
어느덧 한 학기를 마치고 여름방학을 맞이하게 되었습니다. 여름방학은 우리 학생들에게 있어 한 달여 간의 재충전의 기간이자 또 다른 배움의 시간으로 일상생활에서 조금은 벗어나 새로운 지식을 배우고 새로운 경험을 쌓는 더할 나위 없는 중요한 시간이라 생각합니다. 방학 기간 동안 자녀들이 자기 능력과 개성에 맞는 배움의 시간이 될 수 있도록 많이 도와주시고, 바른 성품을 지닌 사람으로 성장할 수 있도록 여러 가지 경험을 쌓는 기회를 마련하여 주시기 바랍니다. 방학 중 안전하고 규칙적인 생활과 방학 과제물을 잘 수행할 수 있도록 애정 어린 관심을 부탁합니다.

202○. ○. ○.
담임 ○○○ 드림

사랑하는 ○○에게

여름 낮

- 서정숙 -

꽃들이 덥다고
"아이, 더워!"
졸라대니까

나비가
펄럭펄럭
부채질해요.

새들이 덥다고
"아이, 더워!"
졸라대니까

나뭇잎이
살랑살랑
부채질해요.

방학 중 지킬 일

☺일찍 자고 일찍 일어나요.
☺음식을 골고루 먹어요.
☺차가운 음식은 너무 많이 먹지 않아요.
☺외출 후에는 반드시 손과 발을 깨끗이 씻어요.
☺부모님 말씀을 잘 들어요.
☺재미있게 놀고 적당히 운동을 해요.
☺여름철 물놀이에 주의하고, 위험한 곳에 가지 않아요.
☺차를 타고 내릴 때 주의하고, 안전한 길로 다니며 교통신호를 잘 지켜요.
☺방학과제물을 착실하게 해요.

선생님이나 친구들에게 편지를 써 보내요~

이름	주소	우편번호	전화번호
○○○ 교장선생님	서울특별시 ○○구 ○○○로 ○○길	○○○○○	○○○-○○○○
○○○ 교감선생님	서울특별시 ○○구 ○○○로 ○○길	○○○○○	○○○-○○○○
○○○ 담임선생님	서울특별시 ○○구 ○○○로 ○○길	○○○○○	○○○-○○○○-○○○○
○○학교 www.○○○○.sc.kr 02-○○○-○○			

예시 자료

* 방학과제물 – 가족여행, 취미·여가활동, 관찰기록, 체험내용, 음식 만들기 등 여름방학 중에 있었던 일을 사진과 설명을 넣어 제작하세요.

<방학과제물-공통사항>

1. 여름방학 과제물 주제는 '나의 행복한 여름 이야기'입니다.
2. 8절 도화지 또는 색지를 이용합니다.
3. 방학기간 동안 가족들과 함께한 간단한 활동들(주제 정하는 과정, 준비하는 과정, 실습 과정, 결과물 등등)에 대한 것을 사진을 찍어 자유롭게 표현합니다.
4. 사진은 4장 이상 붙이고 사진마다 설명 및 꾸미기를 합니다.
5. 가족이 함께 활동에 적극적으로 참여하여 그 과정 및 결과물을 신문 만들기처럼 꾸며서 개학날 보내주세요.

※ **방학과제물 전시회에서 전시합니다.**

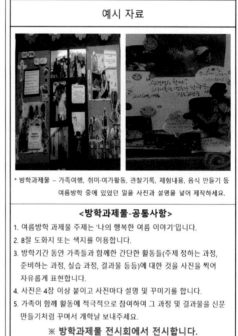

[그림 10-3] 방학 계획서의 예

2. 방학 학습과제물 부여

방학 계획서를 작성할 때 공통과제를 부여하지만 학생의 학년 또는 학습 수준에 따라 개인별 학습과제물을 부여하기도 한다.

담임교사가 학생별로 수준에 맞는 학습지를 구성하여 제공하거나 때에 따라서는 서점에서 판매되고 있는 학습지 중에 학생에게 적절한 수준의 서적을 선정하여 학습과제물로 부여할 수도 있다.

TIP 숙제가 많으면 학생도, 학부모도 부담스러워합니다. 그러므로 개별 방학과제물은 지나치게 많은 양을 부여하지 않도록 합니다.

3. 기말고사

공통 및 선택중심교육과정을 운영하는 특수학교(시각장애학교, 청각장애학교, 지체학교 등)와 특수학급은 학기 말에 기말고사를 실시한다.

기말고사의 실시 과정 및 절차에 대한 자세한 사항은 8장의 11절 '정기고사(중간, 기말고사 일정, 시험 범위 안내)'를 참고한다.

4. 자율적인 학년 말 학습 활동

특수학교뿐만 아니라 일반학교도 대부분 12월에 생활통지표 입력을 완료하면서 교육과정을 마무리하게 된다.

또한 설 연휴 등으로 인해 학년 말 출석 기간이 짧고 종업식과 졸업식을 앞두고 있어 빈틈없는 학습지도를 하기에는 교사나 학생 모두에게 조금은 부담이 되기도 한다.

그래서 학년 말에는 평소 교과수업을 충실히 하느라 운영하지 못했던 여러 가지 자율적인 학습 활동을 진행하는 것도 좋은 방법이 된다.

1) 지역사회 체험 활동

① 영화관 이용하기
② 패스트푸드점 이용하기
③ 카페 이용하기
④ 찜질방 이용하기
⑤ 대중목욕탕 이용하기
⑥ 노래방 이용하기
⑦ 마트 이용하기 등

2) 홈베이킹 또는 간단한 요리 활동

① 다양한 제과 · 제빵 믹스를 이용한 홈베이킹
쿠키, 팬케이크, 호떡, 와플, 머핀, 브라우니, 컵케이크, 도넛, 식빵, 깨찰빵, 마카롱, 크레페 등

② 간식 또는 한 끼 요리
샌드위치, 식빵 피자, 떡볶이, 부침개, 꼬치 어묵탕, 김밥, 떡꼬치, 주먹밥, 인절미, 스파게티, 카나페, 과일 퐁듀, 유부초밥, 라면 등

3) 다양한 공예 활동

① 클레이 아트
② 팬시우드 공예
③ 종이접기 공예
④ 골판지 공예
⑤ 비누 공예
⑥ 양초 공예
⑦ 석고 공예
⑧ 펄러비즈 공예
⑨ 재활용품을 이용한 공예 등

TIP 학년 말에는 이렇게 자율적으로 교과 운영을 할 수 있지만 2월에 마감하게 되는 개별화교육을 놓치지 않도록 주의해야 합니다!

업무

학기 말 업무는 방학식 관련 마무리 활동 외에도 방학 중에 이루어져야 하는 업무, 당해 학년도 정리 및 마감, 신규 학년도 준비 및 인수인계, 담당 업무 관련 공문의 점검 및 처리 완료로 구성된다.

1. 방학식 날 마무리 활동

① 방학과제물 안내장 배부
② 개별 학습자료 모음집 배부
③ 방학 중 생활 안전 당부
④ 양치 도구, 걸레, 쓰레기통 등 세척 및 건조

2. 인수인계 준비 및 환경 정리

다음 학년도 담임교사에게 학생과 관련된 서류 및 물품들을 인수인계할 수 있도록 준비한다. 신학년도의 학급 배정에 따라 교실 배치에도 변화가 있으므로 교실 환경을 정리하여 마무리한다.

1) 인수인계 사항

① 학생 개인별 학습 자료집, 진로지도 파일, 생활지도 일지 등 관계 서류
② 지속해서 사용하는 교과서(사회과부도, 음악, 미술, 체육, 정보통신 활용, 창의적 체험 활동, 보건, 여가 활용 등), 학용품, 현장체험학습용 이름표, 양치 도구 등의 개인물품

TIP 학생에 대한 자료나 파일 등을 인수인계하는 것도 중요하지만 학생의 개별적인 특성에 대해 차기 학년 담임교사에게 인수인계하는 것이 정말 중요합니다. 인수인계하며 주고받는 정보는 학생에 대해 일관성 있는 지도를 가능하게 해 주고, 학생 개인별 특성에 대한 이해도를 높여 교사와 학생 간의 라포 형성을 좀 더 빨리 할 수 있도록 해 주기 때문입니다.
따라서 신학년 담임교사는 전 학년도 담임교사를 찾아가 차 한 잔 나누며 학생의 장 · 단점, 좋아하는 것과 싫어하는 것, 개별적 행동특성, 각 행동특성에 대한 대처방법, 식사지도 방법, 배변 및 생활지도 방법, 학부모의 교육 협력 정도, 학부모에 대한 유의사항 등에 대해 반드시 이야기를 나누는 것이 좋습니다.

2) 환경 정리

① 가장 중요하게 정리해야 하는 것은 학기 초에 학생에 대한 기초자료 수집을 위해 받아두었던 '학생생활실태조사서' '장애인 복지카드' 사본 등 개인정보와 관련된 자료들로 반드시 파쇄하여 개인정보 유출이 발생하지 않도록 처리한다.
② 교실에 게시했던 시간표, 학습 결과물, 환경 구성을 했던 환경판 등의 여러 자료를 수거하여 재활용하거나 처리한다.
③ 사용이 완료된 교과서, 낡은 플라스틱 컵이나 파손되어 수리가 불가능한 학급 교구 등은 분리 배출하여 처리한다.
④ 학생 책상 서랍, 사물함 내에 물품이 남아 있지 않도록 정리한다.

TIP 인수인계 서류 및 물품을 정리할 때는 A4 용지 박스나 쇼핑백 등을 이용하여 같은 학급에 배정된 학생들의 서류 및 물품을 함께 담아 두었다가 인수인계하면 효율적입니다.

3. 신학년도 통학버스 노선 계획 수립

1) 통학버스 이용 대상 학생의 주소 확인

지난해에 통학버스를 이용했던 학생이라도 방학 동안 개인 신상에 변화가 있을 수 있으므로 신학년이 되면 알림장이나 가정통신문 등을 통해 반드시 다시 한번 학생의 주소를 확인한다.

2) 통학버스 운영 협의회를 통한 노선 확정

① 교감, 행정실장, 통학버스 업무담당자, 통학버스 운전담당자 등이 통학버스 운영 협의회에 참여
② 통학버스 이용 대상 학생들의 거주지를 지도에 점을 찍어 지역별 분포도 작성
③ 가장 경제적인 노선 계획 수립
④ 사전답사를 통해 신호등, 횡단보도, 승하차 지점 등 확인
⑤ 통학버스 승하차 시간표 작성
⑥ 학부모에게 통학버스 운전 담당자 및 승차 보조 실무사 연락처, 통학버스 승하차 시간표 안내

4. 문서 편철, 각종 대장 확인 및 정리

① 담당 업무 관련 공문의 편철 처리가 누락된 것이 있는지 점검하고 공문의 편철 처리를 완료한다.
② 대부분의 공문은 나이스의 K-에듀파인으로 처리하지만, 간혹 전자메일이나 팩스로 공문이 전달되는 경우도 있으므로 이렇게 전달받은 공문이 서류철에 잘 정리되었는지 점검한다.
③ 이 외에도 각종 대장에 누락된 부분이 있는지 점검하고 정리한다.

⊙ 함께 토의해 봅시다!

1. 학교생활기록부의 교과학습발달상황 기재 시, 학생의 부적응행동 및 장애 정도가 심하여 교과별 학습 목표 성취의 발달 모습을 기술하기 어려운 상황일 때 어떻게 해야 할지 토의해 봅시다.
2. 방학 중 학부모로부터 학생에게 교통사고가 발생했다거나 또는 다른 학생으로부터 폭력을 당했다는 등의 안전사고와 관련된 연락을 받은 경우 어떻게 해야 할지 토의해 봅시다.

선배가 들려주는 특수교육 현장 이야기(10)

자선이 아닌 일할 수 있는 기회를 주어야 한다

우리나라 모든 특수교육대상자는 「장애인 등에 대한 특수교육법」에 따라 무상교육을 받고 있다. 국·공립학교뿐만 아니라 사립학교의 경우도 유치원 과정에서 고등부까지 수업료가 없으며, 운영비의 대부분과 급식비와 통학비도 국가의 지원을 받고 있다. 또한 장애인으로 등록하게 되면 「장애인복지법」에 따른 여러 가지 혜택을 누리게 된다. 복지국가를 지향하는 정부 차원에서 사회적인 약자에 해당하는 장애인들에게 이러한 교육·복지적 지원을 하는 것은 지극히 당연한 일이다.

하지만 당사자의 입장에서 생각해 보면 이러한 수혜자의 삶이 기본적인 생활의 안정은 될지 모르지만 인생의 참 행복을 가져다주지 않는다. 모름지기 모든 사람은 그 나라 국민으로서 자신의 책임과 역할을 다하기 위해서 국민의 기본권을 보장 받음과 함께 주어진 의무를 다하는 것, 다시 말해 일정한 소득을 얻어 '납세'의 의무를 다하는 것도 소중한 일이다.

5년 전에 M특수학교 고등부 과정을 졸업한 지훈(가명)이는 제과·제빵 관련 사회적기업에 취업하여 근로자 최저 임금 대우를 받고 있다. 부모님은 지훈이가 첫 출근하기 전날 밤, 설렘과 걱정으로 인해 한숨도 못 잤으며, 첫 월급 명세서를 받아 오던 날에는 온 가족이 감격의 눈물을 흘렸다고 한다. 다음날 지훈이의 땀과 눈물이 담긴 첫 월급으로 교사들에게 감사의 마음을 전하기 위해 지훈이가 만든 쿠키를 사서 선물했는데, 모든 선생님들은 그 과자를 먹으면서 새삼 특수교육교사로서의 자부심과 진한 감동을 받았다.

사실 발달장애학교 졸업생의 많은 수가 장애인 주간보호센터 등에서 보호와 지원을 받으며 생활하고 있다. 이들도 일상적인 교육과 훈련을 통해 지속적인 성장이 이루어지지만 보다 체계적인 직업훈련과 전환교육을 통해 근로인으로 자립하는 기회를 얻고 싶어 한다. 최근 들어 굿윌(Goodwill) 사업장에서 일하거나 카페와 우체국, 도서관, 청소용역, 기타 서비스업 등에서 성실성과 실력을 인정 받고 '모범사원'으로 일하고 있는 제자들로 인해 그동안 흘린 땀의 열매를 맛보는 즐거움이 있다.

특수학급

일반학교의 특수교육은 일반학급에서 전일 수업을 하는 일반학급 배치(완전통합) 특수교육과 개별적인 학습지원이 필요한 학생을 대상으로 부분적으로 개별화된 수업을 제공하는 특수학급 배치 특수교육으로 나뉜다.

특수학급은 일반학교 교육과정 안에서 학생들의 교육적 요구에 따라 조정된 특수학급 교육과정을 운영한다. 하지만 일반학교에서의 특수교육의 가장 중요한 역할은 성공적 통합을 위한 지원이다. 그래서 특수학급에서는 통합을 기저로 학생 맞춤형 개별 교육과정을 제공하는 것에 중점을 둔다.

Chapter

11

특수학급의 학급운영과 생활지도

학습 목표

1. 특수학급 운영에 필요한 모든 내용을 종합하여 특수학급 운영계획서를 작성한다.
2. 통합교육 환경에서의 생활지도 영역에 대하여 설명한다.

학급운영

	월	중요 업무	상세 내용
특수학급 운영	3월	통합학급 적응 기간 운영 (약 2~4주)	학생 파악(현황표 작성) 교내 특수교육대상학생 안내(통합지원) 학생, 학부모 상담 학습 진단 평가 특수교육대상학생 지원(수시)
		1학기 개별화교육계획 수립	개별화교육지원팀 구성 및 협의회 개별화교육계획 수립 교육과정 수립
		통합교육지원	통합교육계획 수립 담임 및 교과담당교사와 소통(수시) 통합학급 수업 보조인력 배치
		방과후학교 개설	방과후학교 수요조사 방과후학교 개설
		치료지원	치료지원대상자 명단 교육청 제출
		보조공학기기 지원	보조공학기기 사용 학생 지원 신청
		특수학급 운영계획 수립	특수학급 운영계획서 작성
		특수학급 수업 준비	교재 · 교구 구매 특수학급 환경정비
	4~6월	특수학급 교육과정 운영	특수학급 교육과정 운영
		통합교육지원(수시)	통합교육 지원 담임 및 교과담당교사와 소통 교수적 수정 지원
		장애이해교육(상반기)	장애이해교육(학생 및 교사 대상)
		생활지도(연중)	맞춤형 생활지도
	학기 말	개별화교육 평가	학생, 학부모 상담 개별화교육 평가 발송
		원거리 통학비 지원	1학기 출석일수별 통학비 지원
		예산 점검	예산 항목별 중간정산
	8월	2학기 개별화교육 계획 수립	2학기 개별화교육지원팀 협의회 개별화교육계획 수립 교육과정 수립
	9 ~11월	특수학급 교육과정 운영	특수학급 교육과정 운영
		통합교육지원(수시)	통합교육 지원 담임 및 교과담당교사와 소통 교수적 수정 지원
		장애이해교육(하반기)	장애이해교육(학생 및 교사 대상)
		생활지도(연중)	맞춤형 생활지도
	학기 말	개별화교육 평가	학생, 학부모 상담 개별화교육 평가 발송
		원거리 통학비 지원	2학기 출석일수별 통학비 지원
		예산 점검	예산 항목별 결산 차년도 특수학급운영비 예산안 제출
		보조인력 신청	차년도 특수교육보조인력 신청
		공문서 처리(연중 수시)	각종 공문서 처리(수시) 특수교육통계입력(3월) 연말 보고 공문 처리

학급운영

특수학급에서는 일반학교 특수교육대상 학생의 개별적 요구에 따라 특수교육을 한다. 따라서 공통 및 선택중심 교육과정 범위 내에서 학생의 필요에 따라 교수적 수정이나 내용 대체를 통한 교육과정 재구성으로 개별화교육을 한다.

특수학급 운영은 앞에서 설명한 특수학교의 학급운영과 대부분 동일하지만, 통합교육을 중심으로 하는 일반학교 특수학급만의 특성이 있다. 그러므로 일반학급의 생활을 중심으로 개별 맞춤형으로 지원이 되어야 한다.

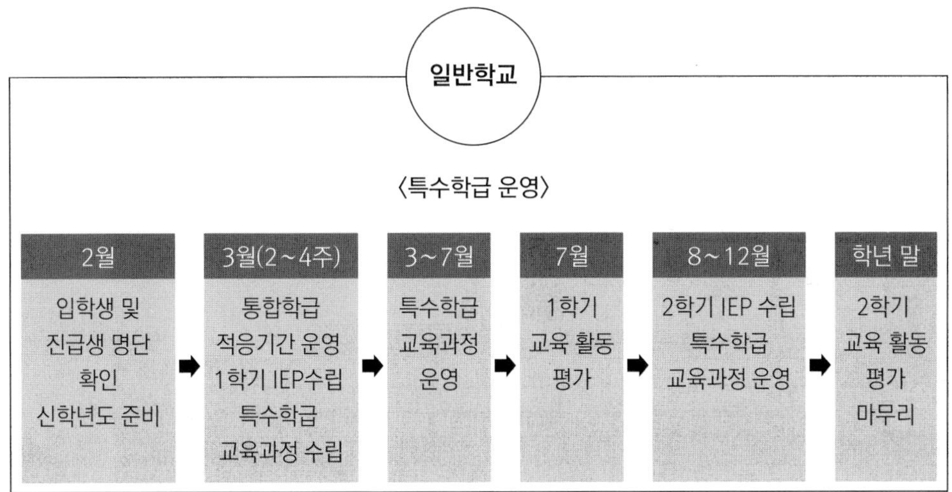

[그림 11-1] 특수학급 운영의 흐름

TIP 특수학급 담당 특수교육교사는 통합교육을 중심으로 개별화된 교육과정을 설계하여 학생을 지원하여야 합니다. 특수학급 운영에는 학생의 학습적인 부분뿐만 아니라 다양한 특수교육지원까지 포함됩니다. 또한 특수교육교사에게 특수학급 운영 업무 외의 일반학급 업무도 주어질 수 있는데 학교의 규모와 업무체제에 따라 종류와 양은 다릅니다. 신규교사의 경우 어려움이 있을 수 있으나 학교교육활동 전체를 보는 시야로 일반교사들과 협력하는 자세를 가지면 보다 쉽게 적응할 수 있습니다.

1. 통합학급 적응 기간

1) 통합학급 적응 기간 운영

학기 초 통합학급 적응 기간은 특수학급 학생이 통합학급[1]에서 전일 수업하면서 학교의 규칙과 문화를 익히고 또래를 사귀어 나갈 수 있도록 돕는 기간이다. 특수교육교사는 이 기간 동안 학생의 학교 적응을 지원함과 동시에 개별화교육계획 및 특수학급 교육과정을 설계하게 되는데 구체적인 내용은 다음과 같다.

(1) 학생 파악하기

특수학급 및 일반학급 배치 특수교육대상자 명단, 장애 영역 등 학생의 정보를 확인한다. 신입생의 경우 입학 즉시 지원해야 할 것이 없는지 2월에 미리 파악해 두는 것이 좋다. 입학 후에는 개인정보수집 및 활용 동의를 전제로 '학생기초조사서'를 가정에 송부하여 기초자료를 수집하고 이전 학교에서 송부된 개별화교육계획을 검토하여 학생의 학습상태를 파악한다.

재학생의 경우 개별화교육 평가결과 및 전년도 일반학급 담임교사, 특수학급 담임교사와의 소통으로 학생을 파악하면 도움이 된다. 그러나 선입견이 생길 수도 있으니 너무 세세한 정보를 미리 파악할 필요는 없으며 꼭 알아 두어야 할 사항이 있는지 점검하는 것이 중요하다.

TIP 간혹 특수교육대상 학생이 아닌 장애 학생이 입학하는 경우가 있는데, 장애를 가지고 있으나 특수교육대상 학생으로 배치 받지 않은 경우에 해당합니다. 신입생 명단에 장애 영역이 표기되어 배정되기 때문에 특수교육대상 학생으로 오해할 수 있습니다. 특수교육대상 학생이 곧 장애 학생은 아니며, 장애인 등록을 하지 않고 특수교육대상자로 배치 받을 수도 있고, 반대로 장애인 등록이 되어 있으나 특수교육대상자가 아닌 경우도 있다는 것을 염두에 두어야 합니다.

1) 통합학급은 일반학급 또는 통합반이라고 불린다. 과거에는 원적학급이라는 용어를 사용하기도 하였으나 최근에는 통합교육에 저해되어 사용하지 않고 있다.

표 11-1 특수학급 담임이 되면 바로 파악해야 할 정보

특수교육대상 학생 수 - 일반학급 배치(완전통합) 학생 수 - 특수학급 배치 학생 수	주소(통학 거리 및 통학방법) 치료 지원 여부 보조공학기기 지원 여부
학생 및 보호자 연락처	
특수교육대상자 선정 장애 영역(복지카드 소지 여부)	생육사(병력 및 약물 등)
필요한 특수교육지원서비스 (예: 휠체어 이용으로 이동 지원 필요)	학습수준 등 IEP 기초조사
소속 반, 번호(통합반 담임)	기타 특성 등

학 생 신 상 카 드

○○○○학교 특수학급

사 진 (3×4cm)	성 명	(한글)		연락처		
		(한자)		(자택)		
	주민등록번호	- 뒷자리 생략		(본인)		
	주 소	(우)				
	E-Mail	(본인)		(보호자)		
	통학방법	도보, 대중교통, 학부모동반		통학거리		
	정류장명	대중교통 이용시만 기재		소요시간		
판정	장애유형		장애등급		중복장애	
	진단기관		진단일자		장애등록일자	
생육력	신 장	cm	체중	kg	혈액형	RH(+, -) 형
	출생 시 특이사항		병 력			
	건강 상태 (자세히 기재)					
	약물 복용	복용유무	약물명	복용기간	치료기관	
심리검사	검 사 명	검사	검사	검사	검사	
	검사일시					
	검사결과					
	검 사 자					
	검사결과 종 합					

IEP 기초 조사서

학교 학년 반 학 생 명 :
작성자 : (학생과의 관계) 작성날짜 : . . .

본 질문은 학생 개인의 IEP 작성을 위한 기초 자료로써 학생의 수준 파악 및 학부모님의 교육적 기대수준(요구)에 대한 정보를 얻고자 하는 내용입니다. 학생의 교육활동에 좋은 참고자료가 될 수 있으니, 상세하게 작성해 주시기 바랍니다.

1. 학생의 일상생활능력에 대한 내용입니다. 해당란에 √표 해 주세요.

구 분		내 용	비 고
식사	식사방법	문제없다( ) 문제있다( ) ※ 있다면, 문제행동을 간단히 써 주세요.	
	편식정도	심 함( ) 거의 없음( ) 전혀 없음( )	
신변처리기술	대소변 처리	스스로( ) 도움 필요( ) 할 수 없음( )	
	목욕	스스로( ) 도움 필요( ) 할 수 없음( )	
의사소통방법	가족	언어로( ) 행동으로( ) 표현 안 됨( )	
	타인	언어로( ) 행동으로( ) 표현 안 됨( )	
사회생활능력	교통수단의 이 용	스스로( ) 도움 필요( ) 이용불가능( ) ※ 이용 가능한 교통수단은?	
	화폐사용	돈계산 가능( ) 물건사기 가능( ) 사용 불가능( )	
	대인관계	교우관계 형성 가능( ) 타인과 대화 가능( ) 친한 사람에게 반응 안함( )	
교과	국어	내용 이해 가능( ) 읽기 가능( ) 쓰기 가능( )	

[그림 11-2] 학생기초조사를 위한 양식 예

(2) 특수학급 현황표 작성

학생이 파악되면 특수학급 운영에 필요한 현황표를 작성한다. 현황표를 통하여 학생의 기본정보 및 특수교육 지원서비스 등을 자세히 정리해 두면 교육 활동에 도움이 될 뿐 아니라 업무처리에도 바로 활용할 수 있다. 그러나 이 문서는 개인정보를 담고 있으므로 반드시 보안을 유지하여 보관하는 것이 중요하다.

TIP 어떤 문서든 학생 개인정보가 있는 문서는 반드시 서랍이나 문서함에 넣어 잠급니다. 특히 개인정보가 있는 컴퓨터 파일은 절대 PC의 하드디스크에 보관하지 않고 반드시 이동식 저장장치에 넣은 후 유출되지 않도록 철저히 관리해야 합니다.

표 11-2 특수교육대상 학생 현황표의 예

순	성명 (성별)	학번 담임명	선정 장애유형	배치	복지카드 소지	생년월일	전화번호 (보호자명)		주소	치료 지원	통학비 지원	보조 공학 기기	복지 카드	비고
1	홍길동 (남)	10721 이○화	지체장애	일반학급	○	03.2.5	(부)홍○○	010-000-0000		○ 언어 치료	○ 3.5Km	○ 젤패드	○ 지체 장애	이동 신변 처리 지원
							(모)김○○							
							본인							
2	유관순 (여)	10312 김○명	학습장애	특수학급	×	03.5.3								
3														
4														

(3) 통합학급 적응 기간 운영 방법

특수교육대상학생이 안정되고 즐거운 학교생활을 위해 낯선 학교와 학급에서 잘 적응하는 것만큼 중요한 것은 없다. 이를 위해 특수학급 수업을 시작하기에 앞서 통합학급 적응 기간을 운영하게 되는데 학생의 상황을 고려하여 2~4주 정도로 기간을 정할 수 있다.

부적응행동이 많아 일과시간 모두를 통합학급에서 생활하기에 어려움이 있는 학생의 경우, 학부모와 협의하여 통합학급 적응 기간을 다소 줄이고 특수학급 수업을 조기에 시작할 수 있다. 그러나 충분한 적응 지원이 필요한 경우에는 기간을 늘리는 것이 바람직하다.

통합학급 적응 기간은 특수교육대상 학생이 통합학급의 구성원이라는 것을 인식하고 학교 구성원 모두가 서로를 알아가며 적응해 나가는 중요한 기간이다. 그러므로 특수교육대상 학생의 적응 지원뿐 아니라 통합학급 학생을 위한 지원도 필요하다.

특수교육교사는 통합학급 담임교사와 협력하여 통합학급의 상황을 세심하게 살핀다. 때로 특수교육대상 학생과 일반 학생 사이에 서로 부딪히는 일이 있을 수 있는데, 이 경우 개별 면담 등을 실시하여 각자의 어려움을 구체적으로 해결해 주려는 노력이 필요하다.

3월 적응 기간 1개월이 학교생활 1년을 결정짓는 출발점이 되는 만큼 면밀한 관찰과 협력으로 학교생활 적응에 필요한 지원을 한다.

표 11-3 통합학급 적응 기간 학교생활 적응 지원의 내용

• 통합(일반)학급 담임교사와 특수교육교사 협력 - 통합학급 학생들의 특성, 특수교육대상 학생의 특성 파악 - 학생 상호 간 적응 돕기
• 학교 및 학급 내 규칙 익히기 - 학급 친구들과 동등하게 개인 역할 부여
• 필요한 경우 또래 도우미 선정 - 어려운 부분을 도우며 함께할 수 있는 학급 내 친구 선정
• 개별적으로 필요한 교육적 요구 지원 - 이동 및 식사 지도, 신변처리 등
• 통합학급 학생들의 장애이해교육 - 서로 모르는 부분을 이해하며 적응할 수 있도록 지원
• 구성원 모두의 심리적 안정으로 원만한 학교생활 지원 등

TIP 장애 학생의 통합학급 적응을 돕는 주체는 통합학급 담임교사가 됩니다. 대부분의 활동이 통합학급에서 이루어지기 때문입니다. 특수교육교사는 통합학급 담임교사가 필요로 하는 것을 잘 파악하여 지원해 주어야 합니다. 가령, "선생님 ○○이가 어떤가요? 제가 지원할 부분은 없는지요?" 등으로 접근하면서 통합학급 담임교사와 소통으로 협력해야 합니다. 이를 위하여 특수교육교사에게는 상당한 공감 능력이 필요합니다. 특수교육교사의 입장으로만 볼 것이 아니라 통합학급 담임의 입장으로 생각하고 공감하는 자세가 필요합니다. 그래야만 통합 상황에서 일어나는 다양한 일에 대하여 함께 해결해 나갈 수 있다는 것을 잊지 마시기 바랍니다.

2) 학생 · 학부모 상담 및 진단평가

학년 초 통합학급 적응 기간의 시작과 함께 학생 및 학부모 상담을 한다. 낯선 학교생활에서 학생에게 필요한 것이 무엇인지, 학생의 성격이나 기호, 강점과 약점, 특기나 취미활동, 출생부터 성장 과정의 생육사 등의 개별적인 내용부터 중점 지도가 필요한 교과목까지 교육적 요구를 종합적으로 파악한다. 경우에 따라 학부모를 대상으로 사회성 및 일상생활능력 체크리스트를 실시하여 학생 파악에 참고하기도 한다.

진단평가를 통하여 학생의 학습 수준을 파악한다. 신입생의 경우 이전 학교에서 송부된 개별화교육프로그램(IEP)을, 재학생의 경우 전년도의 IEP를 참고하여 진단평가

수준을 정한다. 진단평가는 국어와 수학을 중심으로 학생에 따라 필요한 교과를 추가하여 실시한다.

이렇게 수집된 학생 및 학부모 상담 결과와 진단평가 결과를 바탕으로 개별화교육지원팀에서 개별화교육계획을 수립한다.

TIP 학기 초, 학생과 학부모 상담은 관계를 형성하는 첫 만남입니다. 특수학급이 부끄러운 아이, 위축되고 눈치 보는 아이 등 다양한 학생이 있을 수 있으며, 학생을 일반학교에 보내면서 걱정이 많은 학부모님도 있을 수 있습니다. 최대한 편안하게 대화함으로써 학교생활에 대한 용기와 신뢰를 주는 것이 중요합니다.

TIP 특수학급 학생의 진단평가는 개별 학생에 맞추어 특수교육교사가 실시합니다. 학기 초에 실시하는 진단평가는 1년간의 교육 활동의 기초가 되는데, 통일된 방법은 없습니다. 각 지역 교육청별 기초학력진단정보시스템이나 기초학력진단지원 사이트 꾸꾸(http://www.basics.re.kr/) 등을 참고하면 도움을 받을 수 있습니다.

특수교육교사로서 정확한 진단평가 역량을 가지는 것도 중요한 전문성 가운데 하나입니다. 전체 교육과정을 탐독함으로써 교과별 교육과정의 위계 및 계열성을 숙지하고 있어야 합니다.

3) 또래 도우미 학생 운영

학생과 학부모의 요구 및 특수교육교사의 의견을 종합하여 또래 도우미 학생을 맺어 줄 수 있다. 통합학급 담임교사와 협력하여 또래 도우미 학생을 맺어 주면 특수교육대상 학생의 학교생활에 도움을 줄 수 있다. 통합학급 학생 중 모범적이고 배려심이 있는 학생으로 탐색을 하되, 담임교사의 추천을 받아 서로 좋은 친구로 도움을 주고받을 수 있도록 매칭을 하는 것이 중요하다. 즉, 특수교육대상 학생에게 필요한 도움을 주되 그것이 시혜적인 관점에서가 아닌 좋은 친구로서의 관계가 되도록 지도하는 것이다. 또래 도우미를 '단짝 친구' 또는 'Good friend' 등으로 부르기도 하는데, 동등한 친구로서 배려를 익혀 나가는 과정이 서로에게 많은 공부가 되기 때문이다.

또래 도우미가 되면 봉사 활동 시간을 인정해 주기도 한다. 봉사 활동 시간 인정은 각 시・도 교육청에서 시행하는 「202○학생봉사활동계획」 등을 근거로 학교의 봉사활동 운영계획에 따라 시행하면 된다.

표 11-4 교육청「학생봉사활동 운영계획」중 장애 학생 도우미 봉사 활동 인정 예

◆ 학교교육계획에 의한 봉사 활동은 '학생봉사활동추진위원회'의 심의를 받아야 함
◆ 학교교육계획에 의한 수업 시간 이외의 교내 봉사 활동

- 다음의 예시된 활동으로 학교 교육계획에 의하여 수업 시간 이외(일과 전후, 쉬는 시간, 점심시간)에 행해지는 경우에 한하여 봉사 활동 실적으로 인정할 수 있다.
- 급식 도우미
- 학습 지도 도우미
- 장애 학생 도우미
- 병약 학생 도우미
- 다문화 학생 도우미
- 또래 상담 · 또래 중재(조정, 중조)
- 교내 및 학교 주변 자연보호, 환경정화, 청소활동
- 교내 화단 및 텃밭 가꾸기

TIP 또래 도우미 학생에게 너무 많은 것을 기대하는 것은 위험합니다. 그 학생도 아직은 어린 학생이기 때문입니다. 든든한 친구로 함께하는 것만으로도 도움이 된다는 생각을 가지고 지도해야 합니다.

2. 개별화교육지원팀 운영

개별화교육지원팀 운영 방법은 특수학교와 동일하다. 그러나 일반학교에 통합된 특수교육대상 학생을 위한 개별화교육지원팀에는 일반교육 교원이 추가된다. 일반교육 교원의 구성은 정해져 있는 것은 아니지만 교장, 교감을 비롯하여, 통합학급 담임교사, 학년부장, 생활안전부장, 진로상담부장, 보건교사 등 특수교육대상 학생의 교육과 밀접한 관련이 있는 교원 등으로 구성한다. 팀원은 학생의 개별화교육 요구 상황에 따라 가감하여 구성할 수 있다.

학생의 교육적 요구를 파악하여 통합 상황에서의 교육 활동과 특수학급의 교육 활동을 함께 논의해야 하며 행동 문제 등 생활지도 영역까지 학생의 교육 활동에 필요한 부분은 모두 협의한다. 감각장애나 지체장애 학생의 경우 개별 보조공학기기 지원이나 시설 등의 환경적인 지원 여부를 논의하고 평가 조정에 대한 요구 등을 파악하여 교과협의회나 학업성적관리위원회에 요청한다.

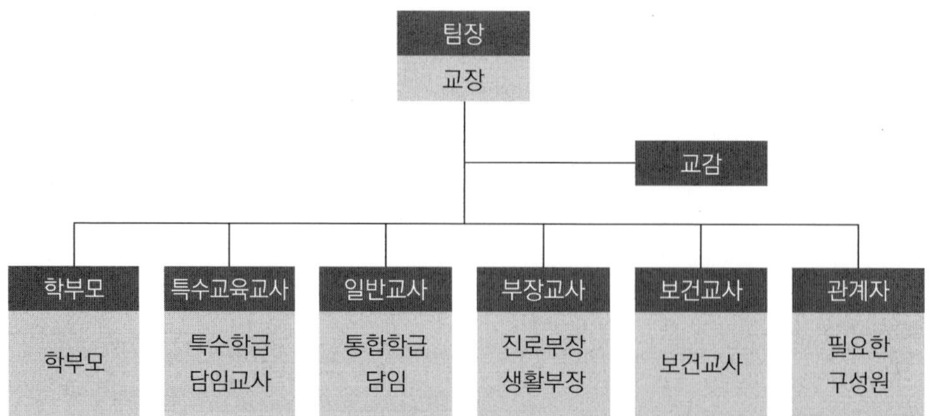

[그림 11-3] 일반학교 개별화교육지원팀 구성의 예

TIP 학생별 개별화교육지원팀 협의가 끝나면 협의록을 작성하여 기안합니다. 개별화지원팀 협의 결과에 따라 특수학급 교육과정이 수립되는 만큼 이는 중요한 교육적 근거가 됩니다.

더 상세한 정보가 필요하다면!

국립특수교육원(2019). 개별화교육계획 운영 가이드북.
국립특수교육원(2019). 개별화교육계획 운영 가이드북 부록.

3. 특수학급 교육과정

특수학급 교육과정은 일반학교 교육과정의 범위 내에서 학생별 특성 및 학습 수준에 맞춰 교육과정을 재구성하여 운영한다. 해당 교과수업 및 관련 체험학습으로 운영되며, 진로교육, 인권교육, 안전교육, 성교육 등의 범교과 활동까지 연계하여 구성한다.

1) 교과학습

개별화교육지원팀의 협의 결과에 따라 일반교육과정(공통 및 선택중심교육과정) 범위 내에서 특수학급 교육과정을 결정한다. 편제와 시간 배당은 통합학급에 따르며, 통합학급 교육과정을 학습하기 어려운 경우, 내용 대체의 방법으로 교육과정을 조정하여 운영할 수 있다. 통합학급의 수업은 일반교사와 협력하여 교과별 교수적 수정을 지원한다.

초등학교의 경우는 대부분 통합학급 수업을 지원하며, 특수학급에서는 부족한 부분을 보충하는 것에 중점을 둔다. 그러나 고학년이 되거나 중·고등학생이 되어 통합학급의 수업과 격차가 커지는 경우 학생의 학습 수준에 맞는 교육내용으로 교육과정을 재구성하여 지도한다.

개별화교육계획을 근거로 결정된 특수학급 교육과정은 '202○학년도 특수학급 운영계획'으로 학교장의 결재를 받은 후 개별특수학급 교육과정으로 운영하게 된다.

표 11-5 학생 개별, 그룹 시간표의 예

시간	월		화		수		목		금	
	학생	교과	학생	교과	학생	교과	학생	교과	학생	교과
1교시					C	수학				
2교시	A	수학	B	수학			C	국어	A	수학
3교시	B	국어	A, B, C, D	통합 미술			B	수학	C	국어
4교시	D	수학	A, B, C, D	통합 실과	D	국어	A, B, C, D	통합 과학	D	수학
5교시					A	국어	A, B, C, D	통합 수학		

2) 현장체험학습

특수학급에서도 다양한 체험 활동을 실시할 수 있다. 초·중·고 교육과정에 따라 다를 수 있으나 학습 내용 및 특성에 따라 교과 체험 활동 및 창의적 체험 활동으로 진행한다. 처음 특수학급 담임교사가 되면 어떤 체험 활동을 어떻게 해야 할지 막막할 수 있다. 그러나 두려움은 버리고 성취 기준에 따라 학생들에게 필요한 체험학습 교육과정을 구성한다.

먼저 학교가 속한 지역사회의 체험학습기관을 파악한다. 교육청에서 보급하는 체험학습기관 안내를 활용해도 좋으며, 인터넷이나 지역사회에서 제공하는 마을학교 자원을 이용해도 좋다. 그러나 해당 학교에서 근무하는 특수교육교사와 동일 지역 내 특수교육교사의 정보가 가장 신뢰성이 있을 것이다. 경험이 없는 초임 교사일 경우 주변의 선배 교사에게 조언을 구하면 실수를 줄일 수 있다. 또한 학생이 체험해 보지 못한 것을 중심으로 계획을 세우는 것이 바람직하다.

체험학습에서 무엇보다 중요한 것은 안전이다. 자세한 내용은 특수학교 안전교육 부분을 참고하길 바란다.

TIP 특수학급의 체험학습은 일반교육과정의 흐름에 맞추어 학생의 특성과 학습 수준을 고려한 실제적인 경험이 제공될 수 있게 구성되어야 합니다. 특히 모든 체험학습에 사회적응활동을 융합함으로써 학생이 지역사회의 일원으로 살아갈 수 있도록 자립생활 역량에 중점을 두는 것이 중요합니다.

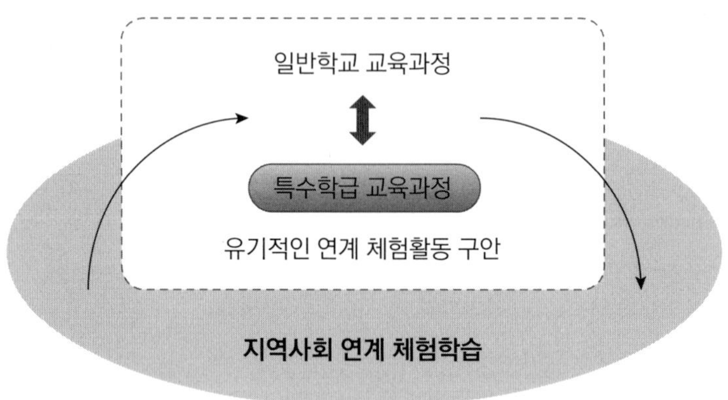

[그림 11-4] 특수학급 체험학습 설계

체험 활동 계획이 세워지면「202○학년도 특수학급 운영계획서」에 세부내용을 기록하여 학교장의 결재를 받는다. 체험학습에 필요한 활동비 및 중식비는 특수학급운영비 및 무상급식지원비 예산에서 품의하여 행정실에 지급 요청을 한다. 중식지원비는 무상급식지원비로 특수학급 운영비와는 별개의 예산이다.

TIP 운영계획서에 포함된 체험학습 외에 추가적인 체험학습이 필요할 수 있습니다. 이 경우에는 별도의 계획서를 기안하여 실시할 수 있습니다. 또한 교육청 등에서 공문으로 안내되는 체험학습의 경우도 당연히 실시할 수 있습니다. 학년 초 수립된 계획에 의해 교육 활동을 하는 것이 가장 좋지만 변수는 있을 수 있으므로 학생의 교육적 요구와 상황에 맞게 운영하면 됩니다. 물론 체험학습에 학부모 동의는 필수입니다.

표 11-6 현장체험학습 운영 절차의 예

• 연간계획안 세우기 교육과정과 연계한 체험학습 내용과 목표 선정
• 사전 답사 답사를 통한 구체적인 정보 수집 - 이동 거리, 이동 방법, 소요 시간, 활동비 소요 예산 등
• 세부계획 답사 결과를 바탕으로 세부계획 수립 - 구체적인 프로그램 학부모 안내, 참가학생 파악 - 사전, 사후 활동계획 등
• 현장체험학습 실시 - 당일 안전교육 후 체험학습 실시 - 사전 학습 내용과 연계
• 현장체험학습 정리 - 사후 학습(경험 발표, 소감문, 동영상 등으로 상기) - 학생별 평가, 환류

4. 진로 · 직업 교육

여러 가지 교육적 요구를 개별화하여 지도하여야 하는 특수학급에서 진로 · 직업 교육은 교육과정 전체를 아울러야 하는 전문성의 핵심이 된다. 교과와 연계한 진로교육으로 균형 있게 구성하여야 하며, 자기 이해에서 진로 의사결정까지 삶이 중심이 되도록 설계하여야 한다. 또한 실제적인 경험이 가능하도록 다양한 진로체험의 기회를 제공하여야 함과 동시에 학습자의 특성과 수준이 고려된 직업기초능력 교육도 병행되어야 한다.

1) 진로교육

특수교육은 곧 진로교육이라고 해도 과언이 아닐 만큼 특수교육대상 학생의 진로교육은 교육과정 전체를 통하여 중요하게 이루어진다. 학습자의 특성에 따라 다르겠지만 초등학교 특수학급에서는 자기 이해를 중심으로 기본적인 사회적 역량을 기르고, 중학교 특수학급에서는 직업의 이해 및 진로탐색을 중심으로 진로 체험 활동을 설계한다. 고등학교 특수학급에서는 중학교보다 좀 더 구체적인 직업 탐색 및 직업체험을 하여 진로 의사결정으로 이어지도록 설계한다. 지역별 통합형 직업교육 거점학교[2]나 진로 · 직업체험센터 등을 이용하면 도움이 된다.

특수교육대상 학생의 진로체험교육은 저변이 넓지 않은 편이다. 하지만 소속 학교를 기점으로 지역사회 진로체험 기관을 찾아보면 좋은 프로그램을 발견할 수 있다.

〈개인의 진로 욕구 + 장애 특성이 고려된 생애적 관점의 진로교육〉

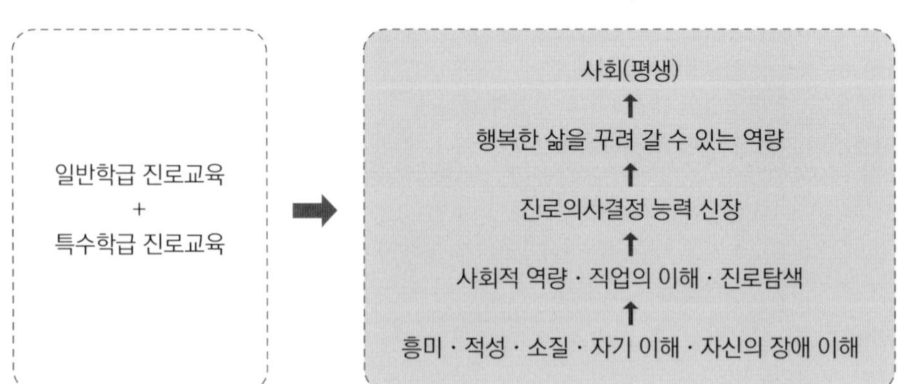

[그림 11-5] 특수학급 진로교육 설계

2) 직업교육

중 · 고등학교 특수학급에서는 다양한 직업 탐색을 하는데, 고등학교에서는 구체적인 직업체험교육이 이루어진다. 고등학교 특수교육교사로서 가장 어려운 부분은 전문교과(농생명, 제과제빵, 목공, 대인서비스 등)에 해당하는 내용의 직업체험교육을 해야 할 때다. 해당 교과의 전문성이 없어 정확한 기능과 기술을 교육하기 어렵기 때문이다.

이런 경우라 하더라도 해당 전문교과에서 요구하는 성취기준과 함께 NCS직업기초능력[3]을 중심으로 지도하면 된다. 직종은 다르더라도 직업인으로서 필요한 기초능력은 유사하기 때문이다.

2) 특수학급 학생을 대상으로 진로 · 직업 교육 체험 프로그램을 운영하는 지역사회 고등학교
3) 의사소통능력, 수리능력, 문제해결능력, 자기계발능력, 대인관계능력, 정보능력, 기술능력, 조직이해능력

직업체험교육은 각 분야의 전문 강사와 협력 수업을 할 수도 있다. 해당 직업기능은 전문 강사가 지도하고, 특수교육교사는 강사와 협력하여 직업기초능력 향상에 초점을 맞추어 지도하면 학생 특성과 수준에 맞는 직업체험을 도울 수 있다. 직업기초능력을 갖춘 학생은 어떤 직업을 선택하더라도 유연하게 적응하고 새로운 기술을 익힐 수 있는 역량을 갖는다. 이때 한 가지만 오랫동안 가르치기보다는 다양한 분야의 경험을 제공해 주는 것이 중요하다. 그래야 자신에게 맞는 진로 의사결정을 도울 수 있다.

더 상세한 정보가 필요하다면

꿈길 (http://www.ggoomgil.go.kr/)
국가직무능력표준(NCS) (https://ncs.go.kr/)
2015 개정 특수교육 교육과정.

TIP 장애 학생을 위한 진로체험 프로그램은 안타깝게도 몇 가지 직종에 제한되어 있고, 다양하지 않습니다. 특수학급 학생들을 위해서는 장애 학생 진로체험 프로그램에만 국한할 것이 아니라 일반 청소년 진로체험기관에서 실시하는 프로그램 중 우리 학생들에게 가능한 분야들을 찾아 담당자와 프로그램을 조정하는 것이 중요합니다. 그래야 보다 폭넓은 진로 · 직업 체험의 기회를 제공할 수 있습니다.

특수교육교사는 넓은 시야와 종합적 사고력으로 학생에게 맞는 교육과정을 설계할 수 있어야 합니다. 특수교육교사가 갖추어야 할 중요한 전문성이라는 것을 잊지 마시기 바랍니다.

5. 통합교육 간담회 개최

특수학급을 운영하다 보면 뜻하지 않은 어려움이 생길 때도 있고, 혼자 결정하기 어려운 일도 생기기 마련이다. 이런 때는 간담회를 개최하면 도움이 된다. 학생의 교육활동은 개별화교육지원팀 회의에서 결정하면 되지만, 그 외의 크고 작은 문제들은 간담회를 개최하여 대화를 나누는 것으로 해결할 수 있다. 간담회는 일반학급 교사와 특수교육교사, 학부모와 특수교육교사 등으로 필요에 따라 구성할 수 있다.

통합교육 간담회를 개최할 때에는 먼저 간담회의 목적에 따라 참여자를 결정하고, 어떤 형식으로 진행할 것인지를 결정한다. 그리고 학교의 학사 일정 및 행사를 참고하여 간담회 참여 대상이 되는 사람들이 최대한 많이 참여할 수 있는 날짜와 시간을 정하여 실시한다.

6. 특수교육보조인력 운영

특수교육보조인력이 하는 일은 특수학교와 유사하다. 그러나 학생의 요구에 따라 통합학급 수업 지원을 주로 하게 된다. 그 외 특수학급 수업 지원, 이동, 신변 처리, 급식 지원, 학교행사 참여 지원 등 학생의 학교생활 전반을 지원한다.

특수교육보조인력은 교육청에 필요한 만큼 인원을 요청한다. 보통의 경우 학년 말에 신청한다. 그러나 요청한 인원이 모두 지원되는 것은 아니기 때문에 요구 서식에 내용을 구체적으로 기록하여 신청하는 것이 중요하다. 사회복무요원의 경우 병무청과 연계하여 교육청에서 조사하므로 공문이 오면 행정실의 협조를 받아 인원을 요청한다. 수학여행과 같은 체험학습에 필요한 특수교육보조인력은 보통 인건비 형식으로 지원이 된다. 학기 초에 공문이 오면 필요한 만큼 예산을 신청한 후 학교에서 구인하여 활용하는 경우가 많다. 그 외 대학생 멘토링이나 자원봉사자 활용도 가능하다.

TIP 특수교육보조인력은 특수교육교사의 지시사항을 수행하여 교육 활동에 큰 도움을 주는 중요한 사람입니다. 교사는 특수교육보조인력을 동반자로 존중해야 하며, 보조인력의 입장에서 대화를 나누는 자세를 가져야 합니다. 수평적인 마음으로 함께해 나간다면 멋진 팀워크를 발휘할 수 있을 것입니다.

TIP 일반학교에서 특수교육교사로 근무하다 보면 '사회복무요원 소요인원조사'와 같이 학교 전체를 대상으로 한 공문을 간혹 놓칠 수 있습니다. 자신에게 전달된 문서 외에도 교육 활동에 필요한 공문서가 있을 수 있으니 공람 문서뿐만 아니라 문서 대장 및 업무 게시판 등 학교로 접수된 공문을 수시로 확인하는 습관이 필요합니다.

7. 특수학급 예산

특수학급 운영비는 시 · 도별, 초중고 급에 따라 다르다. 크게 차이가 나는 것은 아니지만 학생 인원수에 따라 차등 지급이 되기도 한다. 그 외 중 · 고등학교의 특수교육대상 학생 직업교육비는 목적사업비로 진로 · 직업교육에 한하여 사용할 수 있다.

특수학급 운영비는 '특수학급 교육 활동에 필요한 것'에는 대부분 지출할 수 있다. 교재 · 교구를 구매하거나 다양한 교육 활동비로 지출할 수 있다. 주어진 예산에 맞게 지출할 항목을 설정하여 구체적으로 예산 배분을 하고, 시기를 정하여 상 · 하반기 동안 균형 있게 지출을 해야 한다.

그 외 특수학급 방과후학교 운영비, 원거리 통학 지원비 등이 있는데, 각 예산은 시 · 도 교육청별 기준에 따라 필요한 만큼 신청하여 지출할 수 있다.

표 11-7 특수학급 예산 항목

특수학급 예산 항목	
특수학급 운영비	교재 · 교구 및 교육 활동비 전반에 지출
특수학급 방과후학교 운영비	방과후학교 교육비 지출
특수학급 진로직업교육비	진로 · 직업 교육 활동에 지출
원거리 통학 지원비*	기준에 맞춰 출석일수별 통학비 지출
치료지원비*	대부분 교육청에서 직접 지출 (단위학교 예산에 포함되지 않음)

* 일반학급 배치 특수교육대상자에게도 해당

TIP 특수학급 운영비는 전년도 12월에 다음 학년도 예산을 어떻게 사용할 것인지 계획하여 예산 요구서를 제출합니다. 행정실의 공지에 따라 예산 항목과 금액을 결정하여 요청하면 됩니다. 간혹 예산 운영이 가장 어렵다고 말하는 신규교사들이 있습니다. 예산과 관련해서는 일단, 선배 교사나 행정실 담당자에게 물어보는 것이 가장 좋습니다. 그 외 시 · 도 교육청 예산회계 지침 등을 읽어 보거나 관련 연수를 신청하는 것도 도움이 됩니다.

누구나 처음은 낯설고 어렵습니다. 대부분의 업무가 숙련하는 데 시간이 필요한 만큼 항상 배우는 자세로 임하는 것이 중요합니다.

8. 특수학급 운영계획서 작성

학교에 교육계획서가 있듯이 특수학급에도 특수학급 운영계획서가 있다. 특수학급 운영계획서에는 특수학급의 교육 활동을 한 번에 살펴볼 수 있도록 모든 교육 활동을 담는다. 그렇게 운영계획서를 작성한 후 학교장의 결재를 받게 되면 그때부터 특수학급 수업을 시작할 수 있다.

1) 특수학급 운영계획서의 내용

특수학급 운영계획서에는 각 시 · 도 교육청의 교육 방향에 맞춰 수립된 특수교육 방향[4)]과 학교 교육의 방향[5)]을 기초로 자신의 특수학급 운영 방향을 설정하여 담는다. 이 부분을 별로 중요하지 않다고 생각할 수 있으나 특수교육교사 자신만의 교육지표를 만들고, 추진 방향과 중점과제를 설정하는 작업은 1년간 학생들을 지도하는 이정표와 같은 역할을 한다. 또한 이것을 근간으로 교육 활동의 정당성을 확보할 수도 있다.

예를 들어, 중점추진과제에 '진로 · 체험 기회의 다양화'가 있다면 다양한 진로체험을 하는 동력이 될 수 있다. 교사 자신이 목표로 하는 활동이 있다면 지표를 정확하게 설정하고, 그에 맞는 추진 방향과 추진과제를 설정하여 학급 운영의 방향을 모색해야 한다.

특수학급 운영계획서에는 다음과 같은 내용이 포함된다. 앞서 설명한 교육과정부터 다음에 설명할 생활지도에 이르기까지 특수학급의 모든 활동을 포함해야 한다.

기본적인 목차는 대략 〈표 11-8〉과 같으나 지역이나 학교의 특색에 따라 조정할 수 있다. 예를 들어, 통합교육에 중점을 둔 경우 통합교육 활동계획을 삽입할 수도 있고, 학생 개인별 보조공학기기 지원 등의 내용을 추가해도 좋다.

4) 매년 시행되는 「시 · 도별 특수교육 운영계획」을 참고. 특수학급 운영계획서를 작성할 때에는 반드시 당해 연도 「시 · 도별 특수교육운영계획」을 근거로 작성한다.

5) 해당 학교 '학교 교육계획서' 참고.

표 11-8 특수학급 운영계획서 목차의 예

Ⅰ 특수교육 운영계획의 기저	1. 시·도별 특수교육 방향 2. 학교 교육 방향 3. 본교 특수교육 방향 4. 전년도 교육 활동 평가 5. 특수교육 현황
Ⅱ 특수학급 교육과정	1. 편성·운영 방침 2. 학생시간표 3. 지도 중점
Ⅲ 교육 활동 세부 추진계획	1. 개별화교육계획 2. 생활지도 및 안전교육 3. 인권교육 4. 성교육 5. 장애이해교육 6. 도우미 학생 7. 현장체험학습 8. 체험 활동 안전지도계획 9. 진로·직업 교육
Ⅳ 교육 활동 지원 세부 추진계획	1. 방과후학교 2. 치료 지원 3. 원거리 통학비 지원 4. 특수교육보조인력
Ⅴ 특수학급 예산 및 기타	1. 특수학급 예산 2. 기타

특수학급 운영계획서는 1년간의 학급 운영계획을 세우는 것이기 때문에 여러 학교의 운영계획서를 참고하면서 자신만의 교육 활동을 정리하여 정성스럽게 작성해야 한다.

개별화교육계획에 의한 교육과정을 바탕으로 '202○학년도 특수학급 운영계획'을 통합학급 적응 기간 내에 작성하여 학교장의 결재를 받은 후 특수학급 교육 활동을 시작한다.

TIP 각 시 · 도 교육청에서 시행한 '202○ 특수교육 운영계획'[6]을 근거로 특수학급 운영계획서 작성을 돕는 자료가 있습니다. 시 · 도 교육청별로 형식은 다를 수 있으나 운영계획서를 처음 작성하는 선생님들을 위한 친절한 도움 자료가 있으니 교육청 홈페이지에서 받아 사용하면 됩니다. 물론 전년도에 작성된 운영계획서나 이웃 학교의 운영계획서를 참고하는 것도 많은 도움이 될 것입니다.

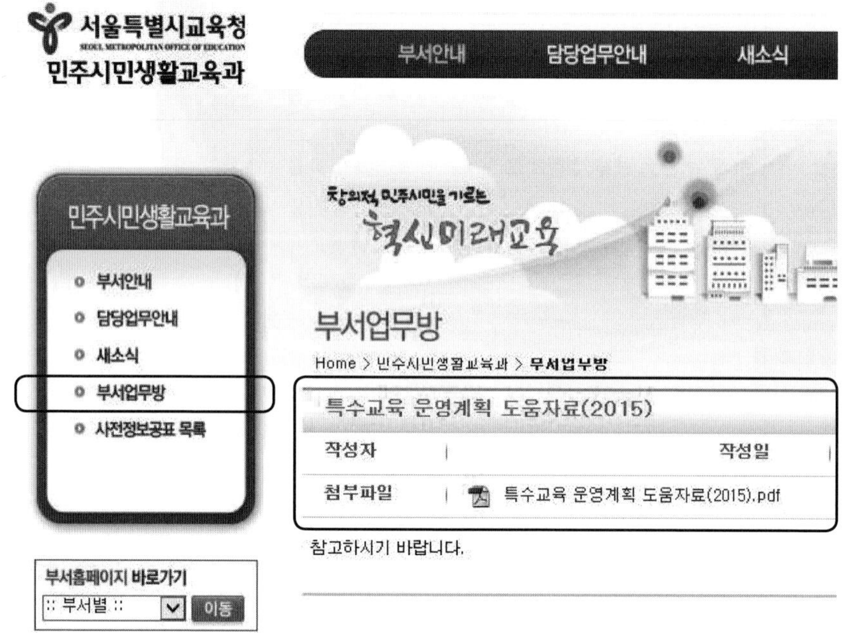

[그림 11-6] 교육청 자료실 검색의 예

6) '시 · 도별 특수교육 운영계획'은 2~3월에 공문으로 시달이 되며, 책자로 인쇄되어 각 특수교육교사에게 1부씩 전달된다. 특수학급 운영의 지침이 되는 문서이므로 꼼꼼히 읽어 보고 숙지하여야 한다.

생활지도

1. 통합교육지원

일반학교에 재학 중인 특수교육대상 학생의 통합은 여러 요인으로 인하여 어려움을 가지고 있다. 장애인에 대한 인식이 많이 달라졌다고는 하나 여전히 '다름'을 이해하지 못하고 의도 여부를 떠나 '차별'이 존재하고 있는 것이 현실이다. 비장애 학생들도 아직은 어린 학생들이기에 자신과 다른 학생들에 대한 이해가 부족하고, 또 장애가 있는 친구를 어떻게 대해야 하는지 잘 모르기 때문에 여러 가지 좋지 않은 상황이 발생할 수 있다.

또한 장애가 있는 학생 본인도 자신의 장애에 대한 올바른 인식이 되어 있지 않은 경우가 많다. 장애는 부끄러운 것이 아님에도 불구하고 '비정상'의 개념으로 자신을 이해하고 있는 학생도 종종 보게 된다. 드물긴 하지만 일반교사 중에도 장애 학생을 가여운 학생으로 인식하고 있어 통합교육의 저해 요인이 되기도 한다.

통합교육이 정착되려면 장애인에 대한 이해뿐 아니라 인권교육이 꾸준히 이루어져야 한다. 장애인이든, 외국인이든, 어떤 소수자이든 그 누구든 개인이 가지는 인권은 동등하며, 그 누구도 침해할 수 없는 고유의 권리가 있음을 장애 학생과 비장애 학생, 그리고 교사에 이르기까지 교육해야 한다.

인권에 대한 올바른 인식을 바탕으로 장애 학생과 비장애 학생이 함께 어울릴 수 있는 환경을 조성하고, 서로를 이해할 수 있는 장애 공감 문화를 만들어 가는 것이 중요하다. 공동체 역량을 강조하는 장애공감프로그램, 통합교육중점학교 운영 등이 좋은 예이며, 최근 추진 중인 통합교육지원실은 일반학교에서 더 많은 역할을 하게 될 것이다.

비장애 학생들에게 '장애 학생들과 잘 지내라'라고 말한다고 통합이 되는 것이 아닌 만큼 비장애 학생들이 장애 학생들의 입장과 상황을 공감할 수 있는 다양한 통합 프로그램을 운영해야 한다.

예를 들어, '통합 스포츠클럽'은 많은 학생이 참여하여 몸으로 부대끼며 서로를 이해할 수 있는 좋은 프로그램의 사례이다. 그 외에도 통합동아리 활동, 장애체험 활동, 다양성 존중 도서 읽기 활동 등 학교 상황에 맞는 노력을 기울일 필요가 있다.

더 상세한 정보가 필요하다면!

교육부, 세종특별자치시교육청(2018a). 초 · 중등학교 통합교육 실행 가이드북 – 초등학교 공통.

교육부, 세종특별자치시교육청(2018b). 초 · 중등학교 통합교육 실행 가이드북 – 초등학교 적용사례.

교육부, 세종특별자치시교육청b(2018c). 초 · 중등학교 통합교육 실행 가이드북 – 중등학교 적용사례.

서울특별시교육청(2019). 통합교육 중점학교(정다운학교) 운영 결과 보고서.

TIP 특수학급 운영에서 가장 어려운 부분이 통합교육이라고 생각됩니다. 때로 통합교육은 이상일 뿐, 가능하지 않다고 말하는 특수교육교사들이 있을 정도로 학생뿐 아니라 교사들도 많은 상처를 받습니다. 그럼에도 불구하고 통합 없는 특수교육에 어떤 의미가 있을지를 생각해 보면 아무리 어려워도 포기할 수 없는 것이 통합교육일 것입니다.

통합교육은 우리 사회 전반의 성숙으로 가능한 부분이니만큼 학교에서 부딪히는 벽에 너무 좌절하지 말고 꾸준히 노력해 나가는 자세가 필요합니다.

2. 학교생활규정

일반학교 특수학급에 발령을 받으면 꼭 먼저 살펴보아야 하는 것이 있다. 그것은 소속 학교의 학교생활규정이다. '학교생활규정'에는 학생이 학교에서 반드시 지켜야 하는 규정을 제시하고 있으며, 학교생활을 원만하게 할 수 있게 하는 지침과도 같은 역할을 한다.

때로 행동 문제나 지적 능력의 한계 등으로 인해 일반학교의 학교생활규정을 잘 지키지 못하는 특수교육대상 학생들이 종종 있다. 그러나 학교의 일원이라는 점에서 동등하게 교칙을 지키도록 꾸준히 교육하는 것이 중요하다.

또한 교칙을 어겼을 경우 받을 수 있는 징계에 대한 교육도 정확하게 해야 한다. 그래야만 통합교육에서 특수교육대상 학생의 어긋난 행동으로 인한 문제 상황이 발생되지 않을 뿐 아니라, 학생 본인도 옳고 그름을 정확하게 아는 바른 품성을 가진 학생으로 성장해 나갈 수 있다.

하지만 특수교육대상 학생이 가진 특성으로 학교생활규정을 모두 지키기 어려울 수 있다. 이러한 경우에는 개별화교육지원팀 및 생활지도 담당교사와의 협력으로 학생이 유연하게 학교생활을 이어갈 수 있게 조정할 필요가 있다.

더 상세한 정보가 필요하다면!

교육부(2020d). 학교폭력 사안처리 가이드북.
국립특수교육원(2016). 장애학생 평가조정 매뉴얼.

TIP '학교생활규정'에는 학교폭력과 관련하여 특수교육대상 학생에 대한 부분이 있습니다. 예를 들면, 장애가 있는 학생에게 가해 행동을 한 경우 가중처벌을 하거나 장애 학생이 비장애 학생에게 일탈 행동을 한 경우 장애 상황을 참고하여 학생생활교육(선도)위원회나 전담기구 조사를 통한 학교장 종결 여부 등을 결정한다는 내용입니다.
장애 학생이라고 하여 무조건 용서 받아도 안 되고, 장애 학생이라 하여 따돌림이나 괴롭힘의 대상이 되는 것은 더더욱 안 되겠지요. 사안이 일어나지 않는 것이 가장 좋겠지만 그렇지 못했을 경우 담당 부서와 긴밀히 협력하여 처리하는 것이 중요합니다.

3. 학교행사 지원

일반학교에 다니는 특수교육대상 학생은 통합학급의 교과수업 활동뿐 아니라 교내에서 실시하는 모든 학교행사 활동에 참여하게 된다. 운동회나 학예회 등의 일일 행사뿐 아니라 숙박을 하는 수련활동, 수학여행도 있을 수 있으며, 최근 중학교의 경우 자유학기(년)제로 학교 밖 통합체험 활동도 많아졌다.

다양한 학교행사에서 특수교육대상 학생이 소외되지 않고 참여할 수 있도록 장애 특성에 맞추어 지원해야 한다. 예를 들어, '학생걷기대회'가 학교 지역사회 공원에서 실시된다면 걷기가 어려운 지체장애 학생이나 독립 수행이 어려운 지적장애 학생의 경우 특수교육보조인력이 동행하는 등 교육적 요구에 따른 지원을 한다.

먼저 행사의 종류와 상황에 따라 지원이 필요한 학생을 파악하고, 어떤 종류의 지원을 어느 정도 수준에서 해야 할 것인지 판단한다. 이것을 바탕으로 담임교사와 협력하여 지원 방안을 찾는다. 필요에 따라 특수교육교사 본인뿐 아니라 특수교육보조인력을 투입하여 지원한다. 그러나 특수교육보조인력이 충분하지 못한 경우, 자원봉사자나 교육청 체험학습 보조인력을 지원받는 등 다양한 방법을 모색해야 한다.

4. 안전교육

특수학급 교육과정 운영에서도 절대로 빼놓으면 안 되는 것이 안전교육이다. 학사일정을 고려하여 통합학급의 창의적 체험 활동 시간에 실시되는 학교 단위의 안전교육은 반드시 이수하도록 하며, 특수학급에서도 학생에게 맞는 구체적인 안전교육을 한다. 또한 체험학습 시에는 해당 장소 활동과 관련된 안전교육을 반드시 실시한다. 안전교육의 구체적인 내용은 7장의 유형별 안전사고 예방교육 부분을 참고하기 바란다.

TIP 안전교육은 학교생활 전반에 완전히 파고들어 있어야 합니다. 어떤 활동을 하든지 우선 안전교육을 먼저 실시해야 한다고 해도 과언이 아닙니다. 목적에 따라 안전교육을 하는 것도 필요하겠지만 수업에 임하는 매 순간 상황별 사고요인을 파악하고 안전교육을 병행해야 합니다.

5. 장애이해교육

통합교육에서 중요한 것 중의 하나가 장애이해교육이다. 최근에는 일반학교 교육과정에서도 다양화되는 사회에 맞추어 인권교육이 강화되고 있어 '차이'를 인정하는 문화가 확산되고 있다. 그러나 각기 다른 특성이 있는 장애 학생들을 이해하기 위해서는 보다 구체적인 장애이해교육이 필요하다.

장애이해교육은 학년 초부터 일반교사와 일반학급 학생들을 대상으로 한다. 3월 적응 기간을 통해 장애가 있는 신입생이나 재학생의 장애 특성 및 대응 방안을 제공하는 것에 초점을 맞춘다. 그래야만 장애가 있는 학생들의 학교 적응을 도울 수 있기 때문이다.

학기 중에는 보통 장애인의 날(4.20)을 기점으로 행사를 하거나 장애이해교육 주간을 정하여 창의적 체험 활동 수업을 진행하기도 한다. 교사들에게도 장애이해교육을 한다. 교사의 장애 공감 능력은 비장애 학생 전체의 장애 이해와 인권 감수성을 높이게 되므로 중요하다.

장애이해교육의 방법은 정해진 것이 없다. 직접 장애를 체험해 보는 경험에서부터 장애인예술단 공연 관람, 장애 당사자가 직접 와서 이야기를 전하는 것에 이르기까지 학교 특성에 맞는 장애이해교육을 실시하면 된다. 최근에는 '인권'교육과 같이 묶어 교과 연계 프로젝트 학습을 하는 경우도 많다. 마음이 맞는 일반교사가 있다면 이런 프로젝트를 함께 진행해 보는 것도 아주 좋은 방법이다.

TIP 그러나 열 번의 프로그램 운영보다 한 번의 마음을 울리는 공감이 장애이해에 더 큰 효과를 볼 수 있습니다. 특수교육교사가 장애 학생 주변의 비장애 학생들과 수시로 만나서 그 학생들의 이야기를 듣고 공감해 주면서 대화하면 그 학생들도 이내 장애 학생과 공감하는 것을 확인할 수 있습니다.
교육은 형식과 틀을 벗어나 생활 속에 존재할 때 가장 큰 힘을 발휘합니다. 이것은 업무로서 역할만 해 내겠다는 마음으로는 가능하지 않습니다. 훌륭한 교사가 되는 비결은 여기에 있답니다.

더 상세한 정보가 필요하다면!

국립특수교육원. 에듀에이블. 인권교육 및 장애 공감 교육자료.
국립특수교육원. 장애학생 온라인 인권보호 지원센터.

TIP 장애이해교육 프로그램 설계 시 잊으면 안 되는 것이 있습니다. 반드시 재학 중인 장애 학생 당사자의 입장을 배려한 장애이해교육을 실시하여야 한다는 것입니다. 때로 정해진 시일 내에 장해이해교육을 해야 한다는 생각으로 다소 조급하게 프로그램을 실행할 수 있습니다. 이 경우 통합학급에서 함께 교육을 받는 장애 학생에게 오히려 더 큰 상처를 줄 수 있습니다. 재학 중인 장애 학생도 꺼리지 않고 참여할 수 있는 인권 친화적 프로그램이 되도록 신경을 써야 합니다.

TIP 비장애인들의 장애이해교육만큼 중요한 것이 또 있습니다. 그것은 장애 당사자의 올바른 장애인식 교육입니다. 일반학교에 다니는 장애 학생들은 심리적으로 위축되어 있거나 자신의 장애를 부정적으로 인식하는 경우가 많습니다. 이 부분을 해결해 주지 못하면 삶의 평생에 부정적 영향을 줄 수 있습니다. 자아존중감 형성 및 자기옹호 교육을 통하여 장애 당사자가 당당하게 살아갈 수 있도록 지도해야 합니다. 또한 일반학교 내에서 인권 침해 상황을 겪을 때도 스스로 문제를 알리고 시정을 요구할 수 있도록 지도하는 것이 중요합니다.

6. 성교육

초등학교부터 중・고등학교에 이르기까지 학생들의 성교육은 상당히 중요하다. 특수학급 학생의 경우, 일반학급 교육과정 내에서도 필수적으로 이수하는 성교육이 있지만, 특수학급에서 좀 더 개별화된 성교육과 성상담을 하는 것이 바람직하다.

초등학교의 경우 다양한 자료를 통하여 특수교육교사가 직접 실시할 수 있다. 그러나 청소년기의 학생들에게는 특수교육교사가 하는 것을 추천하지 않는다. 학생들에게도 프라이버시가 있고, 교사와는 솔직한 대화가 어려울 수 있기 때문이다. 필요에 따라 전문가를 통한 맞춤형 성교육 및 성상담을 실시함으로써 자기 이해를 바탕으로 올바른 몸가짐과 매너를 가질 수 있도록 지도하는 것이 바람직하다.

간혹 타인에게 성관련 문제를 일으키는 학생이 있을 수 있다. 일반학교에서의 성문제는 피해 학생뿐 아니라 가해 학생에게도 엄청난 파장을 일으킨다. 성문제를 보일 소지가 있는 학생은 반드시 상담이나 치료, 가정연계지도를 하여 사고를 미연에 방지하도록 노력한다.

TIP 특수교육교사는 교과수업부터 성교육에 이르기까지 일련의 교육과정을 균형 있게 설계해야 합니다. 처음에는 어렵겠지만 열심히 연구하고 노력하다 보면 자신만의 노하우가 생긴답니다. 어려울 때도 있지만 균형 있는 특수학급 교육과정을 설계하면서 생기는 보람도 있습니다.

더 상세한 정보가 필요하다면!

국립특수교육원(2011). 장애학생 멀티미디어 성교육프로그램.

성교육 성상담 전문 기관 정보 활용

- 푸른 아우성 (http://www.aoosung.com/)
- 탁틴내일 (http://www.tacteen.net/)
- 아하센터(서울시립청소년성문화센터) (http://www.ahacenter.kr/)

7. 생활지도의 기록

교사로서의 생활은 기록에서 시작하여 기록으로 끝난다고 해도 과언이 아니다. 생활기록부나 개별화교육 등의 법적 기록뿐만 아니라 차시별 수업 기록, 수시로 이루어지는 학생·학부모 상담 기록, 처리한 업무의 기록까지 기록의 종류는 아주 다양하다.

생활지도는 학교생활에서 매 순간 일어나는 교육 활동으로, 특수교육교사가 되면 가장 많이 하는 것이라 할 수 있다. 생활지도의 기록은 학생의 변화를 관찰하기에 도움을 줄 뿐만 아니라, 의도치 않게 시비를 가려야 할 일이 있을 때도 교사의 지도 내용을 확인하여 중재를 도울 수 있다.

생활지도만큼 에너지가 많이 드는 것도 없으며, 생활지도만큼 성과가 드러나지 않는 것도 없다. 생활지도 기록을 통하여 자신이 했던 교육 활동을 돌아봄과 동시에 학생의 변화를 체감해 볼 수 있기를 기대한다.

[그림 11-7] 교무수첩 기록의 생활화

⊙ 함께 토의해 봅시다!

1. 특수교육대상 학생과 관련하여 통합학급 교사와 원만한 소통을 위해 어떤 노력을 할 수 있을지 토의해 봅시다.
2. 행동 문제로 통합학급 수업에 방해를 주는 특수교육대상 학생에 대한 지원 방법에는 어떤 것이 있을지 토의해 봅시다.

선배가 들려주는 특수교육 현장 이야기(11)

교직은 예술이다-편견이 눈을 감으면 가슴이 음악을 듣는다

특수교육현장에서 장애 학생의 학습지도나 생활훈련도 중요하지만 최근에는 장애인의 숨은 재능과 끼를 발견하고 키워 주는 일을 통해 세상과 소통하는 기회를 제공하기도 한다. 특히 자폐성장애나 지적장애를 갖고 있지만 음악과 미술, 수학 등 특정한 분야에서 탁월한 재능을 나타내고 있는 '서번트증후군(savant syndrome)'에 대한 관심이 높아지고 있으며, 이들이 자신이 가진 달란트로 세상과 소통하는 모습을 통해 장애인 인식 개선은 물론 비장애인들에게 깊은 감동과 희망의 메시지를 전하는 사례들이 늘어나고 있다.

국내 최초의 발달장애인 클라리넷 전문 연주팀인 '드림위드앙상블(www.dreamwith.or.kr)'은 2015년 사회적협동조합으로 설립되어 2019년에는 90여 회의 공연을 통해 다른 발달장애인들에게 희망을 주었고, 이들의 공연에 참석한 많은 관객들로부터 '발달장애인들의 BTS'라는 별칭을 들을 만큼 언제나 뜨거운 갈채와 기립 박수를 받았다. 물론 이들이 전문 연주자로 이렇게 성장하기까지는 많은 어려움과 숱한 시련이 있었다. 그 역경을 견디고 수준 높은 연주 실력으로 자신들이 좋아하는 직업을 갖게 된 것은 부모의 자녀에 대한 기대감과 눈물겨운 기도, 그리고 각 단원들의 개성을 존중하고 각자의 특성에 알맞게 편곡하여 음악적인 하모니를 이루어 내려는 교사들의 세심한 노력이 있었기 때문이다. 그래서 이들의 연주에는 화음 그 이상의 뭉클한 감동이 있다.

한편 그림에 재능이 있는 발달장애인들이 꿈과 끼를 펼칠 수 있도록 지원하기 위해 설립된 사단법인 '로아트'를 비롯하여 에이블아트센트와 서초구립 한우리복지관 등에 등록된 작가들은 자신만의 생각과 느낌을 화폭에 오롯이 담아내고 있다. 그중에서도 '로아트(rawart.kr)' 소속 이마로 작가는 자폐성장애를 갖고 있지만 인터넷을 통해 기성 화가들의 작품들을 감상하고 자신만의 특유한 기법으로 재구성하는 재능을 나타내고 있다. 1890년 고흐의 원작 〈폴 가셰 박사〉를 모사하여 재작년 〈고흐 폴 가셰〉라는 작품으로 재탄생시켜 '제2의 고흐'라 불릴 만큼 자신만의 독특하고 매력적인 표현법을 구사하여 많은 기성 화가로부터 극찬을 받고 있다.

Chapter

12

특수학급의 학습지도와 특수교육지원서비스

학습 목표

1. 특수학급에서 학생의 학업 특성에 맞게 교육과정을 재구성하는 방법을 사례를 들어 설명한다.
2. 특수학급 특수교육대상 학생의 학습 특성에 따라 필요한 지원 서비스를 설명한다.

학습지도

특수학급에서 근무하는 특수교육교사가 지원, 또는 직접 해야 하는 학습지도 영역은 크게 교수적 수정과 교육과정 재구성으로 나눌 수 있다. 이는 협력을 가장 큰 전제로 하나, 누가 주가 되느냐에 따라 그 용어의 정의 및 개념이 달라지며 이는 특수교육교사가 얼마나 양질의 교육 자료를 구입, 또는 개발하여 지역사회 및 가정과 연계하느냐에 따라 그 효과에 차이가 있다.

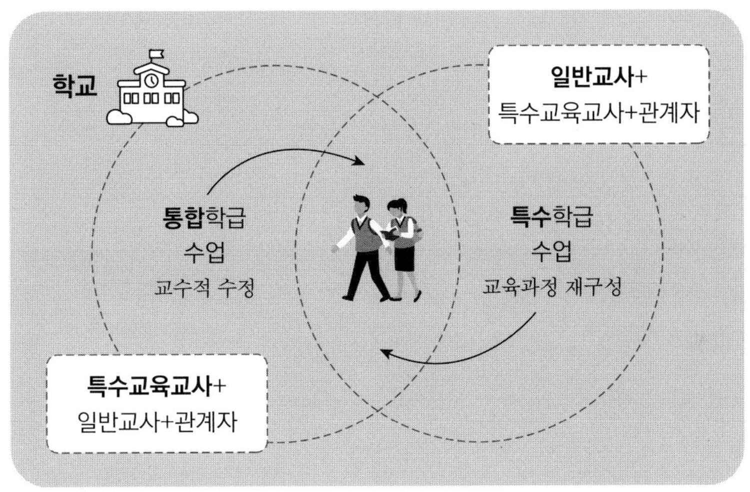

[그림 12-1] 통합학급에서의 교수적 수정과 특수학급에서의 교육과정 재구성 관계도

1. 통합학급의 교수적 수정 지원

일반학교에 통합된 특수교육대상 학생은 특수학급에서 일정 시간 동안 수업을 받기는 하나 그 외 대부분의 시간을 통합학급에서 보낸다. 이에 따라, 통합학급 수업에 참여하는 동안 일반학생에 비하여 상대적인 어려움을 느끼는 경우가 많은데 이 경우, 특수학급 담당 특수교육교사는 특수교육대상 학생이 통합학급 수업에 잘 적응할 수 있도록 일반교사와 협력하여 해당 학생의 교수적 수정[1]을 지원해야 한다.

이를 위하여 특수학급 담당교사는 개별화교육계획을 토대로 교수 · 학습 활동에 필요한 성취기준을 확인하고 학생이 도달 가능한 목표로 수정한 다음, 흥미를 갖고 수업에 참여할 수 있도록 개별학생에 맞는 교수 · 학습 방법을 적용하여 수업을 진행해야 한다.

이 같은 교수적 수정은 학습 목표나 방법의 수정뿐 아니라 내용, 환경, 학습자 그룹의 수정을 모두 포함한다.

TIP 특수학급 학생의 경우, 비장애 학생에 비해 상대적으로 교과 내용에 대한 주의집중 시간이 짧고, 환경적 요인에 영향을 받기가 쉽습니다. 통합학급 교사들과의 협의를 통하여 교육과정의 범위 내에서 제시된 교육 내용을 가르치기 위하여 개별 학생별 학습 목표와 방법을 달리할 필요가 있습니다.

이를 위하여 일반학교에서 특수학급 담당교사는 특수교육대상 학생의 특수성과 교수적 수정의 필요성을 일반교사들에게 이해시킴과 동시에 상호 협력적 관계를 유지하기 위해 꾸준히 노력해야 합니다.

표 12-1 통합학급에서의 교수적 수정 내용

	통합학급의 수업 활동	특수교육대상 학생의 수업 활동
국어	• 시에서 사용되는 소재와 내용을 파악한다.	• 시에서 나오는 단어를 듣고 그림카드를 순서대로 나열한다.
수학	• 방정식 문제를 이해하고 숫자를 대입한다.	• 사탕을 일정하게 색칠하고 전체 사탕의 수를 세어 본다.
사회	• 단군신화를 듣고 상징하는 의미와 부족국가의 형성을 이해한다.	• 단군신화에 나오는 그림을 상상해 보고, 스티커를 붙여 이야기를 완성한다.

☞ 교수적 수정은 통합학급의 교육과정 내용을 벗어나지 않는 범위 내에서 대상 학생의 수준과 장애의 특성을 고려한 성취 가능한 활동으로 구성한다.

1) 이 장에서의 교수적 수정이란 통합학급 내에서 일반교사가 주가 되어 해당 교과의 학습 목표와 내용, 방법 등이 특수교육대상 학생에게 적합하도록 수정하는 것을 일컫는다.

표 12-2 문제 상황에 따른 교수적 수정 방안의 예

문항	문제 상황	해결 방안
수업 준비	• 해당 학생이 수업 시간 중 때때로 소리를 지르는 등의 행동을 보이는데 이유가 무엇 때문인지 알 수 없어 어려움이 있다.	• 주변의 환경을 살펴보고 학생에게 맞지 않는 자극이 있는지 검토하여 소거한다. • 경우에 따라 짝을 바꾸거나 그룹을 변경하여 환경의 변화를 시도한다.
수업 실행	• 여러 학생을 지도해야 하는 일반교사는 특수교육대상 학생을 개별적으로 지도하기에 어려움이 있다.	• 특수교육교사와 팀티칭을 하거나 특수교육보조인력을 활용하여 수업을 지원한다.
평가	• 학생에 따라 장애 유형과 장애 정도가 다양하여 맞춤식 평가 방안을 모색하는 데 곤란을 겪는다.	• 교육과정위원회를 통해 특수교육대상 학생별 맞춤식 평가 조정을 시행한다.

TIP 학습하고자 하는 내용을 이해하기 쉽게 구성하는 것이 좋습니다. 수업 내용을 결정할 때, 해당 과제를 통합수업 시간에 수행해도 괜찮을지에 대해 사전에 통합학급교사와 협의를 거쳐야 합니다. 또한 통합학급의 친구들과 함께 공통으로 수행 가능한 활동에 대해 생각해야 합니다. 또한 이것이 궁극적으로 특수교육대상 학생 모두에게 어떠한 긍정적인 영향을 미칠 것인가에 초점을 두어야 할 필요가 있습니다.

2. 특수학급에서의 교육과정 재구성

특수학급에서의 수업은 어떻게 이루어질까? 일반학급 수업과 마찬가지로 교수적 수정을 이용할 수도 있다. 그러나 학생의 학업 특성을 고려하여 현행 수준에 적합한 수업을 구안하기 위해서는 전반적인 교육과정 재구성[2)]이 필요하다.

특수학급에서의 교육과정 재구성은 특수학교에서보다 그 폭이 넓다. 그 이유는 특수학교에서는 일괄적으로 기본교육과정을 적용하나 일반학교 특수학급에서는 개별 학생에 따라 공통교육과정 및 선택중심교육과정이나 기본교육과정의 내용을 수정하여 적용할 수 있기 때문이다. 이에, 특수학급 담당 특수교육교사는 해당 범위 내에서 학생의 현행 수준에 맞추어진 교육과정 재구성을 해야 한다. 이때, 중요한 것은 통합학급 수업의 맥락과 함께 하는 것이다. 초등학교와 같이 학습의 간극이 크지 않을수록

2) 이 장에서의 교육과정 재구성이란 특수교육교사가 주체가 되어 특수학급에서 이루어지는 교육과정을 다시 설계하는 것을 의미한다.

그것은 더 중요하며, 고등학교라 하여도 학교교육과정의 흐름 안에서 특수학급 수업이 연결되어 이루어지도록 재구성하려는 노력이 필요하다.

TIP 교육과정 재구성은 교과학습뿐 아니라 생활지도까지 포괄할 수 있도록 구성하는 것이 바람직합니다. 예를 들어, 특수교육대상 학생이 통합학급에서 원만히 소통하지 못하고 친구들과 다투는 일이 자주 발생하면 의사소통 기술을 국어과 교육과정과 연계하여 지도하는 등 교육과정 재구성에 반영할 수 있어야 합니다.

표 12-3 특수학급 교육과정 재구성의 중점사항

- 통합학급 수업의 맥락을 특수학급 수업으로 연결
- 학생 개인별 교과 성취 목표 조정 및 연계
- 장애 특성 및 수준을 고려한 내용 대체
- 범교과 주제학습 연결
- 체험학습과 연계
- 진로교육 활동 연계
- 생활 중심 교육과정 구안
- 학생 개인별 수업시수에 맞추어 설계
- 특수학급 수업과 통합학급 수업과의 연결

표 12-4 주제중심 교육과정 재구성의 예

주제		세계 속의 우리나라	
교과	사회	성취기준	[10통사08-01] 세계화 양상을 다양한 측면에서 파악하고, 세계화 시대에 나타나는 문제를 조사하여 이를 해결하기 위한 방안을 제안한다.
		성취기준 수정	세계 속에서 분단국가인 우리나라를 이해한다.
	수학	성취기준	[9수04-13] 도형의 닮음의 의미와 닮은 도형의 성질을 이해한다.
		성취기준 수정	도형의 닮음을 이해한다.
학습 활동		활동 1. 우리나라 지도를 그리고 남한과 북한을 표시하기 활동 2. 군사분계선을 표시하고 선에 맞춰 오리기 활동 3. 지도 배경에 모양 맞춰 붙이기(우리나라 지도 완성하기)	
평가		1. 우리나라 지도상에 남북의 위치를 그릴 수 있는가? 2. 군사분계선을 표시하고 남북의 지도 모양을 나눌 수 있는가? 3. 나누어진 남과 북의 지도를 붙여 우리나라 지도를 완성할 수 있는가?	

TIP 통합학급의 수업이 어떤 맥락으로 흐르고 있는지 일반교사와 수시로 대화를 나누면 도움이 됩니다. 결국 교수적 수정과 교육과정 재구성이 함께 가는 것이죠. 통합반 수업에서 다루는 주제를 특수학급 수업에 도입해도 되고, 또 통합반 친구들과의 에피소드를 특수학급 수업에 연계하여 지도하는 것도 좋은 교수 전략이 됩니다.

특수학급은 학생에 따라 수업시수가 다릅니다. 경우에 따라서는 1~3시간만 특수학급에서 수업을 받는 학생도 있고, 어떤 학생은 15시간 이상 특수학급에서 수업을 받는 학생도 있습니다. 개별화 교육계획에 따라 해당 학생에게 필요한 교과별 학습 목표를 설정하여 소속 학교의 교무학사 운영을 기저로 특수학급 및 통합학급에서의 시간표를 작성해야 합니다. 여러 교과에 걸친 다양한 학습 목표를 하나의 주제로 연결하여 통합하고, 그것을 생활 중심으로 체계화하여 일반화할 수 있도록 재구성하는 것이 중요합니다. 또한 안전교육, 인권교육, 진로교육 등을 필수로 이수해야 하는 범교과 주제 학습활동도 연계하여 재구성해야 합니다.

3. 지역사회 연계 교육과정

최근 일반학교에서도 지역사회를 연결하는 마을 공동체 혹은 마을 결합형 교육과정이 중요하게 다루어지고 있다. 이는 교육과정을 마을의 여러 자원을 이용하여 체험 중심으로 운영해야 한다는 것과 지역사회의 일원이 될 학생들을 마을이 함께 키워 나간다는 생각에서 비롯한 것이다.

학교-마을 공동체 추세에 따라 특수학급 학생의 지역사회 연계 교육의 폭도 상당히 넓어지고 있다. 특수교육대상 학생에게 지역사회 연계교육은 생활중심 교육과정을 구현할 수 있는 하나의 좋은 방법이다. 이는 교육과정 재구성을 통해 교과와 연계하여 체험학습으로 실행하는 것이 바람직하다. 또한 통합학급 체험 활동의 교수적 수정을 지원함으로써 특수교육대상 학생이 통합체험 활동에도 적절하게 참여할 수 있도록 지원해야 한다. 마을 자원을 찾기 위해서는 구청이나 교육청에서 발행하는 관련 자료를 참조하는 것이 좋다.

더 상세한 정보가 필요하다면!

서울특별시 남부교육지원청 학교랑 마을이랑 (http://schoolmaeul.net/)
경기 마을교육 공동체 꿈의학교 (https://village.goe.go.kr/)
부산 영도구 다행복 교육지구 (http://www.yeongdo.go.kr/happyedu.web)
서울 창의예술 교육센터 (http://www.sen.go.kr/crezone1/)

4. 가정연계학습 지도방안

특수학급을 운영하면서 가장 중요한 것 중의 하나는 학부모와의 소통이다. 학부모 상담 주간을 활용한 소통뿐만 아니라, 필요에 따라 수시로 상담을 하여 가정연계학습을 이어간다. 또한, 통합학급 교사, 특수교육교사, 학부모가 함께 소통하는 방안을 마련할 필요도 있다. 이렇게 해야 통합학급의 생활과 특수학급에서의 생활을 연계하여 학부모와 공유하여 교육 효과를 배가할 수 있다.

이를 위하여 함께 사용할 수 있는 일지를 만드는 것도 방법이 될 수 있다. 예를 들어, 통합 상담록 같은 형식으로 통합학급 교사와 특수학급교사가 함께 학교생활을 기록하여 가정으로 송부한다. 그리고 가정에서는 학부모가 전달할 내용을 기록하여 학교로 보내는 것이다.

통합학급교사와 특수교육교사는 특수교육대상 학생을 지도하며 어떠한 생각을 하였고 그 가운데 어려움은 무엇이었으며, 가정에서 필요한 과제는 어떤 것인지 등을 기록하여 가정에 송부한다. 학부모는 학교에서 공부한 내용에 대하여 파악하고 가정 연계 학습을 이어간다. 뿐만 아니라, 가정에서는 어떻게 지도해야 할지 모르는 부분에 대해 교사에게 질문할 수도 있다. 이러한 과정을 거쳐 소통할 때, 통합학급교사와 특수학급교사, 그리고 학부모 간의 진정한 학교-가정 연계가 이루어질 수 있다.

표 12-5 통합 상담록 서식 예

<table>
<tr><th colspan="2">부모 의견란</th></tr>
<tr><td colspan="2">○○이가 처음 중학교 생활을 경험하다 보니 이래저래 걱정이 많았는데 생각보다 잘 적응하고 있는 것 같아서 부모로서 마음이 놓여요. 그럼에도 불구하고 ○○이 지도에 도움이 되시라고 말씀드려요. ○○이는 갑작스러운 소리 및 큰 소리에 민감한 반응을 보여 뒤로 넘어가기도 해요. 그래서 학교에서 친구들과 어울릴 때 어려움을 보이는 경우가 종종 있어요. 이 부분에 신경 써 주셔서 지도 부탁드립니다.</td></tr>
<tr><th>통합학급 담임 의견란</th><th>교과전담 교사 의견란</th></tr>
<tr><td>○○이는 미술과 음악 시간을 특히 좋아하더라고요. 워낙 성격이 밝다 보니 그런 것 같아요. 그런데 가끔 종례 시간에 자리 이탈을 하는 경우가 있어 당황스럽기도 해요, 예기치 못한 상황에 어떻게 대처해야 할지 잘 모르겠는데 어머니께서 방도를 알려 주시면 지도에 참조하겠습니다.</td><td>교과 시간에 저는 ○○이에게 특수학급 담임 선생님과의 협의를 통해 맞춤식 학습 자료를 제작해 주었어요. 이렇게 하니 확실히 집중도 더 잘하는 것 같아 교사로서 뿌듯했어요. 그런데 수업 시간에 종종 옆 친구들의 말소리에 귀를 막고 소리를 지르는 경우가 있어요. 원인은 무엇이며, 교사로서 어떻게 해 주어야 하는지 궁금합니다.</td></tr>
</table>

특수학급 담임 의견란	종합적 지도 방안
○○이는 블록을 활용한 수업을 할 때 집중도 및 이해도가 높습니다. 이에 착안하여 평소 어려워하던 수 세기를 하니 속도는 더디지만 잘 따라오더라고요. 가정에서도 ○○이와 함께 게임 위주의 활동을 해 보시면 좋을 것 같아요.	• 갑작스러운 외부의 큰 자극이나 소리에 반응도를 낮추는 방안 강구 • 행동 패턴 분석과 그에 대한 원인 분석 및 대체 행동 지도 • 가정과의 연계 지도를 통한 교육 매개체 발견 및 적용

TIP 해당 학생이 가진 특성이나 성향에 부적합한 가정 연계 매개체는 오히려 역효과를 초래할 수도 있습니다. 이에 개별 학생의 학습 선호도를 고려한 가정 연계 방안을 찾아야 합니다. 예를 들어, 영상을 좋아하는 학생의 경우, 학교에서 공부했던 모습을 촬영해 스스로 볼 수 있도록 한다거나, 친구의 좋은 모습을 영상으로 보면서 학습하는 비디오 모델링 등도 좋은 방법이 될 수 있습니다. 또 다른 예로, 보드게임을 좋아하는 학생의 경우, 온 가족이 함께 교육용 보드게임을 활용하여 학습을 유도하는 것도 좋은 방법이 될 수 있습니다.

5. 교재 · 교구 및 교육 자료

1) 교재 및 교육자료

학생의 현재 학년의 교과서 중심으로 난이도를 조절하여 지도하는 방안을 찾는다. 교과서의 수준이 학생과 맞지 않는 경우, 이전 단계의 교과서나 시중에 나와 있는 교재를 활용할 수 있다. 적절한 교재가 없어 교사가 직접 제작하여 사용하는 경우도 많다.

특수학급 특수교육대상 학생을 위한 교재는 특수교육교사가 재량으로 선택하여 사용할 수 있다. 학생에게 적합하다고 생각되는 교재를 선정하여 사용할 수 있으며, 기본교육과정 교과서를 활용할 수도 있다.

주제 중심의 교과 통합 활동을 한다면 각 주제에 해당하는 도서나 멀티미디어 자료를 사용할 수도 있다. 교재 구매 시기는 정해져 있지 않으며, 학생의 학습 상황에 따라 필요한 교재를 제공하면 된다.

교사는 책으로 된 교재뿐만 아니라 멀티미디어를 이용한 스마트 교재 등 학생의 학습을 효과적으로 도울 수 있는 다양한 교재 · 교구를 활용해야 한다. 특수교육교사에게는 학생의 수준에 적절한 교재를 선정하는 능력뿐만 아니라 교재를 개발하는 전문성도 필요하다.

TIP 교재 선정 시 가장 중요한 점은 학생의 개별화교육 목표를 기반으로 교육과정 재구성의 관점에서 학생 맞춤형 교재를 선택하는 것입니다. 특수학급에서의 교재 활용은 특수교육대상 학생 개개인의 개별화교육을 전제로 하고 있기 때문입니다.

교과서는 시중의 교과서 회사를 통해 구매할 수 있습니다. 그 외 특수학급으로 안내되는 장애학생용 도서목록이나 카탈로그 등도 유용하게 사용할 수 있으며, 인터넷의 다양한 교재·교구 사이트에서도 많은 정보를 얻을 수 있습니다.

더 상세한 정보가 필요하다면!

한국검인정교과서협회 (http://www.ktbook.com)
(주)미래앤교과서 (http://textbook.mirae-n.com/)
한국교과서주식회사 (http://www.ktbook.net/)
샘스토리 (https://samstory.coolschool.co.kr/)
굿에듀 (http://www.goodedu.com/)
아이소리 (https://www.isori.net/)

2) 교구 및 비품 구매

특수학급의 시설 설비를 제외한 교육 활동에 필요한 교구와 비품은 특수학급 운영비를 이용하여 특수교육교사가 직접 구매할 수 있다. 수업에 사용하는 작은 교구부터 책상이나 의자, 사물함과 같은 비품에 이르기까지 그 범위는 다양하다. 기자재의 경우 폐기 연한을 확인하고, 폐기 또는 망실(분실) 처리를 한 후 새로운 기자재를 구매한다. 일정 금액을 초과하는 고가의 기자재는 학교 내 기자재 선정위원회를 거쳐 관련 예산을 집행해야 한다. 그리고 품목별로 행정실 안내에 따라 조달청[3] 나라장터(http://www.g2b.go.kr/)에서 검색하여 물품 구매를 요청한다.

TIP 특수학급에 근무하는 특수교육교사는 대부분 특수학급 관련 예산을 혼자서 집행해야 하는 경우가 많습니다. 특히 신설 학급을 맡게 되면 특수학급을 처음부터 만들어야 합니다. 국가 예산으로 집행하는 것이니만큼 합리적인 가격으로 양질의 제품을 구매하려는 노력이 필요합니다. 개별 맞춤형 교구도 중요하지만 여러 학생이 함께 사용할 수 있는 튼튼한 교구를 구매하는 것이 예산 절감에 도움이 됩니다. 그리고 공공재인 만큼 오랫동안 사용할 수 있도록 관리를 철저하게 해야 합니다.

3) 기획재정부 산하의 물자 조달 · 관리 공공기관. 공공행정에 필요한 물품과 물자, 공공기관 및 공사계약 관리와 감독을 담당하고 있다.

특수교육지원서비스

특수학급에서의 특수교육지원은 일반학급 배치 특수교육대상(완전통합) 학생의 지원을 포함해 다양한 장애 영역에 따라 맞춤형으로 이루어져야 한다. 또한 특수교육교사는 특수학급에 시행되는 각종 공문을 근거로 특수교육지원을 해야 한다.

본 장에서는 장애 영역별 특수교육지원과 치료 지원, 원거리 통학비 지원, 방과후학교 운영 및 지원 그 외 기타 업무에 대해 알아본다.

1. 장애 영역별 교육 지원

1) 일반학급 배치 특수교육대상(완전통합) 학생 지원

특수교육교사는 특수학급 배치가 아닌 일반학급 배치의 완전통합 학생의 특수교육 지원도 해 주어야 한다. 완전통합학생은 특수학급에서 수업을 받지 않기 때문에 일반학급 생활에 필요한 지원을 해 주면 된다. 학생마다 다양한 장애 유형 및 정도를 나타내기에 장애 특성별로 요구에 따라 지원할 필요가 있다.

표 12-6 일반학급 배치 특수교육대상(완전통합) 학생의 교육적 지원 내용

지원 대상	지원 내용
• 일반학급 생활에 필요한 지원	• 장애 영역별 특성을 고려한 맞춤형 지원 • 그 외 특수교육지원서비스 - 치료 지원 - 특수교육관련서비스 제공 등

TIP 완전통합학생은 경우에 따라 자신이 특수교육대상 학생임을 부끄러워할 수도 있습니다. 장애이해교육을 받는 것이나 특수학급교사와 만나는 것 자체를 꺼릴 수도 있으니 보다 세심한 배려가 필요합니다.

2) 장애영역별 지원

(1) 시각장애 학생 지원

일반학교에 재학 중인 시각장애 학생의 상당수가 완전통합교육을 받고 있다. 일반학교 내 이러한 시각장애 학생 지원 및 학부모 상담을 통하여 교육적 요구를 미리 파악하는 것이 중요하며, 교실의 위치부터 교실 내 학생의 자리 배치에 이르기까지 세심한 배려가 필요하다.

표 12-7 시각장애 학생을 위한 교육적 지원 내용

지원 대상	지원 내용
• 시각장애 – 저시력, 전맹, 중복장애	• 통합교육 지원 • 장애 특성에 따른 맞춤형 지원 – 학생 개별 상담 지원 – 확대 문서나 점역 교과서 제공 – 평가 시 평가 방법 및 조정 방안 마련 – 교실의 위치 및 학급 내 자리 배치 – 평가 조정 – 이동 지원 – 급식 지원 – 학부모 상담을 통한 기타 교육적 지원 – 보조공학기기 및 흰지팡이 사용 등에 대한 비장애 학생 인식개선 교육 등

TIP 국립특수교육원에서는 매년 교과서 점역 서비스를 제공하고 있습니다. 점자 교과서가 필요한 경우, 학기 말에 다음 학년도에 사용할 점자 교과서를 신청하도록 합니다.

(2) 청각장애 학생 지원

청각장애 학생의 경우도 장애 상황에 따라 다양한 지원이 필요할 수 있다. 인공 와우 또는 보청기를 착용하는 경우에는 주변 사람들의 보조기기 착용에 대한 이해가 필요하며, 보조기기를 이용하더라도 개별학생이 지닌 난청 등으로 어려움을 겪는 경우, 대안적 의사소통을 돕는 방법을 모색하여 지원한다.

표 12-8 청각장애 학생을 위한 교육적 지원 내용

지원 대상	지원 내용
• 청각장애 - 난청, 전농, 중복장애	• 통합교육 지원 - 교실 자리 배치(가운데 앞에서 2~3번째) - 옆 친구의 노트 필기 내용을 볼 수 있는 환경 • 장애 특성에 따른 맞춤형 지원 - 적합한 의사소통 방법 제공 독화 · 문자 소통, 수화 통역, 필기 통역 지원 - 음성 ↔ 문자 번역을 사용할 수 있는 디지털 기기 지원 - FM(Frequency Modulate System) 송수신기를 통한 청능 환경 개선 - 음악실에 FM시스템 설치를 통한 음악 교육 지원 - 평가 조정안 마련 - 장애이해교육을 통한 해당 학생에 대한 정보 안내 - 인공 와우 등 보조기기 사용에 대한 비장애 학생대상장애 인식 개선 교육 등

TIP 일반학교에 통합된 청각장애 학생은 의사소통에 어려움이 있어 친구를 사귀기가 쉽지 않습니다. 이에, 특수교육교사는 통합학급 담임교사를 통해 교우관계를 파악하고 필요한 경우 또래 도우미(굿프랜드)를 만들어 주어 통합학급 내 대인 관계 형성을 도와야 합니다. 이 과정에서 학교생활의 어려움은 없는지에 대해 지속적으로 학생과 소통하여 이를 기반으로 지원해야 합니다.

(3) 지체장애 학생 지원

지체장애 학생은 뇌병변, 척수장애, 근이영양증이나 골형성 부전 등 장애의 유형이 다양하며, 경증에서부터 중증에 이르기까지 그 정도도 다양해서 그 장애 상황에 따라 매우 세심하게 접근할 필요가 있다.

일반학교에 재학 중인 지체장애학생은 지적 능력의 결함이 없는 경우 대부분 완전 통합되어 있다. 이동이나 급식 지원 등 학교생활 전반에 대한 지원이 필요하며, 특히 신체 활동을 기반으로 한 체육 교과에서 소외되지 않도록 주의해야 한다. 또한 해당 학생의 요청과 필요에 따라 정기 고사에서 대필 또는 시간 연장 등을 제공할 수 있는데, 이는 해당 학생과 학부모의 요구에 근거하여야 하며, 학교의 학업성적관리위원회의 심의를 거쳐 이루어져야 한다.

표 12-9 지체장애 학생을 위한 교육적 지원 내용

지원 대상	지원 내용
• 다양한 지체장애 - 휠체어 사용 여부 - 보조기기 사용 여부 - 뇌병변, 척수장애, 근육질환, 사지 절단 장애, 중복장애 등	• 통합교육 지원 • 장애 상황에 따른 맞춤형 지원 - 편의시설 확충 - 보조공학기기 지원 - 이동 지원 - 급식 지원 - 평가 조정 - 심리적 지원 등

TIP 지체장애 학생의 경우, 외형적으로 드러나는 장애 때문에 심리적 어려움을 겪는 경우가 종종 있습니다. 때로 교사나 친구들이 자신의 장애를 보고 편견을 가지거나 반대로 지나친 배려를 보이는 데 부담을 느끼기도 합니다. 서로를 이해할 수 있도록 마음 열기와 같은 실제적인 장애이해교육이 이루어지도록 해야 합니다.

(4) 건강장애 학생 지원

건강장애 특수교육대상자로 선정되면 재학 중인 학교에서 병원학교에 위탁교육 신청을 해야 한다. 병원학교에 위탁이 되면 온라인 수업을 받거나 순회교육을 받게 되는데 이를 통해 출석 인정을 받는다. 건강장애 특수교육대상자는 매년 특수교육대상자 선정위원회를 거쳐야 연장할 수 있다.

표 12-10 건강장애 학생을 위한 교육적 지원 내용

지원 대상	지원 내용
• 건강 장애 - 건강상의 이유로 장기간 치료가 요구되는 학생	• 병원학교 위탁을 통한 수업 지원 - 온라인 수업을 받거나 순회교육대상자로 선정 (출석 인정) - 치료와 교육 병행 지원

TIP 건강장애 학생의 경우 예기치 못한 건강상의 문제가 발생하는 경우가 많으므로 보건교사와 함께 개별화교육지원팀을 유지하면서 지속적으로 정보를 공유할 필요가 있습니다.

(5) 지적장애 및 자폐성장애 학생 지원

최근 특수학급에 지적장애 또는 자폐성장애를 포함한 발달장애 학생 수가 점차 늘

어나는 상황이다. 지능의 저하, 학습의 어려움, 도전적 행동 등으로 통합교육이 쉽지 않은 것이 현실이다. 따라서 이들을 위한 교육 환경을 조성하기 위해 특수교육교사는 학부모와 일반교사 사이에 원활한 소통이 이루어지도록 지원해야 한다.

표 12-11 지적장애 및 자폐성장애 학생을 위한 교육적 지원 내용

지원 대상	지원 내용
• 지적장애 • 정서 · 행동장애 • 자폐성장애 • 발달지체	• 지적 능력과 적응 행동의 특성을 고려하여 개별화된 학습지도 • 통합학급에서 발생하는 문제에 대한 예방적 중재 개입 • 학생수업 활동에 특수교육 실무사 지원 • 긍정적 행동 지원 등

TIP 지적장애 및 자폐성장애 학생들에게는 장애 특성과 행동 패턴을 이해한 복합적인 지원을 하되 지속적이고 반복적인 지원을 해야 합니다. 또한 통합학급 친구들과 문제가 발생하는 경우도 있으므로 비장애 학생의 장애이해교육을 통해 장애 특성에 대한 이해를 돕도록 합니다.

(6) 의사소통장애 학생 지원

의사소통장애 학생들은 대인관계 유지에 어려움을 겪는 경우가 많다. 특수교육교사는 수시로 통합학급에서의 모습을 살피고 교우관계 형성을 잘해 나갈 수 있도록 지원할 필요가 있다.

표 12-12 의사소통장애 학생을 위한 교육적 지원 내용

지원 대상	지원 내용
• 의사소통장애	• 필요에 따라 보안대체의사소통(AAC)기기 지원 • 또래와의 관계 형성에 대한 지원 • 또래와의 소통 방법 안내를 통한 교우관계 형성 지원

TIP 선택적 함묵증을 가진 학생은 정서적 불안이 학교생활에 크게 영향을 미치므로 가정과 연계하여 학생의 생활양식을 파악하고, 자연스럽고 편안한 환경을 조성하여 학교에서 심리적 안정이 유지되도록 도와주어야 합니다.

(7) 학습장애 학생 지원

학습장애 학생의 경우 학습의 어려움으로 인해 좌절감, 무력감 등의 심리적 문제를 보이는 경우가 종종 있다. 따라서 특수교육교사는 학습 영역의 향상과 동시에 높은 자기 효능감을 가질 수 있도록 지원해야 한다.

표 12-13 학습장애 학생을 위한 교육적 지원 내용

지원 대상	지원 내용
• 학습장애 - 읽기 장애(난독증) - 쓰기 장애 - 수학 장애	• 특정 교과(읽기, 쓰기, 셈하기)에 대한 교수·학습 지원 방안 마련 • 생활 연령(원 학년)을 고려한 교재 제작 • 학생, 학부모, 통합학급 교사와 긴밀하고 지속적인 상담 시간 마련 • 특수학급에 대한 부정적 인식 개선 등

TIP 학습장애 학생은 특정 과목의 학습에서만 어려움을 겪을 뿐, 일상생활에는 큰 어려움이 없습니다. 때문에 특수학급에 대한 거부감이 있을 수 있습니다. 이러한 경우 수정된 학습 자료를 통합학급 안에서 제공하고, 학습 자료의 겉표지는 통합학급 친구들이 사용하는 자료와 비슷하게 디자인하여 가급적 이질감이 들지 않도록 합니다.

2. 치료지원

개별화교육지원팀의 협의 결과에 따라 학생에게 치료지원을 제공할 수 있다. 교육청은 지역사회 내의 치료지원제공기관을 선정하여 학교에 안내한다. 특수교사는 치료지원신청 가정통신문을 발송해야 하는데 가정통신문에는 치료지원 기관명, 치료영역, 지원 금액, 연락처 등을 기재하여 송부한다.

지역에 따라 치료지원 제공기관의 프로그램, 지역교육청의 특수교육지원센터 프로그램, 그리고 순회교육 프로그램 등의 치료지원이 제공되기도 하는데, 가정통신문에 이 모든 사항을 기재하고 참여 희망 프로그램을 선택하도록 한다.

치료교육을 받은 특수교육대상 학생은 월별 치료지원 제공 기록지를 해당 기관으로부터 발급받아 학교에 제출하여야 한다. 특수교육교사는 학생별로 치료지원제공 기록지를 개별화교육계획과 함께 철하여 보관한다.

TIP 보건복지부에서 시행하는 바우처 제도와 겹치지 않는 영역에 한하여 교육청 치료지원을 받을 수 있습니다. 예를 들어, 보건복지부 물리치료 바우처를 사용하는 학생은 교육청에서 지원하는 물리치료는 받을 수 없으나 언어치료는 받을 수 있습니다.
치료지원 공문은 일반적으로 학기 초에 시행되므로, 이 시기에 맞춰 공문함을 통해 시달 여부를 확인해야 합니다. 그래야 놓치지 않고 치료지원 업무를 처리할 수 있습니다. 해당 내용을 가정통신문으로 자세히 발송하여 학부모가 정확한 정보를 받을 수 있도록 합니다.

3. 원거리 통학비 지원

가까운 거리에 특수학급이 없는 경우나 학부모가 동반하여 차량으로 등하교할 경우 통학비 부담이 생긴다. 이런 경우 원거리 통학비 지원을 받을 수 있다. 원거리 통학비는 일반학급 배치 특수교육대상 학생과 특수학급대상 학생 모두에게 지원이 된다. 버스나 지하철 등의 대중교통과 학부모의 자가용 등 개인 차량을 이용한 등·하교까지 지원된다. 통학비 지원 금액과 기준은 각 시·도 교육청의 규정에 따라 다를 수 있으므로 해당 공문에 근거하여 처리하면 된다.

TIP 지급에 관한 사항도 학교 신청 → 학교 지급, 학교 신청 → 교육청 지급 등 소속 교육청마다 모두 다릅니다. 이는 공문에 의한 지침을 근거로 하므로 관련 공문을 자세히 읽고 업무에 임하여야 합니다.

더 상세한 정보가 필요하다면!

'교육지원 한눈에'(eduone.moe.go.kr). 세종 : 교육부 관련 사이트

장애학생 통학비·치료비 지원내용 누리집(홈페이지)에 상시 공개된다. 세종: 교육부 (2019. 8. 12.) 보도 자료

4. 방과후학교 운영 및 지원

특수학급 방과후학교는 일반학급 방과후학교에 참여하기 어려운 특수학급 학생들을 위하여 운영되는데, 시 · 도 교육청에 따라 운영 방법이 다양하다. 특수학급 방과후학교를 개설하기 위하여 먼저 수요조사를 실시하여 개설 과목을 선정하고, 강사비 및 교육 활동비 소요 예산을 수립하여 교육청에 신청한다. 신청한 방과후학교 예산은 목적사업비로 특수학급에 교부된다.

특수학급 방과후학교 운영은 시 · 도 교육청 '방과후학교 운영지침'에 따른다. 강사 채용 및 방과후학교 운영계획은 학교운영위원회의 심의를 거쳐 확정한다. 프로그램이 확정되면 일정에 맞춰 운영한 후 결과 보고서를 제출한다.

강사 채용 방법은 공개채용을 원칙으로 한다. '방과후학교 운영지침'에 따라 학교 및 지역교육청 홈페이지에 채용공고를 게시한다. 강사 수급이 어려울 경우 유관기관 사이트에 홍보를 하는 것도 도움이 된다. 강사 채용 공고문 작성시 주의할 점은 자격 기준을 명확하게 하고, 전형 일정을 자세히 안내하는 것이다. 다른 학교의 공고문을 참고하는 것도 도움이 된다.

합격한 강사 채용 후보자는 내부 기안하여 행정실에 채용을 요청하는데, 해당 기안문에는 심사 결과, 강사의 신상, 강사료, 채용 기간 등을 명시한다. 내부기안이 결재되면 채용 전 범죄 경력 조회를 관할 경찰서에 요청하여 범죄 경력을 확인한 후 행정실에서 계약서를 작성한다.

방과후학교 운영계획서에는 목적과 방침, 프로그램별 일시, 장소 등이 포함된다. 여기에 수요자 중심의 프로그램 운영을 그 기저로 하는 방과후학교 운영임을 명시하기 위해 관련 수요 조사 결과를 부록으로 첨부하면 더욱 좋다.

이렇게 작성된 운영계획서에 따라 방과후학교 프로그램을 운영하며, 수강생 출석부와 강사 출강부를 만들어 관리한다. 중요한 것은 방과후에 담임교사 없이 이루어지는 활동이므로 안전사고 예방을 최우선으로 해야 하며, 강사만으로 운영하기 어려운 경우 보조인력을 지원하거나 특수교육교사가 함께 수업하는 방안을 마련해야 한다.

이와 함께 만약 교외 방과후학교 프로그램에 참여하는 특수학급 학생이 있을 경우 교육청 공문에 따라 관련 증빙 서류를 근거로 지원해야 한다.

한편, 특수학급 특수교사에게 있어 완전통합교육을 받는 학생에 대한 교내외 방과후학교 프로그램 지원도 지나쳐서는 안 될 주요 업무 중 하나라고 할 수 있다.

표 12-14 특수학급 방과후학교 운영을 위한 가정통신문 예

202○학년도 제 호	○○학교 (학교양식)	교표

202○학년도 1학기 특수학급 방과후학교 수요조사 안내

안녕하십니까?
본교 특수학급에서는 특수교육대상 학생의 동등한 교육권 보장과 잠재적 능력 신장을 위해 아래와 같이 202○학년도 1학기 방과후학교 수요조사를 실시하오니 수요조사서를 작성하셔서 202○. ○. ○.(요일)까지 본교 특수학급 담임교사에게 제출해 주시기 바랍니다.
개설 가능 프로그램명: 미술, 음악, 체육(지역사회 실태 조사에 근거)

1순위	2순위	3순위	비고

학생: 학년 반 이름 (인)
학부모: (인)

202○. ○. ○.

○○학교장

TIP 방과후학교 수요조사 시 학교에서 개설 가능한 영역을 미리 조사하여 안내하면 학생과 학부모가 보다 쉽게 원하는 프로그램을 선택하도록 하는 데 도움을 줄 수 있습니다. 그 외 학생들에게 추가로 원하는 영역을 조사한 후 전문 강사를 채용하되, 학교의 여건을 고려하여 일반교사나 특수교육교사가 강사로 활동할 수도 있습니다.

5. 기타 업무

특수학급에는 특수교육대상 학생과 관련한 교육 현황조사 및 각종 특수교육 실태조사 등 다양한 공문이 시달된다. 교육청별 진로·진학 실태조사와 교육부의 특수교

육발전 5개년 계획에 들어갈 전국 특수학교(급)의 실태조사 작성 등이 포함된다. 그 외, 국회의원 요구 자료에 대한 공문이 수시로 온다.

특수학급에서 근무하는 특수교육교사는 특수학교 교사와 달리 특수교육 전반에 대한 업무를 모두 스스로 해결해 나가야 한다. 그렇다 보니 다양한 업무에 대응할 수 있도록 준비할 필요가 있다. 이를 위해 학기 초 특수교육대상자 현황표에 관련 내용을 기록해 두고, 변경사항이 있을 시 날짜별로 기록해 두는 것이 바람직하다.

TIP 특수교육 관련 현황 및 통계 조사 업무는 관할 교육청뿐 아니라, 국회와 교육부 등으로도 송부됩니다. 그리고 이 모든 자료가 모여 우리나라의 특수교육 현황 자료로 활용됩니다. 그러므로 특수학급교사는 자신이 담임하고 있는 학급과 재직하고 있는 학교의 실태를 평소 정확하게 파악해 둘 필요가 있습니다.

함께 토의해 봅시다!

1. 특수학급에서 교육과정 재구성은 어떻게 이루어져야 하는지 토의해 봅시다.
2. 특수교육대상 학생의 통합이 어려운 일반학교 환경에서도 특수교육대상 학생이 동등하게 학습권을 보장받을 수 있도록 지원해야 하는 특수교육교사로서 가져야 할 마음가짐에 대해 토의해 봅시다.

선배가 들려주는 특수교육 현장 이야기(12)

교직은 생명을 살리는 일이다

특수교육교사로 근무하면서 매년 신학기에 담임이 배정되고, 담당 학생 명단을 받아 보면 학생의 장애 정도와 특성, 그리고 학부모의 교육 관심 정도에 따라 명암이 엇갈리게 된다. 특히, 한부모가정과 다문화가정, 그리고 부모가 발달지체를 갖고 있는 경우, 더욱 세심한 지원이 필요하다.

어떤 의미에서 특수교육 교직은 장애 학생만을 지도하는 것이 아니라, 가족지원을 통해 가족 전체의 삶의 질을 바꾸기 위하여 그 가정을 회복시키고 궁극적으로는 장애 학생 주변 환경의 변화를 도모함으로써 생활자립의 의지를 갖게 해 주는 매우 귀중한 직업인 셈이다. 그런 의미에서 '교직은 장애 학생의 생명을 살리는 일'이라 할 수 있다.

삼중고의 장애를 딛고 세계적인 인물이 된 헬렌 켈러의 가정교사로 유명한 앤 설리번(Anne Sullivan) 선생님도 사실은 어릴 때 불우한 가정환경에서 자랐다. 보스턴에 살고 있던 앤은 어릴 때 엄마가 죽었고, 아버지는 알코올 중독자였다. 아버지로 인한 마음의 상처에다 보육원에 함께 온 동생마저 죽게 되자 앤은 그 충격으로 실의에 빠져 큰 고통 속에서 정신질환을 앓게 되었고, 실명으로 앞을 보지 못하게 되었다. 그녀는 여러 차례 자살을 시도하며 자주 괴성을 질렀는데, 결국 앤은 회복 불가능 판정을 받아 정신병동 지하 독방에 수용되기에 이르렀다.

보육원의 생활지도사들이 그녀를 돌보는 일을 힘들어할 때, 은퇴를 앞둔 간호사인 로라(Laura) 선생님이 앤을 담당하겠다고 자청했다. 선생님은 앤에게 정신과 치료보다는 그냥 친구가 되어 주는 것이 더 우선이라고 생각했다. 그래서 날마다 과자를 들고 방에 가서 책도 읽어 주고 손을 잡고 기도해 주었다. 그렇게 한결같이 사랑을 쏟은 로라 선생님 덕분에 앤은 외부 세상에 대해 조금씩 반응을 보였고, 2년 후에는 일상적인 기능이 회복되어 퍼킨스 맹인학교에 입학하였다. 그 후 한 신문사의 도움으로 시력을 회복하는 수술에 성공하였고, 수술 후 어느 날 앤은 신문기사를 보게 되었다. "보지 못하고, 듣지 못하고, 말하지 못하는 아이를 돌볼 사람 구함."

앤은 그동안 자신이 받은 사랑을 그 아이에게 돌려주기로 결심하였다. 그 아이가 바로 '헬렌 켈러'이다.

Part

3

복무

Chapter 13 … 공문서 작성 및 복무

공문서 작성 및 복무

Chapter 13 … 공문서 작성 및 복무

교사에게는 학교에서 학생을 가르치는 것 외에 또 다른 임무나 직무들이 있다. 이와 함께 교사에게 교직 윤리를 엄격하게 요구하고 있어서 교육자의 품위를 유지하는 데 각별한 주의가 요구된다.

이 장에서는 공문서 작성 방법, 교직 윤리, 교원인사와 복무, 교원평가, 교사 연찬, 특수교육과 관련된 법규에는 어떤 것들이 있는지 주요 내용을 알아본다. 교원인사와 복무, 교원평가, 교사 연찬 부분에 대한 추가 설명과 업무 환경 파악하기, 교육 조직 이해, 학교의 주요 위원회, 교원단체 등에 대한 설명은 학지사 홈페이지(www.hakjisa.co.kr)의 본 도서 자료에 올라온 '교원복무' 파일에서 설명하였다.

Chapter

13

공문서 작성 및 복무

학습 목표

1. 문서 처리의 원칙과 절차에 따라 공문서를 작성한다.
2. 특수교육교사로서 지켜야 할 교직 윤리와 복무규정을 예를 들어 설명한다.
3. 교원평가의 종류와 교사 연찬 방법에 대하여 설명한다.

교원복무

목차		참고
공문서 작성방법	문서작성 전 고려사항, 문서처리의 원칙, 문서처리의 주요 개념, 문서처리 절차, 문서처리를 잘하기 위한 원칙, 공문서 작성요령, 문서의 보안 유지	학지사 홈페이지 본 도서의 '교원복무' 자료
교직 윤리	교사의 의무, 교사의 책임과 징계, 부정청탁 금지, 음주운전 금지, 성폭력(성희롱) 금지, 성인지 감수성, 개인정보보호	
교원인사, 복무	교원 임용, 근무와 휴가	
교원평가	교사다면평가, 교원능력개발평가	
교사 연찬	연수의 종별, 연수 실적의 기록 · 관리, 신규교사 직무연수, 학습공동체, 특수교육연구회, 주요 원격연수원	
관련 법규	장애인 등에 대한 특수교육법, 장애인차별금지 및 구제에 관한 법률, 개인정보보호법, 공공기록물 관리에 관한법률 등	
업무환경 파악하기	K-에듀파인, 나이스(NEIS), 에듀파인, 자료집계	
교육 조직 이해	교육조직의 이해, 학교의 조직구조	
학교의 주요 위원회	학교의 주요 위원회, 학교운영위원회	
교원단체	주요 교원단체	
기타	한국특수교육총연합회, 한국교직원공제회, 학교안전공제중앙회, 공무원연금 및 사학연금, 맞춤형 복지포인트, 상조회	

공문서 작성방법

교사 발령을 받아 근무지 학교에서 교직 생활을 시작하면서 생소한 것 중 하나가 공문서 처리이다. 공문서란 행정기관 또는 공무원이 직무상 작성하고 처리하는 문서와 행정기관이 접수한 문서를 말한다. 공문서는 사용의 범위에 따라 학교 내에서 업무를 처리하기 위한 대내 문서(내부결재)와 외부기관과 업무를 처리하기 위한 대외 문서(내부결재 후 외부로 발송)가 있다.

1. 문서 작성 전 고려사항

문서를 작성하는 기안자는 안건과 관련된 문제를 파악하기 위해 관계규정 및 공문의 내용을 충분히 숙지해야 한다. 그래서 내 · 외부 공문은 항상 꼼꼼하게 읽어 보는 습관을 지녀야 한다. 그리고 학교 업무는 대부분 지난해에 했던 선례가 있으므로 '문서등록대장'에서 해당 안건 처리를 어떻게 했는지 찾아보고 참고하여 처리한다. 기안할 때는 기안에 대한 책임의식을 가지고 해당 기관과 수신자와의 관계 등을 고려해야 한다.

2. 문서 처리의 원칙

문서를 처리할 때는 다음의 네 가지 원칙을 지켜야 한다.

① 신속처리의 원칙이다. 문서는 내용 또는 성질에 따라 그 처리 기간이나 방법이 다르다. 특히 공문서에 기재된 업무처리 기한을 넘겨서는 안 된다. 따라서 효율적인 업무수행을 위해서는 사안이 발생한 경우 미루지 말고 가능한 한 이른 시일 내에 조속히 처리하는 것이 좋다.

② 책임처리의 원칙이다. 문서는 정해진 업무분담에 따라 각자의 직무에 책임을 지

고 관계규정에 따라 신속 · 정확하게 처리하여야 한다. 학교에서 공문서에 의해 일을 처리한다는 것의 이면에는 이 일에 대해 담당자가 책임을 진다는 뜻도 내포하고 있다. 문서로 결재 처리를 할 때 사인을 하는 것도 이런 맥락에서이다.

③ 적법처리의 원칙이다. 공문서는 사문서와는 달리 법령의 규정에 따라 일정한 형식 및 요건을 갖추어야 한다. 그래서 문서작성 지침들이 만들어져 있다. 아울러 공문서는 그 업무에 대한 권한이 있는 사람만이 작성하고 처리할 수 있다. 그러므로 결재가 완료된 공문서의 내용을 임의로 수정하는 것은 불법행위로 간주하여 처벌을 받게 된다.

④ 전자처리의 원칙이다. 문서는 전자처리가 원칙이다. 즉, 문서의 기안 · 검토 · 협조 · 결재 · 등록 · 시행분류 · 편철 · 보관 · 보존 · 이관 · 접수 · 배부 · 공람 · 검색 · 활용 등 문서의 모든 처리 절차가 전자문서시스템 또는 업무관리시스템에서 전자적으로 처리되도록 하여야 한다.

3. 문서 처리의 주요 개념

문서의 기안 · 검토 · 협조 · 결재 · 등록 · 이관 · 접수 · 공람 등 일련의 절차가 공문서의 처리이며, 업무관리시스템상에서 전자적으로 처리하도록 정하고 있는데, 공문서 처리의 주요 개념을 살펴보면 다음과 같다.

1) '기안'의 의미

사업이나 활동계획의 초안을 만드는 것으로서 일반적인 학교에서는 담당자가 기안하게 되면 기안자 → 담당부장 교사 → 교감 → 교장의 결재 경로를 따라 안건을 제시하거나 보고하게 되는데, 이런 행위를 '품의하다' '상신하다', 혹은 '기안하다'라고 표현한다.

2) '검토'의 의미

기안한 문건을 상신할 때 결재 경로에 있는 결재자가 기안한 내용을 분석 · 점검하여 동의 여부를 결정하는 것을 '검토'라고 한다.

3) '협조'의 의미

기안 내용과 관련이 있어 협조가 필요한 다른 부서나 기관의 합의를 얻는 것을 말한다.

4) '결재'의 의미

안건에 대하여 의사를 결정할 권한이 있는 담당부장, 교감, 교장이 그 의사를 결정하는 행위로, 결재, 전결, 대결이 '결재'에 해당한다. 결재는 결재 권한을 가진 사람이 직접 결재를 하는 것이고, 전결은 학교에서는 최종 결재권자가 교장이지만 권한 위임이 된 교감이나 다른 사람이 판단하여 최종 결재를 하는 것이며, 대결은 결재해야 하는 사람이 공석일 때, 결재자로 지정된 사람이 결재를 대신하는 것이다. 결재권자는 승인하지 않고 '반려'할 수 있다.

5) '공람'의 의미

접수된 문서를 업무담당자가 처리할 때 다른 교직원들도 문서의 내용을 알고 있어야 하면 공람할 자의 범위(해당 부서 혹은 전 교직원 등)를 정하여 문서를 모두가 볼 수 있도록 하는 행위를 '공람'이라 한다.

4. 문서 처리 절차

행정실 문서 담당자가 문서를 접수하면 교감은 문서를 각 해당 부서 부장에게 업무관리자로 배분한다. 각 부장은 담당 계원에게 업무담당자로 문서를 다시 배분하여 처리하게 하는데, 문서 접수 시 주요 처리 절차를 살펴보면 다음과 같다.

① 접수 문서의 처리이다. 문서는 행정실 문서 접수 담당자가 접수하고, 교감 → 담당부장교사 → 담당교사 순으로 접수된 문서를 배분하는데, 기한 내 보고해야 할 경우에는 문서를 기안하여 상신 후 시행한다. 이때 관리자와 담당자는 공람할 자

의 범위를 정하여 문서를 공람하고, 관련 교직원의 협조를 얻을 수 있다. 학교에서는 예산과 관련하여 주로 행정실장을 협조자로 지정하는 경우가 많다.

② 문서 생산 시 기안자는 기안부서의 검토 과정을 거쳐서 결재권자의 결재를 받도록 하는데, K-에듀파인이나 나이스, 자료집계 등을 이용하여 상신한다.

③ 교장 부재 시 교감에게 전결이나 대결 지정을 하게 되는데, 전결이나 대결 처리 문서의 경우, 검토 및 협조가 완료된 후 결재권자(위임전결권자)의 결재를 받도록 한다. 혹은 최종 결재권자에게 문서를 공람하여 처리하면 어떤 문서를 전결, 대결 처리하였는지 최종 결재권자가 확인할 수 있다.

④ 물건 구입이나 출장비 신청 등 돈이 지급되어야 할 기안을 할 경우에는 '품의'라는 말을 쓰게 되는데, '품의'란 사전적 의미로는 '윗사람께 말이나 글로 여쭈어 의논하다'라는 뜻으로 관리자에게 의견을 서면화하여 기안하고 승인 받는 일련의 절차를 말한다. 결재 처리를 위해서는 기안자 → 담당부장 교사 → 행정실장 → 교감 → 교장 순으로 결재선을 지정하여 승인을 받는다.

5. 문서 작성을 잘하기 위한 원칙

문서 작성을 잘하기 위해서는 다음과 같은 원칙을 잘 지켜야 한다. 공적인 문서는 개인 간의 편지와 마찬가지로 소통하기 위함이라는 목적은 같지만 글쓰기 방식은 상당히 다르다. 공문서는 법적 효력을 갖기 때문에 여러 가지 고려해야 할 것들이 있다.

① 육하원칙에 따라 내용을 작성하여 업무 내용 전달이 모호한 부분이 없도록 한다. 정확한 내용 전달을 위해서는 문장 오류, 오탈자, 띄어쓰기 오류, 계수 착오와 같은 것이 있어서는 안 된다. 특히 날짜 및 요일과 같은 것은 문서 작성 시 몇 번 확인해야 할 만큼 유의해야 한다.

② 모든 글쓰기의 원칙이지만 공문서도 독자, 즉 받아보는 상대방의 관점에서 간결하고 이해하기 쉽게 작성해야 한다. 문서를 작성하다 보면 지금 작성하는 문서의 관련 근거가 되는 이전의 문서들이 있다. 가끔 불친절하게 문서를 작성한 것을 보면 관련 근거를 정리해서 알려 주는 것이 아니라, 원자료를 거의 그대로 나열하여 실제 전달하고자 하는 업무 내용을 독자가 찾아내기 어렵거나 집중하지 못하게

하는 경우가 있다.

③ 내용이 복잡할 경우, 미리 결론을 쓰고 내용을 설명한다. 문서 작성자와는 달리 문서를 읽는 상대방은 문서 내용의 배경이 되는 사전 정보를 갖고 있지 않다는 것을 염두에 두고 공문서를 통해 전달하고자 하는 내용, 즉 결론을 두괄식으로 먼저 작성하고 설명을 이어서 하는 것이 내용 파악에 도움이 된다.

④ 어려운 한자나 전문용어, 또는 일반화되지 않은 약어를 쓰지 않고 순화된 용어를 사용한다. 과거에는 알아보기 어려운 한자어를 쓰는 경우가 있었지만, 요즘은 법원 선고문도 서로 이해하기 쉬운 우리말로 쓰고 있는 것처럼 학교의 공문서에도 모두가 쉽게 알 수 있는 용어를 사용하는 것이 좋다.

⑤ 문서 제목은 기안의 내용을 축약해서 한눈에 어떤 내용의 문서인지 알아볼 수 있도록 작성한다. 교과서 단원명을 보면 그 단원의 내용을 짐작할 수 있듯이, 문서 제목을 보면 문서의 목적과 내용을 알 수 있어야 한다.

⑥ 문서의 내용 작성이 끝나면 결재를 위해 문서의 결재선을 지정해야 한다. 결재선은 기본적으로 안건과 관련된 사람들로 구성하는데, 일반적으로 내가 속한 부서의 부장교사 → 교감 → 교장의 순서로 결재 승인을 받는다. 예산 관련 내용이 있는 경우에는 결재가 아닌 협조라는 이름으로 행정실장의 협조를 결재선에 포함하기도 한다. 결재선을 확인해서 정확하게 정하는 것은 법적 · 행정적 처리를 위해 매우 중요하다. 그다음 유념해야 하는 사항으로 문서의 내용을 공개해야 하는지, 비공개해야 하는지 확인한다. 개인정보가 들어간 문서는 반드시 비공개로 처리한다. 단, 본문에서는 개인정보가 공개되지 않고 첨부 문서에만 개인정보가 들어 있다면 목록은 공개로 하고, 첨부파일은 비공개로 처리하는 부분 공개를 선택해야 한다.

6. 공문서 작성요령

공문서를 작성할 때 쓰이는 표기법은 공적인 문서이기에 모든 공공기관에서 지침으로 삼는 행정안전부의 공문서 작성법을 따라야 한다. 많은 교사가 문서의 내용은 잘 작성해 놓고 기본적인 띄어쓰기 오류나 표기법에서 틀리는 경우가 많은데, 공문을 받아 보는 처지에서는 작성자에 대한 기본적인 신뢰가 깨질 수 있고, 관리 감독하지 못한 기관에 대해 나쁜 인상을 줄 수 있으므로 특별히 유의하여 작성해야 한다.

1) 숫자

숫자는 1, 2, 3과 같이 아라비아 숫자로 쓴다.

2) 날짜

날짜는 숫자로 표기하되 연월일의 글자는 생략하고 그 자리에 온점을 찍어 표시한다.

〈예〉 일시: 202○. 12. 15.(월) **〈틀린 예〉** 일시: 202○년 12월 15일. 월요일

3) 시, 분

학교행사나 모임 시간을 알릴 때 많이 쓰이는 시, 분 표기는 24 시각 제에 따라 숫자로 쓴다. 단, 시, 분의 글자는 생략하고 그사이에 쌍점(:)을 찍어 구분한다.

〈예〉 시간: 15:20~16:20 **〈틀린 예〉** 시각: 오후 3시 20분~4시 20분

4) 금액

학습재료 신청이나 출장비 신청 등 금액을 표시할 때에는 아라비아 숫자로 금액을 쓰고, 숫자 다음에 괄호를 하여 한글로 써 주는데, 숫자만 쓰면 편리하겠지만 두 번 쓰면서 금액이 맞는지 다시 확인할 수 있는 장점이 있다.

〈예〉 일금 25,790원정(일금 이만오천칠백구십 원정)

5) 문서의 '끝' 표시

문서가 끝나는 경우는 글로 마치는 경우와 붙임 문서가 있는 경우, 그림이나 표로 끝나는 경우가 있는데, 경우마다 다르니 잘 구분하여 기억할 필요가 있다.

① 글로 본문이 끝났을 때는 글의 끝에 마침표를 찍고 1자(2칸) 띄우고 '끝' 표시 후 마침표를 찍는다.

〈예〉 …… 주시기 바랍니다.∨∨끝.

② 붙임 문서가 있는 경우에는 붙임 문서의 개수가 하나인가, 둘 이상인가에 따라 표기법이 달라지는데 본문이 끝나면 마침표만 찍고, '끝' 자를 붙이지 않으며 엔터키를 쳐서 한 칸 줄바꿈한다. 그 후에 붙임 문서가 한 개면 붙임이라 쓰고 1자(2칸) 띄우고 숫자 표시 없이 '∼ 1부.' 라고 마침표를 찍고 1자(2칸) 띄우고 '끝' 표시를 한다.

붙임 문서가 두 개 이상이면 붙임이라 쓰고 1자(2칸) 띄우고 붙임 문서 순서대로 숫자를 매긴다. 마지막 붙임 문서에 '∼ 몇 부.' 라고 마침표를 찍고 1자(2칸) 띄우고 '끝' 표시를 하면 된다.

〈예〉 글로만 끝나는 경우: …… 주시기 바랍니다.∨∨끝.

붙임이 한 개인 경우: 붙임∨∨승인 서식 목록 1부.∨∨끝.

붙임이 여러 개인 경우: 붙임∨∨1. 승인 서식 목록 1부.

2. 승인 서식 1부.∨∨끝.

③ 본문 또는 붙임 표시문이 오른쪽 한계선에서 끝났을 때는 '끝'을 쓸 자리가 없는 경우에는 다음 줄의 왼쪽 기본선에서 1자 띄우고 '끝' 표시를 하면 된다.

〈예〉 (본문 내용)………………………………………………… 주시기 바랍니다.

∨∨끝.

6) 연명부 등의 서식을 작성하는 경우

글로 문서가 끝나지 않고 그림이나 표 등의 서식으로 끝나는 경우도 있는데, 이럴 때는 서식의 왼쪽 칸 밖 아래 기본선에서 1자를 띄우고 '끝' 표시를 한다.

표 13-1 표로 끝나는 문서의 '끝' 표시 예

응시번호	성명	생년월일	주소
10	김○○	2001. 3. 8.	서울시 종로구 ○○로 12(○○동 41)
21	박○○	2002. 5. 1.	경기도 성남시 ○○로 5(○○동 32)

∨∨끝.

7) 항목의 표시

공문서 작성 시 제목을 적고 본문 내용에 처음에는 관련 법령이나 공문을 적어서 문서 작성의 당위성이나 필요성을 알리고 그 밑으로는 문서를 풀어서 쓰게 되는데, 공문이나 문서의 내용을 둘 이상의 항목으로 구분하여 한눈에 알아보기 쉽게 작성해야 한다. 그러기 위해서는 다음 구분에 따라 그 항목을 순서대로 표시하되, 너무 하위 구분까지 내려가면 들여쓰기 등으로 보기에 불편함이 있을 수 있으므로 필요한 경우 □, ○, -, • 등과 같은 특수기호로 표시할 수 있다.

표 13-2 항목 표시 구분

구분	항목 기호	비고
첫째 항목	1., 2., 3., 4., …	둘째, 넷째, 여섯째, 여덟째 항목의 경우, 하., 하), (하), ㉻ 이상 계속되는 때에는 거., 거), (거), ㉮, 너., 너), (너), ㉯… 로 표시한다.
둘째 항목	가., 나., 다., 라., …	
셋째 항목	1), 2), 3), 4), …	
넷째 항목	가), 나), 다), 라), …	
다섯째 항목	(1), (2), (3), (4), …	
여섯째 항목	(가), (나), (다), (라), …	
일곱째 항목	①, ②, ③, ④, …	

항목 표시 위치 및 띄는 방법을 알아보자.

- 첫째 항목기호 1, 2, 3, 4…는 왼쪽 처음부터 띄어쓰기 없이 바로 시작한다.
- 둘째 항목부터는 상위 항목 위치에서 오른쪽으로 2타씩 옮겨 시작한다.
- 항목이 한 줄 이상이면 항목 내용의 첫 글자에 맞추어 정렬한다.

TIP 정렬할 때 Shift+Tab 키를 사용하면 정렬하기가 쉽습니다.

- 항목 기호와 그 항목의 내용 사이에는 1타를 띄운다.
- 하나의 항목만 있는 경우에는 항목 기호를 부여하지 않는다.
- 기재사항이 서식 중간에서 끝나는 경우에는 기재사항의 마지막 다음 칸에 '이하 빈칸' 표시를 해 준다.

표 13-3 이하 빈칸 예

응시번호	성명	생년월일	주소
10	민○○	2016. 3. 8.	서울시 강동구 ○○로 12(○○동 41)
이하 빈칸			

표 13-4 띄어쓰기 예

수신∨∨○○○장관(특수교육과장)
(경유)
제목∨∨○○○○○
1.∨특수교육 공문서 작성요령을 알리고자 다음과 같이 계획합니다.
∨∨가.∨○○○○○○○○○○○○○
∨∨∨∨1)∨○○○○○○○○○○○○○
∨∨∨∨∨∨가)∨○○○○○○○○○○○○○
∨∨∨∨∨∨∨∨(1)∨○○○○○○○○○○○○○○○○○○○○○○○○○
○○○○○○○○○○○○○○○○○○○○○○○○
∨∨∨∨∨∨∨∨∨∨(가)∨○○○○○○○○○○○○○
2.∨○○○○○○○○○○○○○○○○○○○○○○○○○○○○○○○○○○○○○○○
○○○○○○○○○○○○○○○○○○○○○○.∨∨끝.

※ 2타(∨∨ 표시)는 한글 1자, 영문과 숫자는 2자에 해당함.

표 13-5 기안문 예

수신∨∨경기도교육감
(경유)
제목∨∨공문서 작성 준수 안내
1. 관련: 행정안전부 정보공개정책과-3863(202○.8.12.)호
2. 각 기관 및 부서에서는 민원처리 시 '행정 효율과 협업 촉진에 관한 규정'을 준수하여 처리해주시기 바랍니다. 또한, 업무담당자가 설명회에 참여할 수 있도록 협조해 주시기 바랍니다.
3. 설명회 개요
  가. 연수 일시: 202○. 8. 20.(월) 13:00~15:00
  나 . 연수 장소: ○○교육청 2층 회의실
  다 . 참석 인원: 30명

붙임 1. 행정효율과 협업 촉진에 관한 규정 1부.
  2. 행정안전부 공문서 작성요령 1부. 끝.

TIP 기안을 처음 하게 되면 많이 당황스러울 수 있습니다. 그럴 때는 선배 교사가 했던 기안문을 찾아서 재작성 기능을 이용하여 해당 문서를 수정한 후 간단히 기안할 수가 있습니다. ([k-에듀파인] - [문서관리] - [문서등록대장] - 기안자, 제목, 기간 설정 후 검색). 기안의 달인이 되려면 교육청에서 오는 기안문을 많이 보고 따라 하는 습관을 들이기 바랍니다.

TIP 문서 작성 후 수신자를 지정할 때 교육청이 아닌 곳의 수신처를 못 찾아서 수기로 입력하는 경우가 간혹 있는데, 그렇게 하면 전자발송이 안 되기 때문에 꼭 조직도나 행정안전부 안에서 수신처를 찾아 수신처 지정을 해야 합니다.

7. 문서의 보안 유지

공문서를 작성하다 보면 학생, 교직원의 인적사항이나 개인정보가 들어가는 경우가 종종 있다. 따라서 문서의 보안 유지와 분실 · 훼손 및 도난 방지를 위해 컴퓨터 비밀번호를 부여하고, 컴퓨터와 개인별 비밀번호는 문서의 보호 및 보안 유지를 위하여 수시로 변경하여야 한다. 또한 매달 '내 PC 지킴이'라는 프로그램을 실행하게 되는데, 이 프로그램을 실행시키게 되면 안 쓰는 Active-x 파일을 삭제하도록 안내하거나 주기적으로 비밀번호를 바꾸도록 안내하며, 최신 보안프로그램 설치를 안내하는 등 문서의 보안 유지 상태가 100점이 되도록 도와준다.

더 상세한 정보가 필요하다면!

행정안전부 홈페이지에서 검색창에 '공문서'라고 검색해 보시기 바랍니다.
(https://www.mois.go.kr)

공문서를 작성하다 보면 철자나 어법이 맞는지 모를 때가 간혹 있습니다. 그럴 때는 선배 교사에게 묻는 것도 좋지만 좀 더 정확성을 기하기 위해 국립국어원을 이용하기 바랍니다. 묻고 답하기 코너에 질의하면 수일 내로 답을 해 줍니다.
(https://www.korean.go.kr) 전화번호: 1599-9979

복무

교사에게는 교직 윤리를 엄격하게 요구하고 있어서 교육자가 지녀야 할 품위를 유지하는 데 각별한 주의가 요구된다. 특수교육 교원은 교육 목적을 효과적으로 수행하기 위해 국 · 공 · 사립학교 교원 모두가 준수하여야 할 행동규범으로서 「국가공무원복무규정」 및 「지방공무원법」 적용을 받으며, 「국가공무원법」 제55조~제66조, 각 시 · 도 교육청 교육공무원의 의무와 복무에 대한 지침 「지방공무원법」 제59조를 따라야 한다.

1. 교사의 의무

교사의 의무는 교육 및 연구 활동과 같이 당연히 해야만 하는 적극적 의무와 정치 활동의 금지처럼 하지 말아야 하는 소극적 의무로 나뉜다. 먼저 법률적 근거 「교육공무원법」 제55조~제66조에 따른 교사의 의무에는 어떤 것들이 있는지를 아는 것이 필요하다.

1) 선서의 의무

「국가공무원법」 제55조(선서) 및 「국가공무원복무규정」 제2조(선서)에서는 "공무원은 취임할 때 소속 기관의 장 앞에서 선서하여야 한다."로 의무화하고 있다. 선서는 대체로 교육청 임용식에서 교육감 또는 교육장 앞에서 한다. 사립학교는 이사장, 전체 교직원과 학생들 앞에서 자기소개하는 것으로 대신하기도 한다.

2) 성실 · 복종의 의무

직무를 수행할 때에는 법령을 준수하면서 성실히 수행하여야 하고, 소속 상관의 직무상 명령에 복종하여야 한다. 학교에서는 명령, 복종이라는 단어를 잘 쓰지 않고 교사 간에 수평적인 지위로 서로 협력하고 존중하는 문화가 자리 잡고 있으므로 학교마다 선후배 교사 간의 문화에 잘 적응하여야 한다. 또한 교장, 교감과 같은 관리자의 지시에는 부당한 것이 아니라면 잘 따를 필요가 있다.

3) 직장이탈 금지의 의무

소속 상관의 허가 또는 정당한 사유가 없으면 직장을 이탈하지 못한다. 개인적인 사유로 근무시간 내에 학교 밖으로 나가야 하면 교감, 교장에게 보고 후 나이스로 개인근무상황 신청을 하여야 하며, 정당한 사유의 예로는 외출, (병)조퇴, 출장 등이 있다.

4) 친절 · 공정의 의무

국민 전체의 봉사자로서 친절하고 공정하게 직무를 수행하여야 한다. 학기 초 업무에서도 밝혔듯이, 학부모나 학생들에게 최대한 따뜻한 말과 공정한 언행으로 대화하고 소통하는 것은 교사로서 당연한 의무이다. 본의 아니게 민원이 발생할 수도 있으니 항상 친절이 몸에 배도록 노력하는 것이 중요하다.

5) 종교 중립의 의무

종교에 따른 차별 없이 직무를 수행하여야 하고, 교사 본인의 신앙을 학생들에게 강요해서는 안 된다.

6) 비밀 엄수의 의무

재직 중은 물론 퇴직 후에도 직무상 알게 된 비밀을 엄수해야 한다. 특히 학생, 학부모로부터 알게 된 모든 정보는 철저하게 비밀을 유지해야 한다.

7) 청렴의 의무

직무와 관련하여 직접적이든 간접적이든 사례 · 증여 또는 향응을 주거나 받을 수 없다. 또한 공무원은 직무상의 관계가 있든 없든 그 소속 상관에게 증여하거나 소속 공무원으로부터 증여를 받아서는 아니 된다(「국가공무원법」 제61조).

8) 품위 유지의 의무

직무의 내외를 불문하고 그 품위가 손상되는 행위, 예를 들어 스쿨 미투 대상이 되거나, 폭행 사건의 당사자가 되거나, 음주운전 위반을 하는 등의 사회적 비난의 대상자가 되어서는 아니 된다.

9) 영리업무 및 겸직금지의 의무

공무 외에 영리를 목적으로 하는 업무에 종사하지 못하며, 소속기관장의 허가 없이 다른 직무를 겸할 수 없다. 왜냐하면 교사는 수업과 연구에 전념하여야 하고, 그 외 업무시간에 공문서 처리도 하여야 하는데 새벽까지 영리업무(예를 들어, 대리운전, 새벽 시간 편의점 아르바이트)를 한다면 교육의 질을 현격히 떨어뜨릴 수 있으므로 영리업무 및 겸직을 금하고 있다.

10) 정치 운동 · 집단 행위 금지의 의무

정당이나 그 밖의 정치 단체의 결성에 관여하거나 이에 가입할 수 없고, 노동운동이나 그 밖에 공무 외의 일을 위한 집단 행위를 금하고 있는데, 이는 학생들에게 교사의 주관적인 생각을 비판 없이 그대로 받아들일 수 있는 교육이 잠재적으로나마 위험하다고 보기 때문이다. 그렇다고 학생들에게 정치나 집단 행위 자체를 모르게 하라는 의미는 아니므로 다양한 시청각 자료를 통해 학생이 스스로 판단할 수 있는 능력을 키워주는 것이 교사의 역할이라 할 수 있다.

2. 교사의 책임과 징계

「교육기본법」 제14조 제2항에는 “교원은 교육자로서 갖추어야 할 품성과 자질을 향상하기 위하여 노력하여야 한다."라고 명시되어 있다. 교원은 학생들을 직접 지도하는 임무를 갖고 있을 뿐만 아니라 항상 모범이 될 품성과 자질의 향상에 힘쓰며, 교직 관련 연구를 위해 노력하는 자기 연찬과 새로운 교육의 원리와 방법을 찾는 노력을 교직 생활을 끝마치는 날까지 계속해야 할 책임이 있다. 그 책임을 다하지 못한 경우가 흔치는 않지만 앞서 언급했던 품위 유지를 어기는 경우나 각종 비리에 연루되어 징계를 받고 교단을 떠나는 경우가 있으므로 스스로 늘 삼가고 조심하여야 한다. 이에 책임과 징계를 간단히 살펴보면 다음과 같다.

1) 교육적 책임

창의와 성실함으로 봉사 정신을 가지고 교육적 책임을 완수하여야 한다.

2) 형사상의 책임

특별권력 관계에 있는 공무원의 책임 외에 일반 법익을 침해하는 경우에는 징계, 벌 이외에 형벌을 병과할 수 있다.

3) 행정상의 책임

(1) 변상 책임

학교에서 사용하는 모든 물품은 국민의 세금으로 산 것이기에 국가의 재산이라고 볼 수 있다. 국가 재산상 손해를 끼쳤을 때는 「국가배상법」 및 「회계관계직원 등의 책임에 관한 법률」에 따른 변상 책임을 지게 된다. 그러므로 학교 비품으로 등록된 물건들은 임의로 버려서는 안 된다.

(2) 징계 책임(「국가공무원법」 제78조)

직무상의 의무를 위반하거나 직무를 태만히 한 때, 직무의 내외를 불문하고 그 체면 또는 위신을 손상하는 행위를 한 때에는 징계를 받게 되는데, 징계에는 중징계(파면 · 해임 · 강등 · 정직)와 경징계(감봉 · 견책)로 구분할 수 있다.

표 13-6 징계의 구분 및 효력

구분	징계의 효력
파면	공무원 신분 박탈, 재임용 5년 불가, 퇴직금은 5년 이상 근무자 50% 지급, 5년 미만 근무자 25% 지급
해임	공무원 신분 박탈, 재임용 3년 불가, 퇴직금 불이익 없음
강등	1계급 아래로 직급을 내리고 공무원 신분은 보유하나 3개월간 직무에 종사하지 못하며 그 기간 중 보수는 전액을 감함
정직	1개월 이상 3개월 이하의 기간으로 하고, 정직 처분을 받은 자는 그 기간 중 공무원의 신분은 보유하나 직무에 종사하지 못하며 보수는 전액을 감함
감봉	1개월 이상 3개월 이하의 기간으로 하고, 보수의 3분의 1을 감함
견책	전과에 대하여 훈계하고 회개함

(3) 시말서, 경위서, 사유서

경징계보다 약한 것으로, 학교장이 해당 교사에게 시말서(잘못을 저지른 사람이 사건의 경위를 자세히 적은 문서로, 본인의 잘못을 반성하는 마음으로 적은 문서) 또는 경위서(일이 벌어진 경위와 경과를 객관적이고 중립적으로 기술하는 것으로, 사죄의 표현은 보통 안 들어감), 사유서(일의 까닭을 적은 문서로, 어떠한 이유로 사건이 발생했는지를 소명하는 내용) 등을 받아 내부 결재하여 주의 또는 (구두) 경고 처리를 하는 방안도 있다. 이것은 법적인 효력이나 인사상의 불이익을 주는 효력은 없다. 하지만 해당 교사의 근무평점(근평)을 최하 점수인 '양'을 주어 전보 조처하거나 승진에 불이익을 주는 근거로 사용될 수 있다(2006 경기중등교감연수 교육관련 질의응답). 이런 시말서 등의 문서 제출을 요청할 때, 반성하는 내용이 포함된 시말서 제출을 강요하여 양심의 자유를 침해해서는 안 된다(대법원 2010.1.14. 선고 2009두6605 판결).

표 13-7 경위서 예

경 위 서
소속: ○○학교 ○○부 직위: 교사 성명: 홍길동
위 본인은 ○○학교 교사로 정해진 학칙을 준수하고 맡은 바 책임과 의무를 다하여 성실히 복무하여야 함에도 불구하고 아래와 같이 학교의 관련 규정을 위반하였는바 이에 경위서를 제출하고 그에 따른 처벌을 감수하며 차후 본건을 계기로 잘못의 재발이 없을 것을 서약합니다.
내용 (상세히 기술 필요로 함)
육하원칙에 의거하여 작성
상기 기록 사실에 허위가 없습니다.
20○○년 ○○월 ○○일
작 성 자 : 홍길동 (인)
○○학교장 귀하

더 상세한 정보가 필요하다면!

「교육공무원 징계양정 등에 관한 규칙」(교육부령 제178호, 2019. 3. 18.)

3. 부정청탁 금지

각 학교에서는 「부패방지 및 국민권익위원회의 설치와 운영에 관한 법률」 제16827호에 의거하여 부패방지의무교육을 통해 모든 교직원의 청렴 실천 의지 내면화 및 투명하고 공정한 학교문화를 만들고자 의무적으로 교육을 하고 있다. 교육내용으로는 「부정청탁금지법」, 「공무원행동강령」, 공익제보 보호와 지원에 관한 사항, 갑질근절교육, 기타 청렴 소양교육 등을 실시하고 있는데, 그중 일선 교사들이 가장 가깝게 느낄 수 있는 부정청탁금지에 관하여는 잘 알아 둘 필요가 있다. 소위 '김영란법'이라고 부르는 부정청탁금지법의 정확한 명칭은 「부정청탁 및 금품 등 수수의 금지에 관한 법률」이다. 공직자 등은 동일인으로부터 1회에 100만 원 또는 매 회계연도에 300만 원을 초과하는 금품 등을 받거나 요구 또는 약속을 하면 안 되는데, 쉬운 예를 들자면 정규교사나 기간제 교사로 채용해 달라고 인사권이 있는 담당자에게 돈으로 부정한 청탁을 하지 말라는 것이다.

청탁금지법의 적용 대상은 국 · 공립 교사, 사립학교 교사, 유치원교사, 유치원 원장, 어린이집 원장이며, 모두의 배우자도 포함된다. 단, 보육교사와 방과후학교 강사는 제외된다.

5만 원 이하의 선물은 허용이 되지만 학생에 대한 지도, 평가 등을 담당하는 교사의 경우, 적정 금액의 선물도 허용되지 않는다. 그러나 학년 진급 등으로 해당 학생에 대한 성적 평가가 종료되었거나 상급학교로 진학 뒤 예전 학교 교사에게는 5만 원 이하 선물이 가능하다. 또한 학교비용으로 산 카네이션을 학생대표가 공식적인 스승의 날 기념식 자리에서 주는 것은 가능하다. 국민권익위원회 청렴연수원 자료(2018 청렴교육 표준강의안, 2020년 제5기 청렴교육 강사양성 기본과정 교육자료)에 따르면 부정청탁의 예외사유와 수수금지 금품 등의 예외사유를 다음과 같이 제시하고 있다.

1) 부정청탁의 예외사유

① 법령 · 기준에서 정한 절차와 방법에 따른 특정 행위 요구
② 공개적으로 특정 행위 요구
③ 선출직 공직자 등이 공익 목적으로 제삼자의 고충 민원 전달
④ 법정기한 내 업무 처리 요구
⑤ 직무 · 법률 관계에 관한 확인과 증명 등 신청 및 요구
⑥ 질의와 상담을 통한 법령 또는 제도 등 설명 · 해석 요구
⑦ 사회상규에 위배되지 않는 행위

2) 수수 금지 금품 등의 예외사유

① 공공기관이나 상급 공직자 등이 제공하는 금품 등
② 원활한 직무수행, 사교 · 의례, 부조 목적으로 제공되는 음식물, 선물, 경조사비

(음식물 3만 원, 선물 5만 원, 농수산물 · 가공품 10만 원, 축의금 · 조의금 5만 원)

③ 정당한 권원에 의해 제공하는 금품 등

④ 공직자 등의 친족이 제공하는 금품 등

⑤ 직원상조회, 친목회 등의 기준이나 장기적 · 지속적 친분관계에 따른 금품 등

⑥ 공식적인 행사에서 통상적 · 일률적으로 제공하는 교통, 숙박, 음식물 등

⑦ 기념품 · 홍보용품 등이나 경연 · 추첨을 통해 받는 상품 등

⑧ 다른 법령 · 기준 또는 사회상규에 따라 허용되는 금품 등

4. 음주운전 금지

교사의 징계 사유 중 1위가 음주운전이라는 통계가 있을 정도로 '윤창호 법'이 제정되었음에도 음주운전에 대한 안일한 의식이 문제가 되고 있다. 이런 이유로 음주운전에 대한 징계가 더욱 강화되었는데, 2019. 6. 25.(시행일 이후 발생한 사안부터 적용)부터 다음과 같이 징계가 강화되어 '삼진아웃' 제도가 시행되고 있으니 음주운전은 절대 하지 말아야 한다.

① 음주운전 기준 혈중알코올농도 0.05% → 0.03% 조정에 따른 징계처분 신설 · 강화(맥주 한 잔도 안 됩니다 - 회식 초반에 일찍 마시고 깨고 간다? 절대로 No)

② 음주운전 · 사망사고 시 '해임-파면'으로 징계처분 강화

③ 음주운전 징계처분은 대체로 기존 처분에서 1단계씩 상향 조정

④ 음주운전 2회째 적발 시 혈중 알코올 농도 0.08% 이상의 경우 '해임' 처분

⑤ 음주운전 인적 피해 교통사고 후 도주 시 '해임-파면' 처분

⑥ 음주운전으로 정직 처분을 받으면 최대 24개월간 승진 제한

5. 성폭력(성희롱) 금지

성폭력이란 심리적, 물리적, 법적으로 타인에게 성과 관련해 위해를 가하는 폭력적 행위와 상대방의 의사에 반하는 성적인 접근을 통틀어 이르는 말로, 대표적으로 강간

과 성추행이 있으며, 그 밖에 사람의 심신상실 또는 항거불능의 상태를 이용한 준강간·준강제추행, 위계 또는 위력에 의한 아동·청소년이나 장애인 강간·성추행 등이 있다. 직장 내 성희롱은 주로 직장 내에 상사, 직원, 동료 등이 채용과정이나 근무 기간에 상대방의 의사에 반하여 행하는 직접적·간접적인 성적 접촉행위로 피해자에게 성적인 불쾌감을 주는 것으로 피해자의 경제활동과 안전한 일자리 권리(노동권)를 침해하는 범죄행위다.

최근 스쿨 미투 운동으로 학교에서의 성폭력(성희롱) 금지와 예방에 관한 관심과 필요성이 점점 높아지고 있는데, 교사들은 특별히 자신의 몸가짐에 신경을 써야 할 것이다. 특수학교(급) 장애 학생의 경우, 상대방의 성적 의사에 반하는 항거능력이 떨어지는 경우가 많으므로 어릴 때부터 정기적이고 체계적인 성교육이 더욱 필요하다.

교사로서 알아 두어야 할 성폭력(성희롱) 금지 내용은 다음과 같다.

① 교직원 간, 교사와 학생 간 성폭력(성희롱)은 절대 금지사항이며, 초기의 신속, 적절한 대응과 분리가 필요하다. 이에 학교에서는 의무적으로 매년 외부 전문 강사를 초빙하여 2회 이상 연수를 시행하여야 한다. 위반 시 500만 원 이하의 과태료가 부과된다.

② 사안이 발생하면 전문기관(112, 1366)에 신고와 동시에 피해자 보호조치를 시작한다. 전문기관에서는 상담 및 심리치료, 무료법률구조, 의료비 지원, 수사, 진술조력인제도(19세 미만), 영상녹화진술, 주거 지원을 해 준다.

③ 디지털 성폭력도 성폭력이다. 불법 촬영행위, 피해 촬영물을 빌미로 협박, 동의 없는 유포행위도 대면 상황이 아니지만, 성폭력으로 간주한다.

④ 직장 내 성폭력(성희롱)의 경우, 행위자는 교장, 교감, 동료 교사이며, 성립 요건은 지위와 직위를 이용하여 혹은 업무와 관련하여 성적 언동으로 성적굴욕감 또는 혐오감, 고용상 불이익 또는 이익을 주겠다는 의사표시를 하는 행위를 말한다 「양성평등기본법」 제3조 제2호.

⑤ 성폭력(성희롱) 판단은 행위자의 의도와는 무관하게 피해자의 관점이 판단 기준이 된다.

⑥ 직장 내 성희롱 대처법은 학교 내 성희롱에 관한 규정(비치 의무)을 확인하고, 녹음, 문자 캡처, 상담, 일지 작성, 증언 등의 증거자료를 수집하며, 기관장에게 문제를 제기하고, 상급자나 외부기관(국가인권위원회 1331, 고용노동부 1350)에 도움

을 요청한다.

⑦ 학교장은 피해자가 2차 피해를 보지 않도록 해야 하며, 불이익 조치를 하면 안 된다. 어길 시 1천만 원 이하의 과태료가 부과되며, 또한 직장 내 성희롱 행위자를 징계 조치 의무를 하지 않으면 3년 이하의 징역 또는 3천만 원 이하의 벌금이 부과된다.

⑧ 학생 대상 성폭력(성희롱) 예방 교육도 외부 강사를 초빙해 주기적으로 교육해야 한다.

더 상세한 정보가 필요하다면!

법제처 (https://www.moleg.go.kr/)
성범죄 관련 전화번호
- 국가인권위원회 1331
- 여성긴급전화 1366
- 한국성폭력상담소 02-338-5801~2
- 대한법률구조공단 132

국민권익위원회 청렴연수원(2018). 청렴교육 표준강의안.
국민권익위원회 청렴연수원(2020). 제5기 청렴교육 강사양성 기본과정 교육자료.

6. 성인지 감수성

영화 〈82년생 김지영〉이라는 작품에는 30대 중반의 김지영이라는 주인공이 여자라는 이유로 부당하게 겪게 되는 이야기로 꾸며져 있다. 힘들게 지하철을 타고 출퇴근하는 그녀에게 '엄마가 애나 키우지'라고 말하거나 혼자서 커피숍에 앉아 커피 한 잔을 마실 때 누군가가 '맘충'이라고 불리는 것을 보며, 저 여성도 누군가의 아내이자 엄마이자 여동생일 수 있는데 그렇게 비하하고 불이익을 주는 말들을 민감하게 포착하는 것을 '성인지 감수성(젠더감수성)'이라고 한다. "남자는 힘이 세고 여자는 예뻐야 최고이며, 남자가 바람 피우는 것은 실수이고 있을 수 있다." "여자는 외간남자와 차 한 잔을 마셔도 안 된다."라고 생각하거나 어느 학교의 교장이 여자일 때 "오~ 여자가 교장까지 하고 대단한데?"라고 생각한다면 성인지 감수성이 떨어진다고 할 수 있다.

다른 한 예를 들어 보자. 얼마 전 한 재판부에서 택시에서 67세 여성의 가슴을 손으로 만져 체포된 대통령 표창까지 받았던 25년 경력의 교감을 해임하는 결정을 내린 사건이 있었다. 1심 재판부는 "일반 직업인보다 교사는 더 높은 도덕성과 엄격한 품위 유지가 요구된다. 교사의 비위 행위는 본인은 물론 교원 사회 전체에 대한 국민의 신뢰를 실추시킬 우려가 있다. 그리고 교사의 비위행위가 가져오는 부정적인 영향력이나 파급력이 학생들에게 미칠 우려가 크다는 점을 고려할 때 징계 수준을 정함에 있어 엄격한 잣대가 필요하다"라고 밝혔다. 이에 불복한 교감은 항소했고 2심 재판부는 "피해자는 사회경험이 풍부한 67세 여성이고, 피해자의 진술 내용 및 신고 경위에 비춰 보면 피해자가 느낀 정신적 충격이나 성적 수치심은 그다지 크지 않았던 것으로 보인다."라고 하며 "해임 처분을 취소하라"라고 판결하였다.

하지만 대법원 3부(주심 이동원 대법관)는 1심과 마찬가지로 "김 씨가 교사이며, 강제추행이 가벼운 범죄가 아닌 만큼 해임은 정당한 징계"라고 판단했다. 앞의 사례에서 보듯 2심 재판부에서조차 성별 차이에 따른 불평등 상황을 인식하고 성차별적 요소를 감지하는 '성인지감수성'이 떨어진 판단을 했다고 볼 수 있다.

특히 「양성평등기본법」 제18조에서는 양성평등 교육을 "사회 모든 영역에서 법령, 정책, 관습 및 각종 제도 등이 여성과 남성에게 미치는 영향을 인식하는 능력을 증진하는 교육"으로 정의하고 있는데, 교육 현장에서 개인에 대한 성인지 감수성 교육이 강조되는 이유는 성적으로 평등한 사회 실현을 위해서는 우선 개인 차원에서 성적 차이와 차별에 대한 민감성을 인식하고, 평등에 대한 이해를 향상시키는 과정이 필요하기 때문이다.

7. 개인정보보호

「개인정보보호법」(법률 제16930호 일부개정 2020.02.04.)에 따라 학교에서는 학생과 교직원의 개인정보보호에 특히 신경을 쓰고 있다. 학생의 민감한 개인정보가 가장 많이 노출되는 곳이 바로 학생생활기록부이다. 학교에서는 학생생활기록부를 작성하여 영구적으로 보존하여야 하는데, 학생생활기록부에는 학생의 고유식별 정보나 민감정보 등의 개인정보가 있고, 이러한 정보들이 유출되어 범죄에 악용되거나 사회적 문제가 되는 것을 예방하기 위하여 정보 보호를 위한 세심한 관리를 하고 있다. 또한 학교 홈페이지나 학급 홈페이지, 학급 관리 애플리케이션, SNS 등에서도 개인정보가 유출

될 가능성이 크므로 개인정보보호에 관하여 잘 알아 둘 필요가 있다.

1) 정의

'개인정보'란 살아 있는 개인에 관한 정보로서 성명, 주민등록번호 및 영상 등을 통하여 개인을 알아볼 수 있는 정보(해당 정보만으로 특정 개인을 알아볼 수 없어도 다른 정보와 쉽게 결합하여 알아볼 수 있는 것을 포함)를 말한다.

2) 목적

개인정보가 분실, 도난, 유출, 위조, 변조 또는 훼손되지 않기 위함이다.

3) 적용 범위

「개인정보보호법」이 적용되는 정보의 유형에는 정보통신망을 통하여 수집, 이용, 제공 또는 관리되는 개인정보뿐만 아니라 서면 등 정보통신망 이외의 수단을 통해서 수집, 이용, 제공 또는 관리되는 개인정보 및 개인 영상정보처리기기(CCTV)를 통한 정보도 포함된다. 같은 법의 적용을 받는 대상에는 개인정보를 취급하는 교원, 기간제교사, 시간강사뿐만 아니라 학생, 학부모, 학교와 관련된 외부업체 직원 모두가 해당된다.

4) 개인정보의 수집 · 이용 · 제공 등

개인정보 처리자는 다음의 사항을 정보 주체에게 알리고 동의를 얻어야 한다.

① 개인정보의 수집 · 이용 목적
② 수집하려는 개인정보의 항목
③ 개인정보의 보유 및 이용 기간
④ 동의를 거부할 권리가 있다는 사실 및 동의 거부에 따른 불이익이 있는 경우에는 그 불이익의 내용

- 부득이한 경우 전화를 통하여 동의를 얻고자 할 때는 그 내용을 정보 주체에게 알리고 동의의 의사표시를 확인하는 방법으로 전화에 의한 동의와 관련하여 통화내용을 녹취하겠다고 녹취 사실을 정보 주체에게 알려야 효력이 생긴다.
- 만 14세 미만 아동의 개인정보를 처리하기 위하여 동의를 받아야 할 때는 그 법정대리인의 동의를 받아야 한다. 이 경우 법정대리인의 동의를 받는 데 필요한 최소한의 정보(성명, 연락처)는 법정대리인의 동의 없이 해당 아동으로부터 직접 수집할 수 있다.

5) 개인정보의 암호화

학생, 학부모, 강사들의 개인정보가 들어있는 기안문일 경우 목록을 비공개로 하고, 직원 열람 제한을 영구로 지정한다. 하드디스크나 USB에 저장할 때는 반드시 비밀번호를 걸어 암호화한다. 「개인정보보호법」 제24조(고유식별정보의 처리 제한) 및 제29조(안전조치의 의무)에 의해 모든 학교에서는 개인정보보호 보안 솔루션인 프라이버시아이(Privacy-i) 프로그램 설치를 의무화하였고, 주기적으로 실행하여 고유식별 정보가 분실 · 도난 · 유출 · 변조 또는 훼손되지 않도록 안전성 확보를 위한 조치를 하고 있으며, 검사 후 그 결과가 교육청에 자동 보고되는 시스템을 구축해 놓고 있다.

6) 주의점

외부 강사의 경우, 학생들과 활동한 사진을 자신의 블로그나 유튜브에 아무 생각 없이 올리는 경우가 종종 있으므로 사전에 교육을 통해 개인정보가 무단으로 유출되지 않도록 교육에 힘써야 한다.

교원인사, 복무

국립이나 공립의 교육기관 또는 교육행정기관에 근무하는 교원과 사무직원을 교육공무원이라고 하는데, 그래서 국립 및 공립학교의 교사는 교육공무원에 속한다. 교육공무원은 교육을 통하여 국민 전체에 봉사하는 직무와 책임의 특수성을 가진 공무원으로서 그 자격, 임용, 보수, 연수 및 신분보장 등에 관하여 「국가공무원법」과 「지방공무원법」에 대한 특례를 규정한 「교육공무원법」을 적용 받는다. 사립학교 교사도 교육공무원에 준하여 자격, 임용, 보수, 연수 및 신분보장 등을 적용 받는다.

1. 교원 임용

임용이란 「교육공무원법」 제2조 제6항에 따르면 "교원의 신규채용, 승진, 승급, 전직, 전보, 겸임, 파견, 강임, 휴직, 직위해제, 정직, 복직, 면직, 해임 및 파면"을 말하며, 이에 대한 구체적인 내용은 공립학교 교원이면 「국가공무원법」과 「교육공무원법」에, 사립학교 교원이면 「교육공무원법」과 「사립학교법」에 명시된 바에 따른다.

1) 정규교사 신규채용 「교육공무원법」 제11조

① 교사의 신규채용은 공개전형으로 한다.

② 임용권자는 원활한 결원 보충 및 학교운영을 위하여 필요한 경우 근무 예정 지역 또는 근무 예정 학교를 미리 정하여 공개전형으로 채용시험을 실시할 수 있다.

③ 제1항 및 제2항에 따른 공개전형을 실시함에 있어 국립학교의 장은 그 전형을 해당 학교가 소재하는 시 · 도의 교육감에게 위탁하여 실시할 수 있다. 「교육공무원법」 제11조 제3항 신설 2016. 1. 27. 요즘에는 사립학교에서도 정규교사를 신규채용할 때, 해당 학교가 소재하고 있는 시 · 도의 교육감에게 위탁하여 실시하기도 한다.

2) 계약제 교사 임용 「교육공무원법」 제11조의 4

① 임용 사유로는 「교육공무원법」 제32조(기간제 교원)에 의해 다음의 어느 하나에 해당하는 경우에는 예산의 범위에서 기간을 정하여 교원 자격증을 가진 사람을 교원으로 임용할 수 있다고 되어 있다.

- 교원이 「교육공무원법」 제44조 제1항 각호의 어느 하나의 사유로 휴직하게 되어 후임자의 보충이 불가피한 경우이다.
- 교원이 파견 · 연수 · 정직 · 직위해제 등 대통령령으로 정하는 사유로 직무를 이탈하게 되어 후임자의 보충이 불가피한 경우이다.
- 특정 교과를 한시적으로 담당하도록 할 필요가 있는 경우이다.
- 교육공무원이었던 사람의 지식이나 경험을 활용할 필요가 있는 경우이다.
- 유치원 방과후 과정을 담당하도록 할 필요가 있는 경우이다.

② 임용세칙은 다음과 같다.

- 임용 대상은 62세 이전, 특수교육 자격증 소지자이어야 하지만 2차 채용 공고 후에도 지원자가 없어 임용이 어려우면 일반교육 자격증 소지자를 채용할 수도 있다. 이때는 나이도 65세까지 임용할 수 있다.
- 기간은 1~4년까지 가능하고, 부득이한 경우 재임용 시험을 거쳐 4년 이상인 기간제 교원을 재채용할 수 있다.
- 특수교육교사의 경우에는 봉급은 비사범대 졸업이면 9호봉부터, 사범대 졸업이면 10호봉부터 시작한다. 방학 중에도 계약이 지속될 경우 급여는 지급된다.
- 정규교사와 같이 불체포 특권, 연수 참가 등의 권리와 겸직금지, 영리활동 금지 등 의무 사항도 같이 적용된다.

3) 교장 임용

① 교장 자격 기준 「초 · 중등교육법」 제21조 제1항 관련

- 특수학교의 교감 자격증을 가지고 3년 이상의 교육경력이 있는 사람으로서 일정한 재교육을 받은 사람이다.
- 초등학교 또는 중등학교의 교장 자격증을 가지고 필요한 보수 교육을 받은 사

람. 이 경우 특수학교 교원 자격증을 가졌거나 특수학교(특수학급을 포함한다)에서 교원으로 근무한 경력이 있으면 보수교육을 면제한다.

- 학식 · 덕망이 높은 사람으로서 대통령령으로 정하는 기준에 해당한다는 인정을 교육부장관으로부터 받은 사람이다.
- 공모 교장으로 선발된 후 교장의 직무수행에 필요한 교양과목, 교직과목 등 교육부령으로 정하는 연수과정을 이수한 사람이다.

② 교장은 교무를 통할하고, 소속 교직원을 지도 · 감독하며, 학생을 교육한다. 교장의 임기는 4년이고, 1차에 한하여 중임할 수 있다. 2차 임기(8년)를 마쳤는데도 정년까지 잔여기간이 남게 되는 경우, 본인의 희망과 건강, 수업능력 등을 고려하여 원로교사로 임용할 수 있다.

4) 교감 임용

① 교감 자격 기준「초 · 중등교육법」제21조 제1항 관련

- 특수학교 정교사(1급) 자격증 또는 보건교사(1급) 자격증을 가지고 3년 이상의 교육경력이 있는 사람으로서 일정한 재교육을 받은 사람이다.
- 특수학교 정교사(2급) 자격증 또는 보건교사(2급) 자격증을 가지고 6년 이상의 교육경력이 있는 사람으로서 일정한 재교육을 받은 사람이다.
- 초등학교 또는 중등학교의 교감 자격증을 가지고 필요한 보수교육을 받은 사람. 이 경우 특수학교 교원 자격증을 가졌거나 특수학교(특수학급을 포함한다)에서 교원으로 근무한 경력이 있으면 보수교육을 면제한다.

② 교감은 교장을 보좌하여 교무를 관리하고 학생을 교육하며, 교장이 부득이한 사유로 직무를 수행할 수 없을 때에는 교장의 직무를 대행한다.

5) 보직교사 임용

①「초 · 중등교육법」제19조(교직원의 구분) 제3항에 따라 학교에는 원활한 학교 운영을 위하여 교사 중 교무를 분담하는 보직교사를 둘 수 있다. 라는 규정에 따라 보직교사를 임용한다.

②「초 · 중등교육법 시행령」제26조에서는 보직교사라 통칭하지만, 일선 학교에서

는 보통 ○○부장이라고 부른다. 부장 인원은 전체 학급 수에 따라 달라지며 학급 수에 따른 교사 수가 다르므로 업무분담도 통합되거나 세분되어 학교마다 다를 수 있다.

2. 근무와 휴가

일반 공무원의 근무시간은 여름철과 겨울철 구분 없이 점심시간을 제외하고 주 40시간이지만, 교원의 근무시간은 학생들을 지도해야 하는 특수성으로 점심시간도 학생들 급식지도 및 생활지도를 위해 필요한 시간으로 인정하여 근무시간으로 포함된다. 따라서 8시 30분 출근이면 16시 30분까지, 9시 출근이면 17시까지 근무시간이다.

교원의 휴가는 「근로기준법」에 따라 크게 연가, 병가, 공가, 특별휴가로 나뉘며 「국가공무원 복무규정」 제15조, 제16조에 따라 최초 임용 시 연가 일수는 11일이고, 2년차가 되면 14일이 된다. 6년 이상이면 21일을 연가로 쓸 수 있다. 1년 동안 병가를 받지 않았거나 연가를 활용하지 않으면 다음 해에만 재직기간별 연가 일수에 각각 1일을 더한다. 병가는 60일까지 쓸 수 있다. 공가의 종류로는 동원예비군 훈련, 헌혈 참가 등의 경우가 해당한다. 특별휴가의 종류로는 결혼, 출산, 사망, 입양, 자녀 돌봄 휴가, 육아시간 등으로 구분된다.

TIP 방학 중 자신의 연가 일수를 고려하여 휴가계획을 세우도록 하세요. 본인의 연가 일수는 [나이스]-[기본메뉴]-[나의메뉴]-[복무]-[개인근무상황신청]에서 확인할 수 있으니 무심코 연가 일수를 넘겨 해외여행을 다녀오지 않도록 주의해야 합니다.

자세한 교원휴가 및 근무상황 신청 요령은 학지사 홈페이지(www.hakjisa.co.kr)의 본 도서자료에 올라온 '교원복무' 참조

교원평가

교원평가로는 크게 교사다면평가와 교원능력개발평가가 있는데, 교사다면평가는 교사의 전문성 신장이라는 목적으로 2000년대 초반에 도입되었다. 도입의 결과는 근무성적평정과 합산하여 승진에 반영하고, 성과상여금 등에 활용하고 있다.

교원능력개발평가를 통하여는 '인사 관리형' 평가제도에서 '능력 개발형' 평가 제도로의 개선이라는 측면에서 동료 교사와 학부모, 학생의 평가를 통해 자신의 부족한 부분을 자각하고 그것을 보완하기 위해 부단히 노력하게 되는 순기능이 있다. 하지만 평가의 타당성, 객관성, 공정성 확보가 쉽지 않기 때문에 학교 내에서 경쟁과 서열화에 의한 교직 사회의 분열이 발생하지 않도록 주의해야 한다.

1. 교사다면평가

교사다면평가는 2개월 이상 재직한 국·공·사립 특수학교 모든 교사를 대상으로 한다. 평정 제외 대상은 2개월 미만 근무자, 수석교사, 퇴직자, 기간제교원, 산학겸임교사, 시간강사 등이다.

① 평가 기간은 1년으로 학기가 시작되는 3월부터 다음 연도 2월 28일(29일)까지이다.
② 결과는 근무성적평정 및 성과상여금 등에 활용한다.
③ 교사는 자기실적평가서를 작성하고 증빙 서류를 첨부하여 제출하고, 정성평가위원에게 판단의 근거로 제시한다. 자기실적평가서는 1년 동안 본인이 계획하고 추진했던 것을 일목요연하게 기술하는 것으로, 본인의 교육 활동 결과를 소개하는 것이다.
④ 성과상여금은 교사다면평가 결과를 정량평가, 정성평가를 반영하여 3등급(S, A, B)으로 차등 지급한다. 정량, 정성평가 반영비율은 학교마다 다르다.

2. 교원능력개발평가

교원능력개발평가는 학교에 근무하는 교원의 능력을 진단하기 위해 매년 10월 말이나 11월경에 실시하는 것으로 동료교원평가와 학생·학부모만족도 조사로 나누어 실시한다(「교원 등의 연수에 관한 규정」 제18조).

1) 대상

① 국·공·사립 초·중·고 및 특수학교에 2개월 이상 재직한 교원이 대상이다.
② 교육행정기관과 연수기관의 파견교사는 평가대상에서 제외한다.
③ 단, 계약제 교원, 전년도 장기심화 연수 이수자 및 평가개시일 기준 2개월 미만 재직 교원은 평가대상이나 평가결과 활용에서는 제외한다.

2) 종류

① 동료 교원평가와 학생·학부모만족도 조사가 있다.
② 학생만족도 조사의 경우, 지적 장애 학교는 실시하지 않을 수 있다.

3) 방법 및 절차

① 교감은 매년 교원능력개발평가에 대한 학생·교사 연수를 시행해야 한다.
② 학생·학부모 만족도 조사에 관한 안내 가정통신문을 발송한다.
③ 나이스에 본인의 교육 활동 소개자료를 등록한다.
④ 나이스 교원능력개발 탭에서 자기 평가하기를 먼저 한다. 그리고 동료 교원평가 항목으로 들어가서 평가한다.
⑤ 본인이 평가할 동료 교원에 대한 평가를 빠짐없이 한다.
⑥ 평가 완료 후 평가결과 조회 기간에 나의 평가결과를 조회한다.
⑦ 마지막으로 결과 처리를 하게 되는데 동료 교원평가 및 학생·학부모 만족도 조사 결과를 나이스 상에서 확인하고, 부족한 부분을 고려하여 능력개발계획서 작

성 및 연수 신청을 한다.

⑧ 주의사항

동료 교원 및 학부모만족도 평가결과가 5점 만점 중에 2.5점 미만일 경우 60시간 단기능력향상 연수를 의무적으로 받게 되고 2.5점 미만으로 연속 평가될 경우 장기기본 능력향상 연수자로 선정되어 방학 중 연수기관에서의 현장적응을 돕는 집중연수를 들어야 한다. 학기 중에도 현장성 있는 직무연수를 150시간 이수해야 하며, 그 후에도 개선이 안 되면 장기심화 능력향상연수 표준 교육과정(교육부 훈령 제217호, 제15조 제3항 관련)에 따라 6개월 연수 파견 대상자가 된다.

자세한 교사다면평가와 교원능력개발평가 관련 자료는 학지사 홈페이지(www.hakjisa.co.kr)의 본 도서자료에 올라온 '교원복무' 참조

교사 연찬

"결코 교육의 질은 교사의 질을 넘어설 수 없다"라고 독일의 교육자 루돌프 슈타이너가 말했듯이, 교사는 교육업무 향상을 위하여 끊임없는 자기 연찬의 의무가 있다. 시·도 교육청마다 차이는 있지만, 정규교사의 경우 보통 1년에 45~60시간 이상의 직무연수를, 기간제교사의 경우 30시간 이상의 직무연수를 권장하고 있다. 또한 3년 이상 교육 경력이 되면 1급 정교사 자격연수의 기회가 주어진다.

1. 연수의 종별

교원의 경우는 교육업무 향상을 위한 연구와 수양의 의무가 있다. 우선 「교육기본법」은 교육자로서 갖추어야 할 품성과 자질향상을 위해 노력하여야 할 의무를 규정(제14조 제2항)하였고, 「교육공무원법」에는 따로 연수의 장(제37조~제42조)을 마련하여 직무수행을 위해 부단한 연구와 수양의 의무를 구체화하고 있다.

국가·지방자치단체는 교원연수계획 수립과 시행의 책임을 지우고, 교육부 장관에게 연구기관 설립권을 부여하고 있다. 한편 연수 활동은 연구기회를 균등히 보장받고 필요한 교재비를 받도록 하는 점 등에서는 자기발전을 위한 권리의 측면도 없지 않으나 의무의 성격이 더 강하다 할 수 있다.

연수의 유형은 기관 중심으로 이루어지는 임용·일반·자격·직무연수가 있고, 학교 중심의 자체연수 및 개인 중심의 자율연수로 구분되기도 한다.

1) 직무연수

① 교원능력개발평가 결과 직무수행능력 향상이 필요하다고 인정되는 교원을 대상으로 벌이는 직무연수
② 그 밖에 교육의 이론·방법 연구 및 직무수행에 필요한 능력 배양을 위한 직무

연수

③ 대표적인 원격직무연수 사이트로는 중앙교육연수원, 국립특수교육원 부설 원격교육연수원 등이 있다.

2) 자격연수

① 교원의 자격을 취득하기 위한 자격연수
② 교장(교감) 자격연수
③ 정교사 자격연수(초 · 중등 1, 2급 정교사 등)
④ 부전공 · 복수전공 자격연수(중등 복수전공, 진로진학상담교사 부전공)가 있다.

3) 자율연수

「교원 등의 연수에 관한 규정」에 의하면 자율연수란 말은 없다. 다만 통상 방학 중에 실시하는 자가연수와 「교육공무원법」 제41조 연수가 이에 해당한다.

2. 학습공동체

교사 연수는 일반적으로 교사 개인이 혼자서 원하는 연수를 찾아서 듣게 되는데, 관심사가 같은 교사가 모여 학습공동체를 구성하기도 한다. 학교 구성원의 자율성과 동료성에 기반을 둔 학습공동체 운영으로 학교의 학습 조직화 및 학교 교육력을 높이는 효과가 있으며, 공동연구, 공동실천을 통한 동반성장과 집단지성의 전문성을 신장할 수 있다. 또한 교육과정, 학교문화, 현안 중심 학습공동체 운영으로 학교자치역량 강화도 기대할 수 있다.

1) 구성 인원 및 단위

① 인원: 최소 교원 3인 이상으로 구성할 수 있다.
② 구성단위: 학년, 교과, 주제 단위로 학습공동체 구성을 권장하고 있다.

2) 종류

학교 안, 학교 밖, 학교 간 학습공동체로 나눌 수 있다.

3) 결과 처리

직무연수로 인정되는 학습공동체는 교원 1인당 1개만 인정하고, 이수 시간은 시·도별로 다를 수 있다.

TIP 학습공동체는 공통의 관심 분야에 뜻을 함께하는 교사들끼리 모여 자율적으로 연수를 하는 방향으로 흘러가고 있습니다. 선배 교사들과 연수를 통해 많은 것을 배울 수 있고 유대 관계도 맺을 좋은 기회이니 잘 활용해 보기 바랍니다.

자세한 교사 연찬 자료는 학지사 홈페이지(www.hakjisa.co.kr)의 본 도서자료에 올라온 '교원복무' 참조

관련 법규

특수교육교사가 알고 있거나 참고해야 할 특수교육 및 특수교육 교원과 관련된 법은 여러 가지가 있다. 대표적인 「장애인 등에 대한 특수교육법」을 비롯한 다양한 법을 알고 있어야 하는 것은 학교의 모든 업무를 비롯하여 교원의 신분보장에 이르기까지 이 법들에 기초하고 있기 때문이다.

표 13-7 특수교육 및 교원 관련 법

특수교육 관련 법 및 교원 관련 법	
1. 장애인등에 대한 특수교육법(장특법)	의무교육(3조), 차별금지(4조), 교원의 자질향상(8조), 특수교육운영위원회(10조), 특수교육지원센터 운영(11조), 특수교육대상자의 선정(15조), 장애 영아의 교육지원(18조), 보호자의 의무(19조), 교육과정의 운영(20조), 통합교육(21조), 개별화교육(22조), 진로 및 직업교육의 지원(23조), 전공과의 설치운영(24조), 순회교육(25조), 특수교육 관련서비스(28조), 학칙 등의 작성(32조)
2. 장애인차별금지 및 권리구제 등에 관한 법률(장차법)	차별금지(6조, 10조, 13조), 정당한 편의 제공 의무(11조), 채용 전 의학적 검사의 금지(12조), 이동 및 교통수단 등에서의 차별금지(19조), 문화예술 활동의 차별금지(24조), 체육활동의 차별금지(25조), 괴롭힘 등의 금지(32조)
3. 개인정보보호법	개인정보의 수집 · 이용(15조), 동의를 얻는 방법(22조), 영상정보처리기기의 설치 · 운영 제한(25조), 안전조치의 의무(29조)
4. 공공기록물 관리에 관한 법률	기록물의 관리(19조), 기록물의 폐기(27조)
5. 공무원수당 등에 관한 규정	정근수당(7조), 성과상여금(제7조의2), 가족수당(10조), 자녀학비보조수당(11조), 육아휴직수당(제11조의3), 특수지근무수당(12조), 시간외근무수당(15조), 정액급식비(18조), 명절휴가비(18조의3), 연가보상비(18조의5)
6. 교육공무원법	인사위원회의 설치(3조), 신체검사(16조), 영리업무 및 겸직금지(19조의2), 기간제교원(32조), 명예퇴직(36조), 연수기관 및 근무장소 외에서의 연수(41조), 휴직(44조), 정년(47조)
7. 교육기본법	의무교육(8조), 특수교육(18조)

8. 국가공무원법	보수(5장), 복무(7장), 신분보장(8장), 징계(10장)
9. 국가정보화기본법	인터넷 중독 관련 교육(30조의 8), 정보통신윤리(40조)
10. 국민건강보험법	장애인에 대한 특례(51조), 건강검진(52조), 보험료의 경감(75조)
11. 근로기준법	임산부의 보호(74조), 태아검진 시간의 허용 등(74조의 2), 육아시간(75조), 직장 내 괴롭힘의 금지(76조의2,3)
12. 남녀고용평등과 일 · 가정 양립 지원에 관한 법률	직장 내 성희롱 예방교육(13조), 출산 전후 휴가 등에 대한 지원(18조), 배우자의 출산휴가(18조의2), 난임치료 휴가(18조의3), 육아휴직(19조), 육아기 근로시간 단축(19조의2) 근로자의 가족돌봄 등을 위한 지원(22조의2)
13. 병역법	사회복무요원 등의 실태조사(43조), 병력 동원소집 대상 등(49조, 50조), 병역의무의 종료(72조)
14. 부정청탁 및 금품 등 수수의 금지에 관한 법률(김영란법)	부정청탁 금지
15. 사립학교법	학교의 장의 임용(53조), 교원의 임용(53조의2), 교원인사위원회(53조의4), 기간제교원(54조의4)
16. 아동복지법	보호조치(15조), 친권상실 선고의 청구(18조), 아동학대의 예방과 방지 의무(22조), 아동학대 신고 의무자에 대한 교육(26조), 아동학대 등의 통보(27조의2)
17. 예비군법	동원(5조), 훈련(6조), 복장(7조의2), 직장 보장(10조)
18. 유아교육법	유치원의 구분(7조), 입학(11조), 특수학교 등(15조), 교원의 자격(22조)
19. 초 · 중등교육법	특수학교(55조), 특수학급(56조), 학력의 인정(58조), 통합교육(59조), 교육비 지원(60조의4)
20. 학교급식법	학교급식위원회(5조), 영양교사의 배치 등(7조), 식생활 지도 등(13조), 학교급식 운영평가(18조)
21. 학교보건법	보건시설 등(3조), 공기정화설비 등 설치(4조의3), 대기오염대응매뉴얼의 작성 등(5조), 건강검사(7조), 등교 중지(8조), 감염병예방대책의 마련 등(14조의3), 응급처치 등(15조의2)
22. 학교체육진흥법	학생건강체력평가 실시계획의 수립 및 실시(8조), 학교스포츠클럽 운영(10조), 유아 및 장애 학생 체육활동 지원(14조)
23. 학교폭력예방 및 대책에 관한 법률	학교폭력대책위원회의 설치 · 기능(7~10조), 학교의 장의 자체해결(13조의2), 전문상담교사 배치 및 전담기구 구성(14조), 학교폭력 예방교육 등(15조), 학교폭력의 신고의무(20조)

⊙ 함께 토의해 봅시다!

1. 운동회나 학예회 등의 기안문 작성을 잘하기 위한 절차와 내용에 대해 토의해 봅시다.
2. 교사의 전문성 향상을 위해 어떠한 노력을 하면 좋을지 토의해 봅시다.

선배가 들려주는 특수교육 현장 이야기(13)

교사의 언어 품격은 공동체의 분위기를 좌우한다

학교 공동체에서 다양한 직종의 구성원끼리 좋은 인간관계를 맺고 서로 존중하고 배려하는 문화가 매우 중요하다. 하지만 교육 현장에서는 교원과 행정직원과의 업무추진에 있어 관계 갈등이나 관리자와 교직원 간의 소통 문제, 경력 교사와 저경력 교사 간의 세대 차이 등으로 인해 어려움을 겪는 경우도 있다.

이러한 인간관계의 갈등을 해소하고 소통을 원활히 하기 위해 가장 중요시되는 것이 바로 구성원 간의 바른 호칭과 언어 습관이라 할 수 있다. 말의 어원은 '마-알'이다. '마-알'은 '마음의 알갱이'라는 뜻이므로 학교에서는 교직원들과 학생들에게 인격적인 존중과 교육적인 언어를 사용하려는 노력이 필요하다.

그런데 요즘 교육 현장에서 초임 교사들 중에 선배 교사를 부를 때 친근한 말투라고 생각하여 이름을 넣어'○○쌤'이라 하는 경우가 있는데 잘못된 호칭이다. 만일 그 선배 교사가 '연구부장'이라면 '연구부장님'이라 불러 주는 것이 좋고, 아니면 이름이 아닌 성을 앞에 붙여 '김선생님'이라 호칭하는 것이 바람직하다. 그리고 선배 교사 역시 후배 교사들에게 존중의 마음을 담아 '박 선생님'이라 불러주는 것이 좋다고 생각한다. 왜냐하면 교원 간에 존경과 존중의 문화가 있어야 행정직원들도 자연스럽게 교원들을 대할 때 예의를 갖추게 되고, 특히, 특수학교의 경우 특수교육보조인력은 교원들의 언어 습관을 따라 배우기 때문에 유념해야 한다.

또한 대부분의 학교에서 통학버스 운전원이나 급식실의 조리원, 교육공무직의 실무사, 심지어 사회복무요원들에게도 성을 넣어 '○선생님'이라고 호칭하고 있다. 그것은 학교 내에서 하는 주된 업무는 달라도 학생들을 위해 함께 노력하는 교육공동체의 구성원들이 서로 존중하는 마음을 가질 때 교육력을 최대한 이끌어 낼 수 있기 때문이다. 이렇듯 호칭부터 달리 해야 학생들은 행정직원이나 보조인력들에 대해서도 교사와 마찬가지로 기본예절을 지키며 감사하는 마음을 갖게 될 것이다.

부록

- 특수학급 신규교사가 많이 하는 질문
- 알아두면 좋은 특수교육 관련 Web Site

특수학급 신규교사가 많이 하는 질문

Q1 학기 중에 특수교육대상자로 지정할 수 있나요?

당연히 가능합니다. 특수교육대상자가 아니었던 재학생 중에 특수교육대상자로 지정을 받기 원하는 학생이 있다면 학부모가 특수교육대상자 선정 · 배치 신청서를 교육청에 제출하면 됩니다. 물론 학교를 통하여 제출할 수도 있으며, 학부모가 직접 제출할 수도 있습니다. 자세한 내용은 특수교육지원센터에 문의하면 됩니다.

Q2 특수교육교사의 수업시수는 어떻게 정하나요?

모든 교사의 수업시수가 명확하게 정해지는 것은 아닙니다. 왜냐하면 교사 수급 상황과 연결되어 있기 때문이지요. 특수학급 수업시수는 대부분 소속된 학교 교사의 평균 수업시수를 기준으로 합니다. 평균 수업시수에서 학생의 학습요구를 바탕으로 학생 개별수업시수를 정하되, 전체 학생에게 균형 있는 수업이 돌아갈 수 있도록 수업시수를 결정하면 됩니다.

Q3 특수학급 학생의 출결처리는 어떻게 하나요?

특수학급 학생의 출결은 통합학급에서 처리합니다. 출결 권한은 통합학급 담임에게 있으며, 특수교육교사는 따로 출결 처리하지 않습니다. 또한 특수학급 수업으로 인해 통합학급 수업에 참석하지 않는 것도 모두 출석 처리됩니다. 특수학급 수업시간표를 통합학급의 출석부에 부착하거나 담당 교과 교사에게 안내하여 특수학급 수업시간을 통합학급에서 결과처리를 하지 않도록 해야 합니다.

Q4 특수학급 학생도 학교에서 치르는 시험에 모두 응시해야 하나요?

학교에서 치르는 정기고사는 반드시 응시해야 합니다. 일반학교의 학제를 따르기 때문에 졸업을 위해 반드시 정기고사에 응시해야 합니다. 정기고사 때 일반학급에서 시험을 치르기 어려운 학생들은 특수학급에서 따로 응시하기도 합니다. 이것은 개인별 요구를 수렴하여 결정하면 됩니다. 그 외, 졸업과 관련 없는 학력평가 등의 시험은 응시하지 않을 수도 있습니다. 하지만 반드시 학생 개인의 요구를 파악하는 것이 중요합니다. 본인이나 학부모가 원하는 경우, 입시를 준비하는 학생의 경우에는 시험에 응시하는 것이 중요할 수 있습니다.

Q5 특수학급 안전사고 발생 시 어떻게 처리해야 하나요?

학교마다 안전사고 매뉴얼이 있습니다. 교사는 반드시 이것을 숙지하고 있어야 합니다. 또한 학교에서의 모든 교육 활동은 안전공제회의 보장을 받을 수 있습니다. 그러나 특수학급 체험학습을 위해 차량 이동이 많거나 숙박을 해야 하는 경우에는 추가로 여행자 보험에 가입하는 것이 좋습니다. 여행자 보험 가입 관련업무는 행정실에 문의하여 진행하도록 합니다.

Q6 특수교육대상 학생의 학교폭력 사안은 어떻게 해결하나요?

학교폭력 사안은 특수교육대상 학생이라 하여도 예외일 수 없습니다. 그러나 피해 학생 또는 가해 학생이 장애 학생인 경우, 학교폭력 전담기구의 조사 및 학교폭력대책심의위원회 등에 특수교육전문가를 참여시켜 장애 학생의 장애 정도, 특성 등에 대한 의견을 반드시 참고하여야 합니다.

장애 학생이 피해 학생인 경우(가해 학생이 비장애 학생), 좀 더 엄격하게 심의하여 조치하고 있습니다. 또한 해당 가해 학생에게 장애 이해 및 인식 개선이 가능한 특별교육을 이수하도록 하고 있습니다.

사안별 자세한 내용은 「학교폭력예방 및 대책에 관한 법률」을 참고하고, 학교 내 학교폭력 담당자나 교육청 담당자에게 문의하면 됩니다.

Q7 특수학급 예산으로 교실 바닥공사 등 시설비로 사용할 수 있나요?

특수학급 학급운영비는 교육 활동에 사용하는 예산으로, 시설비에는 사용할 수 없습니다. 가령, 시설이 낡아서 보수해야 할 경우라면 행정실을 통해 학교 시설관리비로 보수해야 하며, 특수학급 교실이 다른 장소로 이전을 하여 시설을 하는 경우라면 특수학급 이전 설치비를 교육청에 신청하면 별도로 지원받을 수 있습니다.

Q8 특수학급이 없는 일반학교에 특수교육대상 학생이 있으면 어떻게 지원하나요?

이런 경우 개별화교육은 개별화교육계획지원팀의 협의 결과에 따라 통합학급 담임교사가 작성하게 됩니다. 보통은 특수교육지원센터에서 특수교육대상 학생에게 필요한 사항을 안내하며, 때로 순회 특수교육교사가 지원될 수도 있습니다. 최근에는 특수학급 미설치 학교에 '통합교육지원실'을 설치하여 특수교육대상자의 통합교육 지원을 확대하고 있습니다.

Q9 일방적으로 장애 학생을 통합학급 수업에서 배제하는 경우 어떻게 해야 하나요?

「장애인차별금지법 및 권리 구제 등에 관한 법률」에 의하여 장애인은 모든 생활영역에서 장애를 이유로 한 차별을 금지하고 있습니다. 이 법령에 대하여 알지 못하는 교사가 특수교육대상 학생이 수업에 방해가 된다는 이유 등으로 학생을 수업에서 일방적으로 배제하는 경우가 있을 수 있습니다. 최근에는 이런 사례가 거의 없지만 만일 이와 같은 일이 일어난다면 일단 해당 교사가 왜 학생을 배제하게 되었는지 그 이유를 듣고 상황을 파악할 필요가 있습니다. 이후 법령에 대하여 설명하고 해당 교사에게 법령에 따른 불이익을 받을 수 있음을 알려 주어, 이와 같은 일이 다시 일어나지 않도록 합니다. 그리고 학생의 행동 문제 등 어려운 부분을 지원할 방법을 함께 찾는 협의를 이어가도록 합니다.

Q10 특수학급 운영이 어렵게 느껴집니다. 특수학급 운영에 대하여 좀 더 공부하고 싶은데 추천할 도서가 있나요?

특수교육교사로서 학급 운영은 평생을 공부해도 끝이 없답니다. 특수학급에서 오랜 시간 근무하면서 고민하고 노력한 주옥같은 이야기를 자세히 기록한 좋은 책이 있습니다. 꼭 한번 읽어 보시고 특수교육교사로서의 자질 함양에 도움을 받기 바랍니다.

♣ 원재연(2020). 특수교육교사 119. 서울: 에듀니티.

알아두면 좋은 특수교육 관련 Web Site

구분	사이트명	주소
평생교육 및 통합교육 지원	한국장애인평생교육연구소	http://moduedu.co.kr/xe/
	한국통합교육연구회	http://inclusion.co.kr
업무 지원	한국발달장애인가족연구소	http://genapride.org
	한국장애인고용공단	https://www.kead.or.kr
	파라다이스 복지재단	http://paradise.or.kr
교사 모임	나누는 특수교사들의 모임	http://cafe.daum.net/nanumspecial
학급 운영	국가교육과정정보센터	http://ncic.re.kr
	에듀넷 티클리어	http://info.edunet.net
	Good Edu	http://www.goodedu.com
	도서출판 미래엔	http://www.mirae-n.com
학습(교육) 자료 및 콘텐츠	에듀에이블	http://www.nise.go.kr/main.do?s=eduable
	SET-UP	https://m.blog.naver.com/setup0621
	소통과 지원 연구소	https://www.youtube.com/channel/UC7yIgk4ZbodMl0pVJ2vtFQ
	미래엔 맘터치	https://mom.miraen.com
	장애유아 초등학교 입학적응	http://www.gyo6.net/files/board/disk/kinder/disable_kinder
	오티스타	http://www.autistar.kr
	함께 웃는 재단	https://do2learn.com
	발달장애 그림 상징 관련 사이트	
보조공학	나의 AAC	https://www.myaac.co.kr
	휴먼 디자인	http://www.humandn.com/
특수교육 전문기관	국립특수교육원	http://www.nise.go.kr
	사단법인 그린티처스	http://www.greenteachers.kr
	한국자폐인사랑협회	https://autismkorea.kr/2014
	한국특수교육총연합회	https://kase.or.kr
	국가장애인평생교육진흥센터	https://www.nise.go.kr/lifelong
	사피엔스 4.0	http://www.sapiens.or.kr
	장애인먼저실천운동본부	http://www.wefirst.or.kr

참고문헌

경기도교육청 도서관정책과(2020). 2020학교독서교육추진계획.

경기도교육청 체육건강교육과(2015). 학생건강체력평가 매뉴얼: Physical Activity Promotion System. 서울대학교스포츠과학연구소.

경기도교육청(2013). 안전교육길라잡이.

경기도교육청(2015). 일반교사 및 특수교육교사를 위한 특수교육대상유아 초등학교 입학 적응지원 가이드북.

경기도교육청(2019a). 경기도교육청 교무학사 업무매뉴얼(중등).

경기도교육청(2019b). 경기도교육청 교무학사 업무매뉴얼(초등).

경기도교육청(2019c). 특수교육대상학생 원거리 통학비 지원 계획.

경기도교육청(2019d). 학교 가는 길이 즐거워요! 특수교육 대상학생 원거리 통학비 지원.

경기도교육청(2020). 2020 중 · 고등학교 학교생활기록부 기재요령.

경기도성남교육지원청(2019). 전문적 학습공동체 기반 2019 초등 자율장학 운영 계획안.

경상남도교육청(2019). 현장체험학습 운영매뉴얼.

교육과학기술부(2012). 재난대비 생활 안전.

교육부(2016a). 특수학교 자유학기제 시행 계획.

교육부(2016b). 2015 개정교육과정 총론 해설.

교육부(2018). (초중등) 범교과 학습 주제와 교과 교육과정 연결 맵 활용 자료.

교육부(2019). 학교현장 재난유형별 교육 · 훈련 매뉴얼.

교육부(2020a). 17개시도교육청 2020 원격수업 운영사례집.

교육부(2020b). 중 · 고등학교 2020 학교생활기록부 기재요령.

교육부(2020c). 초등학교 2020 학교생활기록부 기재요령.

교육부(2020d). 학교폭력 사안처리 가이드북.

교육부(2020e). 2020년 특수교육통계.

교육부, 세종특별자치시교육청(2018a). 초 · 중등학교 통합교육 실행 가이드북 – 초등학교 공통.

교육부, 세종특별자치시교육청(2018b). 초·중등학교 통합교육 실행 가이드북 - 초등학교 적용사례.

교육부, 세종특별자치시교육청b(2018c). 초·중등학교 통합교육 실행 가이드북 - 중등학교 적용사례.

교육부훈령 제331호(2020.4.6.). 학교생활기록부 작성 및 관리지침.

구재옥(2009). 초등학교 영양교육. 서울: 에피스테메.

국립재난안전연구원(2018). 장애인 취약특성을 고려한 재난대응 매뉴얼 개발.

국립특수교육원(2011). 장애학생 멀티미디어 성교육프로그램.

국립특수교육원(2015). 기본 교육과정 교과서 보완자료. 초등학교, 중학교, 고등학교편. 사회계기교육.

국립특수교육원(2016). 장애학생 평가조정 매뉴얼.

국립특수교육원(2019). 개별화교육계획 운영 가이드북.

김건희(2018). 자폐성장애 학생을 위한 최상의 실제. 서울: 학지사.

김경철, 고진영, 최우수(2018). 영·유아교사를 위한 교수매체의 이론과 실제. 경기: 공동체.

김남순(2006). 특수교육행정 이론과 실제. 경기: 교육과학사.

김병하(2012). 특수교육 담론·에세이. 경북: 한국특수교육문제연구소.

김상돈, 김현진(2017). 초중등 교직실무. 서울: 학지사.

김영태, 박은혜, 한성경, 구정아(2016). 한국 보완대체의사소통 평가 및 중재 프로그램. 서울: 학지사.

김옥예(2006). 교사 전문성의 재개념화에 관한 연구. 교육행정학연구, 24, 1-20.

김인식(2000). 교사의 칭찬 유형과 방법. 교육연구 4월호. 서울: 교육연구사.

김종철, 김종서, 서정화, 정우현, 정재철, 김선양(1994). 최신교사론. 서울: 교육과학사.

김학희(2019). 선생님을 위한 교직 실무의 모든 것. 경기: 시공미디어.

김혜정(2013). 그림책과 연계한 다감각적 통합활동이 지적·발달장애 아동의 창의성에 미치는 영향. 가톨릭대학교 교육대학원 교육학석사학위논문.

대전광역시서부교육청(2008). 새내기 교사를 위한 학급 생활지도 길라잡이 27.

박주언, 한경근(2019). 중국계 다문화가정 장애학생 학부모의 초등학교 통합교육에 대한 인식과 경험. 특수교육연구, 26(2), 163-186.

박하탁(2001). 학교 내 비공식적 조직이 학교장의 리더십과 학교경영에 미치는 영향에 관한 연구. 용인대학교 대학원 석사학위논문.

변영계(2006). 교수·학습 이론의 이해. 서울: 학지사.

부산광역시교육청(2014). 장애 학생의 문제행동 사례별 가이드북.

서울대학교 의과대학 의학교육연수(2012). 새로 쓴 응급처치 진단과 치료. 서울: 서울대학교출판문화원.

서울특별시교육청(2015). 특수교육운영 실무편람(증보판).

서울특별시교육청(2019). 통합교육 중점학교(정다운학교) 운영 결과 보고서.

서울특별시교육청(2020). 함께 만들어가는 2020 서울초등교육.
서정숙, 김언경, 안은희, 최현주, 최소린(2016). 그림책 읽어주기의 실제: 영유아교사를 위한 연령별·생활주제별 안내서. 서울: 창지사.
서정화, 서성옥, 김동희, 이수임(2007). 학교장학의 이론과 실제. 경기: 교육과학사.
신상도(2011). 영유아 및 아동을 위한 응급처치 매뉴얼. 서울: 한국생활안전연합.
신현석, 이경호(2014). 교직실무. 서울: 학지사.
양명희(2016). 행동수정이론에 기초한 행동지원. 서울: 학지사.
오강남, 성해영(2011). 종교, 이제는 깨달음이다. 서울: 북성재.
오영재(2018). 교사들에게 보내는 편지(1): 좋은 교사의 자질과 역할. 글로벌교육뉴스. http://www.globalpeoples.net/news/articleView.html?idxno=253
오희영(2019). 그림책에 대한 발달장애학생의 반응 연구-자기결정력 향상프로그램 맥락에서. 가톨릭대학교 대학원 문학석사학위논문.
왕영선(2011). 교사를 위한 학부모 상담법. 2011년도 특수교육직무연수 자료집(pp. 74-81). 충남: 국립특수교육원.
용인강남학교(2020). 2020 용인강남학교 학교교육과정 운영 계획.
울산광역시교육청(2018). 한 손에 잡히는 문제행동 중재.
윤성한(2017). 교육과정 재구성과 수업디자인. 경기: 교육과학사.
이경면(2018). 예비 특수교사 및 초임교사를 위한 수업실연의 실제. 서울: 학지사.
이명자, 김성회, 김경식, 김진숙, 강현석(2010). 교직 실무의 이론과 실제. 서울: 교육과학사.
이영랑(2008). 초등학교 특수학급 담당 교사의 역할 갈등 연구. 전남대학교 교육대학원 석사학위논문.
이윤식, 김병찬, 김정휘, 박남기, 박영숙(2010). 교직과 교사. 서울: 학지사.
이정화(2005). 교사 전문성 지향의 교사평가 내용구성. 한국교원대학교 대학원 석사학위논문.
임경옥, 박지은, 김미정(2018). 장애영유아 보육교사, 특수교사, 통합교사를 위한 특수교구 교재제작. 서울: 학지사.
정찬기오, 문승한, 이광우, 김훈희, 강순상, 이준우, 양은진, 정다운, 윤양수, 왕창수, 박종훈, 김성렬, 조양래, 김혜경(2016). 교원자격종별 예비교사를 위한 교직실무. 경기: 양서원.
조동섭(2005). 교사의 전문성 제고를 위한 정책 방향과 과제. 월간 학교경영(9-11월).
진동섭, 이윤식 외(1995). 중등학원 교원평가·보상 및 연수체제연구. 서울대학교 교육연구소.
천성문, 박명숙, 함경애, 김미옥(2014). 학교상담교육실습일지. 서울: 학지사.
최복희(2008). 특수교육교원의 직무만족도 조사: 전라남도 지역을 중심으로.
최세민, 유장순, 김주영(2005). 특수학급 경영론. 서울: 박학사.
학생 위기지원단(2018). 담임교사를 위한 학생상담 가이드. 경기: 경기도교육청.
한국경진학교(2020). 2020학년도 한국경진학교 교육계획.

한국교육학술정보원(2020). 비대면 학습과 소통을 위한 원격 화상회의 도구 조사 · 분석.
한국특수교육교과교육학회 편(2011). 특수교육 교과교육론. 경기: 교육과학사.

국가법령정보센터.「장애인 등에 대한 특수교육법」[시행 2019. 12. 10.]

Beukelman, David R., & Mirenda, Pat (2017). 보완대체의사소통. (박현주 역). 서울: 학지사.
Hallahan, Daniel P., Kauffman, James M., & Pullen, Paige C. (2014). 특별한 학습자를 위한 특수교육. (장혜성, 김수진, 김호연, 최승숙, 최윤희 공역). 서울: 학지사.
Lieberman, M.(1956). Education as a profession. N.J.: Prentice-Hall, Inc.
Nelsen, J., Foster, S., & Raphael, A. (2019). 친절하며 단호한 교사를 위한 학급긍정훈육법: 특수교육편. (김성환, 황미주, 심규현, 빈나리, 박주현 공역). 서울: 에듀니티.

찾아보기

ㅍ

ㅎ

1년 동안의 학교생활 한눈에 보기

	2월 (신학년도 준비)	3월 (1학기)	4월	5월	6월	7월 (학기말)
업무내용	• 근무할 학교와 담당 학생 파악 • 학부모와 소통 • 학급경영계획 구상 • 1학기 학급교육과정 만들기 • 교실 환경정비 • 업무분장 확인 • 인수인계서 기록 내용과 실물 대조 · 확인 • 업무포털 사용을 위한 인증서 발급 • 특수교육실무사 배치 신청(1월) * **신입생 및 진급생 특수교육대상학생 파악** * **학생 장애특성별 지원서비스 파악 및 준비** ◎ 반편성 작업 ◎ 교사다면평가 위원 선출 ◎ 학교 각종위원회 위원 선출 ◎ 학교 홈페이지 정비	• 입학식 및 시업식 • 학급경영계획수립 • 학부모에게 편지쓰기 및 학급안내문 제작 • 학생 실태 및 특성파악 • 학생 개인별 사진 촬영 • 개별화교육계획 수립 • 3~4월 개별화교육계획 수립 • 학생 출결관리 • 현장체험학습계획수립 • 자유학기제계획수립 • 학급임원 및 전교학생회 임원선출 • 신체검사실시 • 개인정보수집 이용에 관한 학부모 동의 • 보조공학기 신청 • 방과후 활동 안내 • 학급운영비 예산 수립 • 응급관리동의서, 학생건강 실태조사 교육급여 및 교육비 집중신청기간 안내 • 신입생 학부모 대상 교육 과정 설명회 • 행사(시업식 및 입학식) • 다문화 및 특수교육대상학생 파악 및 지도계획 수립 • 보완대체의사소통 필요 학생 파악 및 지도계획 수립 • 가정연계학습 계획 수립 및 안내 • 학생별 기본생활습관교육 중점 내용 선정 및 교육계획 수립 • 계기교육, 범교과교육, 독서교육 관련 연간 지도계획 수립 • 교수매체 및 교재 · 교구 활용계획 수립 * **통합학급 적응기간 운영** * **학부모 간담회** * **1학기 개별화교육계획 수립** * **또래 도우미 학생 운영** * **통합학급 평가 조정 지원** * **통합교육 지원 계획 수립** * **방과후학교 개설** * **치료지원, 보조공학기기 지원** * **특수학급 운영계획서 작성** ◎ 신규교사 직무연수 ◎ 학습공동체 구성 및 신청 ◎ 학교운영위원회 및 학부모회 구성	• 정보공시(1차) • 특수교육통계 • PAPS(학교계획) • 행사(장애인의 날) • 학생 출결관리 • 3~4월 개별화교육계획 평가 • 5월 개별화교육계획 수립 * **장애이해교육(연2회 이상)**	• 정기고사(학교계획) • 학생 출결관리 * **중간고사 지원** • 정보공시(2차) • 행사(사생대회) • 전국장애학생체육대회 • 공개수업 및 동료장학(학교계획) • PAPS(학교계획) • 5월 개별화교육계획 평가 • 6월 개별화교육계획 수립	• 학생 출결관리 • 학부모 공개수업 및 동료장학(학교계획) • 6월 개별화교육계획 평가 • 7월 개별화교육계획 수립	• 학생 출결관리 • 정기고사(학교계획) * **기말고사 지원** • 정보공시(3차) • 6,7월 개별화교육계획 평가 • 1학기 개별화교육계획 평가 * **개별화교육 평가** • 1학기 개별화교육계획 결과 제출 및 가정 송부 • 학기 말 평가하기 • 학교생활기록부의 작성 • 학교생활기록부 점검 및 마감 • 생활통지표 등록, 마감 • 생활통지표 가정 송부 • 학급경영록 점검 및 제출 • 학습자료 모음집 정리 • 방학프로그램 안내 • 방학 계획서 작성하기 • 방학 학습과제물 제시 • 교실 정리 정돈하기 • 방학식 날 마무리 활동 • 문서 편철 각종 대장 확인 및 정리 • 다음 연도 교과용도서 신청(초등) • 특수교육대상자 및 학부모 원거리 통학비 정산 처리 * **원거리 통학비지원** • 행사(여름방학식) * **특수학급 예산 점검** ◎ 교육공무원법 41조 연수 작성
			• 학부모 상담 • 환경구성 • 현장체험학습 시행 • 재난 대피 훈련(학교계획) • 가정연계학습 • 기본생활습관교육 및 행동발달 누가 기록 * **통합교육지원** * **특수학급 교육과정 운영**	• 학부모 상담 • 환경구성 • 현장체험학습 시행 • 가정연계학습 • 기본생활습관교육 및 행동발달 누가 기록 * **통합교육지원** * **특수학급 교육과정 운영**	• 학부모 상담 • 교육환경 구성 • 현장체험학습 시행 • 재난 대피 훈련(학교계획) • 가정연계학습 • 기본생활습관교육 및 행동발달 누가 기록 • 칭찬 및 발문 기법 자기 장학 및 연찬 * **통합교육지원** * **특수학급 교육과정 운영**	• 학부모 상담 • 환경구성 • 1학기 교육 활동 포트폴리오 정리 • 1학기 가정연계학습 결과물 정리 • 기본생활습관교육 및 행동발달 누가 기록 * **통합교육지원** * **특수학급 교육과정 운영**

*: 특수학급
◎: 교원 복무

8월 (여름방학)	9월 (2학기)	10월	11월	12월	1월 (겨울방학)	2월 (학기, 학년말)1월
• 학생 출결관리 • 방학 중 학생 상황 파악 • 개학식 전 준비물과 등하교 메시지 보내기 • 2학기 학급교육과정 수립 • 차기학년도 특수학교 신입생 선정 및 배치 업무 ◎ 1정 자격연수 ◎ 여름방학 늘해랑학교 실시 ◎ 여름방학 개학식	• 학생 출결관리 • 다음 연도 교과용도서 신청(초등 및 타과정) • 전국장애학생e페스티벌 • 행사(여름개학식) • 2학기 개별화교육계획 수립 • 8, 9월 개별화교육계획 평가 • 10월 개별화교육계획 수립 * 2학기 개별화교육계획 수립	• 학생 출결관리 • 정기고사(학교계획) * 중간고사 지원 • 행사(가을 체육대회) • 진로드림페스티벌 • 공개수업 및 동료장학(학교계획) • 10월 개별화교육계획 평가 • 11월 개별화교육계획 수립 ◎ 맞춤형복지포인트 보험 선택	• 학생 출결관리 • 공개수업 및 동료장학(학교계획) • 행사(종합 발표회) • 11월 개별화교육계획 평가 • 12~2월 개별화교육계획 수립 ◎ 교원능력개발평가 ◎ 교사다면평가(자기실적평가서 작성) ◎ 전공과신입생 입학전형 ◎ 대학수학능력시험	• 학생 출결관리 • 정기고사(학교계획) * 기말고사 지원 • 특수교육대상자 및 학부모 원거리 통학비 정산 처리 • 학기 말 평가하기 • 학교생활기록부의 작성 및 점검 • 생활통지표 등록 • 방학프로그램 안내 • 방학 계획서 작성하기 • 방학 학습과제물 제시 • 교실 정리 정돈하기 • 방학식 날 마무리 활동 • 행사(겨울방학식) * 원거리 통학비지원 * 특수학급 예산 점검 * 차년도 특수학급 예산 신청 * 특수교육보조인력 신청 ◎ 교육공무원법 41조 연수작성	• 학생 출결관리 • 방학 중 학생 상황 파악 • 개학식 전 준비물과 등하교 메시지 보내기 • 행사(겨울개학식) ◎ 1정 자격연수 ◎ 겨울방학 늘해랑학교	• 학생 출결관리 • 12~2월 개별화교육계획 평가 • 2학기 개별화교육계획 평가 * 개별화교육 평가 • 2학기 개별화교육계획 결과 제출 및 가정 송부 * 특수학급 통지표 발송 • 학교생활기록부 점검 및 마감(수업일수, 결석 확인 및 변경 등) • 생활통지표 점검, 마감 및 가정 송부 • 학급경영록 점검 및 제출 • 학습자료 모음집 정리 • 학부모 상담 • 자율적인 학년 말 학습 활동 • 겨울철 생활 안전지도 • 교실 정리 정돈하기 • 방학 중 학생 상황 파악 • 개학식 전 준비물과 등하교 메시지 보내기 • 행사(졸업식, 종무식) • 인수인계 준비 및 환경 정리 • 신규 학년도 통학버스 노선 계획 수립 • 문서 편철 각종 대장 확인 및 정리 • 행사(봄방학 또는 겨울방학) * 특수학급 예산 정산
• 학부모 상담 • 환경구성 • 여름철 생활 안전지도 • 1학기 교육 활동 포트폴리오 정리 • 1학기 가정연계학습 결과물 정리 • 기본생활습관교육 및 행동발달 누가 기록 * 통합교육지원 * 특수학급 교육과정 운영	• 학부모 상담 • 환경구성 • 현장체험학습 시행 • 2학기 가정연계학습 계획 및 안내 • 기본생활습관교육 및 행동발달 누가 기록 * 통합교육지원 * 특수학급 교육과정 운영	• 학부모 상담 • 환경구성 • 현장체험학습 시행 • 재난 대피 훈련(학교계획) • 가정연계학습 • 기본생활습관교육 및 행동발달 누가 기록 * 통합교육지원 * 특수학급 교육과정 운영	• 학부모 상담 • 환경구성 • 현장체험학습 시행 • 가정연계학습 • 기본생활습관교육 및 행동발달 누가 기록 * 통합교육지원 * 특수학급 교육과정 운영	• 학부모 상담 • 환경구성 • 겨울철 생활 안전지도 • 2학기 교육 활동 포트폴리오 정리 • 가정연계학습 결과물 정리 • 기본생활습관교육 및 행동발달 누가 기록 * 통합교육지원 * 특수학급 교육과정 운영	• 학부모 상담 • 환경구성 • 겨울철 생활 안전지도	• 학부모 상담 • 환경구성 * 통합교육지원 * 특수학급 교육과정 운영 * 통합학급 교수적 수정 지원

저자 소개

강창욱(Kang Changwook)
현 강남대학교 중등특수교육과 교수

김용한(Kim Yonghan)
현 용인강남학교 교장

박재선(Park Jaeseoun)
현 한국경진학교 특수교육교사

정효진(Jeong Hyojin)
현 서울삼성학교 특수교육교사

박선희(Park Seonhee)
현 용인강남학교 특수교육교사

최승미(Choi Seungmi)
현 용인강남학교 특수교육교사

배지영(Bae Jiyoung)
현 한국구화학교 특수교육교사

장경진(Chang Kyoungjin)
현 관악고등학교 특수교육교사

장오선(Chang Ohsun)
현 세종누리학교 특수교육교사

민봉기(Min Bonggi)
현 창인학교 특수교육교사

특수교육 현장의 이해와 실천
특수교육교사를 위한 교직실무

2020년 9월 25일 1판 1쇄 발행
2021년 8월 20일 1판 3쇄 발행

지은이 • 강창욱 · 김용한 · 박재선 · 정효진 · 박선희
최승미 · 배지영 · 장경진 · 장오선 · 민봉기

펴낸이 • 김진환
펴낸곳 • (주) 학지사
04031 서울특별시 마포구 양화로 15길 20 마인드월드빌딩
대표전화 • 02)330-5114 팩스 • 02)324-2345
등록번호 • 제313-2006-000265호

홈페이지 • http://www.hakjisa.co.kr
페이스북 • https://www.facebook.com/hakjisa

ISBN 978-89-997-2204-2 93370

정가 22,000원

저자와의 협약으로 인지는 생략합니다.
파본은 구입처에서 교환해 드립니다.

이 도서의 국립중앙도서관 출판시도서목록(CIP)은 서지정보유통지원시스템 홈페이지(http://seoji.nl.go.kr)와 국가자료공동목록시스템(http://www.nl.go.kr/kolisnet)에서 이용하실 수 있습니다.
(CIP 제어번호: CIP2020037165)